DER ENGLISCHE GARTEN IN MÜNCHEN

Zusammengestellt von
Pankraz Frhr. von Freyberg

Impressum

Verlag:
Alois Knürr Verlags GmbH, München

Herausgeber:
Bayerische Verwaltung
der staatlichen Schlösser,
Gärten und Seen

Idee, Konzept, Redaktion:
Dr. Pankraz Frhr. v. Freyberg

Graphische Gestaltung:
Ron Imelauer, München

Gesamtherstellung:
Franzis print & media, München

Bildmaterial:

Artothek, Planegg
Bayerisches Armeemuseum, Ingolstadt
Bayerisches Hauptstaatsarchiv, München
Bayerische Staatsbibliothek, München
Bayerische Staatsgemäldesammlungen,
München
Bayerische Verwaltung der staatl.
Schlösser, Gärten und Seen, München
Bürgermeisteramt Auteuil, Paris
Colorphoto Hans Hinz, Allschwil/Basel
Volker Derlath, München
Erdmute Dombart, München
Fogg Art Museum, Cambridge/Mass.
Foto Heilmann GmbH, München
Dr. Pankraz Frhr. von Freyberg, München
Wilfried Hösl, München
Raffaela Kluge, München
Regine Körner, München
Kunstmuseum Düsseldorf

Münchner Stadtmuseum
Öffentliche Kunstsammlung Basel,
Kunstmuseum
Waldemar Palten, München
Manfred Scheuerer, Ingolstadt
Dr. Elmar D. Schmid, München
Gerhard Siess, München
Staatliche Graphische Sammlung,
München
Stadtarchiv München
Städtische Galerie im Lenbachhaus,
München
Studio Liebhart, München
Gerhardt Staufenbiel, München
G. u. E. von Voithenberg, München
Elisabeth Winterstein, München
Siegfried Zedler, München
Rudolf Schiffmann, München
Hugo M. Czerny

LUSTWANDLER STEH!
DANK STAERKET DEN GENUSS.
EIN SCHOEPFERISCHER WINK CARL THEODORS,
VOM MENSCHENFREUNDE RUMFORD
MIT GEIST, GEFÜHL UND LIEB' GEFASST,
HAT DIESE EHEMALS OEDE GEGEND
IN DAS, WAS DU NUN UM DICH SIEHST,
VEREDELT.

Inschrift Rumford Denkmal

Inhalt

Der Englische Garten Münchens ist als Musterbeispiel für den klassischen Landschaftsgarten in die Geschichte der Gartenkunst eingegangen. Großzügige Weite mit ständig wechselnden visuellen Bezügen zu reizvollen Parkarchitekturen – ich denke hier nur an den Chinesischen Turm aus dem Jahre 1790 oder den 1837 entstandenen Monopteros – und landschaftlichen Elementen verleiht dem Englischen Garten seine Einzigartigkeit. Er ist nicht zufällig gewachsene Natur, sondern ein von Menschenhand geschaffenes Kunstwerk.

Per Dekret von Kurfürst Carl Theodor 1789 als Volksgarten angelegt ist der Englische Garten zur größten innerstädtischen Grünanlage der Welt und damit auch zu einer Oase der Naherholung geworden.

Nicht nur für sportliche Aktivitäten ist der Englische Garten der passende Rahmen, auch kulturelle Veranstaltungen finden dort ihren Platz. So waren die Festwochen anlässlich des 200-jährigen Geburtstages des Englischen Gartens 1989 das größte kulturelle Volksfest, das München je erlebt hat.

Im Jahr 2000 bietet der 250. Geburtstag des berühmten Gartenarchitekten Friedrich Ludwig von Sckell einen willkommenen Anlass zu einer Reihe von kulturellen Veranstaltungen, die das herausragende Lebenswerk von Sckells würdigen. Seine Ideen von einer Landschaft, die den Kompositionsregeln der Landschaftsmalerei entspricht, haben den Englischen Garten maßgeblich geprägt. Niedergelegt in einer Denkschrift bilden sie noch heute die Leitlinien für die Arbeit der Bayerischen Verwaltung der staatlichen Schlösser, Gärten und Seen am Englischen Garten.

Die zahlreichen Maßnahmen der Schlösserverwaltung zur Wiederherstellung der von Sckell geplanten und bis 1823 realisierten Konzeption sind Bestandteil eines umfassenden Parkpflegekonzeptes, das die wunderbare Flora und Fauna des Englischen Gartens für die Nachwelt erhalten und den Park vor Eingriffen in seinen ökologischen Haushalt schützen soll.

Letztlich kann der Englische Garten im Herzen Münchens aber nur dann dauerhaft in seiner ganzen Pracht und Vielfalt bestehen bleiben, wenn Staat und Stadt sowie jeder einzelne Besucher gemeinsam Verantwortung für dieses einzigartige Gartenkunstdenkmal übernehmen.

Professor Dr. Kurt Faltlhauser
Bayerischer Staatsminister der Finanzen

„Lustwandler steh! Dank staerket den Genuss"

Wohl niemand von uns kann sich München ohne den Englischen Garten vorstellen, der »als größtes und schönstes Beispiel seiner Art in ganz Europa« gilt. Den Münchner begleitet er von Kindheit an bis ins hohe Alter und gewährt ihm Freiheit und Freiraum besonderer, eben Münchner Art.

»Lustwandler steh! Dank staerket den Genuss«, so beginnt die Widmung auf dem Denkmal zu Ehren des Amerikaners Benjamin Thompson, Grafen von Rumford, auf dessen Initiative hin dieser Garten geschaffen wurde.

Denkmal des Grafen von Rumford im englischen Garten.
erste Ansicht.

„Denkmal des Grafen von Rumford im englischen Garten", 1796, Radierung von Simon Warnberger, Münchner Stadtmuseum

Der Spruch war das Motto für das 200. Geburtstagsfest unseres Parks, um so mehr, als sich auch der Todestag Rumfords 1989 zum 175. Male jährte. Dank schuldig sind wir nicht nur Rumford, von dem der Ausspruch überliefert ist: »Mein Werk soll nicht nur einem Stande, sondern dem ganzen Volke zugute kommen«, sondern auch Kurfürst Karl Theodor von Bayern, der die Anregung des Grafen aufnahm und in die Tat umsetzen ließ.

Ebenso müssen wir Rumfords Nachfolger, Reinhard Frhrn. von Werneck, danken, der unter anderem die erste Anlage des Kleinhesseloher Sees schuf und den Garten nach Norden erweiterte, sowie den bayerischen Königen Max I. Joseph und Ludwig I, die seine Vollendung ermöglichten.

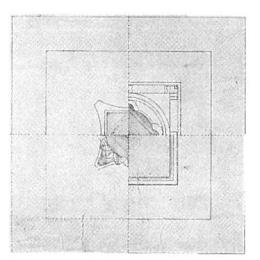

Besonderen Dank verdient vor allem aber Friedrich Ludwig von Sckell als der eigentliche künstlerische Schöpfer des Englischen Gartens, dessen 250. Geburtstag wir im Jahr 2000 begehen.

»Alles erscheint Natur, so glücklich ist die Kunst versteckt«, so lautete die Forderung des Gartentheoretikers Hirschfeld, die Sckell im Englischen Garten vollkommen verwirklicht hat. 1804 zum Bayerischen Hofgärtenintendanten ernannt, schuf er ab 1807 nach seinem Entwicklungsplan eine idealisierte Landschaft, gestaltet nach den Kompositionsregeln der Landschaftsmalerei. Sckell überließ nichts dem Zufall, jede Einzelheit seines Werks hat eine Beziehung zum Ganzen; er schuf eine großartige Folge von Parkräumen. Nach Franz Hallbaum ist der Englische Garten zugleich das hervorragendste Beispiel klassisch-landschaftlicher Gestaltung überhaupt. Es gibt keine Anlage, die formal bewußter und in größeren Linien komponiert wäre.

Darüber hinaus hat Sckell, Mitglied der Königlichen Baukommission, unter anderem auch an der Erstellung eines umfassenden Generalplanes für die Stadtentwicklung Münchens mitgewirkt. Mit seinen Plänen hat er das Gesicht der Stadt, nicht nur durch den Englischen Garten, bis heute erkennbar geprägt.

1824, ein Jahr nach Sckells Tod, ließ ihm König Max I. Joseph am Nordostufer des Kleinhesseloher Sees ein Denkmal errichten. Eine der Inschriften lautet:

DEM SINNIGEN MEISTER -
SCHÖNER GARTENKUNST -
DER SEIN VOLLES VERDIENST -
UM DER ERDE REINSTEN GENUSS -
DURCH DIESE ANLAGE KRÖNTE -
HIESS DIESEN DENKSTEIN SETZEN -
SEIN KÖNIG MAX JOSEPH MDCCCXXIV.

Dank schulden wir all denen also, die den Englischen Garten geschaffen, durch die Jahre hindurch verschönert und gepflegt haben, nicht zuletzt allen, die sich auch heute noch darum bemühen, den Park als »der Erde reinsten Genuß« zu bewahren.

Der Englische Garten war und ist in seiner langen Geschichte vielen Angriffen und Begehrlichkeiten ausgesetzt. Er brauchte zu allen Zeiten Freunde, aber auch Verteidiger, das sollte uns allen Verpflichtung sein, damit wir dieses kostbare Erbe an unsere Kinder und Kindeskinder unbeschädigt weitergeben können.

Pankraz Frhr. von Freyberg / Waldemar Palten

Sir Benjamin Thompson, Graf von Rumford, nach 1792, Öl auf Leinwand von Joh. Georg Edlinger, Bayerische Staatsgemäldesammlungen, München

11

Lobrede auf den Englischen Garten

Eugen Roth

„Der chinesische Turm in München", um 1872, Öl auf Leinwand von Fritz Schider, Kunstmuseum Basel

Ein Mensch, der in der öden Stadt
Mitunter das Bedürfnis hat,
Sich leib- und seelisch aufzuknöpfen
Und einmal frische Luft zu schöpfen,
Geht einsam oder mit Gefährten
In Tier- und Bier- und sonst'ge Gärten,
Die, meist nur anspruchsvoll und kühn,
Mit magerm und verstaubtem Grün
Das Grab der Großstadt übertünchen –
Doch völlig anders ist's in München!

Der selige Graf Rumford dacht' sich
Schon siebzehnhundertneunundachtzig,
Daß München einmal weiter wüchse,
Als bis wo Hasen jetzt und Füchse
Einander sagen gute Nacht!
Und dies hat er nicht nur gedacht,
Nein, durch den Intendanten Sckell
Schuf er den großen Garten schnell,
Teils isarauf- und niederwärts,
Teils tief ins gold'ne Münchner Herz.

Ach, nur ein altes Monument,
Das leider fast kein Mensch mehr kennt,
Denkt heute noch an diesen braven
Weitblickenden gescheiten Grafen,
Heut', wo an einem Sommertag
Mehr Leut' dort sind auf einen Schlag,
Als einst vor hundertfünfzig Jahren
Einwohner in ganz München waren.

O welche wilden, welche zarten
Erlebnisse umschließt der Garten!
Des Münchners ganzen Lebenslauf
Begleitet er von Jugend auf!
Der Säugling ruht in seinem Schoße,
Das Baby macht hier in die Hose,
Der Knabe Indianer spielt,
Das Mädchen ängstlich Flieder stiehlt,
Der Jüngling dichtet hier und trachtet!

Der Backfisch (meint man)
Schwärmt und schmachtet.
Der Liebe Flammen, riesengroß,
Umlodern den Monopteros.
Nicht nötig ist dazu der Mai,
Man geht auch winters zwei und zwei.
Doch steigern freilich Lenz und Liebe
Die Triebe erst zum Hochbetriebe.

Verschlung'ne Wege, Herzen, Hände
Und and'res wird zur Sonnenwende
Bei günst'ger Witterungsbedingung
Zu einer einzigen Verschlingung.
Und rings um den Chinesischen Turm
Erblüht die Nacht, erglüht der Wurm,
Jasminduft mischt sich mit Hollunder
In dieser Nacht der holden Wunder.
Jedoch nur alle sieben Jahr
Wird dieser Zauber offenbar:
Daß man ihm nicht zu oft begegnet,
Ist meist der Juni wüst verregnet!

Ach, nicht dem Liebesglück allein
Darf unser Garten Heimat sein:
Hier rinnt auch der Verlass'nen Träne,
Hier reifen wilde Rachepläne,
Hier überhaupt und nicht vergebens
Bekämpft der Mensch den Ernst des Lebens.
Hier ringt in langen Wanderungen
Der Mann, bis er sich durchgerungen,
Sei es zu einer guten Sache,
Wie der, daß Geld nicht glücklich mache,
Sei's zu dem praktischen Entschluß,
Daß er sich eins erwerben muß.
Hier sitzt zu letzter Alterswonne
Der Greis noch in der Frühlingssonne,
Lebt nur noch in Erinnerung –
Der Garten aber, der bleibt jung.

Hier sammelt auch der Mensch die Kraft,
Den Sinn für Kunst und Wissenschaft:
Der Maler malt so manches Mal
Den malerischen Wasserfall,
Hier ochst der Sohn der Alma mater. –
Hingegen der Familienvater
Schiebt hier an Sonn- und Feiertagen
Mit Seufzen seinen Kinderwagen
Und schimpft den kleinen Pepi aus:
„Lausbua, gehst aus der Wiesen raus!"
Und hiermit hätten wir dann schon
Die nächste Generation,
Auf die die gleichen Freuden warten
In dem unsterblich schönen Garten.

Ein Mensch, der „harmlos" wie der Knab',
Ihm eingangs schon die Weisung gab,
Sei es im Sommer, sei's im Winter,
Hier wandelt bis nach Föhring hinter,
Setzt sich zum Schluß mit heißem Dank
Auf eine grade freie Bank
Und spricht zu sich entschlossen still,
Er ging (was niemand von ihm will,
Jedoch nur so den Fall gesetzt,
Man würd's von ihm verlangen jetzt)
Um keinen Preis woanders hin,
Nach Bonn zum Beispiel und Berlin,
Weil sich (meint er) das Leben lohnt,
Nur dann, wenn man in München wohnt,
In dieser frohen Künstlerstadt,
Die einen solchen Garten hat.

Kurfürst Karl Theodor von Bayern (1724–1799)

Gabriele Greindl

„München kann fürderhin keine Festung mehr sein"- mit dieser 1791 formulierten Entscheidung rechtfertigte Kurfürst Karl Theodor die schon im Stadtbild vollzogenen Änderungen - so die 1789 in Angriff genommene Anlage eines „Volksparkes", des Englischen Gartens und die Auflösung der innerstädtischen Friedhöfe - wie er damit auch den Weg wies für die großen Stadterweiterungen des 19. Jahrhunderts.

Die Niederlegung des Walls vor dem Neuhauser Tor und die zu Ehren des Kurfürsten erfolgte Umbenennung in Karlstor machten hier einen Anfang; zugleich entstand vor dem Schwabinger Tor die Vorstadt im „Schönfeld". Damit war der alte Befestigungsring Kaiser Ludwigs des Bayern zu einem Stück Münchner Vergangenheit geworden. Und fast mag es scheinen, als ob hier am Äußeren, Sichtbaren nur das nachvollzogen wird, was sich an Geistigem bereits geändert hatte.

Denn die Wittelsbacher Herrscherlinie, die ihren Ahnen in Kaiser Ludwig dem Bayern hatte, war am 30. Dezember 1777 mit dem Tod Kurfürst Max III. Joseph, des Vielgeliebten, erloschen.

Durch den vor seinem kinderlosen Tod aktivierten und abgesicherten Wittelsbachischen Hausvertrag von Pavia aus dem Jahre 1329 fiel das Erbe an Karl Theodor von Pfalz-Sulzbach, seit 1742 Kurfürst der Pfalz.

Noch in der Silvesternacht brach der neue Herrscher, der, gemäß dem Vertrag, München zu seiner Residenz machen mußte, aus seinem geliebten Mannheim, das schon den Geist des großen Nachbarn Frankreich atmete, auf. Mozart prophezeite ihm eine baldige Rückkehr, als er am 12. 11. 1778 an seinen Vater schrieb: „...denn der Kurfürst wird, glaube ich, gar gern wieder seine Residenz in Mannheim machen, indem er die Grobheiten von den Herrn Bayern unmöglich lange wird aushalten können." Sicher schwingt in diesem Urteil auch Mozarts Enttäuschung mit, daß ihm Max III. Joseph keine Stellung bei Hofe verschafft hatte, aber dennoch, dem Unterschied zwischen der eleganteren, frankophilen Lebensart am Rhein und der bayerisch-bodenständigen an der Isar war für alle, Kurfürst, Hofstaat und Münchner, augenfällig.

Von Anfang an lag Spannung in der Luft, geschürt durch wechselseitiges Mißtrauen und Vorurteil. Die Münchner fürchteten die „höllischen Mannheimer", wie Lorenz Westenrieder sie nannte, um so mehr, als man selbst spürte, daß man an einer Zeitenwende stand. Die Münchner Künstler des späten Rokoko sahen das Neue, die nüchterne, vorklassizistische Ära, die schon begonnen hatte. Zum Teil vollzogen sie diesen Wandel mit, so Roman Anton Boos, zum Teil mußten sie sich eine andere Tätigkeit suchen, so der geniale Hofstukkateur des Rokoko, Franz Xaver Feichtmayer, der sich 1797 um eine „Kammergewerbsgerechtigkeit für Spezerei- und Ellenwaren" bewarb. Um so schwerwiegender war der Wandel, als die neuen Künstler, die mit Karl Theodor kamen, so der Maler Ferdinand Kobell, der weit über Mannheim hinaus berühmte Theaterausstatter Lorenzo Quaglio - beide Stammväter langlebiger Künstlerdynastien - ebenso das Neue repräsentierten wie Karl Theodors Theaterdirektor Theobald Marchand, der unter dem Kurfürsten bereits in Mannheim den Wandel vom italienischen

Kurfürst Karl Theodor von der Pfalz und Bayern, 1775, Öl auf Leinwand von Pompeo Girolamo Batoni, Bayerische Staatsgemäldesammlungen, München 15

und französischen Theater zur Deutschen Nationalschaubühne vollzogen hatte.

In München vollzog sich dieser Wandel dann in der Oper. 1795 ging als erste deutsche Oper Mozarts „Entführung aus dem Serail" in Szene und 1791 wurde auf Befehl Karl Theodors „Don Giovanni" ins Deutsche übertragen.

Man stand zwischen den Zeiten – auch Karl Theodor selbst. Einerseits versuchte er, das wenig geliebte Erbe Bayern wie ein absolutischer Fürst des Barock einfach gegen die Niederlande zu vertauschen, andererseits erließ er im Geiste der Aufklärung zahlreiche Gesetze zugunsten der Untertanen, baute in München eine Veterinärschule, ein Gebär- und Findelhaus, ein Armenhaus und ließ 1795 zum erstenmal die Einwohner der Landeshauptstadt zählen. Die dabei ermittelte Zahl von 38.000 Münchnern machte denn auch deutlich, daß eine Stadterweiterung unumgänglich wurde.

Karl Theodors Tauschpläne, die Bayerns Angliederung an Österreich mit sich gebracht hätten, wurden in München von der Herzogin Maria Anna und im Reich von Friedrich II. von Preußen konterkariert. Wie bei derartigen Erbfällen aber nicht anders zu erwarten, waren aber bereits am 10. Januar 1778 die Truppen Josephs II. in Niederbayern und der Oberpfalz einmarschiert. Der „Kartoffelkrieg" genannte Bayerische Erbfolgekrieg, der zu keinerlei größeren militärischen Auseinandersetzungen geführt hatte, endete im Frühjahr 1779 aufgrund der drohenden Intervention Rußlands. Im Frieden von Teschen begnügte sich der Kaiser mit dem Innviertel, Sachsen wurde mit Geld entschädigt und Mecklenburg erhielt das privilegium de non evocando.

Die bayerischen Patrioten hatten sich um die Herzogin Maria Anna und den nächsten Agnaten, Karl August von Zweibrücken, geschart, während dem nach wie vor zu einem Ländertausch bereiten Kurfürsten unverhohlenes Mißtrauen entgegenschlug. Die zunehmenden Zwistigkeiten mit den Münchner Stadtvätern ließen nach Jahren sogar Mozarts Worte Wahrheit werden – im Herbst 1788 siedelte Karl Theodor noch einmal nach Mannheim über, um dann im nächsten Sommer wieder nach München zu kommen. Der Freund der Oper, Mozart komponierte in seinem Auftrag den „Idomeneo", der Förderer und Schöpfer des Mannheimer Theaters, bemühte sich in Bayern zunächst um weltliche Dinge – um eine Straffung der Verwaltung, die Sanierung der Finanzen und Armee, er erließ für Bayern eine allgemeine Feuerordnung, kümmerte sich um die Armenfürsorge und das Gesundheitswesen und bemühte sich vor allem um eine Besserung des bäuerlichen Standes.

Auf den kurfürstlichen Gütern sollten von allen Grundgerechtigkeiten nur noch das für die Bauern günstige Erbrecht gelten, außerdem begrenzte man die Höhe der Abgaben auf maximal 7,5% des Gesamtwertes, wobei die Summe in 20 Jahresraten gezahlt werden konnte. Das Mißtrauen der Landbevölkerung aber war so groß, daß weder die neue Ehehalten(=Dienstboten)- ordnung von 1781, noch die Bemühungen zur Hebung der Viehzucht, die in der Einrichtung der Tierarzneischule im Englischen Garten 1790 gipfelten, oder der Versuch, die Landeskultur durch Mandate, Zertrümmerung großer Güter und die Einführung besserer Wirtschaftssysteme zu heben, anerkannt wurden.

Der Beginn der Trockenlegung des Donaumooses unter Karl Theodor wurde ebenso vergessen wie seine Anregungen zum Ausbau des Straßen- und Wasserwegnetzes, die etwa zur Anlegung der Kesselbergstraße bei Kochel führten.

Die Förderung der Nationalökonomie wollte Kurfürst Karl Theodor durch einen eigenen Lehrstuhl an der Universität Ingolstadt gewährleistet sehen. Darüber hinaus fügte er der Akademie der Wissenschaften eine zweite, die belletristische, Klasse hinzu.

Ganz im Geiste der Aufklärung sollte die Umwandlung der Hofbibliothek 1789 in eine Präsenzbibliothek der Hebung der allgemeinen Bildung dienen. „Zur nützlichen Unterhaltung der Kunstfreunde und zur Ausbildung der Kunstschüler" ließ Karl Theodor im Hofgarten die Bilder aus der Residenz und aus Schloß Schleißheim in einer der ersten öffentlichen Gemäldegalerien Deutschlands ausstellen. In den letzten Jahren seiner Regierung wurde der Bestand noch durch die wertvolle Mannheimer Galerie ergänzt.

Privat lebte der Kurfürst eher dem barocken Ideal entsprechend. Zahlreiche Mätressen und Kinder wollten versorgt sein. Seinen illegitimen Lieblingssohn Karl August, Reichsgraf, später Fürst von Bretzenheim, konnte er zum Großprior des von ihm gegründeten und 1782 vom Ordenskapitel bestätigten deutschen Malteserordens-Priorats machen. Obwohl zweimal verheiratet, mit Elisabeth Maria Aloysia Auguste von Sulzbach und in zweiter Ehe mit der

17jährigen Erzherzogin Maria Leopoldine von Österreich-Este, konnte Karl Theodor auf keinen legitimen Erben bauen. An seinem Totenbett wurde seine junge Witwe gefragt, ob sie vom Kurfürsten schwanger sei. Korrekt und gewissenhaft verneinte sie diese Frage, obwohl sie bereits von ihrem zweiten Ehemann Graf Arco ein Kind erwartete. König Ludwig I. hat ihr dies immer gedankt. Genausoviel hat sie, die gebürtige Österreicherin, für Bayern getan, als sie den österreichischen Gesandten Graf Seilern mit einem für das Land ungünstigen Erbvertrag nicht an das Totenbett Karl Theodors ließ.

Die durchaus aufgeklärt liberale Politik des Kurfürsten wurde unter dem Eindruck der Französischen Revolution und nach der Aufdeckung des Illuminatenordens, des radikalen Ablegers der Freimaurer, zunehmend reaktionär. Ganz ähnlich wie bei König Ludwig I. läßt sich seine Politik in

Literatur
M. Doeberl: Entwicklungs-
geschichte Bayerns Bd. 2,
München 1928
Andreas Kraus: Geschichte
Bayerns von den Anfängen bis
zur Gegenwart, München 1983

Adalbert Prinz von Bayern: Die
Wittelsbacher, München 1979

Ludwig Hammermayer: Das
Ende des Alten Bayern. Die
Zeiten des Kurfürsten Max III.
Joseph (1745-1777) und des
Kurfürsten Karl Theodor (1777-
1799), in: Max Spindler: Hand-
buch der bayerischen
Geschichte, Bd. 2, 2. Aufl.
München 1977, S. 985-1102

zwei Phasen einteilen – auf eine ausgespro- chen liberale Phase folgt in den letzten Regierungsjahren die reaktionäre Gegen- bewegung. 1790 verbot Karl Theodor alle geheimen Gesellschaften, im Jahr zuvor hatte General Thompson, der spätere Graf Rumford, das Meldewesen in München in Abwehr der französischen Agitation so sehr verschärft, daß der österreichische Ge- sandte meinte, man wolle „nahe um Mün- chen einen Kordon ziehen".

Karl Theodors Politik gegenüber dem revo- lutionären Frankreich war schwankend – auf eine Phase der strikten Neutralität folgte nach der Reichskriegserklärung 1793 der Anschluß an die antifranzösische Koalition. Als dann 1796 die französische Regierung ihre Truppen von Westen, Norden und Sü- den gegen Österreich sandte, war Bayern das schwer getroffene Durchgangsland. Gene- ral Moreau drang nach Altbayern vor, Gene- ral Jourdan in die Oberpfalz. Die bayeri- schen Stände, die Landschaft, bestimmten auch in diesen schweren Augenblicken die Politik des Landes mit – die Landschaftsver- ordneten schlossen am 7. 9. 1796 mit General Moreau den Waffenstillstand von Pfaffen- hofen.

Daß Österreich sich durchaus auf Kosten seines bayerischen Verbündeten mit Napo- leon zu verständigen bereit war, zeigten die Geheimartikel des Friedens von Campofor- mio vom Oktober 1797 – für die Abtretung des linken Rheinufers an Frankreich sollte der österreichische Kaiser das Fürstentum Salz- burg und das östliche Bayern bis Wasser- burg erhalten. Die Warnungen des Zwei- brückener Hofes, an dem bereits Maximi- lian von Montgelas wirkte, verhallten in München ungehört. Am 12. 11. 1798 unter- stellte Karl Theodor die bayerischen Trup- pen dem österreichischen Oberbefehl.

Gerade als sich das Gerücht verbreitete, daß der Kurfürst fliehen wolle und die Beset- zung Bayerns durch Österreich unmittelbar bevorstehe, erlitt Karl Theodor am 12. 1. 1799 einen Schlaganfall. Als er vier Tage später verschied, wurde dieser Tod eines bayeri- schen Regenten von Jubelgeschrei und Vivatrufen im Volk aufgenommen. Sicher zu Unrecht, wenn man bedenkt, daß nicht nur die Münchner ihre Schwierigkeiten mit den Mannheimern hatten, sondern es auch um- gekehrt für den kunstsinnigen 44jährigen Karl Theodor und sein Gefolge kein Leich- tes war, sich in einem noch sehr mittelalter- lich anmutenden München heimisch zu fühlen. Ungeachtet seiner bald aufgegebe- nen Tauschpläne hat Karl Theodor auf vie- len Gebieten den Boden für die großen Reformen des 19. Jahrhunderts bereitet.

Und mit der Anlage des Hirschgartens und des Englischen Gartens in der Landes- hauptstadt hat er bewiesen, daß er auch jen- seits der aktuellen politischen Geschehe- nisse die Notwendigkeiten künftiger Stadt- planung sah und sich nicht scheute, die Wei- chen entsprechend zu stellen.

Sir Benjamin Thompson, Graf von Rumford (1753–1814)

Stefan Miedaner

Benjamin Thompson wurde am 26. März 1753 in Woburn, einer Kleinstadt in der Nähe von Boston, in der damaligen englischen Kolonialprovinz Massachusetts, als Sohn eines kleinen Farmers geboren. Seine Kindheit verlief nicht sehr harmonisch. Nach dem frühen Tod seines Vaters heiratete seine Mutter ein zweites Mal, ein Onkel übernahm die kleine Farm, so daß er nach dem Besuch der Grundschule eine Lehre bei einem Gemischtwarenhändler beginnen mußte. Seine Lehrzeit fand jedoch ein abruptes Ende, als er bei dem Versuch, neuartige Feuerwerkskörper herzustellen, durch unvorsichtiges Experimentieren eine heftige Explosion verursachte, wodurch der Laden seines Dienstherrn schwer beschädigt wurde. Seit dieser Zeit widmete er sich als Autodidakt, der er zeit seines Lebens bleiben sollte, intensiven naturwissenschaftlichen Studien, vor allem auf dem Gebiet der Physik und der Chemie. Sein gesellschaftlicher Aufstieg vollzog sich relativ rasch. Im Jahr 1772 heiratete er in der Stadt Rumford (später Concord genannt) eine um 14 Jahre ältere, verwitwete Pfarrerstochter, die ihm mit ihrem nicht unbeträchtlichen Vermögen ein relativ sorgenfreies Privatstudium ermöglichte.

Schon bald geriet Thompson in die politischen Unruhen, die durch die Loslösung der Kolonien von der englischen Krone hervorgerufen wurden. Seinen militärischen Neigungen folgend, ergriff er eine ihm angebotene Majorsstelle in einem englischen Regiment, was ihm allerdings den Haß seiner amerikanischen Landsleute eintrug. Als seine Stellung dort immer prekärer wurde, verließ er 1776 Amerika mit den englischen Truppen und kam nach London, wo er rasch Karriere machte. Im Jahr 1780 erhielt er das Amt eines Unterstaatssekretärs für die amerikanischen Kolonien, der für die Aufstellung und Ausrüstung der englischen Streitkräfte zuständig war. Nach dem Sturz seines Förderers, Lord Germain, kehrte er als englischer Oberst für kurze Zeit nach Amerika zurück. Als dort die Kämpfe beendet waren, beschloß er, seine Dienste dem österreichischen Kaiser anzubieten. Auf der Reise nach Wien kam er 1783 nach Straßburg. Dort wurde er dem Oberst des Regiments d'Alsace, Prinz Max Joseph von Pfalz-Zweibrükken, dem späteren bayerischen König, vorgestellt, der ihm eine Empfehlung an seinen Onkel, den Kurfürsten Karl Theodor, mitgab.

Ein Jahr später, im Frühjahr 1784, traf Thompson in München ein, wo er von der Gräfin Baumgarten dem Kurfürsten besonders empfohlen wurde. Auf den Rat des Kurfürsten bereiste er vier Jahre lang das Land, um sich mit der Sprache und den bayerischen Verhältnissen vertraut zu machen und Vorschläge für eine als allgemein notwendig erachtete Militärreform auszuarbeiten. Im Jahre 1788 legte Thompson eine umfangreiche Denkschrift vor, die beträchtliches Aufsehen erregte. So schrieb der bekannte Naturforscher und Satiriker Georg Friedrich Lichtenberg: „Was Thompson anstrebt, wird man nur mit Vergnügen und selbst nicht ohne Bewunderung lesen." Ein zentraler Punkt dieser Reform war ein neues Beurlaubungssystem. Die Offiziere wurden angewiesen, den größten Teil der Soldaten

> Thomas Jefferson, Benjamin Franklin und Graf Rumford waren die drei größten Geister, die Amerika hervorgebracht hat.
>
> *Franklin D. Roosevelt, Präsident der USA*

Benjamin Thompson, der spätere Graf Rumford, als britischer Dragoneroberst, 1783, Kupferstich eines unbekannten Künstlers, Privatbesitz, München

in kriegsfreien Zeiten zu beurlauben und ihnen Nebentätigkeiten zu gestatten. Die Modernität dieses Programms liegt vor allem in der intendierten Integration des Militärs in das Bürgertum und der damit verbundenen Anhebung ihres sozialen Prestiges und weniger in den Einzelbestimmungen (z. B. neue Uniformen), die zum Teil auf heftigen Widerstand stießen. Der Kurfürst mußte sogar ein scharfes Verbot gegen „höchst beleidigende Zweifel wegen dem Bestand des neu angenommenen Kriegssystems und spitzfindige Bemerkungen über die darin erlassenen Verordnungen" aussprechen. Der Militarisierung der Gesellschaft, wie sie etwa in Preußen stattfand, stand in Bayern gewissermaßen eine Privatisierung des Militärs gegenüber, wenn Thompson sich bemühte, Soldaten in ihrer reichlichen Freizeit mit den verbesserten Methoden der Bodenbearbeitung und des Pflanzenanbaus vertraut zu machen, wozu jedem Soldaten eine Landparzelle zugewiesen wurde. Auf diese Weise gelang es Thompson, der Kartoffel zum Siegeszug in Bayern zu verhelfen.

In engem Zusammenhang mit dieser Reform steht die Anlage des Englischen Gartens in München, der, von Thompson ursprünglich als „Militärischer Garten" konzipiert, als Ausbildungs- und Erholungsstätte für die Garnison diente. Durch

ein kurfürstliches Dekret vom 13. August 1789 erhielt Thompson den Auftrag zur Ausführung des Gartens nach seinen vorgelegten Plänen. Für den Ankauf von benachbarten Wiesen, Häusern, Scheunen, die Ablösung von Weiderechten etc. mußten verhältnismäßig hohe Summen bezahlt werden. Zur ersten Beratung über die Anlage des Gartens im englischen Landschaftsstil wurde der aus Schwetzingen berufene Hofgartendirektor Friedrich Ludwig Sckell hinzugezogen. Charakteristisch für den damaligen gesellschaftlichen Umbruch ist, daß der neue „Theodorspark" von seinem Schöpfer als „öffentlicher Garten" verstanden wurde, der „nicht bloß einem Stande, sondern dem ganzen Volke zugute kommen" sollte.

Daneben war Thompson an zahlreichen städtebaulichen Veränderungen, insbesondere an der Entfestigung Münchens, maßgeblich beteiligt, wodurch die Stadt, etwa im Bereich der sog. Schönfeldvorstadt, den notwendigen Freiraum für ihre weitere Entwicklung erhielt.

Eine weitere flankierende Maßnahme der Heeresreform war die Gründung eines militärischen Arbeitshauses in dem ehemaligen Paulanerkloster in der Au, die Thompsons Ruf als wirkungsvollen Sozialreformers festigte. Zur Zeit Karl Theodors lebten in München angeblich 2.500 Bettler, davon

allein in der Au rund 1.400. Am 1. Januar 1790 ließ Thompson die meisten Bettler von Soldaten und Polizisten aufgreifen und in das Arbeitshaus bringen. Dort war nicht nur eine Reihe größerer Werkstätten für die wichtigsten Bau-, Metall- und Holzhandwerke untergebracht, sondern auch eine Serienfertigung für Textilien zur Herstellung von Uniformen für die bayerische Armee. In diesem Arbeitshaus, das keinesfalls dem traditionellen Zuchthaus gleichzusetzen ist, wurden Alte, Schwache, Behinderte und Kinder aus den sozialen Unterschichten ihren Fähigkeiten entsprechend eingesetzt. An diesem nach wirtschaftlichen Prinzipien geführten Produktionsbetrieb wird die für das Zeitalter der Aufklärung so charakteristische Verbindung utilitaristischer und philantropischer Ideen besonders deutlich. Insofern kann das Münchner Arbeitshaus

als eine der ersten Institutionen zur Resozialisierung verstanden werden. Auch im Strafvollzug stellte Thompson die Besserungsfähigkeit der Sträflinge in den Vordergrund und wurde so zum Wegbereiter eines humanen Strafvollzugs.

Viel Energie verwandte er auf die Erfindung eines zweckmäßigen Küchenherdes, mit dem man sehr viel Brennholz einsparen konnte. In seinen Schriften stellte er nicht nur seine zahlreichen Erfindungen auf dem Gebiet der Wärme- und Militärtechnik vor, sondern setzte sich auch mit Ernährungsproblemen auseinander. Die nach ihm benannte „Rumfordsuppe", die im wesentlichen aus Kartoffeln, Graupen, Erbsen, Brotschnitten, sauer gewordenem Bier und Wasser besteht, fand über Bayern hinaus weite Verbreitung. Thompson stand unter der besonderen Protektion des Kurfürsten, der

ihn 1785 zum Kammerherrn, 1787 zum
Geheimen Rat, 1788 zum Generalmajor,
Staatsrat und Kriegsminister, 1790 schließlich zum Generalleutnant ernannte und
ihm während seines Reichsvikariats am
25. Mai 1792 nach der in New Hampshire
gelegenen Stadt (heute Concord) den Titel
eines Reichsgrafen von Rumford verlieh. So
gut es Rumford verstand, die Gunst seines
Fürsten zu erringen, so wenig Sympathien
erwarb er sich aufgrund seines schwierigen
Charakters bei seinen Kollegen und Unter-
gebenen. Vor allem in der Münchner Stadt-
verwaltung besaß er zahlreiche Feinde. Der
Konflikt eskalierte im Jahr 1790, als der Kurfürst den Stadtrat wegen Unehrerbietigkeit
aller Ämter enthob und zu einem öffentlichen Kniefall vor seinem Bild zwang, wofür
Rumford verantwortlich gemacht wurde.
Freilich spielte in diese Kontroverse auch
das sehr gespannte Verhältnis Karl Theodors zu seinen Untertanen hinein, die ihm
wegen des bayerisch-österreichischen
Tauschprojekts sehr mißtrauisch gegen-
überstanden.
Als 1796/97 französische und österreichische Truppen München bedrohten,
wurde Rumford mit der Deckung der Hauptstadt beauftragt, einer Aufgabe, die deshalb
so diffizil war, weil sich Bayern streng zur
Neutralität verpflichtet hatte. Seinem
geschickten Taktieren war es zu verdanken,
daß Münchens Besetzung und Zerstörung
verhindert werden konnte. Im Januar 1798
wurde Rumford aus „besonderem höchsten
Vertrauen mit der Errichtung und Herstellung, dann Besorgung und Handhabung der
öffentlichen Ruhe und Ordnung in der
Haupt- und Residenzstadt München" beauftragt. Als Polizeiminister – unter Polizei ver-

stand man damals in etwa den Gesamtbe-
reich der inneren Ordnung und Sicherheit
einschließlich der Sozialpolitik – entfaltete
er rasch eine rastlose Tätigkeit, u. a. führte er
in dieser Eigenschaft den Meldezettel und
die Polizeistunde ein.
Erneute Differenzen mit seinen Kollegen
führten dazu, daß Rumford auf eigenen
Wunsch von seinem Amt als Polizeiminister
zurücktrat und am 11. August 1798 zum kurpfalzbayerischen Gesandten und Bevoll-
mächtigten Minister am königlichen Hof in
London ernannt wurde. In dieser Funktion
sollte Rumford Englands Unterstützung bei
der Durchsetzung bayerischer Entschädi-
gungsansprüche gewinnen und um Subsi-
dienzahlungen für Bayern bitten. Die Londoner Mission Rumfords wurde jedoch ein
völliger Mißerfolg, da man ihm eröffnete,
daß er als Engländer nicht als diplomatischer

Abschrift der Sterbeakte von Sir
Benjamin Thompson, Graf von
Rumford, Auszug aus dem Stan-
desamt-Register von 1853, Bürgermeisteramt Auteuil/Paris

Literatur:
Angelika Baumann: „Armuth
ist hier wahrhaft zu Haus…"
Vorindustrieller Pauperismus
und Einrichtungen der Armen-
pflege in Bayern um 1800
(Miscellanea Bavarica Mona-
censia, Bd. 132), München
1984
Oskar Bezzel: Geschichte des
kurpfalzbayerischen Heeres
von 1778 bis 1803 (=Geschichte
des Bayerischen Heeres, Bd. 5),
München 1930
Theodor Dombart: Der Eng-
lische Garten zu München,
München 1972
Wolf D. Gruner: Benjamin
Thompson, Reichsgraf von
Rumford: Seine Londoner Mis-
sion 1798, in: Orwin Kuhn
(Hg.): Großbritannien und
Deutschland (Festschrift für
John. W. P. Bourke), München
1974, S. 74–92
Ludwig Hammermayer: Das
Ende des alten Bayern. Die
Zeit des Kurfürsten Max III.
Joseph (1745–1777) und des
Kurfürsten Karl Theodor (1777–
1799), in: Max Spindler (Hg.):
Handbuch der Bayerischen
Geschichte, Bd. 2, München
1969, S. 985–1102
Karl Theodor von Heigel: Ben-
jamin Thompson, Graf von
Rumford. Festrede, gehalten
bei der gemeinsam von der K.
Akademie der Wissenschaften
und dem Stadtmagistrat Mün-
chen veranstalteten Feier aus
Anlaß der 100. Wiederkehr des
Todestags Rumfords im großen
Saal des neuen Rathauses am
11. Juli 1914, München 1915
Edgar Larsen: Graf Rumford.
Ein Amerikaner in München,
München 1973

Vertreter eines fremden Fürsten akkreditiert werden könne. Den Ausschlag für Rumfords Abweisung dürfte ein Bericht des britischen Geschäftsträgers Shepherd gegeben haben, der Rumfords freundschaftliche Beziehungen zu Frankreich, dem politischen Gegner Englands, kritisierte. Persönlich war die Ablehnung als Gesandter für Rumford eine schwere Kränkung, die er zeit seines Lebens nicht verwinden konnte. Nach diesem Mißerfolg zog er sich völlig aus der Politik zurück, um sich fortan intensiv seinen naturwissenschaftlichen Studien zu widmen. Im Jahre 1800 begründete er in London „zum Wohle der Menschheit" die Royal Institution, ein weit über England hinaus bekanntes Forschungsinstitut, das noch heute besteht und große Gelehrte hervorgebracht hat. 1802 kehrte er für kurze Zeit auf Einladung seines alten Gönners, des Kur-

fürsten Max Joseph, nach München zurück, ohne jedoch in die Politik einzugreifen. Hier schloß er die Bekanntschaft mit der Witwe des berühmten Chemikers Lavoisier, mit der er eine zweite Ehe einging, die jedoch schon bald wieder geschieden wurde.

Seit 1803 lebte Rumford in Frankreich, ohne noch einmal nach Bayern zurückzukehren. Jahre zuvor hatte er sich große Verdienste um die Bayerische Akademie der Wissenschaften in München erworben, da er sich dem Kurfürsten gegenüber für ein Weiterbestehen dieser durch die Illuminatenbewegung verdächtig gewordenen Institution eingesetzt hatte. Der Plan des Ministers Montgelas, Rumford mit einer Reform der Akademie zu betrauen, ließ sich nicht mehr realisieren. Am 21. August 1814 starb Graf von Rumford in Auteuil bei Paris, wo er auch begraben liegt.

Das Wirken Rumfords in Bayern umfaßte im wesentlichen die Jahre 1784 bis 1798, also die letzten Regierungsjahre des Kurfürsten Karl Theodor. Die von Rumford initiierten Reformen widerlegen das Klischee, Bayern sei zu dieser Zeit ein rückständiges Land gewesen, in dem nur Schlendrian, Mißwirtschaft und Korruption geherrscht hätten. Die Reformen Rumfords sind von einem Impuls getragen, der auch heute noch als Richtschnur dienen könnte: „Wüßte man es allgemein, wie oft wenig Mühe und wenig Aufwand hinreichen, um viel Gutes zu stiften, so würden die Handlungen der reinsten Menschenliebe viel häufiger und die Masse des Elends unter den Menschen viel geringer seyn, zumal da die Freude, die aus der Erleichterung des Mangels, und aus der Beförderung der Glückseligkeit unserer Mitmenschen entspringt, so herzlohnend ist."

„The Royal Institution of Great Britain" in London, neuere Ansichtskarte nach einem Aquarell von T. Hosmer Shepherd, aus dem Jahre 1840, Privatbesitz, München

24

Originalrezept
der Rumford-Suppe[1]

Zuthaten: 2 Viertel Perlgraupen, 2 Viertel Erbsen, 8 Viertel Kartoffeln, Brodschnitte, Salz, 24 Maaß schwacher Bier-Weinessig oder vielmehr sauer gewordnes Bier, Wasser ungefähr 560 Maaß.

[1] *Benjamin Graf von Rumford: Kleine Schriften politischen, ökonomischen und philosophischen Inhalts Bd. 1 (Hg.: F. J. Bertuch), 2. Aufl., Weimar 1800, S. 254f. u. S. 274-276*

Das Wasser und die Gerstengraupen werden zusammen in einen Kochkessel gethan und zum Kochen gebracht; dann werden die Erbsen hinzugethan und das Kochen wird über mäßigem Feuer zwey Stunden lang fortgesetzt; dann werden die Kartoffeln (die ungekocht oder gekocht schon geschält sind) hinzugethan, und das Kochen wird noch eine Stunde lang fortgesetzt. Während dieser Zeit wird die Flüßigkeit im Kessel fleißig mit einem großen hölzernen Löffel umgerührt, um die Kartoffeln gänzlich zu zerreiben, und die Suppe zu einer gleichförmigen Masse zu machen. Sobald dies geschehen ist, werden Weinessig Salz und zuletzt, wenn die Suppe aufgetragen werden soll, Brodschnitte hinzugethan.

Reinhard Freiherr von Werneck (1757–1842)

Sabine Heym

Obgleich Reinhard Freiherr von Werneck als Nachfolger des Grafen von Rumford nur 6 Jahre lang, von 1798 bis 1804, in leitender Funktion die Ausgestaltung des Englischen Gartens in München bestimmte, so hat er doch in einer Phase des Übergangs vom Militär- und Volksgarten zum englischen Landschaftspark großen Stils Entscheidendes geleistet. Ihm verdanken wir die erste Anlage des Kleinhesseloher Sees und die großartige Erweiterung des Englischen Gartens um die Hirschau im Nordosten.

Reinhard Freiherr von Werneck erblickte am 28. Juni 1757 in Ludwigsburg als Sohn des württembergischen Generalfeldzeugmeisters Franz Friedrich Freiherrn von Werneck und dessen Gemahlin Marianne Dorothea, geborene Freifrau von Mentzingen, das Licht der Welt[1]. Über seine Jugend und Ausbildung, aber auch über seinen weiteren Lebensweg, gibt es nur vereinzelte Hinweise[2]. Schon als Kind soll er eine militärische Charge bekleidet haben. Später trat er wahrscheinlich in kaiserliche Dienste, zog sich dann aber aus der österreichischen Armee bald wieder ins Privatleben zurück, um sich der Landwirtschaft zu widmen. Angebote, in Preußen oder Frankreich eine Militärlaufbahn einzuschlagen, lehnte er ab. Auf Einwirken seiner Familie entschloß er sich in bayerische Dienste zu treten. Am 27. Mai 1797 wurde er von Kurfürst Karl Theodor als Generalleibadjutant und Oberst der Infanterie gegen ein Jahresgehalt von 400 fl. angestellt. Am 14. Juni 1797 wurde ihm der vorgeschriebene Eid abgenommen, daß er nicht dem radikal aufklärerischen, verbotenen Geheimbund der Illuminaten angehöre[3]. Zuvor hatte Werneck bestätigt,

daß er zwar Mitglied der Freimaurer gewesen war, aber schon vor zwölf Jahren in Linz aus diesem Orden ausgetreten sei.

Im August 1798 wurde Werneck, wenn auch zunächst noch unter der Oberleitung des Reichsgrafen von Rumford, mit der Spezialaufsicht über den Englischen Garten betraut. Im November 1798 erhielt er „zur Ausfüllung seiner Mußestunden" die Intendanz des Englischen Gartens. Unter dem neuen Kurfürsten Max IV. Joseph erlangte er schließlich im März 1799 die hauptamtliche Direktion [4], wenngleich ihm in Fragen der Gartengestaltung der zum Gartenbaudirektor für die Rheinpfalz und ganz Bayern ernannte Friedrich Ludwig Sckell beratend zur Seite gegeben wurde. Werneck hatte in erster Linie die wirtschaftliche Rentabilität der Gartenanlage im Auge. Ihm war daran gelegen, daß sich das Gartenprojekt angesichts der angespannten Finanzlage des Staates während der Napoleonischen Kriege durch einen entsprechenden Ausbau landwirtschaftlicher Einrichtungen finanziell selbst tragen, ja sogar Überschüsse abwerfen könne. Dies sollte durch eine Erweiterung der Wiesen- und Waldflächen, durch eine Vergrößerung des Viehbestandes und den Ausbau der Ökonomie und der Mühlen erreicht werden. Um sich für seine neue Aufgabe vorzubereiten, unternahm Werneck auf eigene Kosten eine Studienreise nach Böhmen und Sachsen. Auf sein Betreiben hin wurde dem damaligen Volksgarten, dem Karl-Theodor-Park, der inzwischen nicht mehr der Militärbehörde, sondern dem kurfürstlichen Kabinett unterstand, die Ökonomie mit Schweizerei zugeschlagen. Die beiden 1798 errichteten Säge- und Mahlmühlen wurden am 9. Dezember

Reinhard Frhr. von Werneck, Öl auf Leinwand von einem unbekannten Künstler, Standort unbekannt

[1] Münchner Neueste Nachrichten, Nr. 117, 11. März 1899, S. 3

[2] Vgl. zur Biographie Wernecks: Personalakte Reinhard Freiherr von Werneck, Bayerisches Hauptstaatsarchiv München, Abt. IV Kriegsarchiv, OP 83840. – Münchner Neueste Nachrichten, Nr. 117, 11. März 1899, S. 3. – Karl von Rambaldi: Die Münchner Straßennamen und ihre Erklärung, München 1894, S. 216f., Nr. 698

[3] „Illuminaten-Reinigungs-Eid nach der gezaigten zweiten Formel"

[4] Vgl. ausführlich zu Wernecks Tätigkeit als Direktor des Englischen Gartens: Johann Mayerhofer: Geschichte des Münchner Englischen Gartens von seinem Beginne (13. August 1789) bis zur Errichtung der Hofgärtenintendanz (9. März 1889), in: Jahrbuch für Münchner Geschichte, 3. Jg. Bamberg 1889, S. 1–52. – Theodor Dombart: Der Englische Garten zu München, München 1972, S. 135–149

[5] Nach: Franz Hallbaum: Der Landschaftsgarten, München 1927

[6] Schreiben Wernecks vom 8. Februar 1804, zit. bei Mayerhofer, wie Anm. 4, S. 49, Anm. 34

[7] Vgl. Mayerhofer, wie Anm. 4, S. 50, Anm. 35

[8] Vgl. Friedrich Teicher: Das königlich-bayerische Kadetten-Corps von der Gründung bis zur Gegenwart, 2. Aufl. München 1900. – L. Kuchtner u. a.: Das Kgl. Bayer. Kadettenkorps, 1956

[9] *Max Koch: August Graf von Platens Leben und Schaffen (=August Graf von Platens sämtliche Werke in zwölf Bänden, Bd. 1), Leipzig (1910), S. 33-40. – Ludwig von Scheffler und Paul Bomstein (Hg.): Der Briefwechsel des Grafen August von Platen. Bd. 1, München/Leipzig 1911, S. 471*

[10] *August Alckens: Die Denkmäler und Denksteine der Stadt München, München 1936, S. 10f. – Ders.: München in Erz und Stein, Mainburg 1973, S. 145*

[11] *Münchens Straßennamen, München 1983, S. 216*

[12] *Das Barockschlößchen wurde um 1870 und 1924/25 umgebaut. 1818 wurde die barocke Gartenanlage in einen Landschaftsgarten Sckellscher Art umgestaltet. Im Schloß wirkten bedeutende Wissenschaftler und Künstler: optische Werkstätte C. A. Steinheils, Sitz eines Künstlerbundes um Ludwig Ganghofer, Atelier des Malers Paul Klee, Bibliothek von Romano Guardini. Zuletzt 1969/70 renoviert; heute Bestandteil der Katholischen Akademie. – Vgl.: Theodor Dombart: Schwabing, München 1967, S. 98-106 u. 197-206. – Michael Schattenhofer: Schloß Suresnes in Schwabing, München/Zürich 1982. – Josef H. Biller und Hans Peter Rasp: München Kunst & Kultur, München 1985, S. 225*

[13] *Der damalige Besitzer von Schloß Suresnes, der jüdische Generaldirektor Samuel Weiß, mußte 1936 ins Ausland fliehen. Daraufhin wurde Suresnes unter der Bezeichnung „Werneckschlößl" zum Kauf angeboten und schließlich zwangsversteigert*

1799 ebenfalls diesem landwirtschaftlichen Betrieb einverleibt. Für den Ausbau der Ökonomie waren insbesondere die Wiesenflächen des sogenannten unteren Hirschangergebietes nordöstlich der bisherigen Gartenanlage von großer Bedeutung, deren 300 Morgen am 23. Dezember 1799 dem bisher 375 Morgen umfassenden Englischen Garten angegliedert wurden. Am 7. Januar 1800 wurden schließlich auch die ehemaligen Militärgärten endgültig dem Karl-Theodor-Park zugeschlagen.

Die Kultivierung der neuen Hirschau-Gründe verschlang zunächst große Summen, die Werneck durch die landwirtschaftlichen Betriebe nicht aufbringen konnte. Als er sich sogar entschloß, die beiden Mühlen selbst gegen 5.000 fl. Jahrespacht zu übernehmen, um die weitere Finanzierung seines Gartenprojektes zu gewährleisten, wurde sein Konzept vom Kurfürsten endgültig abgelehnt.

Im Zuge der neuen Behördenorganisation durch den Minister Maximilian von Montgelas wurde das gesamte Gartenwesen als ein Teil des Hofetats nun einer einzigen, unmittelbar dem geheimen Finanzministerium untergeordneten „Hofgartenintendanz" unterstellt, der auch der bisher getrennt verwaltete Englische Garten angehören sollte. Am 9. März 1804 ernannte Max IV. Joseph Sckell zum Intendanten des gesamten bayerischen Gartenwesens. Ökonomische Gesichtspunkte traten nun zugunsten der Anlage eines großflächigen, oft als „klassisch" bezeichneten Landschaftsgartens[5] in den Hintergrund.

Werneck wurde seiner Stellung als Direktor des Englischen Gartens mit dem Ausdruck „allerhöchster Zufriedenheit" enthoben, worüber er sich bitter beklagte: „...je perds même le jardin anglais dont l'occupation interessante me rendait la vie agréable; je n'avais rien cherché, rien desiré, et je perds la seule chose qui me faisait plaisir."[6] Da er sich bereits 1803 wegen einer militärischen Zurücksetzung beschwert hatte[7], beförderte ihn der Kurfürst nun zum Generalmajor à la suite und beauftragte ihn mit der Reorganisation des Kadettenkorps in München[8]. Die im Zuge der allgemeinen Reform des bayerischen Heeres befohlene Neuordnung des 1756 gegründeten Kadettenkorps von einer Militärakademie in eine militärische Erziehungs- und Bildungsanstalt konnte Werneck bis zum 19. Januar 1805 abschließen. Zweck der Akademie war es, geeignete Offiziere heranzubilden; nur solche Offiziere sollten in Zukunft eine Anstellung in der Armee finden, die im Kadettenkorps ausgebildet worden waren. Werneck stand dem Kadettenkorps bis 1817 vor. Er richtete zur Veranschaulichung im Unterricht eine Modell- und Waffenkammer ein, schied den Religionsunterricht 1807 nach Konfessionen und führte 1811 Wochennoten ein. 1806 ermöglichte er dem damals zehnjährigen, später als Lyriker zu Ruhm gelangten August von Platen den Eintritt in das Kadettenkorps. Werneck war ein Jugendbekannter von Platens Vater, den er auch später noch öfter in Ansbach besuchte[9].

1815 wurde der Generalmajor Reinhard Freiherr von Werneck zum Generallieutnant befördert. Wegen seines kränklichen Gesundheitszustandes versetzte man ihn auf eigenen Wunsch 1817, mit der Erlaubnis, die Uniform des Kadettenkorps weitertragen zu dürfen, in den Ruhestand. 1818 ließ er sich in Schloß Triesdorf bei Ansbach nieder.

1837 erhielt der inzwischen 80jährige von König Ludwig I. das Großkreuz des Civil-Verdienstordens der Bayerischen Krone. Auch erinnerte man sich nun wieder an Wernecks verdienstvolle Tätigkeit als Direktor des Englischen Gartens. Noch zu seinen Lebzeiten, 1838, veranlaßte König Ludwig I. die Errichtung des Werneck-Denkmals auf einer kleinen Anhöhe nahe dem östlichen Ufer des von Werneck um 1800 angelegten, 1807 vergrößerten Kleinhesseloher Sees. Die Inschrift auf dem von Klenze entworfenen Monument in Form einer Karyatidenstele mit seitlichen Ruhebänken würdigt offiziell die Verdienste des Generallieutnants „um Verschönerung dieses Gartens durch erste Anlage des Sees"[10].

1839 zog Werneck nach München. Im gleichen Jahr unternahm er eine sechswöchige Reise nach Salzburg. Auch 1840 unterzeichnete Ludwig I. dem pensionierten Generallieutnant und Ehrenmitglied der Akademie der Wissenschaften nochmals einen Reiseerlaubnisschein für einen dreimonatigen Aufenthalt in Salzburg. Nach längerer Krankheit verstarb Reinhard Freiherr von Werneck am 27. Juli 1842 im Alter von 85 Jahren in Tegernsee.

Als Schwabing mit dem 1. Januar 1891 ein Stadtteil von München wurde, benannte man die nahe dem Englischen Garten gelegene Schloßstraße zu Ehren des ehemaligen Direktors des Landschaftsgartens in Werneckstraße um[11]. Das an der Straße gelegene ehemalige Suresnesschlößchen ist heute als „Werneckschlößl" bekannt; Werneck selbst hat hier aber nie gewohnt, noch hat es ihm jemals gehört. Das ursprünglich nach Schloß Suresnes bei Paris benannte, zwischen 1715 und 1718 wohl von Johann Bap-

Das Werneck-Denkmal am Kleinhesseloher See

tist Gunetzrhainer errichtete Lustschloß des Kabinettsekretärs des Kurfürsten Max Emanuel, Franz Xaver Ignaz von Wilhelms, wechselte allerdings in der Folgezeit mehrfach Besitzer und Namen[12]. Noch 1882 beantragte aber der damalige Besitzer, den ursprünglichen Namen „Villa Suresnes" wieder verwenden zu dürfen. Erst in den 30er Jahren unseres Jahrhunderts[13] bürgerte sich der Name „Werneckschlößl" in Anlehnung an den Straßennamen ein.

Max I. Joseph, König von Bayern (1756–1825)

Sabine Heym

Als Max Joseph als Nachfolger des wenig geliebten Karl Theodor am 12. März 1799 als Kurfürst Max IV. Joseph von Pfalz-Bayern feierlich in seiner neuen Residenzstadt München einzog, soll ihm ein Bierbrauer – die freudige Begeisterung der übrigen zur Begrüßung versammelten Bevölkerung widerspiegelnd – die Hand in die Kutsche gereicht und ihm entgegengerufen haben: „Weilst nur grad da bist, Maxl!"

Max Joseph[1] hatte am 27. Mai 1756 als jüngerer Sohn des zweitgeborenen Pfalzgrafen Friedrich Michael aus der wittelsbachischen Nebenlinie Birkenfeld-Zweibrücken in Mannheim das Licht der Welt erblickt. Die Erziehung Max Josephs und seines älteren Bruders Karl August übernahm sein kinderloser Onkel Christian IV. von Pfalz-Zweibrücken, insbesondere nach dem frühen Tod des Vaters im August 1767. Da Max Josephs älterer Bruder 1775 die Nachfolge Christians IV. antrat und angesichts des zukünftigen wittelsbachischen Erbes Pfalz-Bayerns von seinem Onkel, dem kinderlosen Kurfürsten Karl Theodor, eine glänzende Hofhaltung auf Schloß Karlsberg bei Homburg entfaltete, trat der jüngere, Max Joseph, nach Zweibrücker Tradition in französische Militärdienste. Am 18. März 1776 übernahm er als Kommandeur das Regiment Royal Alsace und lebte bis zum Ausbruch der Französischen Revolution in Straßburg, wo er das Hôtel des Deux-Ponts besaß. Am 27. März 1778 trat er in der von seinem Bruder Karl II. August abgetretenen Grafschaft Rappoltstein die Regierung an. 1785 heiratete der 29jährige die Prinzessin Auguste Wilhelmine von Hessen-Darm-

stadt. 1786 wurde ihm ein Sohn geboren, Ludwig, der ersehnte Erbprinz des vom Aussterben bedrohten Hauses Wittelsbach. Nach eigener Aussage hat Max Joseph seine glücklichsten und unbeschwertesten Jahre in französischen Diensten in Straßburg verbracht. Wegen seines jovialen Charakters und seiner offenen Art war er schon damals in militärischen wie bürgerlichen Kreisen ausgesprochen beliebt.

1789 mußte Max Joseph mit seiner Familie aus dem wegen der Französischen Revolution unsicher gewordenen Straßburg fliehen. Er trat in das preußische Heer ein und nahm an der Belagerung des von den Franzosen besetzten Mainz teil. Max Joseph wohnte abwechselnd – vor den heranrükkenden französischen Truppen, die die Pfalz verwüsteten, zurückweichend – in Mannheim, Schwetzingen und Rohrbach bei Heidelberg, wo am 30. März 1796 seine Frau starb. Nach dem Tod seines Bruders 1795 war Max Joseph inzwischen zum Herzog von Zweibrücken aufgestiegen, einem Herrscher ohne Land, denn die Zweibrückener und die linksrheinischen Pfälzer Territorien waren fest in französischer Hand. Max Joseph mußte 1796 nach Ansbach fliehen. Im Exil lernte er Caroline Friederike Wilhelmine von Baden kennen, die er am 9. März 1797 in Karlsruhe heiratete.

Nach dem Tod des Kurfürsten Karl Theodor am 12. Februar 1799 trat Max Joseph die Erbfolge an und wurde, als Max IV. Joseph, Kurfürst von Pfalz-Bayern, dem drittgrößten Staatenkomplex des Reiches. Mit vier Kindern aus erster Ehe – Ludwig, Auguste, Charlotte und Karl – zog er in die Münchner Residenz ein. Hier schenkte seine zweite

Max I. Joseph,
König von Bayern , um 1820, Öl
auf Leinwand von Joseph v. Stie-
ler (?), Bayerische Verwaltung
der staatl. Schlösser, Gärten
und Seen, München

31

*Neues und Altes Schloß Bieder-
stein, 1842, Aquarell von Heinrich Adam, Staatl. Graphische
Sammlung, München*

*Kurfürst Max IV. Joseph erwarb
das Alte Schloß Biederstein
1803 von Baron Stephan von
Stengel und schenkte es seiner
Gemahlin Caroline*

Gemahlin noch sieben Kindern das Leben;
fünf Töchter sollten später in die großen europäischen Fürstenhäuser einheiraten.
Der Regierungswechsel nach dem Tode Karl
Theodors 1799 leitete eine neue Epoche der
bayerischen Geschichte ein[2]. Die Popularität Max Josephs bei der Bevölkerung war ein
wichtiger Aktivposten in den bevorstehenden Wirren der Napoleonischen Kriege, den
territorialen Veränderungen und inneren
Reformen, aus denen Bayern bis zum Ende
der Regierungszeit Max Josephs als modern
organisierter, territorial geschlossener Ver-
fassungsstaat hervorgehen sollte. Große
Aufgeschlossenheit, ein guter politischer
Instinkt und eine gewisse Schläue bestimm-

ten die Herrschaft Max Josephs, der sich
bereits 1796 Maximilian Joseph Freiherr
(seit 1809) Graf von Montgelas (1759 bis
1838)[3] als politischen Berater geholt hatte.
Montgelas, ein durch die Aufklärung
geformter Diplomat und Staatsmann, wurde
zum Architekten des neuen Bayern. Als
Außenminister leitete er achtzehn Jahre
lang, von 1799 bis 1817, die gesamte Regie-
rungspolitik, von 1803 bis 1806 und von
1809 bis 1817 auch das Finanz- und von 1806
bis 1817 das Innenministerium.
Max Joseph übernahm in einem kritischen
Augenblick die Regierung in Bayern: Die
linksrheinischen Gebiete des Hauses Wittelsbach waren verloren, die rechtsrhei-

nische Kurpfalz und Berg waren von Frankreich bedroht, die Finanzlage war verheerend und Österreich stand mit über 100.000 Mann im Land. In einem Militärbündnis mit Österreich sah man deshalb zunächst die besseren Chancen, mußte aber nach der Niederlage bei Hohenlinden im Dezember 1800 gegen das revolutionäre Frankreich im Frieden von Lunéville am 9. Februar 1801 endgültig das linke Rheinufer an Frankreich abtreten. Von da an wandte sich die Regierung Montgelas, einer weitverbreiteten Strömung im Lande entgegenkommend, mehr und mehr Frankreich zu; am 24. August 1801 schloß Max IV. Joseph den ersten Bündnisvertrag mit Frankreich, der 1805 endgültig sanktioniert wurde. Im Frieden von Preßburg wurde Bayern, das inzwischen auf der Seite Frankreichs stand, am 26. Dezember 1805 das Recht zur Annahme des Königstitels zuerkannt.

Der neue König Max I. Joseph soll anstelle einer langen Ansprache, ganz seiner volkstümlichen Art entsprechend, gesagt haben: „Wir bleiben die Alten." Eine Krönung fand vorerst nicht statt, da das Konkordat mit dem Heiligen Stuhl noch nicht abgeschlossen war. Die Kroninsignien, die sich heute in der Schatzkammer der Münchner Residenz befinden, gab man aber sogleich beim Pariser Hofjuwelier Napoleons in Auftrag. Das Bündnis mit Frankreich wurde nun auch familiär bekräftigt. Am 13. Januar 1806 heiratete die älteste Tochter Max' I. Joseph in der Grünen Galerie der Münchner Residenz in Anwesenheit Napoleons und der Kaiserin Josephine den Stiefsohn des französischen Kaisers, Eugène Beauharnais.

Damit war der Höhepunkt der bayerisch-französischen Beziehungen erreicht. In der Folge machte sich bald ein Umschwung bemerkbar. Die Kriege an der Seite Napoleons 1806/07 und 1809, insbesondere das Vorgehen der französischen Armee während des Feldzugs in Tirol, führten zu ersten Zerwürfnissen. Gerade Kronprinz Ludwig war es, der sich auf die wachsende Seite der Gegner Frankreichs stellte. Als Bayern im Rußlandfeldzug Napoleons 30.000 Mann geopfert hatte, schwenkte der König 1813 gleichsam in letzter Minute im Vertrag von Ried am 8. Oktober, noch vor der entscheidenden Niederlage Napoleons in der Völkerschlacht bei Leipzig, auf die Seite der Verbündeten gegen den französischen Kaiser. Lange hatte sich Max I. Joseph gewehrt, gegenüber Frankreich vertragsbrüchig zu werden. Es hatte längerer Bemühungen des Ministers Montgelas und des bayerischen Heerführers Wrede bedurft, um den König zu überzeugen, daß nur auf diese Weise die Souveränität und der Besitzstand Bayerns zu retten war.

Aufgrund des Reichsdeputationshauptschlusses von 1803, der die Mediatisierung der geistlichen Fürstentümer (Herrschaftssäkularisation), der Reichsstädte und -stände festgelegt hatte, waren Bayern die Hochstifte Würzburg, Bamberg, Augsburg und Freising, Teile der Hochstifte Eichstätt und Passau, die Enklave Mühldorf, ferner dreizehn Reichsabteien und fünfzehn Reichsstädte in Franken und Schwaben zugefallen. Der Beitritt Bayerns zum Rheinbund 1806 bedeutete zwar den endgültigen Austritt aus dem Reichsverband, ermöglichte aber die seit 1803 angestrebte Mediatisierung der fränkischen und schwäbischen Reichsritterschaft und der restlichen kleineren Fürstentümer. Durch die Frieden von Preßburg 1805, Schönbrunn 1809, schließlich Paris 1814/15 und besondere Vereinbarungen mit Österreich 1813 und 1816, als nach der rechtsrheinischen auch die linksrheinische Pfalz wieder zurückgewonnen werden konnte, war Bayern territorial erheblich vergrößert und arrondiert aus den Kriegswirren hervorgegangen. Der entscheidende Gewinn lag in der Abrundung des Staatsgebietes und der Beseitigung aller Enklaven. Die neugewonnenen Landschaften Franken und Schwaben verschmolzen rasch mit dem altbayerischen Kern, nicht zuletzt aufgrund der inneren Reformen.

Am 25. Mai 1808 hatte Montgelas vom König die Gewährung einer ersten Verfassung (Konstitution) erreicht; für ganz Bayern galt nun ein einheitliches Staatsrecht, die Ständeverfassungen waren aufgehoben, die durch die vorangegangenen Reformgesetze hergestellten bürgerlichen Freiheiten und Grundrechte wurden verfassungsmäßig verankert. Als erster deutscher Staat schuf Bayern zudem seit 1806 einen geschlossenen Binnenwirtschaftsraum ohne Zollschranken mit einheitlichem Münzwesen, gleichen Maßen und Gewichten. Bis 1817 konnte Montgelas unter König Max I. Joseph alle wichtigen Reformen, die er zum Teil bereits 1796 in einer Denkschrift ausgeführt hatte, mehr oder weniger vollständig verwirklichen: rechtliche Trennung zwischen Dynastie und Staat, Reorganisation der Zentralregierung mit strenger Trennung der Kompetenzen nach dem Ressortprinzip, Schaffung von Zentralbehörden, Trennung von Justiz und Verwaltung; Schaffung eines neuen, fachlich vorgebildeten, ausreichend besoldeten, nicht mehr korruptionsanfälligen Staatsbeamtentums; Aufhebung der Privilegien einzelner Stände, Gleichheit der Besteuerung, Zugang aller zu Staatsämtern; Abschaffung der Zünfte; Gleichheit vor dem Gesetz, Abschaffung der Fronarbeit und der Leibeigenschaft, Reform der niederen Gerichtsbarkeit, Schaffung eines einheitlichen Strafrechts, Abschaffung der Tortur; allgemeine Wehrpflicht; Übernahme der Post durch den Staat; Gemeindereform und neue Verwaltungseinteilung des Landes in Kreise; Einführung der Toleranz, d. h. Gleichberechtigung der Konfessionen, Niederlassungsfreiheit für Protestanten in Altbayern, Glaubensfreiheit für Juden; staatliche Kontrolle und Aufsicht über die Verwaltung der kirchlichen Stiftungen aller Konfessionen, Verbesserung des Pfarreisystems sowie der Ausbildung der Geistlichen; Reform der Universitäten und Schulen, allgemeine Schulpflicht; Reform des staatlichen Medizinalwesens, der Armen- und Krankenfürsorge; Presse- und Veröffentlichungsfreiheit.

Der Zentralismus aber auch die radikale Durchführung der Säkularisation mit deutlich klosterfeindlicher Einstellung sowie das Vorgehen gegen religiöse Bräuche führte allerdings zu starker Kritik am Reformwerk Montgelas'. Obgleich die Landeshauptstadt München durch die Konzentration des säkularisierten Klosterbesitzes – Archivalien, Bücher, Kunstwerke u. v. m. – zu einem Zentrum der geistes- und naturwissenschaftlichen Forschung wurde, ging viel wertvoller Besitz für immer verloren. Nicht zuletzt auch unter dem Einfluß des Kronprinzen Ludwig beschloß Max I. Joseph 1817 die Demission Montgelas'.

1818 aber erhielt Bayern als krönenden Abschluß des Reformwerkes eine fortschrittliche Verfassung mit Zweikammersystem: der Kammer der Reichsräte und der Kammer der Abgeordneten, der gewählten Volksvertretung, mit Steuerbewilligungsrecht, Mitwirkungsrecht bei der Gesetzgebung sowie Petitions- und Beschwerderecht. Bayern, das seit dem Wiener Kongreß 1815 Mitglied des Deutschen Bundes war, besaß damit dreißig Jahre früher als die beiden deutschen Großmächte Österreich und Preußen eine funktionierende Verfassung. Der Schritt vom aufgeklärten Absolutismus zur konstitutionellen Monarchie war vollzogen. Ergänzend zur Verfassung bestimmte das Gemeindeedikt von 1818 die gemeindliche Selbstverwaltung. Das Konkordat von 1817, das eine Neuordnung des Verhältnisses zwischen Staat und Kirche bedeutete, hatte eine mit den Landesgrenzen übereinstimmende neue Kirchenorganisation geschaffen; das Religionsedikt von 1818 erneuerte die Toleranzgesetzgebung, führte aber eine Reihe von Aufsichtsrechten des Staates wieder ein.

Es war ein großes Verdienst König Max' I. Joseph, die Verfassung von 1818, die Bayern zu einem modernen Staat machte, gegenüber allen Eingriffsversuchen von außen bewahrt zu haben. In seinem Amt sah Max I. Joseph eine vermittelnde Aufgabe. Er stand als Integrationsfigur zwischen der von ihm eingesetzten Regierung und dem Volk[4]. Jedem höfischen Zeremoniell war er abhold. Weil er aber niemanden entlassen wollte, bestand die große Hofhaltung fort, ohne gebraucht zu werden. Hohen Rang nahm lediglich die Hoftafel ein; für die offiziellen Bankette wurden neue Service in Silber und

König Max I. Joseph von Bayern im Krönungsornat, Öl auf Leinwand von Moritz Kellerhoven, Bayerische Staatsgemäldesammlungen, München

35

[1] *Die weiteren Ausführungen beziehen sich auf folgende grundlegende neuere Werke mit weiterführenden Literaturhinweisen: Eberhard Weis: Die Begründung des Modernen Bayerischen Staates unter König Max I. (1799-1825), in: Max Spindler (Hg.): Handbuch der Bayerischen Geschichte, Bd. IV/1, 2. verb. Nachdruck, München 1977, S. 3-86. – Hubert Glaser (Hg.): Wittelsbach und Bayern. Krone und Verfassung. König Max I. Joseph und der neue Staat, III/1: Beiträge, III/2: Ausstellungskatalog, München 1980. – Vgl. auch: Adalbert Prinz von Bayern: Max I. Joseph von Bayern, München 1957. – Ders.: Als die Residenz noch Residenz war, 3. Aufl., München 1982, S. 193-240*

[2] *Weis, wie Anm. 1, S. 3*

[3] *Vgl.: Eberhard Weis: Montgelas, Bd. I. Zwischen Revolution und Reform. 1759-1799, 2. durchges. Aufl., München 1988. (Bd. II. Der Architekt des modernen bayerischen Staates. 1799-1838, erscheint München 1989)*
[4] *Nach: Hans Ottomeyer (Wittelsbach und Bayern, III/2, wie Anm. 1, S. 601)*
[5] *Nach: Eberhard Weis (Wittelsbach und Bayern, III/1, wie Anm. 1, S. 61)*

Porzellan im Geschmack des „style empire" geschaffen.

Wie die zahlreichen Familienporträts bezeugen, spielten insbesondere seine Kinder eine wichtige Rolle im Leben des Monarchen. In der Münchner Residenz ließ Max Joseph nach seinem Regierungsantritt 1799 die Hofgartenzimmer als Wohnung für sich und seine Familie noch im „style Louis XVI" einrichten. Er selbst – der um fünf Uhr morgens aufstand – bezog einfache niedrige Zimmer im Mezzaningeschoß, wo er für jedermann zu sprechen war. Als Spaziergänger besuchte er gerne unbegleitet die Straßen und Märkte Münchens, aber auch den Englischen Garten, den er durch Friedrich Ludwig Sckell vollenden ließ. Für seine Gemahlin Caroline erwarb er 1803 Schloß Biederstein in unmittelbarer Nähe des Landschaftsgartens. Er selbst reiste nicht gerne. Im Sommer wohnte er in Schloß Nymphenburg, wo er Räume im Empirestil einrichten und den Park ebenfalls durch Sckell umgestalten ließ. 1816/17 erwarb er Kloster Tegernsee, wo er – beliebt bei der Bevölkerung des Tegernseer Tales, zu der er engen persönlichen Kontakt pflegte – längere Sommeraufenthalte verbrachte. Im nahegelegenen Söllbachtal kaufte er den Bauernhof in der Au, um dort ein Gestüt einzurichten. Seine volkstümliche, menschlich schlichte Art ließ in der Erinnerung des Volkes das Bild des leutseligen biederen „König Max" entstehen.

Seine Liebe zur ländlichen Umgebung, zum einfachen Leben und zur Natur kam auch in einer privaten Gemäldesammlung mit naturalistischen Bildern der vom König geförderten Münchner Landschafts- und Tiermaler zum Ausdruck. 1804 hatte Max I. Joseph

die Anlage des Alten Botanischen Gartens angeregt. Seine Vorliebe für das Volkstheater fand ihren Niederschlag in der Errichtung eines eigenen Theaterbaues am Isartor. In seine Regierungszeit fällt aber auch die Grundsteinlegung zum königlichen Hof- und Nationaltheater 1811 am späteren Max-Joseph-Platz. 1808 gründete er die königliche Akademie der bildenden Künste. Im gleichen Jahr entstand der erste Generalplan für die Erweiterung Münchens (Max-Vorstadt). Aus Anlaß der Hochzeit seines ältesten Sohnes mit der Prinzessin Therese von Sachsen-Hildburghausen veranstaltete der König im Oktober 1810 ein Volksfest mit Pferderennen, aus dem das spätere bayerische Nationalfest, das Oktoberfest, hervorging.

Das fünfundzwanzigjährige Regierungsjubiläum des Königs 1824 wurde zu einer Huldigungsfeier des ganzen Landes. Als Max I. Joseph, unter dessen Herrschaft sich in Bayern mehr geändert hatte als in Jahrhunderten zuvor[5], ein Jahr später, in der Nacht vom 13. auf den 14. Oktober 1825 in Schloß Nymphenburg starb, wurde er vom Volk tief betrauert. Er liegt in der Theatinerkirche in München begraben. Sein Herz wurde, wittelsbachischer Tradition folgend, in einer Urne, auf die sein Sohn und Nachfolger König Ludwig I. die Inschrift „Das Beste Herz" setzen ließ, in die Gnadenkapelle nach Altötting gebracht.

Friedrich Ludwig von Sckell (1750–1823)

Dorothea Lehner

Friedrich Ludwig von Sckell wurde am 13. September 1750 in Weilburg an der Lahn geboren[1]. Sein Vater, Johann Wilhelm Sckell, war hier als Hofgärtner in den Diensten des Fürsten von Nassau-Weilburg tätig. Die Familie Sckell hat ihren Ursprung in Schweden, die Schreibweise des Namens leitet sich wahrscheinlich von „Skjöld" her. Seit der Mitte des 17. Jahrhunderts bis ins 20. Jahrhundert hinein hat sich die Familie Sckell in allen Generationen dem Gärtnerberuf verschrieben. Der Großvater Sckells, Johann Georg Wilhelm Sckell, war kurfürstlicher Hof- und Lustgärtner zu Lehnin in der Mark. Dessen Bruder Johann Valentin war der Begründer der thüringischen Linie der Gärtnerfamilie Sckell. Er heiratete 1720 die Tochter des Eisenacher Hofgärtners Petri, der ebenfalls aus einer berühmten Gärtnerfamilie stammte. Auch der Vater Friedrich Ludwig von Sckells heiratete in eine Familie anerkannter Gärtner: sein Schwager war Ludwig Wilhelm Koellner[2]. Karl Theodor, der zu dieser Zeit noch pfälzischer Kurfürst war, berief Johann Wilhelm Sckell 1757 nach Schwetzingen. 1762 wurde er dort zum zweiten Hofgärtner ernannt neben dem Oberhofgärtner Theodor Wynder aus Kassel.

Der junge Friedrich Ludwig Sckell erhielt seine erste gärtnerische Ausbildung durch seinen Vater, dem er bei der Anlage und Pflege des neu entstandenen Rokokogartens in Schwetzingen zur Seite stand. Hier ist der Grund für das historische Verständnis und eine gewisse Anerkennung der Gestaltungsprinzipien eines Barockgartens zu finden, die sich Sckell sein ganzes Leben hindurch bewahrte, auch wenn er sich bald darauf dem neuen, aus England stammenden Stil des Landschaftsgartens zuwenden sollte. Ab 1770 setzte Sckell seine Lehre in Bruchsal und in Zweibrücken fort. 1773 reiste er nach Frankreich, wo er in den Tuilleriengärten und in den Gärten von Versailles eine Anstellung fand und sich mit dem Studium der Pflanzen- und Kräuterlehre sowie dem Bau von Treibhäusern befaßte.

Noch im gleichen Jahr wurde Sckell von Kurfürst Karl Theodor nach England ge-

Friedrich Ludwig von Sckell, um 1820, Lithographie eines unbekannten Künstlers (aus: F. L. v. Sckell: Beitraege zur bildenden Gartenkunst, 2. Aufl., München 1825), Bayerische Staatsbibliothek, München

sandt, um sich dort mit dem neuen Stil der landschaftlichen Gartenkunst vertraut zu machen. Hier lernte er die führenden Gartenkünstler Englands kennen, Lancelot Brown und William Chambers. Die Besichtigung der Gärten von Blenheim, Stowe, Stourhead und Kew beeinflußte den jungen Sckell nachhaltig[3]. Auch er empfand nun die Formen des traditionellen Barockgartens mit geraden, achsial ausgerichteten Wegen, symmetrisch angeordneten Blumenbeeten und geometrisch zurechtgeschnittenen Hecken und Bäumen als widersinnig und widernatürlich. Das Zeitalter der Aufklärung, dessen Geist wesentlich durch die englischen Philosophen der ersten Hälfte des 18. Jahrhunderts geprägt worden war, betrachtete die Begriffe „Natur" und „Vernunft" als Synonyme. Die „natürliche Vernunft" und die „vernünftige Natur" waren nur die zwei Seiten einer Münze. Jedes Geschöpf hat als Konsequenz dieser Auffassung das Recht, sich seiner Natur, und das heißt seinen vernünftigen Gesetzen entsprechend, zu entfalten. Die gestutzten Hecken und die zu geometrischen Formen beschnittenen Bäume des Barockgartens galten als Symbol fürstlicher Willkür und Unterdrückung, während umgekehrt ein sich frei entfaltender Baum in der Natur oder der „natürlichen" Umgebung des Landschaftsgartens als Sinnbild des freien Menschen angesehen wurde. Man empfand jetzt die symmetrisch angelegten Blumenparterres als unnatürlich verschnörkelt und in den gestutzten Hecken und Bäumen sah man nichts als „geistloses Ebenmaß". Der natürliche Wuchs und die malerischen Formen der Bäume und Sträucher, die nicht durch die Schere daran gehindert wurden, Blüten

und Früchte zu tragen, waren nun das Gestaltungsmittel des Landschaftsgärtners. Das organische Wachstum der Pflanzen wurde als eigenständiger Schönheitswert gesehen, den der Gärtner lediglich durch sorgfältige Pflege und behutsames Eingreifen zur Geltung zu bringen hatte.
Diesen Grundsatz vertrat vor allem Lancelot „Capability" Brown, der das größte Vorbild des jungen Sckell wurde. Seinen Beinamen „Capability" erhielt er aufgrund seiner Maxime, stets von den naturgegebenen Möglichkeiten, den „capabilities", auszugehen. Auch Sckell bevorzugte bei der Anlage seiner Gärten Browns Methode, ein gegebenes Terrain nicht völlig umzugestalten, sondern mit „improvements" zu arbeiten, d. h., mit Verbesserungen der natürlichen Gegebenheiten. Die weiten, sanft gewellten Wiesen mit einzelnen Baumgruppen sowie einem umlaufenden Waldgürtel, der die Grenzen des Parks für den Spaziergänger verschleiert, sind typisch für Sckells Gestaltungsweise. Sie haben ihr Vorbild in den Gärten Browns, der im Laufe seines Lebens über 200 Parks anlegte und so fast ganz Mittel- und Südengland in eine Parklandschaft umgestaltete.
Während seines Aufenthaltes in England wurde Sckell 1775 zum Unterhofgärtner ernannt. 1778 kehrte er nach Schwetzingen zurück. Per Schiff begleitete er über Holland einen großen Transport ausländischer Bäume, die er für Karl Theodor in England gekauft hatte. Noch im gleichen Jahr erhielt er den Auftrag, an der Nordwestecke des Schwetzinger Parks eine Anlage im englischen Landschaftsstil zu gestalten, um sein neu erworbenes Können unter Beweis zu stellen. Seit 1777 schuf Sckell hier auf hüge-

ligem Gelände eine Anlage mit geschlängelten Wegen und Wasserläufen sowie vereinzelten Baumgruppen, die in die umgebende Landschaft überleiten sollten. Der Oberbau- und Gartendirektor Nicolas Pigage, unter dessen Leitung der barocke Teil des Gartens mit zahlreichen Zierbauten angelegt worden war, schuf auch für die Gartenanlage Sckells die Parkbauten: einen Tempel der Botanik sowie die künstliche Ruine eines römischen Wasserkastells.

Obwohl Sckells Arbeiten zur größten Zufriedenheit seines Landesherrn ausfielen, zeigte Karl Theodor bald kein großes Interesse mehr am Schwetzinger Park, denn er war seit Beginn des Jahres 1778 als Kurfürst von Bayern nach München übergesiedelt. Sckell hatte daher Zeit, sich anderen Aufträgen zuzuwenden. Von den zahlreichen Gärten, die er während seiner pfälzischen Amtszeit gestaltet hat und von denen die meisten in den Revolutionskriegen gegen Ende des 18. Jahrhunderts wieder zerstört wurden, können hier nur die wichtigsten genannt werden. Zu ihnen gehört der Park von Schönbusch, der bereits 1776 durch den Architekten Emanuel Joseph d'Herigoyen für den Kurfürsten von Mainz als Landschaftsgarten begonnen worden war. Wahrscheinlich bereits seit 1780, spätestens jedoch seit 1782, begann man unter der künstlerischen Oberleitung Sckells mit der großzügigen Umgestaltung und Erweiterung des Parks um Schloß Schönbusch. Während der napoleonischen Kriege wurde der Ausbau des Parks unterbrochen. Erst 1814, als Aschaffenburg dem Bayerischen Königreich einverleibt wurde, befaßte sich Sckell erneut mit dem Ausbau des Gartens, der unter den Kriegseinwirkungen gelitten

hatte. Zwischen 1782 und 1784 gestaltete Sckell den Herzogsgarten am Bergrücken der Burg Trausnitz in Landshut. 1785 erhielt er die Aufgabe, die „Favorite" bei Mainz neu zu gestalten. Sckell ließ die barocke Gartenanlage der Eremitage an den terrassierten Hängen des Rheinufers bestehen und beschränkte sich darauf, lediglich die angrenzenden Partien landschaftlich zu gestalten. Während der Kriege 1793/94 wurden das Schloß und der Garten zerstört.

Am 14. Juli 1789 brach mit dem Sturm auf die Bastille die Französische Revolution aus. Nur einen Monat später, am 13. August 1789, erließ Kurfürst Karl Theodor ein Dekret, das die Anlage eines öffentlichen Parks auf dem Gelände des Hirschangers vor den Stadttoren im Norden Münchens befahl[4]. Der Kämmerer und Leibadjutant Karl Theodors, Generalleutnant Benjamin Thompson, der später zum Reichsgrafen von Rumford ernannt wurde, hatte auf dem Schönfeld, einem Wiesengelände nördlich der Residenz, bereits die Anlage von Militärgärten angeregt, um die Soldaten in ihrer Freizeit sinnvoll zu beschäftigen. Diese Gärten sollten zunächst auch der Zivilbevölkerung zur Erholung dienen. Angesichts der politischen Situation schien diese Lösung jedoch nicht opportun, und so veranlaßte Graf Rumford den Kurfürsten zur Anlage des ersten öffentlichen Volksparks in der Geschichte.

Aus einer Denkschrift Sckells von 1807 geht hervor, daß man ihn vor Beginn der Arbeiten nach München beordert hatte, um ein Gutachten über die Anlage des Parks abzugeben. Dieses Gutachten behandelte sicher nicht nur Fragen des Klimas und der Bodenbeschaffenheit, sondern auch allgemeine landschaftsgärtnerische Probleme und Möglichkeiten. Unter der Leitung des Grafen Rumford wurden die Arbeiten am Englischen Garten in München, der zunächst „Theodors-Park" genannt wurde, mit großer Geschwindigkeit vorangetrieben. Bereits 1790 konnte Karl Theodor eine Besichtigungsfahrt unternehmen. Ein zeitgenössischer Berichterstatter dieser Fahrt erwähnt eine große Anzahl von Parkbauten, die bereits fertiggestellt waren, den Apollotempel, den Chinesischen Turm, die Chinesische Wirtschaft, die noch nicht ganz fertig war, sowie zahlreiche Brücken. Am 7. März 1793 wurde der Englische Garten für die Bevölkerung zum allgemeinen Besuch eröffnet.

Sckell hatte 1792, nach dem Tod seines Vaters, die Stelle eines Hoflustgärtners erhalten. 1796 gestaltete er für Max Joseph, den späteren bayerischen Kurfürsten und König, den Garten seines Landhauses in Rohrbach bei Heidelberg. 1797 erhielt Sckell nach dem Tod Pigages dessen Amt als kurpfälzischer Oberbau- und Gartendirektor. 1799 wurde Max IV. Joseph Nachfolger des verstorbenen Kurfürsten Karl Theodor. Er ernannte Sckell noch im gleichen Jahr zum Gartenbaudirektor für die Rheinpfalz und ganz Bayern. Von da an reiste Sckell jährlich nach München, um den Fortgang der Arbeiten am Englischen Garten zu überwachen, die seit 1798, nachdem Graf Rumford in Ungnade gefallen war, in den Händen des Freiherrn von Werneck lagen. 1801 erstellte Sckell auf Wunsch Max IV. Josephs ein Gutachten über die Nutzungsmöglichkeiten der Schloßgärten in Bayern. Zu den eigentlichen Lustgärten zählt Sckell den Hofgarten und den Englischen Garten in München sowie den Schloßpark von Nymphenburg.

Die Gärten der Schlösser von Schleißheim, Dachau und Fürstenried sollten seiner Meinung nach in reine Nutzgärten umgewandelt werden, soweit dies nicht bereits geschehen sei.

Zwischen 1800 und 1801 erarbeitete Sckell Pläne für die Entfestigung Mannheims, die seit 1798 beschlossen worden war. Seine Entwürfe sehen anstelle der mittelalterlichen Bastion, welche die Stadt sternförmig umschloß, einen breiten, landschaftlich gestalteten Grüngürtel vor, in dem der Festungsgraben beibehalten wird und das Aussehen eines natürlichen Wasserlaufs erhält. Mit einigen Ergänzungsvorschlägen versehen wurde dieser Entwurf Sckells 1803 genehmigt, jedoch ohne den Festungsgraben, der aus Gründen der Stadterweiterung zugeschüttet wurde. Auch der breite Grüngürtel wurde bei der Ausführung schließlich auf einen schmalen Streifen reduziert.

Am 25. Februar 1803 wurde durch den Reichsdeputationshauptschluß die rechtsrheinische Pfalz, und damit Schwetzingen, dem Territorium des neugeschaffenen Kurfürstentums Baden zugeschlagen. Auf Verlangen seines neuen Landesherrn sowie auf eigenen Wunsch blieb Sckell zunächst in badischen Diensten. Max IV. Joseph erteilte die Genehmigung hierzu nur unter der Bedingung, daß Sckell auf seinen Wunsch hin jederzeit nach München reisen durfte. Angesichts seiner großen Pläne wollte Max IV. Joseph jedoch nicht längerfristig auf einen so fähigen Mann verzichten und unterbreitete Sckell ein großzügiges Angebot, das dieser nicht abschlagen konnte. Im Mai 1804 trat er das eigens für ihn geschaffene Amt des Bayerischen Hofgärtenintendanten in München an.

Noch im gleichen Jahr erstellte Sckell einen Zustandsplan des Englischen Gartens, den sogenannten Plan „A", der eine Bestandsaufnahme zum Zeitpunkt seiner Amtsübernahme darstellt. Drei Jahre später, 1807, lieferte er seinen eigenen Entwurf des Englischen Gartens, den Plan „B", den er zusammen mit Plan „A" sowie einer erläuternden Denkschrift dem König überreichte. Wie aus dieser Schrift hervorgeht, war Sckell weder mit der Art der Bepflanzung einverstanden noch mit der architektonischen Gestaltung der Parkbauten. Seiner Ansicht nach wurden bei der Bepflanzung nicht jene pittoresken Ansichten erzielt, die den Charakter eines Landschaftsgartens ausmachen. Die Parkbauten sind seiner Meinung nach weder solide genug gebaut, meist sind es nur Holzkonstruktionen, noch entsprechen sie der „reinen Baukunst", d. h., dem klassischen Stil. Der Apollotempel etwa ist wegen seiner hölzernen Bauweise und seiner schlechten Proportionen ebenso abzulehnen wie der Chinesische Turm, den er wieder abreißen lassen will. Lediglich der Rumfordsaal und das Wirtshausgebäude finden vor den Augen Sckells Gnade.

Da der Geschichte des Englischen Gartens eine eigene Abhandlung gewidmet ist, genügt an dieser Stelle ein Hinweis auf seine Stellung in Sckells künstlerischem Schaffen sowie auf seinen Rang in der allgemeinen Geschichte der Gartenkunst. Sckell erreichte mit der Anlage des Englischen Gartens in München die Stufe des klassischen Landschaftsgartens. Er verzichtete hier weitgehend auf architektonische Staffagen und beschränkte sich auf wenige einfache Bauwerke, die seine Landschaftskompositionen akzentuieren. In den frühen Landschaftsgärten des 18. Jahrhunderts, vor allem jenen, die im Umkreis William Chambers entstanden, dienten die Parkbauten wie zum Beispiel Tempel, Grotten und Brücken ebenso wie Statuen und Inschriften der Vermittlung literarischer oder historischer Assoziationen, die im Betrachter bestimmte Empfindungen wecken sollten. Die künstliche Ruine einer römischen Wasserleitung oder eines Tempels etwa sollte an die vergangene Größe des Römischen Reiches erinnern. Indem sie dem Betrachter die Vergänglichkeit alles Irdischen vor Augen führte, sollte sie ihn in eine elegische Stimmung versetzen. Eine große Zahl solcher Staffage-Bauwerke aus den verschiedensten Epochen und Ländern sollte zusammen mit der entsprechenden landschaftlichen Gestaltung den Spaziergänger abwechselnd in heitere, melancholische, düstere usw. Szenen versetzen und in ihm die entsprechenden Stimmungen wecken. Der Landschaftsgarten des klassischen Stils, wie ihn Brown und vor allem Sckell geschaffen haben, erzielt diese Stimmungen durch die Ausdrucksmittel der Natur selbst. Der Landschaftsgärtner kann nach Ansicht Sckells allein durch die Art der Bepflanzung „pittoreske Ansichten" schaffen. In seinem theoretischen Werk „Beiträge zur bildenden Gartenkunst"[5], das Sckell gegen Ende seines Lebens verfaßt hat, zählt er in einer langen Liste die verschiedenen Baumarten auf und beschreibt ihre Verwendungsmöglichkeit im Hinblick auf ihren Charakter und ihren Symbolgehalt. Bestimmten Baumarten wie etwa den Nadelhölzern schreibt er einen düsteren, ernsthaften oder sogar melancholischen Charakter zu,

[1] *Das Standardwerk zu Sckell ist immer noch Franz Hallbaum: Der Landschaftsgarten - Sein Entstehen und seine Einführung in Deutschland durch Friedrich Ludwig von Sckell 1750-1823, München 1927; Volker Hannwacker: Friedrich Ludwig von Sckell (1750-1823) und seine Werke in der bayerischen Amtszeit, Diss., München 1983*

[2] *Zur Entwicklungsgeschichte der deutschen Gartenkunst siehe Dieter Hennebo u. Alfred Hoffmann (Hg.): Geschichte der deutschen Gartenkunst, 3 Bde., Hamburg 1963*

[3] *Vgl. Adrian von Buttlar: Der Landschaftsgarten, München 1980, sowie ders.: Der Englische Landsitz 1715-1760. Symbol eines liberalen Weltentwurfs, Diss., München 1977*

[4] *Die Geschichte des Englischen Gartens in München ist nach wie vor am umfassendsten dargestellt bei Theodor Dombart: Der Englische Garten zu München, München 1972*

[5] *Friedrich Ludwig von Sckell: Beiträge zur bildenden Gartenkunst für angehende Gartenkünstler und Gartenliebhaber, München 1818, 2. Auflage: München 1825, Neudruck: Worms 1982*

[6] *Zur Geschichte der Stadtentwicklung Münchens im frühen 19. Jahrhundert siehe Peter Grobe: Die Entfestigung Münchens, in: Miscellanea Bavarica Monacensia, H. 27, München 1970; Hans Lehmbruch: Aspekte der Stadtentwicklung Münchens 1775-1825, in: Katalog der Ausstellung „Klassizismus in Bayern, Schwaben und Franken", München 1980, S. 29-36; ders.: Der Wettbewerb für die Anlage der Maxvorstadt, ebenda, S. 199-207*

während anderen Baumarten eindeutig ein heiterer, fröhlicher Charakter eigen ist. Die Aufgabe des Landschaftsgärtners ist es, durch seine Gestaltung die unterschiedlichen Charaktereigenschaften der Pflanzen zur Geltung zu bringen. So kann er, allein mit den Mitteln der Natur, die unterschiedlichsten Stimmungsbilder schaffen, deren spezifische Wirkungen im Betrachter jeweils andere Empfindungen wecken. Der Begriff „Stimmungsbild" ist hierbei ganz wörtlich zu verstehen, denn Sckells Vorbilder sind die italienischen und niederländischen Landschaftsmaler des 17. Jahrhunderts, vor allem Jacob Ruysdal. Er will in seinen Gärten begehbare und erlebbare dreidimensionale Landschaftsbilder schaffen.

1805 begann Sckell mit der Umgestaltung des Nymphenburger Schloßparks, einer barocken Gartenanlage aus der Zeit Max Emanuels. Sckell ließ den von Lindenalleen gesäumten Mittelkanal zu beiden Seiten des Schlosses bestehen. Auch die symmetrische Gestaltung des halbkreisförmigen Ehrenhofes auf der Stadtseite und der Blumenparterres auf der Gartenseite blieben erhalten. In der unmittelbaren Umgebung eines Bauwerks bevorzugte Sckell weiterhin eine regelmäßige Gestaltung der Gartenanlage, die zwischen der Sphäre der Architektur und der freien Natur vermitteln sollte. Begonnen wurde zunächst mit dem Aushub eines großen Sees bei der Badenburg und der Anlage eines großen Haines. 1811 waren diese Arbeiten vollendet, und Sckell befaßte sich mit der Umgestaltung der nördlichen Parkhälfte um die Pagodenburg herum. Hier schuf er bis 1813 ein ausgedehntes Wiesental mit einem Teich. Sckell gelang im Nymphenburger Park auf einzig-

artige Weise die Verbindung zwischen der traditionellen Gartenkunst und dem Stil des Landschaftsgartens.

Mit der Anlage des Englischen Gartens hat Sckell bis heute das Gesicht Münchens am nachhaltigsten geprägt. Er war aber auch maßgeblich an der Erweiterung und Umgestaltung der Stadt München im frühen 19. Jahrhundert beteiligt[6]. Bei der Entfestigung Mannheims hatte Sckell bereits Erfahrungen in der Stadtplanung und Stadtentwicklung sammeln können. In einem königlichen Reskript vom 25. August 1810 über die Erstellung eines umfassenden Generalplans für die Stadtentwicklung Münchens wird Sckell zusammen mit dem Architekten Carl von Fischer das Referat über sämtliche Verschönerungs- und Erweiterungsvorschläge übertragen. Bereits 1808 hatten die wichtigsten Baufachleute Münchens, unter ihnen auch Sckell, in einer Art Wettbewerb einen Generalentwurf für die Anlage der neuen Maxvorstadt erarbeitet. 1809 wurde bereits nach Sckells Entwurf mit der Anlage des Botanischen Gartens begonnen. Bei der weiteren Planung der Stadtentwicklung Münchens sollten nun Vorschläge zur Beseitigung der Festungsanlage, zum Verbleib der alten Stadttore, zur Anlage neuer Straßen und öffentlicher Plätze sowie die Anbindung der neuen Vorstädte an den alten Stadtkern zu einem harmonischen Ganzen erarbeitet werden. Nach den Plänen Sckells wurde von 1813 bis 1817 das Gelände zwischen dem Karlstor und dem Sendlinger Tor angelegt. Zwischen 1811 und 1816 erarbeitete Sckell zahlreiche Pläne für die Gestaltung des Geländes vor dem Schwabinger Tor. 1816 ging die Planung hierzu in die Hände Klenzes über, der Sckell nach und nach verdrängte und bald zum einflußreichsten Architekten Münchens wurde. Auch auf dem Gebiet der Stadtplanung nahm Klenze bald die leitende Position ein, er legte die vom Schwabinger Tor gerade nach Norden führende Ludwigstraße an. Am 27. Dezember 1817 wurde Sckell in einer Sitzung der Baukommission durch Klenze substituiert. 1818, im Alter von 68 Jahren, verfaßte Sckell sein bereits erwähntes Buch über die Gartenkunst, in dem er die theoretischen und praktischen Erfahrungen seines Lebens als Landschaftsgärtner zusammenfaßt. Vor allem aufgrund der fundierten praktischen Anleitungen zur Gartenkunst fand dieses Werk großen Anklang. Bereits 1825 gab der Neffe und Nachfolger Sckells, Carl August Sckell, eine Neuauflage heraus. Am 24. Februar 1823 starb Friedrich Ludwig Sckell in München. Er wurde auf dem Alten Südfriedhof begraben. Im Laufe seines Lebens hatte er zahlreiche Ehrungen erfahren, unter anderem die Verleihung des Zivil-Verdienstordens der Bayerischen Krone, mit welcher der persönliche Adel verbunden war. Sckell war Mitglied der Königlichen Baukommission und außerordentliches Mitglied der Akademie der Wissenschaften. Die britische Horticultural Society in London ernannte ihn 1822 zum korrespondierenden Mitglied.

Bereits 1824 ließ König Max I. Joseph durch den Bildhauer Ernst von Bandel für Friedrich Ludwig von Sckell ein Denkmal schaffen und am Südostufer des Kleinhesseloher Sees errichten. Der Entwurf des etwa neun Meter hohen Monuments in Säulenform stammt von Leo von Klenze. Ursprünglich sollte es anstelle des Aufsatzes mit Pinienzapfen von einer überlebensgroßen Porträt-

büste Sckells bekrönt werden. Da das aus Grünsandstein bestehende Denkmal schnell verwitterte, wurde es bereits 1932 abgetragen und 1939 durch eine Kopie aus Kalktuff ersetzt.

Sckell mit dem von ihm erfundenen Holzstock (mit Eisenspitze), der ihm dazu diente, gewünschte Umrisse in der Natur in großem Maßstab zu zeichnen, 1818, Lithographie eines unbekannten Künstlers (aus: F. L. v. Sckell: Beitraege zur bildenden Gartenkunst, München 1818), Bayerische Staatsbibliothek, München

Bei der Anlage des Englischen Gartens

(Ein Wandgemälde von Franz Augustin Palme, 1867)
Theodor Dombart

Ein Fresko-Gemälde von Augustin Palme in der „Vaterländischen Galerie" des sogenannten „Alten Nationalmuseums", heute Völkerkunde-Museums, zu München versuchte um die Mitte des neunzehnten Jahrhunderts einmal darzustellen, wie Carl Theodor durch Thompson den großen Volkspark anlegen läßt.

Da sehen wir im Vordergrund als Mittel- und Hauptstück, neben den linkerhand in Betrieb geschilderten wuchtigen Pfahl-Ramm-Arbeiten, eine Gruppe beisammenstehen, vor altem Baumbestand: den Kurfürsten mit seinem amerikanischen Vertrauensmann Thompson, wie sich beide gerade einen Plan betrachten, den der Hofgärtner Sckell offenbar eben erst samt dem zierlichen Zeichenbrett vom Meß-Tisch-Gestell genommen hat und ihnen unterbreitet, wie wir gemäß dem Tatbestand wohl deuten dürfen. Hinter Carl Theodor und Thompson stehen noch zwei Gestalten, die etwa wie Vertreter der Gartenkommission aussehen, und rechterhand, weiter zurück, arbeitet ein Mann mit dem Spaten, während über den Baumwipfeln am Rand – in etwas merkwürdiger Vorwegnahme – zur Charakterisierung der romantischen Parkgegend schon die Spitze des Chinesischen Turms herübergrüßt.

Das ist natürlich alles nur symbolhaft gemeint und etwas theatralisch, aber die Umstände, unter denen der Englische Garten geschaffen wurde, sind doch nicht schlecht erfaßt wiedergegeben: Carl Theodor als der großmütig-landesväterliche, materielle Stifter des „neuanzulegenden" ausgedehnten Volksparks; sodann Thompson als der Urheber des Gedankens, hier in München etwas Ähnliches Gestalt gewinnen zu lassen, wie er es in England aus eigener Anschauung kannte. Und schließlich Sckell, der gartenkünstlerisch reich geschulte und fein empfindende Fachmann, der die berühmten englischen Landschaftsgärten von William Chambers zu Kew (bei London) usw. in ihren ganzen Anlagen eingehend studiert und skizziert und zu Schwetzingen frei variierend nachgeahmt hatte und nun, in Anlehnung an diese maßgebenden Vorbilder, seine Meinung, seinen Rat und seine Entwurfsvorschläge unterbreiten durfte. Allerdings nicht, um sie auch hier jetzt schon selbständig ausführen zu sollen, sondern nur, um dem zwar um drei Jahre jüngeren, aber dafür im Gesellschaftsrang dem bescheidenen Schwetzinger Hofgärtner natürlich zunächst überlegenen „Generalmajor der Kavallerie und General-Leibadjutanten Chevalier von Thompson" die Unterlagen zu bieten, damit nun von diesem, nach dessen „ursprünglichem und selbstdurchgedachtem Plan" in genialer Tatkraft auch praktisch dieser „allgemeine englische Garten" oder „Theodors-Park" richtig „gepflanzt" werden möchte[1].

[1] Aus Theodor Dombart: Der Englische Garten zu München, München 1972, S. 35-36

Bei der Anlage des Englischen Gartens (links: Friedrich Ludwig von Sckell, Mitte: Kurfürst Karl Theodor, rechts: Benjamin Thompson-Rumford, im Hintergrund rechts: wohl zwei Vertreter der Gartenkommission), Wandgemälde von Augustin Palme im „Alten Nationalmuseum" zu München (heute Völkerkundemuseum), 1867

Die Entstehung des Englischen Gartens in München

Elmar D. Schmid

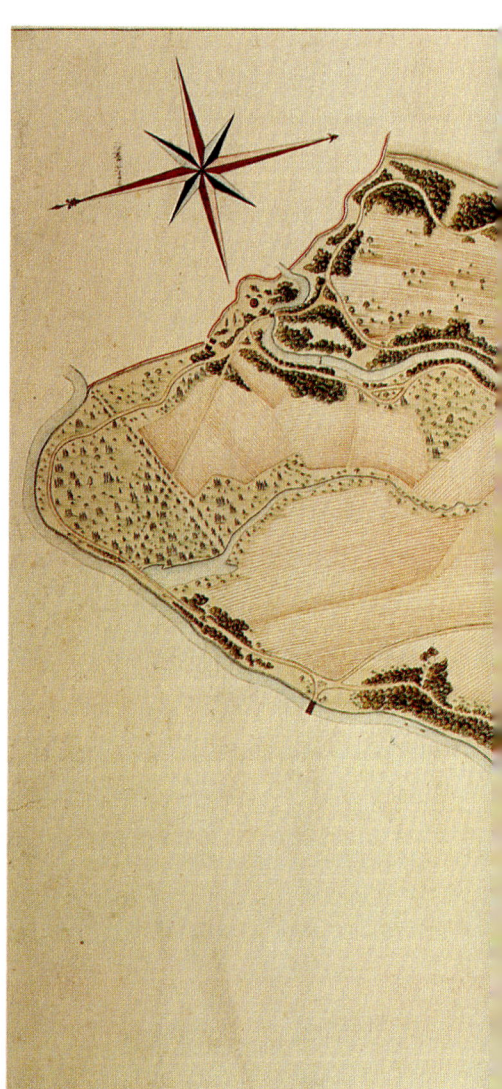

G „Geschmak und Sinn für das wahre Schöne herrscht durch die ganze große Anlage. Was die Natur schon leistete, blieb heilig und unangetastet; was die Kunst thun mußte, that sie mit kluger Umsicht und möglichster Schonung. Die Mischung von fremden und einheimischen Gebüschen und Bäumen ist mit Sinn und Schönheitsgefühl angebracht, und nirgends bemerkt man Kleinlichkeit, oder die in ähnlichen Anlagen so oft vorkommende Sucht, in fremde Zonen und unter fremde Sitten zu versezzen."[1]

Diese Würdigung des Englischen Gartens in München stammt aus dem Jahre 1816, als die Anlage im wesentlichen vollendet war. Seit der Gründung waren erst sechsundzwanzig Jahre vergangen, was deutlich werden läßt, daß der ausgedehnte großflächige Landschaftsgarten in kürzester Zeit verwirklicht werden konnte. Die Gründung des Gartens erfolgte unter dem Protektorat des Kurfürsten Karl Theodor und war durch eine ganze Reihe von Maßnahmen im Nahbereich nordöstlich der Münchner Residenz vorbereitet worden.

Kurfürst Karl Theodor, der schon 1742 vom Sulzbacher Pfalzgrafen zum Kurfürsten von der Pfalz aufgestiegen war, übernahm nach dem Tod von Kurfürst Max III. Joseph auch das Kurfürstentum Bayern und regierte als Kurfürst von Pfalz-Bayern von 1777 bis 1799. Bald nach seinem Regierungsantritt ließ Karl Theodor von 1779 bis 1783 die nördlichen Hofgartenarkaden zu einer Gemäldegalerie ausbauen, wodurch an dieser Stelle für die Öffentlichkeit ein Anziehungspunkt entstand. 1780 wurde dann der Hofgarten und ein Jahr später die Gemäldegalerie der Allgemeinheit zugänglich gemacht, was für die

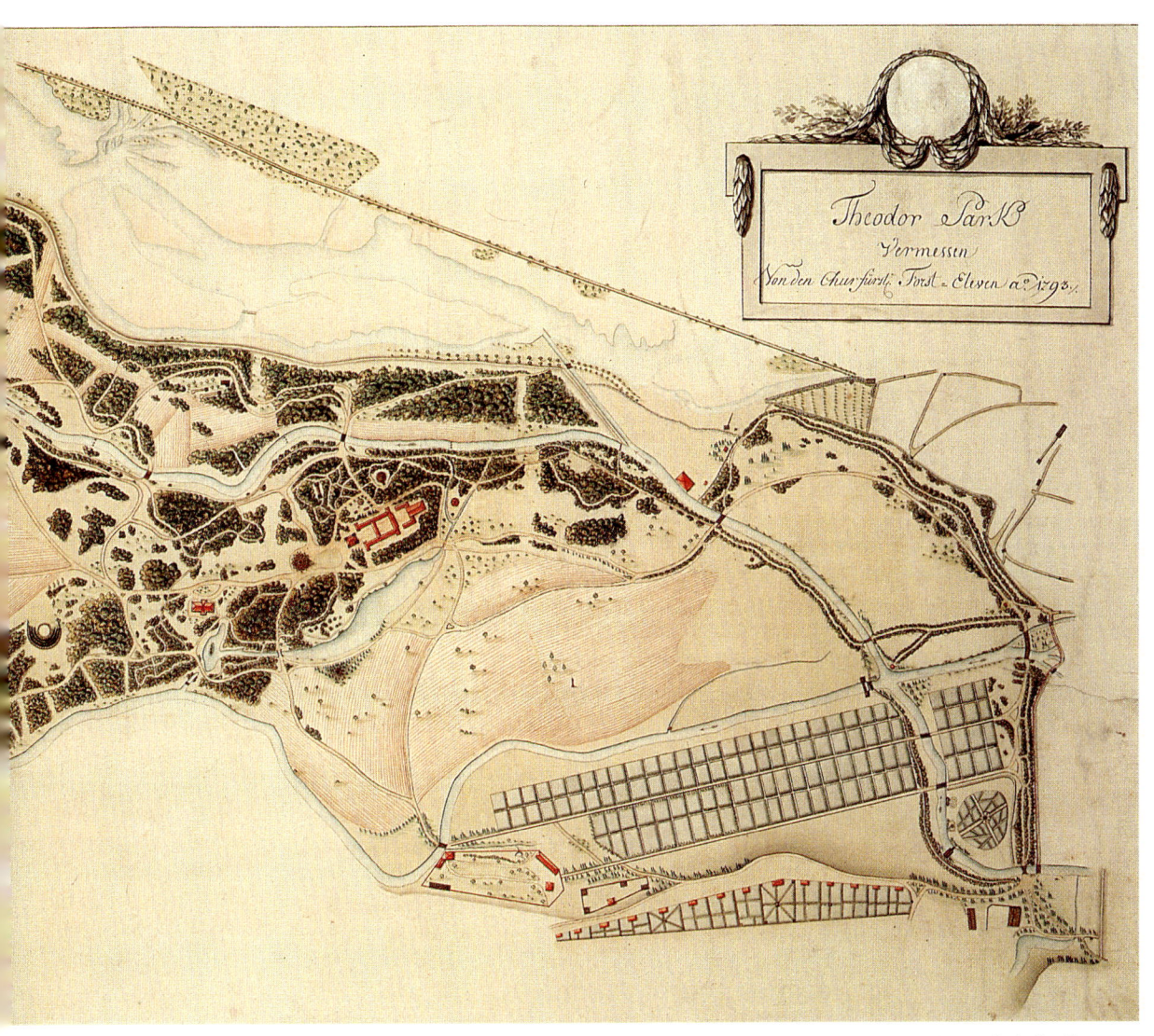

Plan des Englischen Gartens
(Theodorparks) mit den Militärgärten und dem Elevengarten,
1793 vermessen von den kurf.
Forsteleven, Bayerisches Hauptstaatsarchiv, München,
Bestand: PLS 5692

47

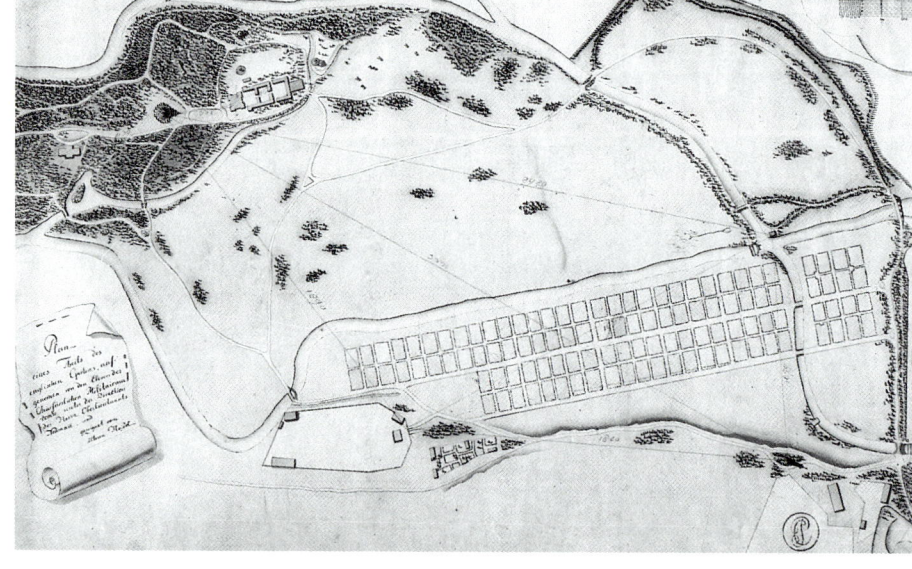

Münchner Bürgerschaft von großer Bedeutung war. „Nachmittags machten wir allererst einen kleinen Spaziergang in den Residenzhofgarten, welcher jetzt nichts mehr und nichts weniger als ein schöner, reinlich gehaltener öffentlicher Spaziergang ist", berichtet Pater Johann Nepomuk Hauntinger aus St. Gallen anläßlich einer 1784 erfolgten Reise nach München. Er fährt fort: „In diesem Garten, welcher von jedermann besucht werden darf, ist man sehr ungeniert; alle Komplimente, Verbeugungen, Hutrücken, selbst wenn man dem Kurfürsten begegnet, sind da verboten. Einer vertreibt sich hier die Weile mit Lesen unter einem schattigen Baume, ein anderer beschäftigt sich mit etwas anderem, jeder nach seiner Laune…"[2] Größere Spaziergänge konnten die Münchner zu dieser Zeit kaum unternehmen, was die Aufzeichnungen des Freiherrn Stephan von Stengel bestätigen, der 1778 als Geheimer Kabinettsekretär Karl Theodors nach München übersiedelte: „Da München damals außer dem Hofgarten keine öffentlichen Spaziergänge, die nach München führenden Straßen nicht einmal Bäume hatten, deren Schatten zum Spazierengehen eingeladen hätte, und der nahe Hirschanger nicht für jedermann geöffnet war, so blieb den Münchnern nichts übrig, als die Wirtschaftsgärten vor der Stadt und ihre sogenannten Freinächte, wo sich denn auch alles ohne Unterschied des Standes beim Tanz, bei Fleisch und Bier und Wein oder auch beim Met versammelte."[3] Unter diesem Aspekt war die Gründung des Englischen Gartens geradezu ein Bedürfnis, zumal sich die Bevölkerung der Haupt- und Residenzstadt München rasch vermehrte.

Aufklärung und Liberalismus hatten hierzu den Weg bereitet. Die freie Entfaltung jedes einzelnen Menschen und ein naturnahes Lebensgefühl setzten ein neues Naturverständnis voraus. War Freiheit als Naturrecht zu begründen, dann mußte unverfälschte Natur zum Symbol der Freiheit werden. So galt es einerseits die freie Natur vor den Toren der Stadt sowie in der näheren und weiteren Umgebung zu entdecken, andererseits aber auch dem demokratischen Element Natur Einlaß in die von Befestigungen eingeschnürten Städte zu verschaffen. „Wir haben die herrlichsten Gegenden, und so ganz romantische Landschaften in Bayern, daß ich versichert bin, die größten Künstler, wenn sie dieselben jemals gesehen hätten, würden sich freuen, ihr Talent hier zu üben…" Dies äußerte der bayerische Historiker und Schriftsteller Lorenz Westenrieder 1782 in einem Aufsatz „Ueber den Zustand der Künste in Bayern"[4].

Das Ferne aber auch das Nahe fand gebührende Beachtung. Über die Auenlandschaft der Isar bei München schrieb Westenrieder: „…Und dann ist die ganze Gegend mit Gesträuchen und kleinen Bäumen tausendfacher Art bewachsen, die der Zufall hingesäet, und die anmuthigsten Gruppen gebildet, und diesen jenes Unerreichbare gegeben hat, das allein die Natur liefern kann…"[5] Somit war auch diese Landschaft – und erst recht der hier gegründete Englische Garten – geeignet, den Künstlern Impulse zu geben.

Die Gründung des Englischen Gartens in München ist der Initiative des in Amerika geborenen Sir Benjamin Thompson (1753 bis 1814) zu danken, der 1784 an den Münchner Hof kam. Der vielseitig gebildete, vor allem an den Naturwissenschaften interessierte Amerikaner gewann das Vertrauen Karl Theodors, wurde 1785 Kammerherr, 1788 unter anderem Kriegsminister, dann Generalleutnant. 1792 wurde er zum Reichsgrafen von Rumford ernannt. Für das Wohl der Allgemeinheit kämpfte Thompson gegen zahlreiche Mißstände, vor allem gegen Hunger und Armut. Er legte ein umfassendes Reformprogramm vor, das auch die Heeresreform einbezog. Das Interesse der Soldaten sollte mit dem der Zivilbevölkerung in Einklang gebracht und die Militärmacht auch in Friedenszeiten dem Wohl des Volkes dienstbar gemacht werden.

Am 21. Februar 1789 gab Kurfürst Karl Theodor Anweisung, in der Nähe einer jeden Garnisonsstadt Militärgärten anzulegen. Jeder Einheit sollte ein eigener Distrikt zugewiesen werden. Die Soldaten sollten Gelegenheit erhalten zu graben und zu hacken, zu säen und zu ernten, sich aber auch auszuruhen und zu erholen. Diese Gärten sollten jedoch „nicht nur alleine zum Vorteil und Ergötzung des Militärs, sondern auch zum allgemeinen Gebrauch als ein öffentlicher Spaziergang dienen" sowie „nahe an der Stadt angelegt werden und in einer luftigen, gesunden Gegend und wo man von einem der Stadttore oder sonstigen Ausgängen der Stadt bis zum Garten eine Allee leicht anlegen kann"[6]. Als Standort für die Militärgärten wurde in München das Hirschangergebiet westlich des Schwabinger Baches (die jetzige Schönfeldwiese) in Aussicht genommen. Den eigentlichen Militärgärten war nahe der nordöstlichen Eckbastion der Stadtbefestigung der sogenannte Elevengarten für die Eleven der kurfürstlichen „Militair-Academie" vorgelagert. Am Nordende des Gartengebiets war eine „Vieh Arzney Schule" eingeplant.

Durch ein Dekret vom 20. Juni 1789 ordnete Kurfürst Karl Theodor an, die

Offizier des 2. Grenadier-Regiments „Kurprinz" das zu den drei Regimentern gehörte, die bei der Anlage des Englischen Gartens 1789 die Erdarbeiten durchführten, 1790, Uniformblatt von L. Scharf, Bayerisches Armeemuseum, Ingolstadt

49

Apollotempel, um 1830, Aqua-
tinta von Carl August Leb-
schée, Bayerische Verwaltung
der staatl. Schlösser, Gärten
und Seen (Gärtenabt.), Mün-
chen

Militärgärten zu verwirklichen. Am 1. Juli gründete man eine Militärgartenkommission, da unter anderem noch Gelände anzukaufen war. Benjamin Thompson unterbreitete dieser Kommission am 6. Juli den Plan für die Militärgärten und bereits am 8. Juli nahmen Soldaten unter seinem Kommando die ersten Pflanzungen vor.

Vermutlich bestand schon damals die Absicht, bei den Militärgärten auch einen öffentlichen *Volksgarten* entstehen zu lassen. Durch die Ereignisse in Paris und den Sturm auf die Bastille am 14. Juli 1789 wurde dieses Projekt dann zu einem Politikum, das heißt, es wurde in aller Eile verwirklicht. Für den Volksgarten, der zunächst „Theodors-Park" und später allgemein „Englischer Garten" genannt wurde, war das Auengebiet der Isar bis in die Höhe von Schwabing mit dem verbliebenen Teil des Hirschangers östlich des Schwabinger Baches, dem Hirschangerwald und der oberen Hirschau vorgesehen. Am

7. August 1789 wurde der Schwetzinger Hofgärtner Friedrich Ludwig Sckell von Kurfürst Karl Theodor nach München gerufen, „zum Anfang, und zum ersten Entwurf des Englischen Gartens, um unter der Obern Leitung des Hr. Grafen von Rumford - Excellenz - für diese nützliche Anstalt seine Meinung zu äußern, und mit zu wirken"[7].

Für Sckell, der sich auf Weisung des damals noch in Mannheim residierenden Kurfürsten von 1773 bis 1776 zu Studienzwecken in Frankreich und dann in England aufgehalten hatte, war die Münchner Situation insofern neu, als hier der englische Landschaftsstil erstmals in einem großen öffentlichen Park zur Anwendung kam. Die Planung sah vor, den „Wald-Hirschanger durch eine neue Pflanzung mit dem Hofgarten, der Residenz, und Stadt-München" zu verbinden „und im innern dieser Wälder, Weege und schöne natürliche Bilder x.x." zu erzeugen[8]. Aus dem Hofgarten sollte in sanftem Bogen ein breiter Weg zum Hirschangerwald führen. Diesen Weg sollte teils sehr hohes, aber teils auch ganz niederes Gesträuch säumen, damit die Stadt München im Vordergrund und der Hirschangerwald im Hintergrund zusammen mit der übrigen schönen Natur als malerische Bilder recht oft zu sehen wären. Mit einem selbsterfundenen Zeichengerät - einem langen Holzstab, den er beim Abschreiten des Geländes benutzte - hielt Sckell diesen Weg an Ort und Stelle fest und steckte die ersten Pflanzungen aus. Vorausgegangen war eine Diskussion darüber, ob das Münchner Klima und die Bodenbeschaffenheit die Anlage eines Landschaftsgartens überhaupt zuließen, eine Frage, die Sckell nach gründlicher Prüfung positiv beantworten konnte.

Am 13. August 1789 unterzeichnete dann Kurfürst Karl Theodor ein Dekret, wonach er „den hiesigen Hirsch-Anger [...] zur allgemeinen Ergötzung für Dero Residenzstadt München herstellen zu lassen, und diese schönste Anlage der Natur dem Publikum in ihren Erholungs-Stunden nicht länger vor zu enthalten Gnädigst gesonnen"[9] sei. Benjamin Thompson erhielt den Auftrag, nach seinem Plane die Herstellung dieser öffentlichen Spaziergänge unverzüglich zu besorgen, das heißt, den Landschaftspark zu verwirklichen, eine in jeder Hinsicht schwierige Aufgabe. Das Programm umfaßte zehn Nummern: 1. den Elevengarten, 2. die Militärgärten, 3. den eigentlichen Englischen Garten oder Volkspark, 4. die Vieharzneischule zur Bekämpfung von Seuchen, 5. elf Brücken als Muster verschiedener Bauarten, 6. einen Bereich für militärische Studien, 7. eine Baumschule, 8. eine „Schweizerey" mit Kleewiesen, das heißt, einen Musterbetrieb für die Viehzucht, 9. eine „Schäferey" mit Schafweiden zur Verbesserung der Schafzucht und 10. eine Ackerbauschule[10]. Der 1790 durch den Geometer Adrian von Riedl fertiggestellte, etwa 2 km lange Isardamm schützte nicht nur vor Hochwasser, sondern ermöglichte auch die Entwässerung des Parkgeländes.

Am 25. Mai 1790 unternahm Kurfürst Karl Theodor eine erste groß angelegte Besichtigungsfahrt im offenen Gartenwagen. Seit Frühjahr 1792 stand die Gartenanlage dem Publikum als Erholungsort zur Verfügung (Eröffnung der Gaststätte beim Chinesischen Turm 1.4.1792). Am 26. Juli dieses Jahres besichtigte Kaiser Franz II. den Park, und 1793 erschien der erste Führer „des neu angelegten englischen Gartens oder Theodors Parks zu München". Graf von Rumford hatte

die Oberaufsicht über den Ausbau des Englischen Gartens, bis er München 1798 verließ. Sein Nachfolger wurde Reinhard Freiherr von Werneck. Unter Kurfürst Max IV. Joseph (reg. 1799 bis 1825, seit 1806 König Max I. Joseph) übernahm dann Friedrich Ludwig Sckell im Mai 1804 die Leitung der zwei Monate zuvor geschaffenen Hofgärtenintendanz mit Sitz in München.

Zu diesem Zeitpunkt war der Englische Garten[11], bei dessen Konzeption man von den natürlichen Gegebenheiten in den Isarauen ausgegangen war, weitgehend verwirklicht. Der stadtnahe Teil bestand in einer vom Schwabinger Bach und vom Eisbach durchzogenen weiten Wiesenfläche mit wenigen, kunstvoll geführten Wegen. Dieser Wiesenbereich wurde erheblich vergrößert, als am 7. Januar 1800 das Gelände der aufgelösten Militärgärten zum Englischen Garten kam. Akzente bildeten im vorderen Teil verschiedene Brückenbauten (u. a. „X-Brücke",

Der Chinesische Turm mit Gasthaus, um 1830, Aquatinta von Carl August Lebschée, Bayerische Verwaltung der staatl. Schlösser, Gärten und Seen (Gärtenabt.), München

Das Prinz-Carl-Palais, um 1830, Aquatinta von Carl August Lebschée, Bayerische Verwaltung der staatl. Schlösser, Gärten und Seen (Gärtenabt.), München

Sckell-Denkmal am Kleinhesseloher See, um 1830, Aquatinta von Carl August Lebschée, Bayerische Verwaltung der staatl. Schlösser, Gärten und Seen (Gärtenabt.), München

Blick vom Englischen Garten nach Schwabing mit der St.-Ursula-(heute St. Sylvester) kirche, um 1830, Aquatinta von Carl August Lebschée, Bayerische Verwaltung der staatl. Schlösser, Gärten und Seen (Gärtenabt.), München

„Lange Brücke", „Palladio-Brücke"), eine Mühle für Getreide und eine Holzsägemühle beim Treffpunkt von Eisbach und Schwabinger Bach (1798), einzelne Gebäude außerhalb des Gartens, so ein Sommerhaus mit einer an Palladio erinnernden Fassade („Oha-Tempel", „Diana-Tempel") sowie das – noch vorhandene – Denkmal des Grafen von Rumford, das von Freunden gestiftet und 1795/96 aufgestellt wurde, ausgeführt von dem Bildhauer Franz Jakob Schwanthaler. Wesentlich war in diesem Parkbereich auch der Blick auf die Stadtsilhouette und den Hirschangerwald, ein Panorama, das durch die unterschiedliche Randbepflanzung der Wege Abwechslung bot. Den mittleren Bereich des Englischen Gartens bildete der Hirschangerwald, der sich von der Isar im Südosten bis zum Schwabinger Bach im Nordwesten quer durch das Auengebiet erstreckte. Durch den Wald schlängelten sich der „Oberstjägermeister-"und der „Entenbach" mit mehreren kleinen Wasserfällen und Brücken (u. a. „Grottenbrücke", „Chinesische Brücke", Brücke „über einem halben Cirkelbogen"). Der Entenbach speiste einen kleinen, idyllisch liegenden See mit einer „Blumeninsel".

Das Waldgebiet enthielt den überwiegenden Teil baulicher Staffagen. Im Zentrum stand ein „Chinesischer Turm" aus Holz, 1789/90 durch den Ingenieur Johann Baptist Lechner nach Entwurf des Militärarchitekten Joseph Frey errichtet. In der Nachbarschaft befanden sich die „Chinesische Wirtschaft" (J. B. Lechner, Holzbau von 1789/90), die „Schweizerei" oder „Schwaige" mit ihren Ökonomiegebäuden (J. B. Lechner, 1790/91) sowie ein Saalgebäude oder Kasino („Militärsaal", „Tanz-Saal", „Rumfordsaal", im heutigen „Rumfordhaus", 1791 von J. B. Lechner). Ferner gab es hier ein offenes „Sallet mit acht Säulen" in gotisierenden Formen, auch „Gothischer Tempel"genannt (1790 entstanden unter Aufsicht von Franz Thurn), einen offenen Tanzplatz, einen Kegelplatz, eine Orchesterplattform, diverse kleine Lust- und Sommerhäuser und dergleichen mehr. Etwa hundert Schritte vom „Chinesischen Turm" entfernt gelangte man zu einem kleinen „Chinesischen Tempel" oder Pavillon.

In der südlichen Zone des Hirschangerwaldes befanden sich zwei Staffagen. Auf einer Halbinsel nahe der „Schwaige" stand ein zehnsäuliger toskanischer Monopteros, „dorischer Tempel" oder „Apollotempel" genannt (J.B. Lechner, 1789/90; Holzfigur des Apollo von Hofbildhauer Joseph Muxel, 1791). Im Jahr 1793 wurde dann im Hain südlich des Apollotempels ein Denkmal für Salomon Gessner (1730–1788), den in seiner Zeit sehr bekannten Züricher Maler und Dichter der Idylle, aufgestellt („Gessners Grabmal"). Dem Hirschangerwald folgte isarabwärts die obere Hirschau, ein größtenteils offenes Auengebiet, dessen Grünflächen als Schafweide und gelegentlich als Manöverplatz (1791) dienten. Baum- und Buschgruppen säumten den Oberstjägermeisterbach. Einen Akzent bildeten im Nordosten zwei kleine, „von Holz erbaute Holländische Bauernhäuser", begonnen 1790, die durch ein Holzgatter verbunden waren. In einem der Häuser wohnte der Parkwächter, das andere war eine Stallung für Milchkühe. Dieser idyllische, von schönen Bäumen umgebene Ort wurde bald ein beliebtes Ausflugsziel und erhielt den Namen Kleinhesselohe.

Südöstlich von Schwabing erstreckte sich eine große, teils sumpfige Wiese. An ihrem südwestlichen Rand entstand ein „Amphi-

Das Neue und Alte Schloß Biederstein, um 1830, Aquatinta von Carl August Lebschée, Münchner Stadtmuseum

„Jägerhaus am Ende des englischen Gartens" (Aumeister), um 1830, Aquatinta von Carl August Lebschée, Münchner Stadtmuseum

53

theatre und Tanz-Platz" (1793), das heißt, ein zur Hälfte von Rasenbänken umschlossenes Rondell, das vor allem auch als „Feuerwerks-Platz" diente. Um 1800 legte man auf dem Wiesengelände bei Schwabing den – später beträchtlich vergrößerten – Kleinhesseloher See an. Dies geschah unter der Regie des Freiherrn von Werneck, dem auch die Erweiterung des Englischen Gartens in nordöstlicher Richtung zu danken ist. Am 23. Dezember 1799 kamen noch 300 Morgen Ödland in der Hirschau zum Englischen Garten hinzu, dessen Umfang bislang 375 Morgen betragen hatte.

Hand in Hand mit der Entstehung des Englischen Gartens begann im letzten Jahrzehnt des 18. Jahrhunderts die Erweiterung Münchens über die alten Grenzen hinaus, da die vorhandenen Befestigungen durch neue Kriegstechniken an Bedeutung verloren hatten. Gleichzeitig mit der Gründung der Hofgärtenintendanz am 9. März 1804 und der damit verbundenen Übersiedlung Friedrich Ludwig Sckells nach München plante Carl von Fischer zwischen dem Hofgarten der Münchner Residenz und dem Englischen Garten das Gartenpalais Salabert (heute Prinz-Carl-Palais). Die Grundsteinlegung erfolgte am 24. Mai 1804. Das Jahr zuvor – am 4. Oktober 1803 – war beim Weg vom Hofgarten in den Englischen Garten, das denkmalartige Standbild des „Harmlos" enthüllt worden, eine Stiftung des Ministers Theodor Graf Morawitzky, ausgeführt von Franz Jakob Schwanthaler.

Bereits zur Zeit seiner Entstehung war man bemüht, das architektonisch hervorragend gestaltete Palais Salabert optisch in den Bereich des Englischen Gartens einzubeziehen. Als dann König Max I. Joseph 1807 das

„Der Englische Garten bey München", 1806, Plan mit einer Vedute nach der Zeichnung von Joh. Jakob Dorner, d. J. Kupferstich von J. Carl Schleich nach von Rickauer, Bayerische Verwaltung der staatl. Schlösser, Gärten und Seen (Gärtenabt.), München, Inv. Nr. A4/12

54

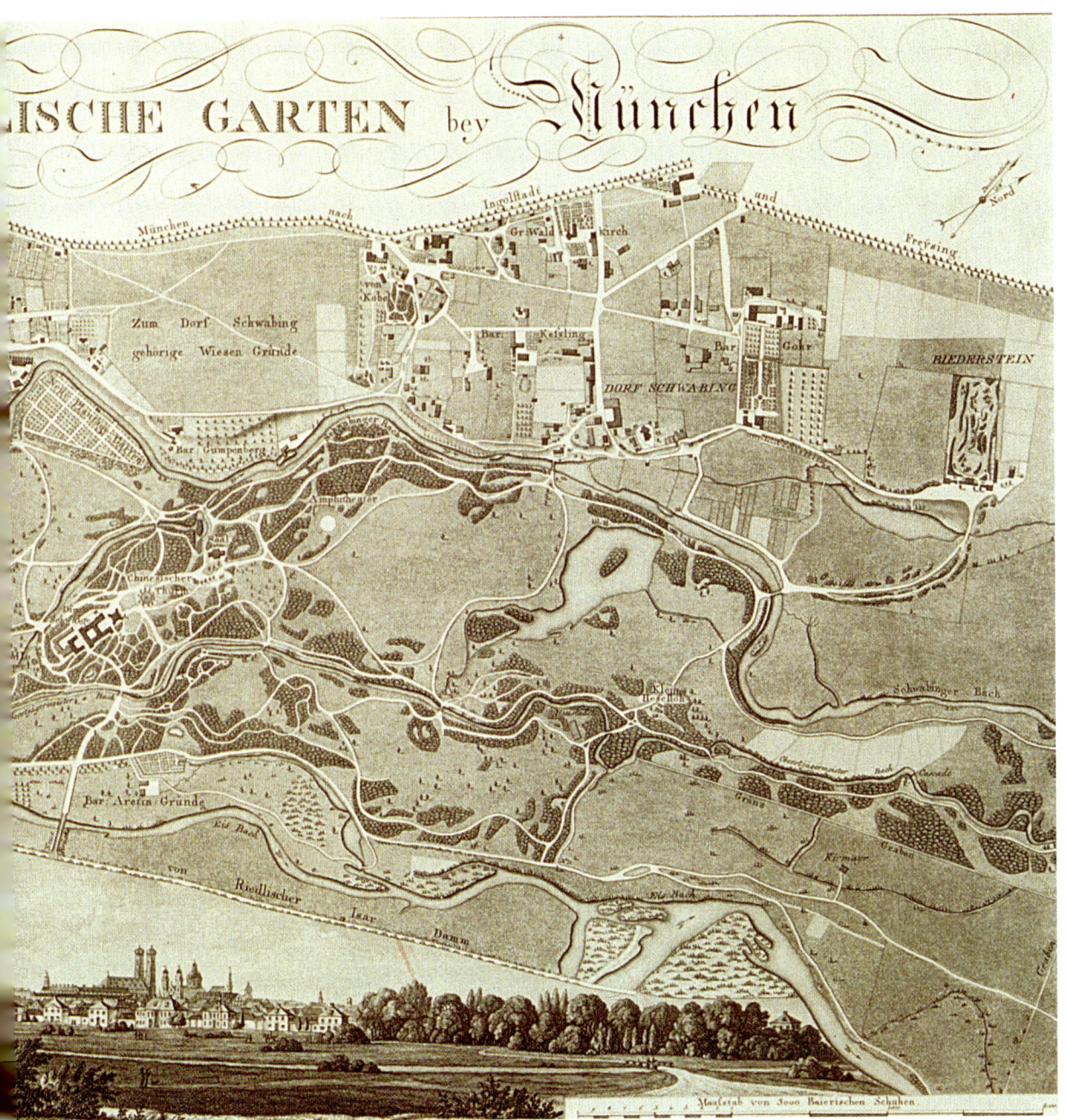

ISCHE GARTEN bey München

Gebäude erwerben konnte, bedeutete dies eine Aufwertung des Englischen Gartens. Das Interesse des Münchner Hofes an diesem Landschaftsgarten war schon zuvor deutlich geworden, als Max Joseph die Schloßanlage Biederstein unterhalb von Schwabing gekauft und seiner Gattin Caroline am 9. Mai 1803 geschenkt hatte. Es verwundert deshalb nicht, daß sich F. L. Sckell unmittelbar nach der Amtsübernahme in München mit dem Englischen Garten befaßte. Zunächst hielt er den Zustand des Gartens in einem Plan fest: „Plan A des eigentlichen Englischengarten bei München, wie dieser im Jahre 1804 war, und gegenwärtiger Hofgärten-Intendanz übergeben wurde."[12] Dieser ersten Darstellung folgte der 1807 datierte „Plan B des eigentlichen Englischengarten bei München, auf welchem die seit 1804, durch gegenwärtige Hofgärten-Intendanz, bewirkte neue Anlagen, mit den künftigen Aenderungen und weitern Verschönerungen dargestellt, und durch eine beiliegende Beschreibung erläutert worden sind."[13]

Sckells Vorschläge zur Um- und Neugestaltung beziehen sich unter anderem auf die Bepflanzung, die Wasseranlagen sowie die Parkgebäude. Statt der etwas steifen und monotonen, bisweilen engräumigen Gliederung soll nun die Gartenlandschaft insgesamt und im Detail rhythmisiert sowie straffer und harmonischer durchgebildet werden. Schöne Baum- und Buschgruppen in geschmackvollen Formen, mannigfaltigem Farbenspiel und wohlgezeichneten Umrissen sollen die bildliche Wirkung der Natur steigern. Durchblicke und eine wohlgeformte Schneise durch den Hirschangerwald - sie ließ sich allerdings nicht verwirklichen - werden vorgesehen, „damit das Auge in die inneren Teile eindringen und die ganze Tiefe der Anlage bemessen könne"[14].

Kunstvolle Wasseranlagen ergänzen das Programm F. L. Sckells zur Neugestaltung des Gartens. Am Treffpunkt von Eisbach und Schwabinger Bach wurde am Beginn der Parklandschaft ein seit 1807 geplanter, von Felsblöcken gesäumter monumentaler Wasserfall verwirklicht (Modell 1812), ein „natürliches Wehr", das 1814/15 fertiggestellt war. Im Bezirk südöstlich von Schwabing vergrößerte er den Kleinhesseloher See und brachte ihn in die heutige Form (Fertigstellung 1812). Auf der mittleren Insel plante Sckell ein Denkmal zur Erinnerung an „die großen Vaterländischen Ereignisse"[15], das jedoch nicht zur Ausführung kam. Statt dessen wurde später auf einer Landzunge am Südostrand des Sees ein Denkmal für Sckell errichtet (Entwurf Leo von Klenze, 1823; Ausführung in etwas veränderter Form durch Ernst von Bandel, 1824). Nicht weit davon entfernt erhielt 1838 auch Freiherr von Werneck ein Denkmal (Entwurf Leo von Klenze).

Die vorhandenen baulichen Staffagen lehnte Sckell mit wenigen Ausnahmen ab. Erhalten geblieben sind - zum Teil in Form späterer Neubauten - das Rumfordhaus, die Schwaige mit den Ökonomiegebäuden, das „Chinesische Wirtshaus" und der „Chinesische Turm", obgleich Sckell auch diesen beseitigen wollte. Im Gegensatz zum vorromantisch-sentimentalen Charakter der meisten dieser Gartenbauten forderte er „wenige Gebäude im guten und reinen Styl, an Stellen errichtet, wo sie Wirkung hervorbringen"[16]. Zwischen der Residenz und dem Eingang in den Englischen Garten stellte sich Sckell einen - nicht verwirklichten - griechischen Tempel, „der alten Tugend geweiht", vor[17]. In der Nähe des

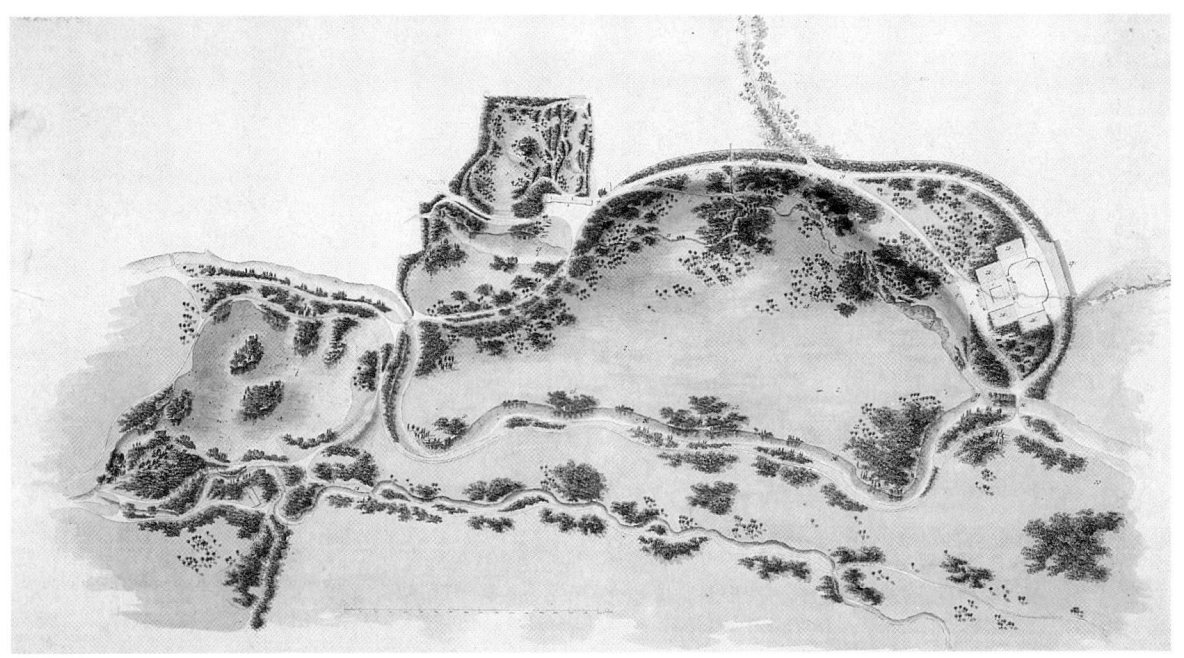

heutigen Monopteros dachte er an die Errichtung eines – ebenfalls nicht ausgeführten – weithin sichtbaren Pantheons für die würdigsten Herrscher Bayerns. Da jedoch der hölzerne Apollotempel bereits baufällig war, galt es diesen zu ersetzen. So ließ König Ludwig I. (reg. 1825 bis 1848) auf einem künstlichen Hügel den heutigen Monopteros errichten, das Wahrzeichen des Englischen Gartens in München (1832–1837, Baumeister Leo von Klenze, Gestaltung des Hügels durch Carl August Sckell)[18]. Der hölzerne Apollotempel wurde abgetragen und auf seinem kreisförmigen Steinfundament eine halbrunde Bank aus Marmor errichtet (Leo von Klenze, 1838). Ein weiterer mit der Jahreszahl 1804 versehener Gesamtplan des Englischen Gartens von F. L. Sckell ist frühestens um 1807 begonnen und wohl erst um 1811 fertiggestellt wor-

den[19]. Auf diesem Plan ist in den Englischen Garten die untere Hirschau in großem Umfang miteinbezogen und die Schloßanlage Biederstein mit ihrem seit 1804 ebenfalls durch Sckell gestalteten Garten angegliedert. In dieser Form stimmt der Gartenbereich nordöstlich des Kleinhesseloher Sees mit einem Separatplan desselben Bezirks überein, den F. L. Sckell am 14. Juli 1811 zusammen mit schriftlichen Erklärungen Kronprinz Ludwig zur Begutachtung vorlegte[20]. Im nordwestlichen Randgebiet der Hirschau, unterhalb Biedersteins, dachte Sckell an die Errichtung eines Gebäudes auf der Anhöhe des ehemaligen Isarhochufers. Kronprinz Ludwig hielt den Platz geeignet zur Verwirklichung seines Walhalla-Projekts, zur Ausführung an dieser Stelle kam es jedoch nicht. Was in diesem Teil des Englischen Gartens gebaut

Plan von Friedrich Ludwig von Sckell zur Erweiterung des Englischen Gartens unter Einbeziehung von Schloß und Park Biederstein sowie eines zu errichtenden „Palais Royal" am Nordende (wo Kronprinz Ludwig die Walhalla errichten wollte, 1811, Bayerische Staatsbibliothek, München, Inv. Nr. Cod. icon 178 m

57

wurde, war bescheiden. Am nördlichen Ende des erweiterten Parkgeländes entstand 1810/11 das neue „Aujägermeisterhaus" (von Hofmaurermeister Joseph Deiglmayr, eventuell Planrevision durch Emanuel Joseph von Herigoyen). Verbunden mit einem Wirtshaus und einem Biergarten wurde der „Aumeister" zu einem beliebten Ausflugsziel und ist dies bis heute geblieben.

Mit der Neugestaltung des Englischen Gartens in München erreichte Friedrich Ludwig von Sckell den als „klassisch" bezeichneten Höhepunkt seiner künstlerischen Entwicklung. In dem großzügig gestalteten und rhythmisch geformten Gartengelände kommt dem reinen „Naturbild" die entscheidende Rolle zu. Die wenigen Bauwerke haben ernsten und lehrhaften Charakter. Von entscheidender Bedeutung waren hierbei die politischen Vorgänge, vor allem, daß Bayern 1806 Königreich wurde. Der Garten forderte „im Zuge des neuen monarchischen Selbst- und Staatsverständnisses" unter „König Maximilian I. Joseph und dem kunstbegeisterten Kronprinz Ludwig einen monumentaleren und ernsthafteren Stimmungswert"[21]. Gleichzeitig erhielt der Englische Garten eine wichtige städtebauliche Funktion: Er blieb ein wohlgestaltetes, von der vorhandenen Landschaft ausgehendes Bild der Natur inmitten der nach allen Seiten um sich greifenden und wachsenden Stadt. Er blieb aber auch, was er seit seiner Gründung war, ein Garten für das Volk, allen zugedacht als Erholungsort für den Körper und den Geist.

[1] *Christian Müller: München unter König Maximilian Joseph I. Ein historischer Versuch zu Baierns rechter Würdigung, Erster Theil, Mainz 1816, S. 261*

[2] *Gebhard Spahr (Hg.): Johann Nepomuk Hauntinger. Reise durch Schwaben und Bayern im Jahr 1784, Weißenhorn 1964, S. 70 und 73*

[3] *Georg Jacob Wolf: Das Kurfürstliche München 1620-1800. Zeitgenössische Dokumente und Bilder, München 1930, S. 262*

[4] *Lorenz Westenrieders sämmtliche Werke, Bd. 1, Kempten 1831, S. 231*

[5] *Lorenz Westenrieder: Beyträge zur vaterländischen Historie, Geographie usw., Bd. IV, München, S. 110*

[6] *Margret Wanetschek: Die Grünanlagen in der Stadtplanung Münchens von 1790-1860, München 1971 (= Miscellanea Bavarica Monacensia H. 35), S. 157, II 1*

[7] *Franz Hallbaum: Der Landschaftsgarten. Sein Entstehen und seine Einführung in Deutschland durch Friedrich Ludwig von Sckell 1750-1823, München 1927, S. 103 mit Anm. 3*

[8] *F. Hallbaum, wie Anm. 7, S. 191 mit Anm. 1*

[9] *Siehe dazu den Beitrag von Pankraz Frhr. von Freyberg in vorliegender Festschrift: Die „Geburtsurkunde" des Englischen Gartens vom 13. August 1789 – eine Neuentdeckung*

[10] *Th. Dombart, wie Anm. 9, S. 40/41*

[11] *Literaturhinweise bei Elmar D. Schmid: Englischer Garten, München (Amtlicher Führer) 1983, S. 85-87. – Eine umfassende Bibliographie enthält die vorliegende Festschrift*

[12] *München, Bayerische Verwaltung der staatlichen Schlösser, Gärten und Seen, Gärtenabteilung, Historische Pläne Englischer Garten, Inv.-Nr. A-4/6*

[13] *München, BSV, Gärtenabteilung, Histor. Pläne Englischer Garten, Inv.-Nr. A-4/15. – Die zu den Plänen A und B gehörende „Denkschrift" vom 6.3.1807 wird in dieser Festschrift an anderer Stelle publiziert*

[14] *Zitiert nach M. Wanetschek, wie Anm. 6, S. 162, II 17*

[15] *F. Hallbaum, wie Anm. 7, S. 210*

[16] *F. Hallbaum, wie Anm. 7, S. 212*

[17] *M. Wanetschek, wie Anm. 6, S. 161, II 15*

[18] *Ingrid Weibezahn: Geschichte und Funktion des Monopteros, Hildesheim und New York 1975 (Teil II), S. 59-63*

[19] *München, BSV, Gärtenabteilung, Histor. Pläne Englischer Garten, Inv.-Nr. A-4/9*

[20] *M. Wanetschek, wie Anm. 6, S. 161/162, II 16*

[21] *Adrian von Buttlar. Der Landschaftsgarten, München 1980, S. 176*

Die Geschichte des Englischen Gartens von seiner Fertigstellung bis heute

Stefan Rhotert

Zum Zeitpunkt des Todes von König Max I. Joseph (†1825) und Friedrich Ludwig von Sckell (†1823) wies der Englische Garten eine Fläche von 231 ha auf. Doch die sich verdichtende Bebauung an den Rändern des Parkes bedrohte seinen Bestand mehr und mehr. Schon Sckell beklagte: „Mögten doch einmal die Grenzen dieser schönen Anlage, die leider schon mit so vielen gemeinen Bauten und häßlichen Einfassungen umgeben sind, mit ihren Bächen ruhig gelassen und nicht immer benaget, verunstaltet und herabgewürdiget werden."[1]

Ein erhalten gebliebener Aufmaßplan von Carl Effner, dem späteren Leiter der königlichen Hofgärten, aus dem Jahre 1830[2] zeigt sehr detailliert den Ausbauzustand des Parkes. Auch der damals erst geplante Monopteros ist schon eingetragen. Dieser Plan stellt ein wichtiges Dokument für die weitere Pfle-ge des Englischen Gartens dar. Er wird heute zu Rate gezogen, wenn im Rahmen der kontinuierlichen Parkpflege korrigierend zur Erhaltung des Parkbildes und des Raumkonzepts, bei der Pflanzenverwendung, der Wegeführung und der sonstigen Parkausstattung eingegriffen wird.

Daß der Englische Garten weitgehend in seiner historischen Form bis heute bewahrt werden konnte, muß man dem Umstand zuschreiben, daß er ununterbrochen unter Oberaufsicht der 1804 mit Sckell gegründeten Hofgärtenintendanz (heute Gärtenabteilung der Bayerischen Verwaltung der staatlichen Schlösser, Gärten und Seen) stand und selbst ebenso lückenlos von Gartenfachleuten betreut wurde.

Die Hofgärtenintendanten bzw. Gartendirektoren waren:[3]

Plan des Englischen Gartens, 1830, vermessen von Carl Effner, gezeichnet von J. B. von Sell, Bayerische Verwaltung der staatl. Schlösser, Gärten und Seen (Gärtenabt.), München, Inv. Nr. A4/17

59

Friedrich Ludwig von Sckell	1804 – 1823
Carl August Sckell (Neffe von Friedr. Ludwig)	1824 – 1840
Ludwig Karl Seitz	1840 – 1852
Carl Effner	1852 – 1868
Carl von Effner (Sohn von Carl Effner)	1868 – 1884
Jakob Möhl	1885 – 1894
Leonhard Kaiser	1894 – 1906
Heinrich Rudolf Schall	1906 – 1936
Max Josef Diermayer	1937 – 1952
Christian Bauer	1952 – 1966
Karl Georg Meyr	1966 – 1977
Herbert Klaus	1977 – 1989
Stefan Rhotert	1989 –

Die Vorstände der Verwaltung des Englischen Gartens waren ausnahmslos im Gartenbau ausgebildete Fachleute, nach heutigem Verständnis Gartenbauingenieure.

Leonhard Kaiser	1873 – 1896
Adolf von Fiebig	1897 – 1900
Karl Krembs	1900 – 1933
Franz Pinl	1933 – 1935
Paul Endreß	1935 – 1937
Eugen Dietz	1937 – 1952
Karl Sippl	1952 – 1971
Waldemar Palten	1971 – 1994
Thomas Köster	1994 –

Aufgrund dieser lückenlosen fachgerechten Betreuung des Englischen Gartens war es möglich, trotz mancher Wirrnisse der Geschichte, den Park nach gartendenkmalpflegerischen Grundsätzen zu unterhalten und bis zum heutigen Tag der Bevölkerung zur Verfügung zu stellen.

Natürlich haben Kriege, besonders der 2. Weltkrieg, schlimme Wunden hinterlassen: Der Chinesische Turm wurde 1944 durch Brandbomben zerstört, auf dem Hirschanger waren 93.000 cbm Schutt gelagert, die Schönfeldwiese war von Splitterschutzgräben durchzogen, 680 Bombentrichter blieben zurück und viele Bäume waren von Bomben schwer beschädigt. Gleichzeitig war die Pflege wegen Personalmangels stark reduziert

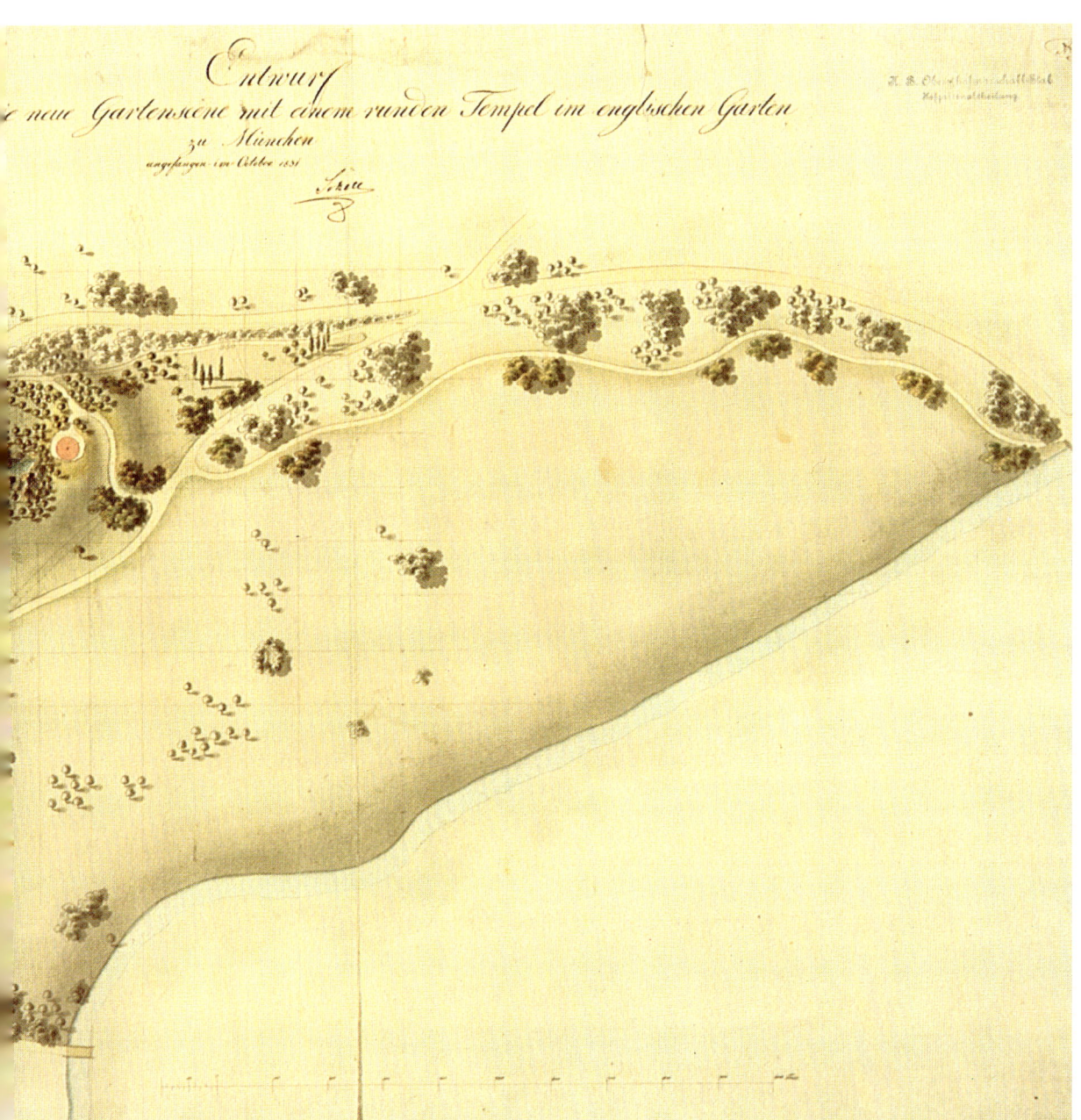

Entwurf … e neue Gartenscène mit einem runden Tempel im englischen Garten zu München, angefangen im October 1831.

61

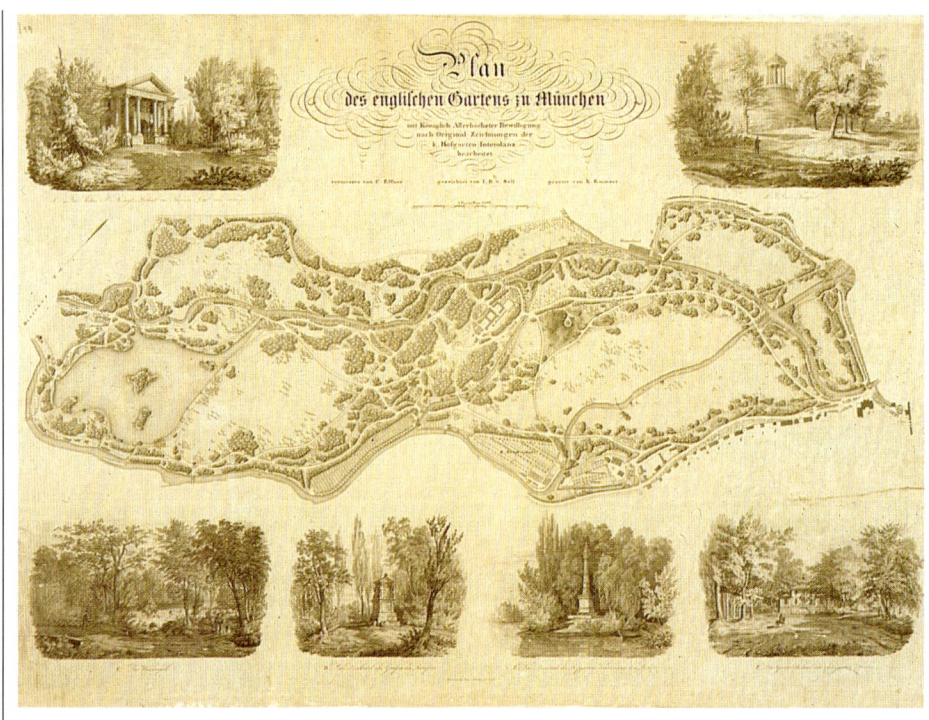

und die Vegetation konnte sich über Jahre hinweg ungehemmt entwickeln und hat manchen Freiraum und manchen Durchblick eingeengt. Dieser Entwicklung wurde aber sofort, nachdem das Personal wieder zur Verfügung stand, entgegengewirkt.

Da das Wissen um die Herkunft und Entwicklung des Parks nie abriß, ist der Englische Garten einer der ganz wenigen Landschaftsgärten des frühen 19. Jahrhunderts, die nicht irgendwann im Laufe ihrer Geschichte durch mangelnde Pflege verwachsen, verwildert und in ihrer historischen Raumabfolge gänzlich zerstört war.

Nach der Errichtung des Monopteros 1837 entstanden im Laufe des 19. Jahrhunderts einige wenige Kleinarchitekturen und Bauwerke im Englischen Garten. 1838 ließ König Ludwig I. von Leo v. Klenze eine halbrunde Marmor-Exedra, heute als „Steinbank" bezeichnet, an der Stelle eines verfallenen hölzernen Tempels errichten.

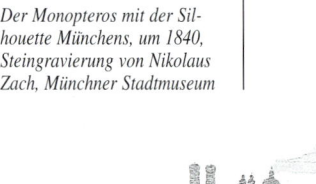

Das Modell zum Neubau des Seehauses von 1935, Entwurf Rudolf Esterer

Im selben Jahr entstand, ebenfalls von Klenze entworfen, das Werneck-Denkmal am Kleinhesseloher See.

Gegen Ende des Jahrhunderts wurden mehrere Steinbrücken errichtet.

Gabriel von Seidl war der Architekt des 1883 erbauten ersten „Seehauses" in Kleinhesselohe, das 1935 durch einen Neubau von Prof. Esterer ersetzt wurde. Dieses Haus war, nach Behebung von Kriegsschäden 1955 wieder eröffnet, ein beliebtes Ausflugsziel und Veranstaltungslokal der Münchner. 1970 mußte es wegen Baufälligkeit abgebrochen werden. Erst 1985 konnte das dritte Seehaus in völlig neuer Gestalt wieder eröffnet werden.

1972 entstand hinter dem Haus der Kunst auf einer Insel im See ein Japanisches Teehaus,

Südostfront des Klenze'schen Neuen Schlosses zu Biederstein mit Biedersteiner See, 1841, Aquarell von Joseph Resch, Münchner Stadtmuseum

1979 wurden im Bereich der „Schwabinger Bucht" zwei neue Brücken und 1984 an der Gyßlingstraße und 1998 am Gleisweg neue Kioske gebaut.

1985 wurde das vom Verein „Blütenring" erbaute Amphitheater in der Hirschau mit einer festlichen Aufführung des Lohengrin von Nestroy eröffnet und dem Staat übergeben.

Die Isar hat das Schicksal des Englischen Gartens immer wieder beeinflußt. Zunächst war der 1790 von Adrian von Riedl erbaute Hochwasserdamm Voraussetzung dafür, daß man in den Isarauen einen dauerhaften gepflegten Park anlegen konnte. Die weiteren Flußregulierungen von 1806–1812, bei denen der Fluß in ein knapp 44 m breites Bett gezwungen wurde, erwiesen sich als nicht stabil. Die Isar tiefte sich so stark ein, daß man das Flußbett 1889 wieder auf 60 m erweitern mußte. Aber auch diese Maßnahme reichte nicht aus, die Isar tiefte sich bis 1923 weiter in den Untergrund ein. Es folgte die Isarregulierung von 1923–26. Durch den Bau des Stauwehres stieg der Wasserspiegel oberhalb um 4 m an, so daß die Gefahr in diesem Teil behoben war. Unterhalb des Stauwehres jedoch lief fast kein Wasser mehr, da 92 cbm je Sekunde in den Isarkanal abgeleitet wurden.

Das Grundwasser lief in das tiefe Isarbett aus und im nördlichen Englischen Garten starben die alten Bäume, die auf diese Wasserversorgung angewiesen waren, ab.

Am Rande des Englischen Gartens entstanden zwei Industriebetriebe, die den Park zwar optisch beeinträchtigten, sich aber glücklicherweise nie auf das Areal des Parkes ausdehnen konnten. Es waren am westlichen Rand die 1851 gegründete Wollfabrik Frey und am östlichen Rand des Parks die 1841 entstandene Lokomotivenfabrik Maffei.

Nachdem 1933 die Firmen Krauß und Maffei vereinigt wurden, verlagerte man die Produktionsstätten nach Allach.

Der Englische Garten hat seit seiner Fertig-

stellung auch schmerzliche Flächenverluste erlebt:

Mit der Anlage der Prinzregentenstraße 1890 wurde der südliche Rand des Parkes beschnitten.

Noch einschneidender waren die Eingriffe in diesem Bereich durch den Bau des Hauses der Deutschen Kunst 1933–34 und die Verbreiterung der Königinstraße 1937/38 von 10 m auf 30 m. Mehrere hundert Bäume mußten fallen und das im Blickpunkt eines Wiesentales stehende Palais Salabert (heutige Bezeichnung „Prinz-Carl-Palais") wurde aus dem Park herausgelöst. 1992 wurde die Königinstraße wieder verengt, die Verkehrs-

bauwerke am Palais blieben aber erhalten. Zwei Straßen, die 1934 zwischen Thieme- und Tivolistraße auf der Trasse eines Parkweges angelegte sog. Omnibusstraße und der 1963 fertiggestellte Isarring schufen neuerliche Beeinträchtigungen für den Parkbesucher. Der Isarring mit seinem starken Verkehr entwertet bis heute den Bereich um den Kleinhesseloher See entscheidend. Ganz aktuell bedroht derzeit die Absicht der Stadt, die Omnibusstraße zur Straßenbahntrasse zu erweitern, das Herzstück des Parkes.

Weitere Flächenverluste für den Englischen Garten ergaben sich 1950 durch die Auflösung des „Hofblumentreibgartens" (bis 1990

Radio Free Europe, heute Universität) an der Oettingenstraße und 1952 durch die Erweiterung der Tierärztlichen Fakultät, mit einer Verlegung des Schwabinger Baches.

Diesen Flächenverlusten des ehemals 231 ha großen Parks stehen aber auch beträchtliche Erweiterungen gegenüber, und heute umfaßt der Englische Garten ein Areal von 375 ha: 1940 wurde der 67 ha große Hirschauer Forst, der wegen der Grundwasserabsenkung infolge der Isarregulierung forstwirtschaftlich wertlos war, für 100.000,– RM erworben und 1958–62 in den Park eingegliedert.

Auch das 1943 für 2,5 Mill. RM erworbene 30 ha große ehemalige Maffei-Fabrikgelände konnte, nach aufwendigen Bodenverbesserungsarbeiten und Gründung von Parkwaldbeständen, 1952 der Öffentlichkeit als Parkerweiterung übergeben werden.

In jüngerer Zeit konnten nochmals Fremdgrundstücke erworben und dem Park zugeschlagen werden. Das 3,6 ha große sog. „Rattenhubergrundstück" wurde 1972 als Parkfläche angelegt. Im Norden des Englischen Gartens konnten nach Verlagerung von Hochschulsportplätzen 1979 weitere 6,6 ha Grünflächen angelegt und unter der Bezeichnung „Schwabinger Bucht" dem Park zugeschlagen werden.

Leider mußte der Englische Garten, besonders in unserem Jahrhundert, Ereignisse erleben, die für seinen Baumbestand katastrophale Auswirkungen hatten. 1947 vernichtete die Ulmenkrankheit über 6000 Bäume und seit 1986 sind wiederum über 1000 alte und unzählige jüngere Ulmen an dieser Krankheit eingegangen. Ein Ende des derzeitigen Befalls ist nicht absehbar. Die Ulmenkrankheit wird durch einen Pilz, der

die Leitungsbahnen verstopft und durch den Ulmensplintkäfer verbreitet wird, hervorgerufen. Ein Gegenmittel gibt es bisher nicht.

1963 wurden durch einen Sturm 450 alte Bäume entwurzelt, und am 24. 7. 1988 forderte ein Sturm in der nördlichen Hirschau einen bisher nie dagewesenen Verlust von Altbäumen.

Wer glaubt, der Englische Garten sei als ausgewiesenes Denkmal und als Landschaftsschutzgebiet gesetzlich so gut geschützt, daß ihm nichts geschehen könne, was seine dauerhafte Existenz bedrohen könnte, irrt. Zum einen sind es Versorgungsunternehmen und

Das alte Bootshaus (Seehaus) von Gabriel von Seidl am Ostufer des Kleinhessloher Sees, erbaut 1882/83

die Stadtwerke, die im Englischen Garten ihre Leitungen, Kabel, Kanäle und Rückhaltebecken für die Ver- und Entsorgung der Millionenstadt unterbringen. Zum anderen sind es die Besucher selbst, die durch ihr Verhalten wider die Parkordnung dem Park Schäden zufügen, die auch mit hohem Mittel- und Personaleinsatz nicht immer reparabel sind.

Um den Englischen Garten als Gartenkunstwerk von Weltrang den kommenden Generationen zu erhalten, bedarf es deshalb auch weiterhin großer Anstregungen und Aufwendungen der Bayer. Verwaltung der staatl. Schlösser, Gärten und Seen. Die derzeitigen

Vorgaben für die personelle und finanzielle Ausstattung der Parkverwaltung geben in dieser Hinsicht zu großer Sorge Anlaß.

[1] *zit. nach Hallbaum, Der Landschaftsgarten, München 1927*

[2] *Planarchiv Bayer. Verwaltung der staatl. Schlösser, Gärten und Seen – Gärtenabteilung, Nr. A 4/17*

[3] *Grundbuch Verwaltung der kgl. Hofgärten, Bayer. Verwaltung der staatl. Schlösser, Gärten und Seen – Gärtenabteilung*

Zur Einordnung des Englischen Gartens München in die Entwicklung des Landschaftsgartens

Michael Goecke

„Gegen Abend am Theodorspark", vor 1800, lavierte Aquatinta eines unbekannten Monogrammisten „N", Privatbesitz, München

Seit dem Beginn des 18. Jahrhunderts entstanden in allen Teilen Deutschlands barocke Residenzen mit ausgedehnten Gartenanlagen von unterschiedlicher Ausprägung, beeinflußt vom klassischen französischen Garten. Währenddessen bereiteten sich in England Entwicklungen vor, die zu einem neuen Gartenideal mit natürlichen Bildern führten und die geometrisch-regelmäßigen Formen ablösten. Fünfzig Jahre nach diesen Anfängen in England erreichte die neue Gartenform auch den Kontinent sowie Deutschland und wurde hier begeistert aufgenommen. Der „englische Garten" trat einen Siegeszug ohnegleichen an und verdrängte die alten geometrisch-regelmäßigen Gärten[1].

Entstehung und Entwicklung des neuen Gartenideals in England

Der Boden war vorbereitet worden durch gesellschaftskritische Äußerungen von Dichtern und Philosophen im 17. und beginnenden 18. Jahrhundert. So scheinen dem Earl of Shaftesbury (1671–1713) Absolutismus und französische Gartenkunst wesensgleich. Der Widerspruch gegen die absolutistische Ordnung bildete einen Hauptpunkt der Kritik am herrschenden Gartenstil. Man stellte der Formstrenge fürstlicher Gärten Natur als neues Gartenideal gegenüber[2]. Der Dichter Alexander Pope (1688-1744) lehnte Symmetrie und verschnittene Formen der alten Gärten ab und verwirklichte kurz nach 1718 auf seinem Besitz Twickenham an der Themse seine Vorstellungen. Der Garten Popes gilt als Ausgangspunkt des neuen Gartenstiles. Dieser erste Versuch löste weitere Bemühungen an anderen Orten Englands aus[3].

Der Baumeister, Maler und Gartenkünstler William Kent (1685-1748) führte die Kompositionsregeln der Landschaftsmalerei in die gärtnerische Praxis ein. Man bezog sich hierbei nicht auf die zeitgenössischen Landschaftsmaler, sondern auf die der Barockzeit wie Claude Lorrain, Poussin und Salvator Rosa, die man in England hoch schätzte. Kent erprobte seine Fähigkeiten an verschiedenen Orten, u. a. am Garten in Stowe[4].

Kents Nachfolger in Stowe wurde Lancelot Brown (1715-1783). 1751 ging er nach London und wurde dort zum „Capability" Brown, der „landscape designer who saw capabilities for improvements in every garden"[5].

In dieser Zeit breitete sich in England der neue Gartenstil stürmisch aus. Die alten Gärten wurden sehr häufig geopfert, um der neuen Mode zu huldigen. Brown entwickelte ein bestimmtes Formschema für seine Gärten, eine eigene „Handschrift". Er verwendete „clumps" (geschlossene Gruppen von Gehölzen in weiten Rasenflächen), den in Wellenlinien durch den „belt" (Gehölzgürtel an der Grenze des Parks) geführten Randweg sowie buchtenreiche Seeufer und geschlängelte Wasserläufe. Das Ziel war die Schaffung eines malerischen Bildes in Anlehnung an die Landschaftsmalerei. Er erreichte dies im

Der Apollotempel, 1795, Aquarell von Simon Warnberger, Münchner Stadtmuseum

Blick aus dem Englischen Garten auf die Stadt, vor 1800, aquarellierte Federzeichnung von Simon Warnberger, Münchner Stadtmuseum

Partie im Englischen Garten mit Blick auf die St.-Ursulakirche (heute St. Sylvester) in Schwabing, Aquarell über Feder von Joh. Michael Mettenleiter, Staatl. Graphische Sammlung, München

wesentlichen durch unterschiedliche Laubfärbungen sowie durch Verwendung von Licht und Schatten für Kontraste und perspektivische Wirkungen[6]. Bis zu seinem Tode war Brown der anerkannte Meister seines Faches. Später jedoch erfuhren seine Gestaltungsweise und Werke sowie die seiner Nachahmer deutliche Kritik. Sie galten als zu nüchtern, es mangele ihnen – so die Kritiker – an „malerischer Schönheit"[7].

Einige Unternehmungen auf Landsitzen im Sinne des neuen Gartenideals bezogen sich nicht nur auf den einzelnen Garten, sondern auf die gesamte Landschaft – die „ornamental farm". Das Landgut des Dichters William Shenstone (1714–1763), die Leasowes, seit 1743 von ihm angelegt, sind ein berühmtes Beispiel hierfür. Er komponierte ein Landschaftsgemälde mit unterschiedlichen Stimmungsgehalten. Shenstone holte die ländlichen Szenen dicht an das Haus und verschönerte die Feldflur „gartenmäßig", so daß die Unterschiede zwischen Garten und umgebenden Ländereien aufgehoben wurden[8]. Die Leasowes haben dann ähnliche Unternehmungen in Deutschland angeregt[9].

Im Laufe der Zeit wurden immer häufiger bauliche Werke der Kunst als Staffagen in die Gärten aufgenommen. So waren es besonders chinesische Gartenbauten, die im Gefolge einer neuen China-Begeisterung vor allem von dem Architekten William Chambers (1726–1796) bevorzugt wurden. Um 1760 hat Chambers seine Ideen in Kew Garden verwirklichen können, u. a. mit seiner berühmten Pagode, die später im Münchner Englischen Garten Nachfolge fand. Aber auch die englische Gotik gab Anregungen für Gartenbauten – intakt oder als künstliche Ruine – als Kapelle, Kloster, Einsiedelei oder Turm. Sollte in den Gärten „heitere Ländlichkeit" vermittelt werden, so wurden rustikale Hütten, Milchwirtschaften etc. eingeplant. Aber auch antike Tempel fanden Aufnahme[10]. Unterrichtet wurde man über diese Bautenvielfalt durch entsprechende Musterbücher, u. a. durch Chambers 1757[11].

Eine besonders große Rolle spielten in den Landschaftsgärten auch aus dem Ausland – vor allem aus dem östlichen Nordamerika, aus China und aus Australien – eingeführte Bäume und Sträucher. Der seit 1772 königliche Kew Garden wurde zu einem bedeutenden und weithin bekannten Sammelpunkt seltener Pflanzen.

Einer der letzten großen Gestalter des Landschaftsgartens in England war Humphrey Repton (1752–1818). Für ihn war u. a. eine Grundregel des „landscape gardening" das Hervorheben der natürlichen Schönheit eines Platzes bei gleichzeitigem Verbergen seiner natürlichen Mängel. Besonders interessant war seine Arbeitsweise: Der zu „verbessernde" Platz wurde in seinem vorgefundenen Zustand dargestellt. Durch ein darüberzulegendes Klappblatt konnte der Zustand der „Verbesserung" gezeigt werden. Alle Blätter eines Gartenobjektes faßte Repton dann in einem „Red Book" zusammen[12].

Zur Entwicklung in Deutschland

In Deutschland erschien der neue Gartenstil in den Jahren nach 1770. Es tauchten Beschreibungen neuer Gärten auf und es erschienen theoretische Schriften über die neue Gartenkunst. Aber es hatte auch bereits Vorläufer gegeben und der neue Gartenstil kündigte sich in manchen Rokokogärten durch Aufnahme naturalistischer Elemente an. Eine Einführung englischer Gartenvorstellungen erfolgte u. a. mit den „englischen Wegen" im Rehgarten von Sanssouci. Gleichzeitig begegneten sich in Wilhelmshöhe bei Kassel die alte und neue Gartenkunst und in Schwetzingen übernahm der junge Sckell nach seiner Rückkehr aus England seit 1777 den neuen Gartenstil in den Randbereichen um den alten Garten[13]. In seiner grundlegenden Arbeit über den Landschaftsgarten hat F. Hallbaum 1927[14] die Stilphasen des Landschaftsgartens naturalistisch, vorromantisch-sentimental, klassisch und romantisch genannt. Gleichzeitig führte er aber aus, daß sich diese Phasen überschneiden, gelegentlich decken und vielleicht alle in jedem Augenblick wirksam sind.

Der Wörlitzer Park bei Dessau mit dem langgestreckten See als Kernpunkt der Anlage gilt als das erste große Beispiel eines Landschaftsgartens in Deutschland, für den von vornherein die neuen Überlegungen allein maßgebend waren. Der Bauherr war Fürst Leopold Friedrich Franz von Anhalt (1740-1817), der vor der Planung auf zwei langen Reisen mit seinem Architekten Friedrich Wilhelm von Erdmannsdorf und seinem Gärtner Johann Friedrich Eyserbeck das englische Vorbild an der Quelle studierte. Die Anlage entstand ab 1770 und reicht mit letzten Ergänzungen noch bis in das zweite Jahrzehnt des 19. Jahrhunderts. Alfred Hoffmann urteilt, daß Wörlitz bereits alle Ansätze für die weitere Entwicklung des natürlichen Gartenstils enthalte: „Mit seiner Staffage weist es in die Richtung auf die sentimentalen Gärten um 1800; mit dem ‚Gothischen Haus‘, mit den mittelalterlichen Einsiedeleien, mit den religiösen und mystischen Szenen aber auf jene romantischen Neigungen, die in einigen Gärten nach 1820 erneut Zutritt fanden; mit der Ruhe und Monumentalität seiner landschaftlichen Hauptbilder deutet es aber auf den Höhepunkt dieser Entwicklung überhaupt: auf den klassischen Landschaftsgarten.“[15]

Diese Periode des „klassischen“ Landschaftsgartens umfaßte die ersten Jahrzehnte des 19. Jahrhunderts und stellte den künstlerischen Höhepunkt der Entwicklung des Landschaftsgartens in Deutschland dar. Hoffmann schreibt: „Sie hat den Charakter des Unfertigen und Suchens, des Abschweifens in literarische oder exotische Inhalte, in die Fülle des Details überwunden; in ihr wird der Eindruck des Totalen dieser Idee des Natürlichen zur eigentlichen Kunstabsicht; in ihr vollzieht sich die Abklärung zu einem klassischen Kanon der aus der Natur bezogenen Formen[16].“ Diese Periode wurde bestimmt durch drei Künstlerpersönlichkeiten – durch Friedrich Ludwig von Sckell (1750-1823), Peter Josef Lenné (1789-1866) und Hermann Ludwig Heinrich Fürst von Pückler-Muskau (1785-1871).

Der Englische Garten in München

Der Englische Garten in den Isarauen ist neben der landschaftlichen Umgestaltung des Nymphenburger Parks - eines der beiden Hauptwerke aus Sckells Münchner Schaffenszeit. Nach Studien in England - gefördert durch Brown und Chambers - arbeitete er von 1776 bis 1804 in der Pfalz, wo er verschiedene Stufen - u. a. in Schwetzingen - des

[1] *Alfred Hoffmann: Der Landschaftsgarten (Dieter Hennebo/Alfred Hoffmann [Hg.]: Geschichte der deutschen Gartenkunst Bd. 3), Hamburg 1963, S. 11 f.*
[2] *Alfred Hoffmann: a. a. O., S. 13 ff.*
[3] *Adrian von Buttlar: Der Landschaftsgarten, München 1980, S. 28 ff.*
[4] *Alfred Hoffmann: a. a. O., S. 21 ff.*
[5] *M. Hadfield: Gardening in Britain. London 1960, S. 211.*
[6] *Alfred Hoffmann: a. a. O., S. 23 ff.*
[7] *Alfred Hoffmann: a. a. O., S. 159 ff.*
[8] *Alfred Hoffmann: a. a. O., S. 26 ff.*
[9] *So z. B. Jenisch-Park in Hamburg. Vgl. Michael Goecke: Stadtparkanlagen im Industriezeitalter. Das Beispiel Hamburg. Geschichte des Stadtgrüns Bd. 5. Hannover/Berlin 1981, S. 159 ff.*
[10] *Alfred Hoffmann: a. a. O., S. 28 ff.*
[11] *William Chambers: Designs for Chinese Buildings, Furniture, Machines, and Utensils, engraved from the originals drawn in China; to which is annexed, A Description of the Temples, Houses, Gardens etc., London 1757*
[12] *Alfred Hoffmann: a. a. O., S. 158 ff.*
[13] *Alfred Hoffmann: a. a. O., S. 43 ff.*
[14] *Franz Hallbaum: Der Landschaftsgarten. Sein Entstehen und seine Einführung in Deutschland durch Friedrich Ludwig von Sckell 1750-1823, München 1927*
[15] *Alfred Hoffmann: a. a. O., S. 70 ff.*
[16] *Alfred Hoffmann: a. a. O., S. 187*
[17] *Alfred Hoffmann: a. a. O., S. 188*
[18] *Alfred Hoffmann: a. a. O., S. 190*

neuen Gartenideals mitgestaltete. Bereits 1789 hat Karl Theodor, seit 1777 Kurfürst von Bayern, seinen Rat für die Anlage des Englischen Gartens erbeten, eines Landschaftsparks, der stiftungsmäßig der Öffentlichkeit gewidmet war. Auch städtebaulich war die Ausweisung einer solchen Anlage außerordentlich bedeutsam. Im Jahre 1804 folgte Sckell dann dem Ruf nach München als Leiter der Hofgärten-Intendanz. Diese Berufung brachte ihm die volle Verantwortung für das Projekt, das – vor dem endgültigen Ausbau – noch einmal überarbeitet wurde. Über seine Absichten geben Pläne und Denkschriften nähere Auskunft[17]. Sckell schuf auf dem langgestreckten, relativ schmalen Areal des Englischen Gartens Parkbilder von großer Ruhe und klassischer Harmonie. In nordsüdlicher Richtung entstand eine großartige Raumfolge. Durch die konvexe Umfassung der Wiesenbezirke erscheinen diese relativ breit. Beim Durchwandern der Anlage erlebt der Besucher eine dem Ein- und Ausatmen vergleichbare Folge von Raumverengung und Raumdehnung. Wiese und Gehölz sind im Englischen Garten die wesentlichen Elemente der Bildkomposition, des malerischen Bildes. Die Gehölze treten häufig als Haine auf, die – eng aneinandergerückt – aber immer wieder Durchblicke freilassen. Vorgepflanzt sind auch Baumgruppen und Einzelbäume. Die Wirkung von Licht und Schatten sowie helle und dunkle Laubtöne wurden sorgfältig berücksichtigt. Verwendet wurden – in Abkehr von der vegetabilen Vielfalt der Frühzeit des Landschaftsgartens – im allgemeinen einheimische Gehölze, die Sckell zu ruhigen, großen Parkbildern zusammenfügte. Auf bauliche Staffagen hat Sckell im wesentlichen verzichtet. Die vorhandenen im Hirsch-

anger Wald stammen noch aus der ersten Ausbaustufe. Insgesamt sollte ein fast stufenloses Hinübergleiten aus den durch Kunst „erhöhten" Bezirken in die Freiheit des „Natürlichen" erfolgen - im Schönfeld-Bereich „geschmackvolle und solide Verzierungen, Gebäude von reiner Baukunst", im Schwabinger Abschnitt Staffagen von ländlichem Charakter und die Hirschau „im einfachen ungeschmückten Styl der Natur". Die Wiesen- und Gehölzpartien werden durch zahlreiche Wasserläufe ergänzt. Lediglich im kunstvoller ausgestalteten Schönfelder Bezirk ist das Wasser einmal als flache Kaskade mit dem lebhaften Bild des Wassers dargestellt und im ländlichen Schwabinger Bezirk als ruhendes Wasser in Form des Kleinhesseloher Sees – gemäß dem Gesamtprogramm des Englischen Gartens. Wiesenräume, Gehölzpartien und Wasserläufe des Englischen Gartens in München ergeben insgesamt ein großes Parkbild von ausgesprochener Ruhe und klassischer Harmonie[18].

Die „Geburtsurkunde" des Englischen Gartens vom 13. August 1789 – eine Neuentdeckung

Pankraz Frhr. von Freyberg

Unzählige Male ist die „Geburtsurkunde" des Englischen Gartens, das Dekret des Kurfürsten Karl Theodor von Bayern, bisher in der Literatur zitiert worden.

In den meisten Fällen beschränkte sich die Wiedergabe jedoch auf einige wenige Zeilen des Textes.

Hier wie dort, wo uns ein bißchen mehr aus dem Inhalt des Dekrets verraten wird, wie insbesondere bei Theodor Dombart[1], diente aber nicht etwa die Originalurkunde als Quelle, sondern direkt oder indirekt die Arbeit Johann Mayerhofers[2], der 100 Jahre nach Entstehung des Englischen Gartens als erster das Dekret des Kurfürsten bekannt machte, wenn auch nur in Auszügen und nicht in seinem exakten Wortlaut.

Nach eingehendem Vergleich jedes einzelnen von Mayerhofer zitierten Wortes mit dem Original hat sich nun herausgestellt, daß mehrere Abweichungen in der Schreibweise zu verzeichnen sind. Es erhebt sich der Verdacht, daß dem Autor nur eine Abschrift des Dekretes vorgelegen hat, vermutlich sogar jene, auf die im folgenden noch eingegangen wird. Denn hier läßt sich, Buchstabe für Buchstabe, eine verblüffende Übereinstimmung feststellen.

Obgleich Mayerhofers Ausführungen zur Geschichte des Englischen Gartens, wie sich leicht nachweisen läßt, grundsätzlich auf sorgfältigem Quellenstudium beruhen, hielt er es offenbar vielfach nicht für nötig, so auch hinsichtlich des kurfürstlichen Dekretes, den Standort der von ihm besprochenen Akten anzugeben.

Merkwürdigerweise hat sich die Wissenschaft seit 100 Jahren mit den Auszügen des Dekretes bzw. dessen Abschrift zufrieden gegeben und ist offenbar auch nicht der Frage nach dem Verbleib der Originalurkunde nachgegangen. Jedenfalls sind eventuell unternommene Versuche, das Dokument aufzuspüren und seinen Gesamtinhalt wie Standort bekanntzumachen, bis heute erfolglos geblieben.

In Anbetracht der bevorstehenden 200-Jahrfeier des Englischen Gartens schien es mir daher dringend geboten, intensiv nach seiner Gründungsurkunde zu suchen.

Die Arbeit hat sich mehr als gelohnt, brachte sie doch nicht nur das Original des Dekretes ans Tageslicht, sondern auch den vorausgegangenen Entwurf und eine von der Hofkammer angefertigte Abschrift. Alle drei Schriftstücke fanden sich im Bayerischen Hauptstaatsarchiv, der Entwurf in dem Bestand GL Fasz. 2755 Nr. 960, das Original im Bestand Kurbayern Hofkammer 1190 fol. 59 und die Abschrift in dem Bestand HR I Fasz. 174/83/4[3].

Der Entwurf des Dekretes, datiert „13. August 1789" und adressiert „An die Churfürstl. Hofkammer dahier", ist eigenhändig von Kurfürst Karl Theodor unterschrieben, ebenso eigenhändig von dem wirklichen geheimen Staats- und Konferenzminister Matthäus Freiherrn von Vieregg gegengezeichnet „L[e]g[i]t: M F v Vieregg".

Es handelt sich um einen besonderen Glücksfall, daß diesem Entwurf auf demselben Schriftstück der Entwurf des Auftrages vom gleichen Tag „An den General Leib Adjutanten tit. Chevalier von Thompson" vorangestellt ist, in dem der Kurfürst diesem direkt die „Anlegung eines allgemeinen englischen Gartens" überträgt. Auf diese Übertragung bezieht sich auch der Dekretentwurf. Der jeweilige Kanzleivermerk „geschrb." zu beiden

Entwürfen verrät uns, daß sie in Reinschrift übertragen worden sind.

Die Reinschrift des Auftrages an Thompson konnte bisher noch nicht aufgefunden werden.

Das an die Hofkammer gerichtete Original des Dekretes ist unter Nr. 59 der Dekretensammlung einverleibt, die sich in dem schon oben genannten Bestand befindet. Es ist, wie der Entwurf, ebenfalls eigenhändig von Kurfürst Karl Theodor unterschrieben und von Freiherrn von Vieregg (diesmal mit „V[idi]t: M F v Vieregg") gegengezeichnet.

Weiterhin finden wir auf der Urkunde den Hinweis „Ad mandatum Serenissimi Domini Electoris proprium", in der Schriftgröße besonders hervorgehoben und mit der eigenhändigen Unterschrift des geheimen Kriegs-Konferenz-Sekretärs Joseph Schultes versehen.

Die von ihm benutzte althergebrachte Formel „Ad mandatum…" verdeutlichte jedermann, daß es sich bei dem Dekret um einen ausdrücklichen Befehl des „durchlauchtigsten Herrn Kurfürsten" handelte.

Übersehen wir auch nicht die kleine Randnotiz „ad P[rotocollum] Cam[erae] 17. Aug. 1789 Nr. 63", darstellend den offiziellen Einlaufvermerk der Hofkammer. Er gibt uns an, wann das Dekret bei der Hofkammer als Adressaten in den Einlauf kam und unter welcher Nummer es in das dort geführte Tagebuch eingetragen wurde.

Die Frage, wer den Einlaufvermerk angebracht hat, bleibt auch nicht ungelöst. Darüber gibt uns nämlich die Abschrift des Dekretes Auskunft. Sie ist grundsätzlich inklusive aller Unterschriften von der Hand eines unbekannten Schreibers der Hofkammer angefertigt. Lediglich stechen zwei Notizen (die eine mit Unterschrift) durch ein anderes, unter sich aber gleiches Schriftbild hervor. Es handelt sich hier zum einen um den mit dem Original des Dekretes übereinstimmenden Einlaufvermerk und zum anderen um den Vermerk mit anschließender Unterschrift „coll[ationiert]: Secr: Finster".

Wollen wir mehr über diesen Sekretär Finster erfahren, der nicht nur den Einlauf des Dekretes auf dem Original festhielt, sondern den gleichen Vermerk auf die Abschrift übertrug und sichtlich den Wortlaut der fertigen Abschrift mit dem des Originals collationierte (d. h. verglich und für fehlerfrei befand), dann müssen wir den Churfürstlichen Hofkalender von 1789 heranziehen, der uns mitteilt, daß besagter Herr Finster mit Vornamen „Joseph" hieß, das Amt eines Hofkammersekretärs bekleidete sowie päpstlicher und kaiserlicher Notar war[4].

Zur Bedeutung einer Abschrift sei noch gesagt, daß sie grundsätzlich darin bestand, sie als Arbeitsunterlage verwenden zu können oder in Umlauf zu bringen, ohne den Verlust des Originals zu riskieren, das in unserem Fall sicherlich recht bald in die Dekretensammlung aufgenommen wurde.

Bevor jedoch die Abschrift oder weitere Abschriften des Dekretes von der Hofkammer an andere in Frage kommende Institutionen oder Personen weitergegeben wurden, hat man sich zunächst intern mit dem Original und dessen Inhalt befaßt.

Studieren wir hierzu die Sitzungsprotokolle des Hofkammerplenums aus dem Jahre 1789, so finden wir unter Nr. 20 der Tagesordnungspunkte in dem Protokoll der 178. Sitzung am 17. August 1789, also noch am Tage des Einlaufs, das kurfürstliche Dekret in folgender Weise abgehandelt:

Der Hofkammerpräsident Joseph Reichsfrei-
herr von Oberndorff gibt, auch in Anwesenheit des Hofkammerdirektors Joseph Hermann von Plank, das Dekret (hier „Reskript"
genannt) des Kurfürsten bekannt („publi-
cat"). Anschließend wird, entsprechend der
kurfürstlichen Weisung, kurz und bündig der
Beschluß gefaßt: „Nachrichtsbefehl ans
Oberstjäger-Futtermeister-und Forstamt zur
Nachachtung[5]."

Der Entwurf zu dem Nachrichtsbefehl befindet sich ebenso wie die aufgefundene
Abschrift des Dekretes in dem Bestand HR I
Fasz. 174/83/4 des Bayerischen Hauptstaatsarchives. Er ist noch am Tage des Beschlusses
am 17. August 1789 abgefaßt, „An Das Oberst-
jäger Meisteramt München" gerichtet und
eigenhändig von dem Hofkammerpräsiden-
ten Joseph Frhrn. von Oberndorff unter-
zeichnet. Wir erfahren aus dem Inhalt, daß
die Abschrift des Dekretes, „der schuldigsten
nachachtung willen" beigelegt wurde.

Aus Kanzleivermerken unterhalb des eigentlichen Entwurfes geht hervor, daß der Nachrichtsbefehl gleichlautend („in Simili") auch
an „Das Forst Meisteramt München und Hof
Futter Meisteramt" erging und schließlich
alle drei Schreiben noch am 17. August in
Reinschrift übertragen, unterschrieben sowie expediert wurden.

Nachdem wir nun ausführlich die verschiedenen Stadien der „Geburtsurkunde" des Englischen Gartens besprochen haben, vom Entwurf über die Reinschrift bis zur Abschrift, ist
es an der Zeit, daß wir uns endlich dem Inhalt
des Originals zuwenden, das wir hier in der
Festschrift erstmalig in vollem Wortlaut abge-
druckt und abgebildet finden[6].

Seien wir beim Lesen dessen eingedenk, daß
mit diesem Dekret der erste Volkspark Euro-

pas, vielleicht sogar der Erde, begründet
wurde, ein einmaliges bis heute uns erfreuen-
des Geschenk des Kurfürsten Karl Theodor
an die Münchner Bürger.

Franz Hallbaum hat dafür die Worte gefunden: „Es ist eine seltsame historische
Fügung, daß dieser Akt der Menschlichkeit,
der in Deutschland von einem überzeugt
absolutistischen Herrscher ausgeht, zeitlich
mit dem Ausbruch der Französischen Revolution zusammenfällt. Vermutlich haben die
demokratischen Grundsätze, die Rumford
aus seiner amerikanischen Heimat mit-
gebracht hatte, diese Wendung im Geiste
Karl Theodors veranlaßt[7]."

[1] Theodor Dombart: Der Englische Garten zu München, München 1972, S. 34

[2] Johann Mayerhofer:
Geschichte des Münchner Eng-
lischen Gartens von seinem
Beginne (13. August 1789) bis
zur Errichtung der Hofgärten-
intendanz (9. März 1804) in:
Karl Trautmann/ Karl von
Reinhardstöttner (Hg.): Jahr-
buch für Münchner Geschichte
Bd. 3, Bamberg 1889, S. 5 und
S. 42, Anm. 8

[3] Mein herzlicher Dank gilt hier
den Mitarbeitern des Bayerischen Hauptstaatsarchivs, die
mich bei meiner Sucharbeit unterstützten, insbesondere den
Herren Archivdirektoren Dr.
Hermann Joseph Buslay und
Dr. Joachim Wild, die mir mit
freundlichen Hinweisen entscheidend helfen konnten,
mein gewünschtes Ziel zu erreichen

[4] Seiner Churfürstlichen Durchleucht zu Pfalz ... Hof- und
Staatskalender für das Jahr
1789, München 1789, S. 210

[5] Bayerisches Hauptstaatsarchiv: Kurbayern Hofkammer
991 fol. 1684

[6] Der linke Rand des Schrift-
stücks konnte leider nicht
ganz abgebildet werden, da
die Dekretensammlung gebunden ist

[7] Franz Hallbaum: Der Land-
schaftsgarten. Sein Entstehen
und seine Einführung in
Deutschland durch Friedrich
Ludwig von Sckell 1750-1823,
München 1927, S. 184

13. aug. 1789

An
den General Major der Cavallerie
und General Leib Adjutanten
tit. Chevalier von Thompson

Die ihm gnädigst übertragene
Anlage eines englischen Gartens
in dem hiesigen Hirschanger betr.

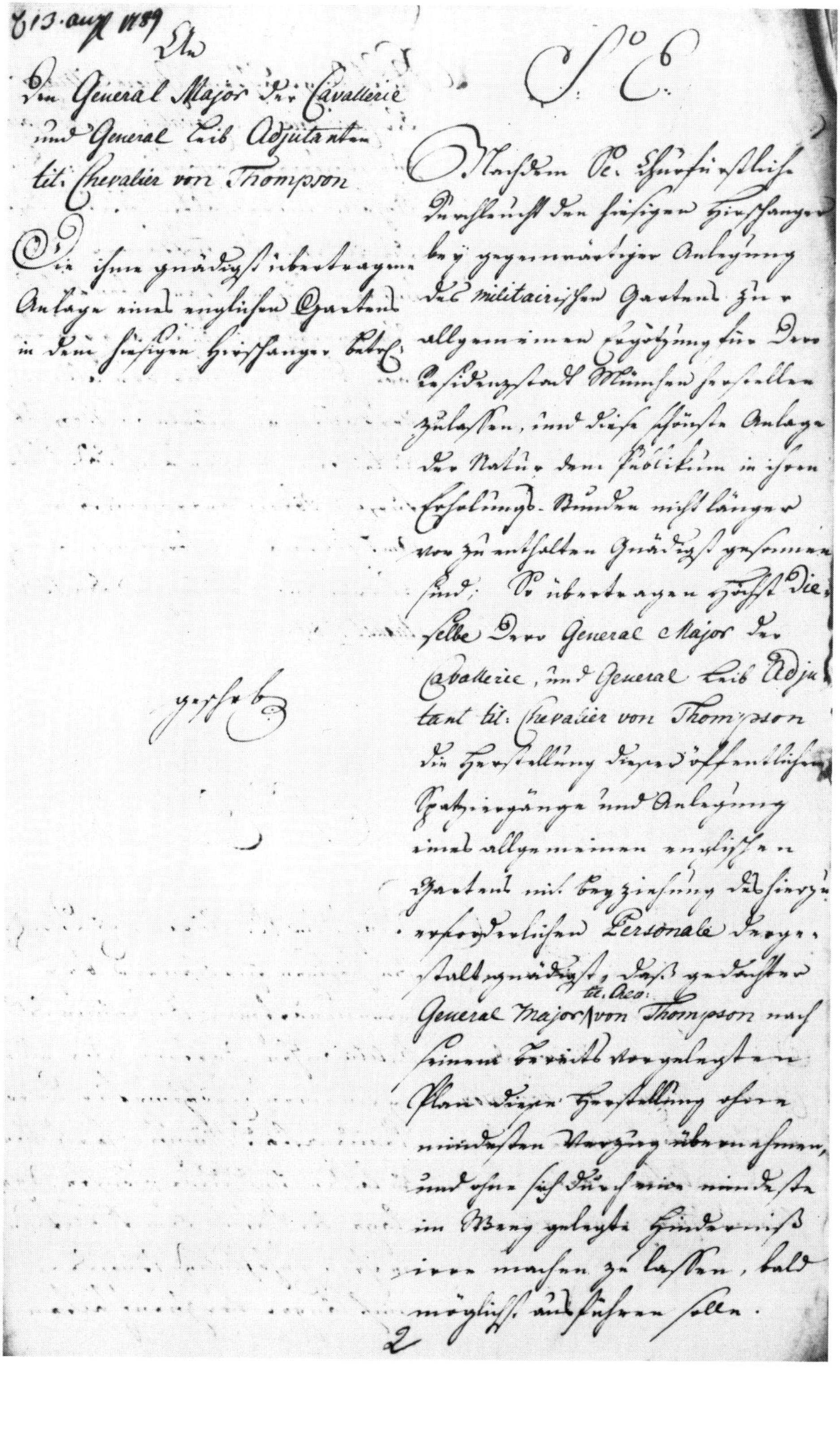

S⟨einer⟩ E⟨xzellenz⟩

Nachdem Se. churfürstliche
Durchlaucht den hiesigen Hirschanger
bey gegenwärtiger Anlegung
des militairischen Gartens zu
allgemeiner Ergötzung der Dero
Residenzstadt München gestatten
zu lassen, und diese schöne Anlage
der Natur dem Publikum in ihren
Erholungs-Stunden nicht länger
vorzuenthalten gnädigst gesonnen
sind; So übertragen höchst Die
selbe Dero General Major der
Cavallerie und General Leib Adju
tant tit. Chevalier von Thompson
die Herstellung dieser öffentlichen
Spatziergänge und Anlegung
eines allgemeinen englischen
Gartens mit Beyziehung der hierzu
erforderlichen Personale Freyer
Selbstgewandtniß, daß gedachter
General Major von Thompson nach
seinem bereits vorgelegten
Plan dieser Herstellung ehren
mindesten Verzug übernehmen,
und ohne sich dabei im mindesten
im Weeg gelegte Hinderniß
irren machen zu lassen, bald
möglichst aufführen sollen.

Welche zugleich dem General Major
der Cavallerie tit: Chavalier von Thompson
zur mehreren Nachrichtung mit dem
Anhang unverhalten bleibt, daß
die Churfürstl: Hofkammer dahier,
unterm heutigen Tage ebenfalls
den gnädigsten Auftrag erhalten
habe, Ihnen nicht nur bey allen
Vorfällen all möglichen Vorschub
zu leisten, sondern auch das Churfürstl: Oberschätzmeister-
Amt hiernach gehorsamst zu
unterweisen. München den 13t
August 1789.

S. E.

Nach dem Se. Churfürstl. Durchl.
den seitigen Hirschange bey
gegenwärtiger Anlegung des
militärischen Gartens zur allgemeinen Ergötzung für Dero
Residenzstadt München herstellen
zu lassen, und deren schönen Anlage der Natur dem Publikum
in ihrer Gefälligkeit Wunder
nicht länger vorzuenthalten

An
die Churfürstl: Hofkammer
dahier
Die dem General Major der
Cavallerie tit: Cheo. von Thompson
gnädigst übertragenen Anlage
eines englischen Gartens in dem
seitigen Hirschanger betref:

zurückgekommen sind, So haben
Höchst Dieselbe, Dero General Major
der Cavallerie, und General Leib-
Adjutant tit: Chevalier von Thompson
die Herstellung dieser öffentlichen
Plaz=anzüge und anlegung
einer allgemeinen englischen
Garten= mit Einziehung der
hierzu erforderlichen Personale
dergestalt übertragen, daß
gedachter General Major von
Thompson nach seinem vorhin
vorgelegten Plan diese Her=
stellung ohne mindesten Verzug
übernehmen, und ohne sich durch
einen mindesten in Weeg gelegte
Hinderniß irren zu machen zu lassen,
baldmöglichst zu führen habe.

Dc. Churfürstl: Durchl. wollen
also Dero Hofkammer hiemit den
gnädigsten Auftrag mit vor=
benannten General Major tit. Chevalier
von Thompson bey allen vorfällen all t
möglich Vorschub zu leisten, sondern auch
das Churfl: Oberstjägermeisteramt
hiernach gehorsamst anzuweisen. München
den 13: Aug: 1789.

Lgt: v. Robo Vieregg

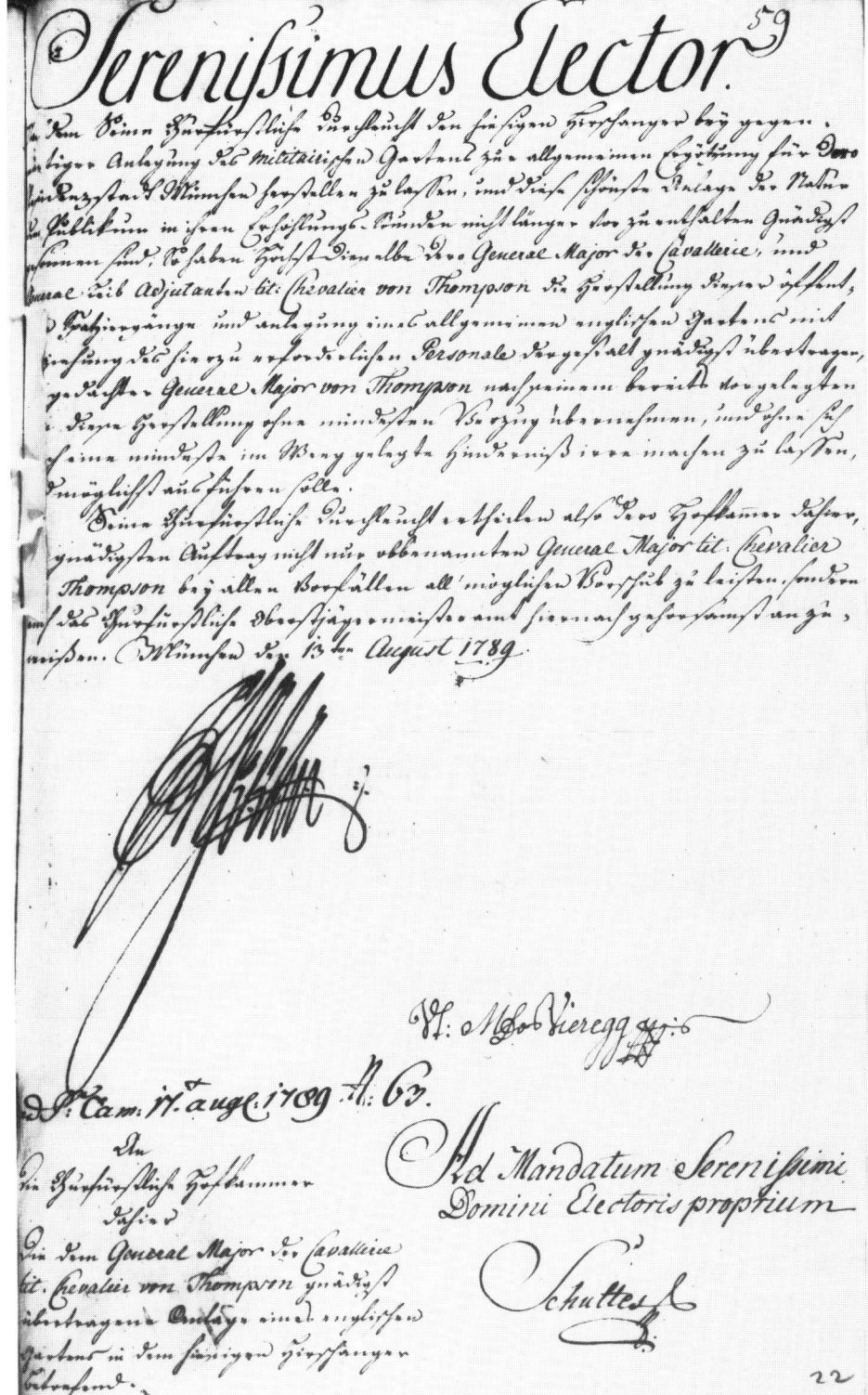

Serenissimus Elector.

Nachdem Seine Churfürstliche Durchlaucht den hiesigen Hirschanger bey gegenwärtiger Anlegung des Militairischen Gartens zur allgemeinen Ergötzung für Dero Residenzstadt München herstellen zu lassen, und diese schönste Anlage der Natur dem Publikum in ihren Erhohlungs-Stunden nicht länger vor zu enthalten Gnädigst gesonnen sind; So haben Höchstdieselbe Dero General Major der Cavallerie, und General Adjutanten tit: Chevalier von Thompson die Herstellung dieser öffentlichen Spatziergänge, und anlegung eines allgemeinen englischen Gartens mit Beyziehung des hierzu erforderlichen Personale dergestalt gnädigst übertragen, daß gedachter General Major von Thompson nach seinem bereits vorgelegten Plann diese Herstellung ohne mindesten Verzug übernehmen, und ohne sich durch eine mindeste im Weeg gelegte Hinderniß irre machen zu lassen, bald möglichst ausführen solle. Seine Churfürstliche Durchlaucht ertheilen also dero Hofkammer dahier den gnädigsten Auftrag nicht nur obbenannten General Major tit: Chevalier von Thompson bey allen Vorfällen all'möglichen Vorschub zu leisten, sondern auch das Churfürstliche Oberstjägermeisteramt hiernach gehorsamst anzuweißen.

München den 13ten August 1789
Carl Theodor Churfürst

ad P: Cam: 17. Aug: 1789
Nr: 63.
An
die Churfürstliche Hofkammer dahier
die dem General Major der Cavallerie
tit. Chevalier von Thompson gnädigst
übertragene Anlage eines englischen
Gartens in dem hiesigen Hirschanger
betrefend

Vt: M F v. Vieregg
Ad Mandatum Serenissimi
Domini Electoris proprium
Schultes

Die „Geburtsurkunde" des Englischen Gartens, Original des kurfürstl. Dekretes vom 13. August 1789, Bayerisches Hauptstaatsarchiv, München, Bestand: Kurbayern Hofkammer 1190, fol. 59

Die älteste Beschreibung des Englischen Gartens vom 30. Mai 1790

Pankraz Frhr. v. Freyberg

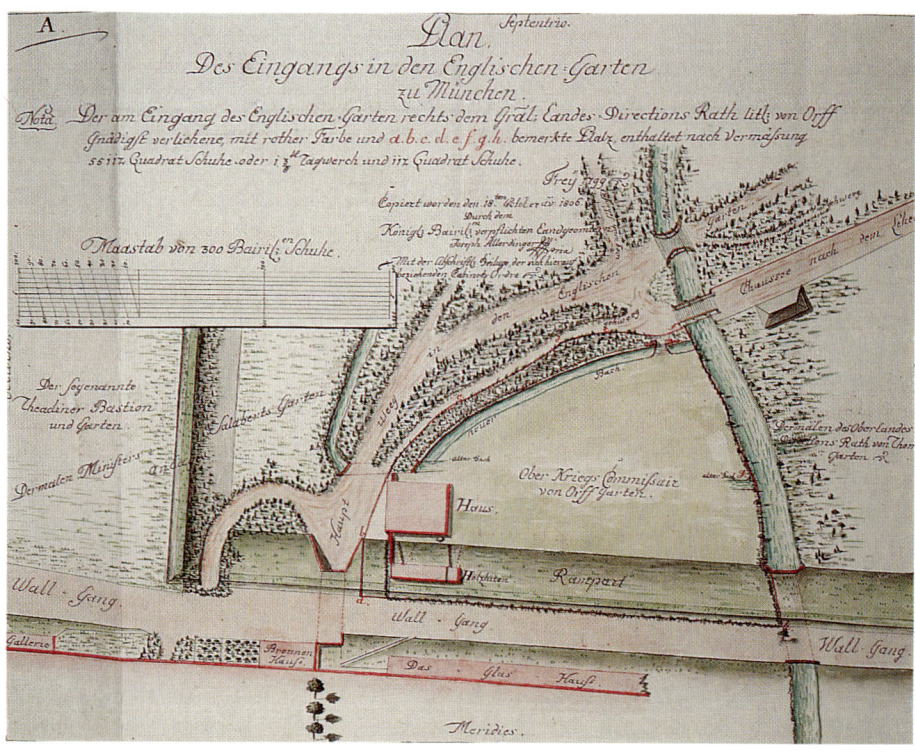

Die älteste Beschreibung des Englischen Gartens (in: Der baierische Landbot, Nr. 43, München, 26.–30. Mai 1790) ist einem Bericht einverleibt, der die Besichtigungsfahrt des Kurfürsten Karl Theodor durch den neu angelegten Park schildert. „Seine Durchlaucht" unternahm diese Fahrt in Begleitung von Sir Benjamin Thompson (dem späteren Grafen Rumford) und seinem Jugendfreund, dem Oberststallmeister Matthäus Grafen von Vieregg, am Dienstag, dem 25. Mai 1790. Schon vor diesem ausführlichen Bericht erhalten wir am 26. Mai 1790 durch eine kurze Notiz in Nr. 42 des „baierischen Landbot" Kenntnis von der am Vortag vorgenomme-

nen Besichtigung mit genauer zeitlicher Angabe. So heißt es hier wörtlich:

„Seine churf. Durchlaucht, unser gnädigster Landesfürst, geruheten gestern Nachmittag um 4 Uhr den neu angelegten englischen und respective militärischen Garten in höchsten Augenschein zu nehmen, und alldort bis 7 Uhr mit gnädigstem Wohlgefallen zu verweilen. In welcher Ordnung Höchstdieselbe die verschiedenen Parthien dieser Anlage zu besehen geruheten, wird in dem nächsten Blatte nebst einer umständlichen Schilderung dieser Gärten genau beschrieben werden."

Der Verfasser der angekündigten Beschrei-

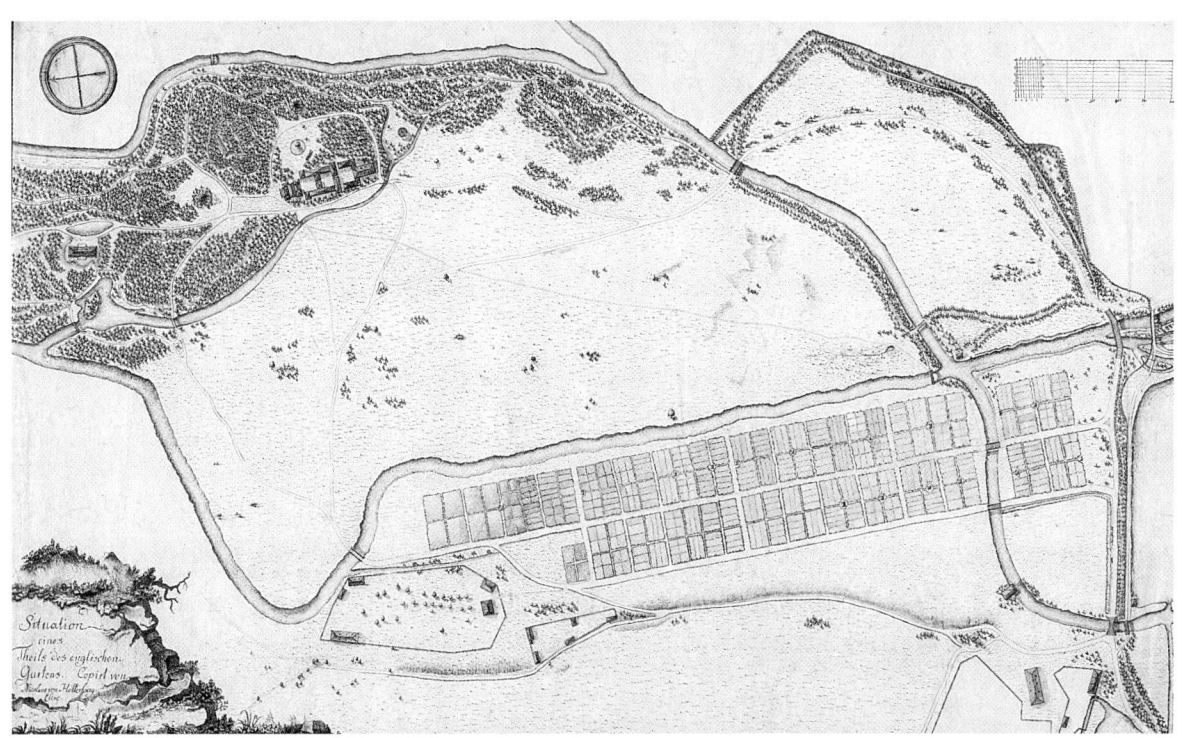

Situation
eines
Theils des englischen
Gartens. Copirt von
Nicolaus Hellersperg
Eleve

bung der Besichtigungsfahrt und der „um- ständlichen Schilderung dieser Gärten“ bleibt ungenannt. Theodor Dombart vermu- tet, es handle sich um den Redakteur Carl Ludwig Wintersperger, einen „gewandten Mann der Feder“, der seine Kenntnis wie- derum wohl einem mündlichen Bericht des Grafen von Viereggverdanke, „als dem einzi- gen, der drei Besucher, der – ohne sich selbst loben zu müssen – dazu in der Lage war“[1].

Wer immer auch der anonyme Autor gewesen sein mag, lesen wir seinen Bericht im „baieri- schen Landbot“, so staunen wir, wie weit schon nach wenigen Monaten Arbeit die Anlage des Englischen Gartens gediehen war:

Als Seine churfürstliche Durchlaucht am 25sten dieß den neu angelegten englischen Garten zu besehen geruhen wollten, fuhren Höchstdieselbe in einem offnen Gartenwagen unter Begleitung Ihrer Exzellenzen des Herrn Oberststallmeisters Titl. Grafen von Vieregg, und des Herrn General-Majors Titl. Ritters von Thompson durch den churfürstl. Hofgar- ten, und über die sogenannte x-Brücke, welche über einen aus der Stadt fließenden Kanal geht.

Diese Brücke, deren Seitenbalustraden sich beynahe wie 2 Halbzirkel von einander öffnen, hat von dieser Gestalt den Namen x-Brücke erhalten, und hier beginnet eine breite Chaus- see, an deren linken Seite ein ebener Platz

„Situation eines Theils des engli- schen Gartens“ mit den Militär- gärten, 1793, aufgenommen von den Eleven der kurfürstl. Mili- tärakademie unter der Direk- tion des Oberlieutenants Neu- mann, kopiert von dem Eleven Nicolaus Hellersperg, Bayeri- sche Staatsbibliothek, Mün- chen, Inv. Nr. Cod. icon. 180 h Nr. 6

[1] Theodor Dombart: Der Engli- sche Garten zu München, Mün- chen 1972, S. 84 f.

sich befindet, der zum Garten für die churfürstl. Militär-Akademie und zum Bau einer
Festung nach dem verjüngten 1/10 Maaßstab,
um die Zöglinge hier praktisch zu unterrich-
ten, bestimmt ist. An diesen Platz schließen
sich dann die Militärgärten der vordern Breite
nach, welche, so lange die Chaussee ist, rei-
chet. Die ganze rechte Seite dieser Chaussee
aber ist mit einem neugepflanzten Gebüsche
besetzt, durch dessen Mitte sich ein schattiger
Fußsteig windet.

So gelangt man in einer Entfernung von 900
Schritten zu der zweyten oder grossen Brücke.
Es vereinigen sich hier vier Kanäle von der
Isar, und über zween derselben steht diese
Brücke, welche 220 Schuhe lang, und in einer
mit der Chaussee übereinstimmenden Krüm-
mung gebaut ist, mit 5 flach ellyptischen
Bögen. Die sanft abhängige Ausfahrt von dieser Brücke eröffnet eine neue sehr interessante
Gegend; denn links an der Chaussee erblickt
man durch leichte Gebüsche eine grosse
Wiese, die durch einen Kanal der Länge nach
von den Militärgärten getrennet ist, und rechts
erhebt sich eine junge Waldung auf einem kleinen Hügel, der zum Damme gegen die sonst
bey dem Holzeinlassen gewöhnliche Über-
schwemmung dient, und das Wasser in einen
grünenden Rinnsal ableitet.

Auf diesem kleinen waldigten Dammhügel
führt ein schattiger Pfad die zu Fuße Gehenden neben der Chaussee hin, und jenseits des
kleinen Thales, das von dem trocknen Rinn-
sale gebildet wird, ist der anstoßende churfl.
Holzarten durch Pallisaden und emporstei-
gende Bäume abgesondert und versteckt.
Diese Chaussee und Fußpfad führen nun in
einer Strecke von 1000 Schritten an die nach
dem berühmten Baumeister Palladio gebaute
Sprengbrücke und alle die aufblühende Wal-

83

dung und Gebüsche, die man bis hierher sah, sind ein Werk der Kunst, das größtentheils erst zu Ende des vorigen Decembers begonnen ward.

Damals und im Anfange dieses Jahres wurden jene zum Theil schon sehr starken Bäume gepflanzt, die jetzt grünen, und in voller Blüthe dastehen. Ihre Auswahl war nicht dem Ohngefähr überlassen, sondern die meisten sind ausländisch, oder von solchen Holzarten, deren Kultur unserm Vaterlande wichtig und nützlich wäre.

Jenseits dieser Sprengbrücke nun öffnet sich eine neue Scene, und hier war es, wo Se. churfürstl. Durchlaucht aus dem Wagen stiegen, um die folgenden Parthien des Parkes zu betrachten. Gleich rechter Hand schlüpft ein Fußpfad in die Dichte des Waldes, und führt in sanften Wendungen längs dem sogenannten Eisbache hin; dieser schöne Bach, dessen leichtabhängige Ufer mit Rasen bedeckt sind, verdoppelt das Ruhigerhabene dieser Gegend, wenn sich die über ihm durchschlungenen Aeste bejahrter Bäume in seiner hellen Fläche spiegeln.

Auf diesem düsterstillen Fußpfade kommt man bald auf einen andern, der links tiefer im Walde zu einer Ruhebank führt, wo sich dem Auge eine 8-10 Morgen große Wiese, von den herrlichsten Baumgruppen umschlossen, darbietet, und im fernen Hintergrunde kann es von hier durch eine lichte Waldgegend gleichsam verstohlne Blicke nach dem dorischen Tempel werfen.

Doch, man sehnt sich nach den Ufern des Eisbaches wieder, und dahin führt ein Fußpfad, der sich rechts windet. Die Kunst wetteiferte mit der Natur, um die Gegenden dieses Baches zu verschönern, und jene scheint blos deswegen nach dem Sieg gerungen zu haben,

um ihn dieser klug und bescheiden zu überlassen. Dieser Eisbach hat 40-50 Schuhe in der Breite, und auf eine Viertelstunde in der Länge ist er bisheran zu einem der angenehmsten Theile des Ganzen bearbeitet worden. An drey verschiedenen Stellen wird sein sonst ruhig dahinströmendes Kristall über künstlich schrofe Felsen hinabstürzen, und keine künstliche Musik kann dann einen mit der ganzen Scene und mit ihrem heiligen Dunkel so gut harmonirenden Accord hervorbringen, als diese kleinen Wasserfälle.

Hier wandelten Se. churfürstl. Durchlaucht, vertraut mit dem hohen Gefühl für Natur und Kunst, eine Weile hinab, und folgten dann dem einladenden Pfade links nach dem dorischen Tempel, der rund und ganz offen im reinsten Geschmacke des Alterthums auf 10 (über 2 Schuhe im Durchmesser haltenden) Säulen ruhet. Sein Dohm reicht in die Aeste der majestätischen Baumgruppe, die ihn umgiebt; schauerliche Ehrfurcht ist das Gepräge dieser Gegend, und bey dem griechischen Tempel im celtischen Bardenhaine glaubt man die Saiten Homers und Ossians harmonisch säuseln zu hören.

Aber schon wieder winkt ein schmeichelnder Fußpfad nach dem Eisbache zurück. Zwo Brücken von musterhafter Bauart verbinden in einer Entfernung von 1000 Schritten seine lachenden Ufer, und wenn man längs denselben weiter hinabwandelt, so wird man hier und da durch künstliche Oeffnungen in dem Walde, die dem Auge eine bezaubernde Aussicht nach den jenseits der Isar gelegenen Dörfern, Kirchen, u.s.w. darbiethen, gleichsam angeheftet, wie wenn die Seele oft mitten in ihren Tagesbeschäftigungen plötzlich durch einen Gedanken an Zukunft und Menschenbestimmung hinweg in höhere Sphären geho-

Simon Gassner fecit
Eine Gegend aus dem Theodorspark zu München.

Simon Gassner fecit
Die Gegend des dorischen Tempels im Theodorspark zu München.

ben wird. All jene entfernten Ortschaften, Anhöhen, Waldungen, einsame Kapellen u.s.w. die schon viele Jahrhunderte für sich allein da standen, mußten der Kunst fröhnen, und sind nun Theile dieses Parks geworden, um dessentwillen sie blos da zu seyn scheinen. Gehet man nun längs des Ufer des Eisbaches dem schlängelnden Fußpfade nach, so erhebt sich die untere Brücke in einer 200 Schritt langen Ebene ins Gesicht, und dann wird man von einem andern vertraulich anziehenden Pfade links durch den Hain 500 Schritte weit nach dem sogenannten Schwabinger-Bach geführt, der zweymal so breit als der Eisbach ist, aber mit seinem dahinwälzenden Pfeilstrome ganz anders, als jener, auf Auge und Seele wirkt. Unterwegs erinnert ein kleiner chinesischer Tempel, daß er nicht umsonst dasteht, und wirklich gewährt er in einer Entfernung von 100 Schritten den vollkommnen Anblick der grossen chinesischen Pagode; bald wird man auf einem andern Ruheplatze durch die Aussicht über eine grosse, mit Gebüsch mannigfaltig durchschnittene Wiese überrascht, und diesen Gesichtspunkt schließt ebenfalls eine Ruhestätte, von wo man im Hintergrunde die Ufer des kleinen Sees erblickt, worinn die Insel liegt.

Der Weg lenkt sich durch eine herrliche Waldgegend, und führt wieder an einen Ruheplatz, wo sich die grosse Pagode halb mit Bäumen bedeckt, und ein Theil des im chinesischen Geschmacke gebauten Wirthshauses dem Gesichte darstellt. Von hier ladet ein Kanapee unter zween hohen, weittragenden Bäumen, deren Schönheit kein Pinsel erreicht, in einer Entfernung von 100 Schritten jenseits der breiten Chaussee zu sich ein, um das Auge mit einer vortreflichen Aussicht über die Chaussee und den Wald zu ergötzen, das links über den Wipfeln der Bäume auch die Spitze der grossen Pagode erblickt.

Von diesem Kanapee führt ein Weg anmuthig, wie die übrigen, links ins Gebüsche, und bald befindet man sich an einem Standorte, wo 3 verschiedene Aussichten um den Vorzug buhlen. Dort schlängelt sich im schönsten Abenddunkel ein Laubgang hin, und verliert sich im dichten Walde; hier übersiehet das Aug die 1/2 Stunde lange und 1/4 Stunde breite Ebene am untern Gartentheile, die sich mit einer durch mannigfaltige Grün nuancirten Waldung schließt, und links entdeckt man die schönste Scene, die die Natur auch mit Hilfe der Kunst hervorzubringen im Stande ist, nämlich jene Insel, zu der man von hier auf einem Fußpfade durch Gebüsche von 150 Schritten gelanget.

Ein Beuch und Wouvermann, die in Darstellung natürlicher Gegenden so glücklich waren, würden hier das Unvermögen ihres Pinsel bekennen, und durch dieses Geständniß der Natur und Kunst ein schöneres Opfer bringen, als wenn sie es versuchen wollten diese Scene zu malen, die einzig in ihrer Art, und allgemein in ihrem ästhetischen Ausdrucke ist, und zu deren Schönheit alles, was sie, so weit das Auge reicht, umgiebt, gerade so seyn muß, wie es wirklich ist.

Seine churfürstl. Durchlaucht betrachteten diese Insel von allen Seiten, so wie die umliegenden Gegenden, und begaben sich dann in die große chinesische Pagode, wo Höchstdieselbe von einigen Stockwerken der herrlichen Aussicht genossen.

Für eine Beschreibung ist diese Pagode kein Gegenstand; aber die Verschiedenheit der Prospekte, die ihre Lage und Bauart gewährt, ist merkwürdig. Auf dem obersten Stockwerke herrscht das Auge frey über den ganzen Wald,

Am Chinesischen Turm, vor 1800, Gouache von Joh. Michael Mettenleiter, Staatl. Graphische Sammlung, München

und siehet rund um über Freysing, Dachau u.s.w. in eine fast ermüdende Ferne. Diese Aussicht ist groß und schön, aber weit interessanter ist die in dem zweyten Stockwerke von oben; denn da hier das Auge, und die beynahe durchaus gleichen Wipfel der Bäume mit denen jenseits der Isar gelegenen Ortschaften, Waldungen etc. in einer Horizontallinie steht, so glaubt man vermöge eines optischen Spieles, das aus dem Wehen der nahen Baumwipfel entsteht, all jene entfernten Ortschaften gleichsam auf der Oberfläche eines Meeres schwimmen zu sehen. Die zwey untern Stockwerke haben ebenfalls, jedes seine eigene Vorzüge der Aussicht.

Nachdem nun Se. churfürstl. Durchlaucht auch das neuerbaute Wirthshaus, welches allein im Stande wäre, den sonst verschrienen Geschmack der Chinesen wieder in Kredit zu bringen, in Augenschein genommen hatten, begaben sich Höchstdieselbe in den Wagen, fuhren noch eine Zeit lang durch die mannigfaltig abwechselnden Wege des Lustwaldes und dann bey der Vihearzneyschule vorüber, durch die mittlere Allee der Militärgärten, welche 2800 Schuhe in der Länge und 24 in der Breite hat, höchstvergnügt zurück in die Residenz.

Diese ganze Anlage, welche sich gleich von dem Stadtwalle außerhalb des Hofgartens (wo auch schon der um diese ganze Stadt so lange vermißte schattige Spaziergang anfängt) bis ziemlich weit unterhalb Schwabing erstreckt, hat wohl zwo Stunden im Umfange und enthält:

87

1) Jenen links an der x-Brücke liegenden Platz, der zum Garten für die Zöglinge der churfürstl. Militärakademie und zum Bau einer Festung nach verjüngten Maaßstabe bestimmt ist.

2) Die Militärgärten, worinn ein jeder Soldat der hiesigen aus 3 Regimenter bestehenden Besatzung täglich einen oder in allem 365 Quadratschuhe guten, fruchtbaren Bodens zum Bau und freyen Genuß für sich hat.

3) Den englischen Garten, von welchem man nur einige wenige Theile oben zu skizzieren versucht hat.

4) Die Vihearzneyschule, wo die für Baiern so sehr wichtige und so sehr vernachläßigte Kunst 32 Schülern gelehrt wird. Sie enthält 5 Gebäude: das Wohnhaus für den Lehrer und Schüler, das anatomische Theater, die Stallungen, die Schmiede und die Scheune (Stadl) nebst einem geräumigen mit einer Mauer ganz umschlossenen Rasenplatze.

5) Elf Brücken von verschiedener Bauart, deren jede nach Verschiedenheit der Flüsse oder der Ufer zum Muster dient.

6) Einen großen Platz, der zum sichern Nutzen derjenigen, welche sich der Kriegskunst widmen, in taktischen Vortheilen orientiren und große Manouvres studieren wollen, in die gewöhnlichen und schwersten terraino als Defileen, Moräste, coupirte Anhöhen, Dörfer u.d.g. eingetheilt und ebenfalls nach 1/10 Maaßstab, wie jene Festung, woran dieser Platz sich schließt, zu diesem Endzweck gerichtet wird.

7) Eine Baumschule.

8) Mehrere Wiesen mit Klee angebauet, und einen Platz, der bereits zur Errichtung einer sogenannten Schweizerey (Hornviehezucht) von wenigstens 60 Stücken bestimmt ist, und wodurch dem baierischen Landwirthe, der die

Vortheile einer guten Viehezucht und Stallfütterung kaum ahndet, nicht nur ein aufmunterndes Beyspiel und Muster gegeben, sondern auch ein baarer Vortheil erzielet wird.

9) Eine Schäferey, worinn man die inländische so weit herabgesunckene Schaafzucht durch spanischen und sonst guten Zügel zu verbessern und wieder empor zu bringen suchen wird. Die große schöne Ebene, welche zur Schaafweide bestimt ist, wird von Zeit zu Zeit auch zu Pferderennen und Lustlagern dienen.

10) Eine Ackerbauschule mit allen dazu erforderlichen Gebäuden und nöthigen Hilfsmitteln zum praktischen Unterricht.

Hat jemals die Kunst ihren höchsten Endzweck erreicht, so ist es hier; denn omne tulit punctum, qui miscuit utile dulci.

Die „Denkschrift" Friedrich Ludwig von Sckells vom 6. März 1807

Pankraz Frhr. von Freyberg

Mit seiner Ernennung zum Intendanten des gesamten bayerischen Gartenwesens erhielt Friedrich Ludwig von Sckell am 9. März 1804 auch die unmittelbare Verantwortung für den Englischen Garten, der bis dahin einer eigenen Direktion unterstand. Bis zu dieser Zeit hatte Sckell hinsichtlich des Englischen Gartens lediglich die Funktion eines Beraters und Gutachters, verbunden mit einem Visitationsrecht, inne.

Im Rahmen seines nunmehr erweiterten Aufgabenkreises fertigte der Hofgärtenintendant zwei Pläne, den Plan A, der den Zustand des Gartens wiedergibt, wie er ihm 1804 übergeben wurde, und den „Plan B des eigentlichen Englischengarten bei München, auf welchem die seit 1804, durch gegenwärtige Hofgartenintendanz bewirkte neue Anlagen, mit den künftigen Änderungen und weiteren Verschönerungen dargestellet und durch eine beiliegende Beschreibung erläutert worden sind".

Beide Pläne befinden sich heute in der Gärtenabteilung der Bayerischen Verwaltung der staatlichen Schlösser, Gärten und Seen.

Bei der in der Beschriftung des „1807" datierten und signierten Planes B genannten „Beschreibung" handelt es sich um die hier zu besprechende „Denkschrift" Friedrich Ludwig von Sckells vom 6. März 1807.

Die Entdeckung des 27seitigen Manuskripts im Jahre 1926 verdanken wir Franz Hallbaum[1], seine erste Veröffentlichung Hans Rose, 1931[2].

Sckell reichte die „Denkschrift" erst fünf Monate nach ihrer Abfassung zusammen mit den Plänen A und B sowie zusätzlichen Detailzeichnungen C, D und E und einem Begleitschreiben am 10. August 1807 bei König Max I. Joseph ein.

Die grundsätzliche Zustimmung des Königs zu Sckells Vorschlägen erfolgte am 20. Oktober 1807 und ging als „Extract" des Finanzministeriums der Hofgärtenintendanz zu.

Alle drei Schriftstücke – Denkschrift, Begleitbrief und Zustimmungsschreiben – befinden sich heute im Bayerischen Hauptstaatsarchiv in dem Bestand MF 56050/1.

Wenn die „Denkschrift" Sckells, obwohl schon von Hans Rose veröffentlicht, nochmals in ihrem vollen Wortlaut wiedergegeben wird, dann geschieht dies ihrer eminenten Bedeutung wegen für die Geschichte und Gestaltung des Englischen Gartens bis heute und zu dem Zweck, sie, über einen Kreis von Fachgelehrten hinaus, einem größeren interessierten Publikum bekanntzumachen.

Die Überreichung der Denkschrift und der dazugehörigen Pläne im Jahre 1807 veranlaßten Hans Rose dazu, von einem Ereignis zu sprechen, „das gewissermaßen als zweite Gründung des Englischen Gartens bezeichnet werden kann". Er begründete dies richtig u. a. damit, daß mit Sckells Plan B erstmalig in der Reihe vorhandener Pläne des Englischen Gartens eine Zeichnung auftaucht, „die nicht als Bestandsaufnahme, sondern als Projekt, man kann sagen als Idealprojekt aufzufassen ist". Ein derartig dargelegtes „Idealprojekt", sei es als gezeichneter Plan oder als schriftliches Konzept, fehlt uns bis heute für 1789, das eigentliche Entstehungsjahr des Englischen Gartens. Wenngleich wir heute wissen, daß Sckell an der „Erstgründung" des Englischen Gartens beteiligt war, so wissen wir aber auch, daß er wenig Einfluß auf die Durchführung der ersten Anlage ausgeübt hat, was schon seine Kritik an dem Zustand des bestehenden, von ihm 1804 übernommenen Gartens

Der Hofgärtenintendant Friedrich Ludwig von Sckell, Öl auf Leinwand von Klemens Zimmermann, Münchner Stadtmuseum

in der Denkschrift unter § 4 bezeugt.

Wie auch immer Sckells Verdienst um das Aussehen des Englischen Gartens in den Jahren von 1789 bis 1804 heute oder in Zukunft (aufgrund von neuen Quellenfunden) eingestuft werden mag, ab 1804 jedenfalls wird die bis dahin bestehende Anlage von ihm völlig überarbeitet.

Deutlich formuliert der Gartenkünstler in seiner „Denkschrift", vor welchem geistigen Hintergrund sein Projekt zu sehen ist. So befaßt er sich zunächst ausführlich und allgemein mit Zweck und Charakteristika von Volksgärten sowie der Bedeutung der dafür in Frage kommenden Verzierungen, seien es Denkmäler, Bauten oder Ruinen. Dann erst widmet er sich den Fragen, die sich ihm, speziell auf den Münchner Garten bezogen, stellen. Die Fehler, die sich seiner Meinung nach vielfältig in die Anlage eingeschlichen haben, kritisiert er scharf und schreibt sie der Tatsache zu, daß kein Gartenkünstler mit der Durchführung der Arbeiten betraut war.

Abschließend folgen zahlreiche Vorschläge Sckells, wie die Gestaltung des Englischen Gartens verbessert werden könnte. Dazu dienen 85 auf Plan B eingezeichnete Nummern, auf welche die Denkschrift Bezug nimmt.

Besondere Anliegen Sckells sind u. a., eine Verbindung von der Residenz über den Hofgarten zum Englischen Garten herzustellen und einen Durchblick durch den Hirschangerwald zu schaffen, um die Tiefe des Gartens erleben zu lassen, weiterhin Änderungen im Erscheinungsbild der Pflanzungen, auch unter Hinzunahme fremdländischer Baumarten, durchzuführen, sowie die Wegezeichnung zu korrigieren.

Mit dem in der Denkschrift besprochenen Plan B und seiner wenn auch nur teilweisen

Verwirklichung hat Sckell in Deutschland den Höhepunkt der Entwicklung des klassischen Landschaftsgartens erreicht, als dessen wichtigste Merkmale Dorothee Nehring „die große Raumdisposition, die klassische Abwägung zwischen Haupt- und Nebenräumen, zwischen Luft und Massen, zwischen dem Freien und Bepflanzten" anführt[3].

Sckells in der Denkschrift aufgestellte Prinzipien und das von ihm in Plan B entworfene Idealbild des Englischen Gartens sind heute noch maßgebend für dessen Erhaltung und Pflege.

Die Lektüre der hier abgedruckten Denkschrift mag in manch einem Leser und Besucher des Englischen Gartens ein tieferes Verständnis für diesen Garten wecken, als er es bisher aufbrachte oder aufbringen konnte. Sie möchte aber auch jeden Freund des Englischen Gartens dazu ermuntern, kühn zu prüfen, was heute noch von dem Sckellschen Idealbild an ihm zu erkennen ist.

BESCHREIBUNG

Des Königl.en Englischen Gartens bei München, den Se. Königl.e Mayestät dem freien Genuße aller Menschen geweihet haben, mit der Erklärung des anliegenden neuen Grund Plans B, auf dem alle Aenderungen und neue Zusätze, für die er empfänglich ist, aufgezeichnet worden sind, und mit Bezug auf den alten Plan A, und wie dieser Garten anno 1804 war, nebst den anliegenden Ideen zu einer neuen Brücke und Wasserfall p.p.p.

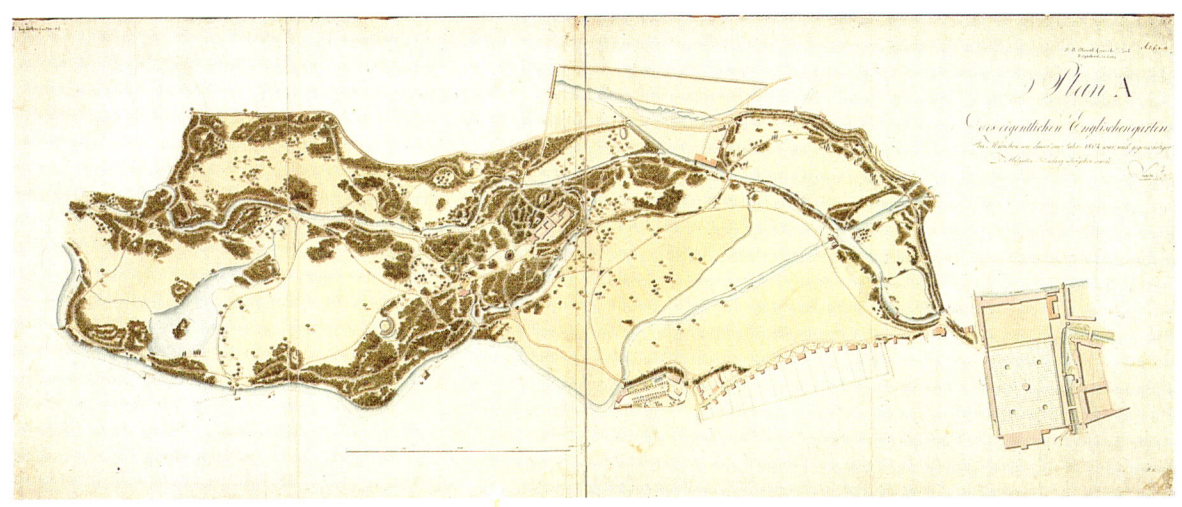

Plan A des Englischen Gartens,
um 1804, von Friedrich Ludwig
von Sckell, Bayerische Verwaltung der staatl. Schlösser, Gärten und Seen, München, (Gärtenabt.) Inv. Nr. A-4/6

Plan B des Englischen Gartens,
1807, von Friedrich Ludwig von
Sckell, Bayerische Verwaltung
der staatl. Schlösser, Gärten
und Seen, München (Gärtenabt.) Inv. Nr. A-4/15

Volksgärten

§ I

Ihre Zwecke bestehen vorzüglich darin, daß sie den Menschen zur Bewegung, und Geschäfts-Erhollung; zum Genuße der freien und gesunden Lebens Luft, und zum traulichen, und geselligen Umgang und Annäherung aller Stände dienen, die sich hier im Schoose der Natur erquikken, und in ihrem einfachen Genuße, manche andere minder wohlthätige – städtische – Ergötzlichkeiten entbehren lernen.

In solchen Gärten muß also auch für das Bedürfniß aller Ständte und Alter gesorget werden.

Greise, Wiedergenesende, und die zarte Jugend fordern nahe, gemächliche, Gefahr freie, und mit vielen Ruhe Bänken versehene Weege, die auch gegen rauhe Winde geschützt, und fast mehr von der Sonne beleuchtet, als von Bäumen beschattet sind.

Mit der Kraftvollen wirkenden Menschen Klasse aber verhält es sich anderst: Diese Bedarf Weege die mehrere Stunden weit, durch Wälder, Hainen, und Auen führen; die auch zum reiten, und fahren eingerichtet sind, den sie muß ihre Stärke üben; neue Körper und Geistes Vermögen durch Thätigkeit gewinnen, und diese dem Staate lange erhalten.

Der Volksgarten ist daher in doppelter Hinsicht, die vernünftigste, wohltätigste, und lehrreichste Gymnastische Schule für Geist und Körper, und gehöret mit unter die allernöthigste der bildenden Kunst-Anstalten, einer humanen und weisen Regierung.

Karackteristick des Volksgarten

§ II

Volksgärten befassen sich nicht mit der ganz feinen und delikaten Kunst: Sie nehmen keine Pflanzen auf, die eine besondere Pflege und Schutz erfordern, weil man ihnen letztern nicht von allen Menschen, die diese Gärten besuchen, verbürgen kann.

Wen Volksgärten von einer Residenz, oder Stadt ausgehen, so solten sich freie durchsichtig Pflanzungen im Karackter einer regulären Quinconce, mit den schönsten Bäumen, mit abwechselnden Blumen Gebüschen besetzt, zeigen, wo breite Lichtstrahlen, und die Sonne hereinfallen, und die große – Zwischen - Räume die das Volk in Maßen aufnimt, erleuchten, und erwärmen können.

Hier will das Volk gesehen, gefallen, und bewundert werden, alle Stände müssen sich also da versammeln, und in langen bunten Reihen bewegen, und die frohe Jugend unter ihnen hüpfen können.

Die Pflanzungen dürfen sie also nur augenblicklich verbergen, nur die Neugier reitzen, und wieder befriedigen.

Man versetze sich in die Phantasie der alten Dichtungen ins Elisium, und mache dieses schöne Bild anwendbar.

Aus diesen freien lüftigen Pflanzungen können dann bestimmte Geh- und Fahrweege hervortretten, und in die entferntere Anlagen hinführen.

Liebliche und Trauliche Gebüsche aus mancher-

„Greise, Wiedergenesende, ...fordern nahe gemächliche, Gefahr freie, und mit vielen Ruhe Bänken versehene Weege" Herbsttag am Monopteros, 1949, Federzeichnung von Fritz Blümel, Münchner Stadtmuseum

„Zum Genuße der freien und gesunden Lebens Luft" Schlittschuhlaufen auf dem Kleinhesseloher See um 1870, Bleistiftzeichnung von M. B., Privatbesitz, München

„Zum traulichen und gesellicken Umgang und Annäherung aller Stände" Im Biergarten am Chinesischen Turm, um 1845. Lithographie von Friedrich Kaiser, Privatbesitz, München

„die sich hier im Schoose der Natur erquicken" Am Chinesischen Turm, um 1872, Öl auf Leinwand von Fritz Schider, Städtische Galerie im Lenbachhaus, München

Im Biergarten am Chinesischen Turm, um 1845, Aquarell über Bleistift von Friedrich Kaiser, Staatliche Graphische Sammlung, München

„Weege die mehrere Stunden weit, durch Wälder, Hainen und Auen führen" Fahrstraße im Englischen Garten, um 1890, Radierung von Sion Longley Wenban, Münchner Stadtmuseum

lei einheimischen und ausländischen Bäumen, und Sträucher malerisch zusamen gestellet, können sich nun an die erwähnte gesellige und freundliche Haine anschliesen, und den allmähligen harmonischen Übergang zu den Scenen des eigentlichen Gartens der Natur, bezeichnen. In diesen anmuthigen reichhaltigen Gefielden, wo man unter Blüthen-Duft dahin wandelt; wo ein Sammt ähnlicher Rasen die Mutter Erde schmüket; wo ausgewählte Formen die Gebüsche umgürten, und liebliche Farbe-Tönen, Licht und Schatten angenehm wechseln, sind

den Fußgänger wohl gehaltene Weege geöfnet, und die Wahl gelassen, bald in dunkle Gebüsche zum traulichen Gespräch, oder in lichten Parthien, zum Genuße der schönen Natur zu tretten.

Weege müssen deswegen in das innere der Gebüsche führen, und gegen die brennende Sonnenhitze schützen und andere am Saum der Gesträucher hinziehen, und ihre wohlthätige Strahlen empfinden lassen.

Im Frühling beim Erwachen der Natur, sind die ersten Sonnenblicke süßer Genuß, und in den

94

lieblichen Herbsttagen, weilet man gerne in ihren schwachen Strahlen, um noch das letzte bunte Farbenspiel der Natur zu bewundern; sehen wie Sie sich entkleidet, und wie das einzige zitternde Blättchen der Rose fällt.

Diese geschmückte Natur, diese üppige reichhaltige Gebüschen, können dann allmählig zum erhabenen Styl des Mayestätischen Parks übergehen: Es können sich dann Waldstücke, in grosen Maßen hingeworfen, die ein heiliges Dunkel einschliesen, und gesönderte Gruppen von ehrwürdigen Bäumen, zeigen.

Freundliche Wiesen, die eilende Bäche durchströmen, können die Zwischen-Räume ausfüllen, und kräftige Wasserfälle die feierliche Stille unterbrechen.

Heilige Haine wo die Phantasie die Bardensänger höret; wo sie Altäre der grauen Vorzeit im Geheimniß vollen Dunkel erblickt, und die hundertjährige Eiche sieht, die die Siegreichen Waffen Teutscher Helden trägt.

Seen von sanften Ufern umschlungen, und von lieblichen Gesträuchen überhängt, die sich in die Fluthen tauchen, und ihr schönes Bild noch

„Waldstücke, in grosen Maßen hingeworfen, die ein heiliges Dunkel einschliesen"
Nächtliche Schlittenfahrt des Hofes im Englischen Garten, 1867/68, Aquarell von Joseph Adam, Münchner Stadtmuseum

„Seen..., von lieblichen Gesträuchen überhängt, die sich in die Fluthen tauchen, und ihr schönes Bild noch reiner wieder geben"
Blick über den Kleinhesseloher See auf Schwabing, um 1890, Radierung von Sion Longley Wenban, Münchner Stadtmuseum

„Heilige Haine, wo die Phantasie die Bardensänger höret"
Blick auf den Apollotempel, 1824, Aquarell über Feder von Gustav Wilhelm Kraus, Münchner Stadtmuseum

„Abgsöndert von der lärmenden Welt"
Am Kleinhesseloher See, 1901, Öl auf Leinwandkarton von Wassily Kandinsky, Städtische Galerie im Lenbachhaus, München

reiner wieder geben: Freundliche Inseln die zum Besuch auf Kähnen einladen, und wo abgesöndert von der lärmenden Welt, die süße Einsamkeit wohnt, und die Natur, da wenig besucht, noch unverdorben, im schönen Gewande der erhaltenen Unschuld pranget! – – –

Geöffnete Ansichten nach schönen Fernen die als ländliche Bilder hereintretten, und dem Claude und Poußin Gemälde liefern, können alle als wesentliche Scenen der Natur in diesen Gärten aufgenommen werden.

Ihre Verzierungen sind.

§ III

Denkmäler, welche das einheimische Verdienst, oder eine glückliche National Begebenheit Allegorisch darstellen, und diese gehören wenigstens unter die lehrreichsten und nützlichsten Verzierungen in Volksgärten, weil sie den National Ruhm verbreiten helfen, und das Gefühl für edle Thaten wecken.

Auch Gebäude finden in solchen Gärten statt, wenn sie nicht kleinlich ausgeführt werden, und als Muster der höhern und reinern Baukunst erscheinen, allein auch diese solten eher an würdige Regenten, an Verdienst volle Staatsmänner, an nützliche Vaterländische Handlungen, als an Mythologische Dichtungen erinnern.

Auch Ruinen, wenn sie den Wohnsitz großer

Männer, die die Geschichte der grauen Vorzeit mit Ruhm bedecket, und die schon seit Jahrhunderte aus unserm Zirkel getretten sind, durch schwache aber wahrscheinliche Umrißen bestimmt, und natürlich bezeichnen; wenn gut gewählte Inschriften, das geschichtliche ihres Daseins auf eine rührende Weise zurückrufen, machen tiefen Eindruck auf unsere Empfindung, für Mitleid und Dankbarkeit, und können an passenden Orten, wo die Natur in ernstlicher

Stille trauret, wo die Quelle unter weinenden Weiden versteckt, mit leisem Gemurmel hervorgleitet, und an Vaucluse, und die Klagen für Laura erinnert, und wo nur das schwache Zirpen der einsamen Heimchen gehöret wird, erbauet werden.

Brücken nach schönen Formen errichtet, gehören gleichfalls zu den vorzüglichsten Verzierungen.

Kritische Bemerkungen über den Zustand des englischen Gartens ehe dieser von der Garten-Intendanz im Jahre 1804 übernommen wurde

§ IV

Im Jahre 1789 am 7. Aug. wurde der unterzeichnete zum Anfang, und ersten Entwurf des Englischen Gartens bei München berufen, um unter der Obern Leitung des Hr. Grafen von Rumford – Excellenz, für diese nützliche Anstalt seine Meinung zu äusern, und mit zu wirken.

Das Local zwischen dem Hofgarten, und Hirschanger Wald, both eine ausgedehnte schöne freie Wiese, aber ohne einige Bäume dar: In der Ferne zeigte sich dieser Wald mit seinen abgesönderten Gruppen hoher Bäume, und gegen diesem über, die schöne Stadt München mit ihren ehrwürdigen Thürmen und Paläste, in Mayestätischer Pracht: Zwey eben so seltene als wichtige Gegenstände.

Es wurde beschlossen, daß diese Wiesen zur Garten Anlage dienen; der Wald-Hirschanger durch eine neue Pflanzung mit dem Hofgarten, der Residenz, und Stadt-München in Verbindung gebracht, und im innern dieser Wälder, Weege und schöne natürliche Bilder p.p. erzeugt werden solten.

Ein breiter Weg solte aus dem Hofgarten, in einem sanften Bogen, zum besagten Wald-

Hirschanger hinführen, und dieser Weeg bald mit ganz hohen, bald mit ganz niedrigen Gesträuchen besetzet werden; damit man die Stadt München im Vorgrund, und den ehrwürdigen Wald Hirschanger im Hintergrund, und mit der übrigen schönen Natur als malerische Bilder recht oft gesehen hätte.

Diese Pflanzungen wurden zwar veranstaltet, allein es sind nicht jene Pittoreske Ansichten hervorgegangen, die man doch hätte erwarten sollen, und worauf es doch, bei Anlagen der Art, vorzüglich ankömt.

Man hat meistens die gemeine teutsche Pappel, und die traurige Rothtanne gewählt, und mit diesen größtentheils steife Monotone, grüne Wände gebildet; die Wiesen durchschneiden, und Ansichten verstecken.

Diese Pflanzungen die mit ihren Gipfeln eine gleiche Höhe erreicht haben, bezeichnen keine Wellen Linie, sondern eine Horizontal Fläche, und entziehen auch allmählig dem Auge Münchens Paläste, und Thürme, auf den man doch so gerne weilen möchte.

Die vielen Rothtanen, die fast in geraden Reihen den ehrwürdigen Wald-Hirschanger dekten, und verunstalteten, sind schon größtentheils durch Hr. General Mayor von Werneck umgehauen worden.

Auch ist diese Pflanzung weder nach den Geset-

zen der Natur, noch jenen der Kunst zusammen gestellet worden.

Man sieht hier nur wenige schöne Gruppen die sich durch gefällige, geschmackvolle Formen, und wohlgezeichnete Umrißen; durch schöne Farbetönne empfehlen, eben so selten wird man auch, auser dem Wald Hirschanger, malerische Ansichten gewahr.

So sind die Weege meistens nicht schön gezeichnet, noch gehörig gewölbet, um eine immer gangbare und trockene Oberfläche zu gewähren.

Auch der durch die Kunst erzeugte Fluß 52, der am Tempel des Apoll seinen Anfang nimmt, und an der Gränze des Waldes hinläuft, und bei 82 einen kleinen Weier, und Insel bildet, ist eben so unnatürlich und hart gezeichnet, als dieser Weier, und seine Insel kleinlich erscheinen –

Allein die im innern des Waldes Hirschanger durchs aushauen, und durchbrechen entstandene Gruppen sind besser gerathen, und wenn einmal diese einförmige, eintönige Wälder, durch neue Zusätze von einheimischen und fremden Bäumen, und dadurch mehr manigfaltigkeit an Farbenspiel und Formen erhalten haben, so dürfen sie auch noch mehr als jetzt gefallen, und besucht werden.

Man findet auch in diesen ausgedehnten Anlagen nicht die einzige Geschmackvolle, noch solide Verzierung; Kein Gebäude von reiner Bau-

kunst, kein Monument, kein Ruhesitz, keine Brücke von Geschmack und guter Form, kein natürlicher Wasserfall!!! Eine einzige schöne Figur 46, ein Genius der Gärten, stehet am Eingang: Der Minister Graf Morawitzki Excellenz lies sie durch den geschickten Bildhauer Schwannthaler, für den Englischen Garten verfertigen, und die Inschrift setzen.

Harmlos wandelt hier,
Dann kehret neu gestärkt,
Zu jeder Pflicht zurück.

Ein Tempel des Apoll 56, Dorischer Ordnung, von Holz, mit einer viel zu hohen Kuppel, und einer äuserst mittelmäsigen Figur, und Fußgestell, verdienet nur seines gut gewählten Standpunktes wegen Erwehnung.

Ein Chinesischer Thurm, eben so von Holz erbauet, /: bei dem man aber bemerken muß, daß der Chinesische Geschmack der Baukunst keine Nachahmung verdienet, und wenn einst dieser ganz faul seyn wird, und abgebrochen werden muß, Kein anderer mehr erbauet werden dürfte :/ das Wirths-Haus 83 und Saal 84, sind noch die vorzüglichsten Kunstwerke der Art: Alle übrige, mit Inbegrif der bretternen Mühlhäuser, verdienen kaum gedacht zu werden.

Übrigens verdienet Hr. Graf von Rumford Excellenz den lautesten Dank, daß er diese Anlage zum Genuße aller Menschen entstehen machte, den keine Stadt in Europa kann, in diesen Umfange, eine ähnliche auf weisen.

Es würden auch die erwehnten Fehler /: die jedoch noch größten theils verbeßert werden können :/ nicht eingeschlichen seyn, wenn die Ausführung dieser Anlagen, einem eigentlichen Garten Künstler hätten überlassen werden können: Die Kunst die Natur nachzubilden; Gärten die ihr ähnlich sind, und ihre schönsten Bilder einschließen, aufzustellen; zu diesen jene passende Verzierungen zu erfinden, und alles nach den Aesthetischen Gesetzen in Harmonie, und gefällige Verbindung zu bringen, ist keine so leichte Aufgabe, sondern ein eigenes Studium, und die Sache eines Künstlers, der sich dieser bildenden Garten Kunst einzig und vorzüglich gewidmet hat.

Bei 85 siehet man ein Denkmal dem Verdienstvollen Grafen von Rumford, als Beweis öffentlicher Erkenntlichkeit errichtet, man hätte aber darfür eine ganz andere Stelle wählen müssen. Überhaupt aber solen sich Denkmäler der Art, die man dem Verdienst errichtet, und in Gärten aufstellet nicht so frei, und fast ohne alle Bekleidung zeigen, Sie sollen von ehrwürdigen Bäumen, die ihre Aeste stolz über sie ausstrecken, umgeben, und beschattet werden: Nur schwache Lichter die zwischen dicht belaubter Aeste, eindringen, solten den Nahmen des Verdienstvollen beleuchten, der Überrest des Denkmales aber müßte sich in eine feierliche Dämmerung hüllen, und bescheiden zurückziehen: In dieser Lage würden dergleichen Denkmäler unser Gefühl für Dankbarkeit mächtig wecken, und auch ein wirkendes Bild der Kunst darstellen.

Erklärung aller bereits geschehenen, und künftig noch auszuführenden Verbesserungen, und Zusätze, für die der Englische Garten empfänglich ist, und die auf beiliegenden neuen Plan B aufgezeichnet worden sind.

§V

Nro 1 die Residenz, diese wird sich, wenn man die bestehende Façade, die die Wohnungen Se. Königl.en Mayestäten einschliesen, einmal fortsetzen wird, bei 2 verlängern, und ein anderer Flügel wird den Kuchenhof bis 3 einschliesen.

4 Die offene Wasser-Kanäle.

5 Die dortige häßliche Kloacken und Ruinen.

6 Der Hofgarten wie er noch dermaln ist.

7 Die Eingänge zum englischen Garten durch die Arkaden.

8 Die Bilder Gallerie.

9 Garten Local, und 10 Haus des verlebten Hr. Minister von Salabert Excellenz.

11 Haus und 12 Garten Local des Militair Ober Kassiers Orff.

Man muß hier eine Pflichtschuldige Bemerkung äusern, die wenn sie auch nicht für den augenblick genützet werden kann, doch zu seiner Zeit vielleicht Anwendung finden möchte.

Die Residenz langs dem Hofgarten, ist noch nicht ausgebauet; der Hofgarten liegt höher, bedecket sie, und stehet weder mit dieser noch mit dem Englischen Garten in Verbindung: Dieser so genannte Hofgarten 6, bildet ein Viereck; er ist von Gebäuden klösterlich eingeschlossen, und seine innere Anlage empfihlet sich nicht einmal durch schöne Bäume.

Wenn sich in künftigen Zeiten die Königl.e Residenz langs diesem Hofgarten, und da wo sich nun die eckelhaften Ruinen und Kloacken 5, zeigen, mit einer Mayestätischen Façade erheben, und das Wasser vor dieser Residenz nicht mehr offen, sondern in zu gewölbten Kanälen ungesehen hinfliesen wird, dann dürfte sich der Wunsch laut aussprechen, und die prächtige Ansicht des Königl.en Palastes es laut fordern, daß sie nicht länger mehr hinter den krüppelhaften Bäumen des Hofgartens verstecket bleiben möchte.

Man wird als dann im Hofgarten, nach der punktirten Linie 13 /: Siehe den neuen Plan B :/ einen grosen Zirkel beschreiben, die Bäume die er in sich einschliesen wird, fällen, und einen freien Platz bilden, der dieser neuen Façade würdig ist, und wo sie auch Fortheilhaft gesehen, und

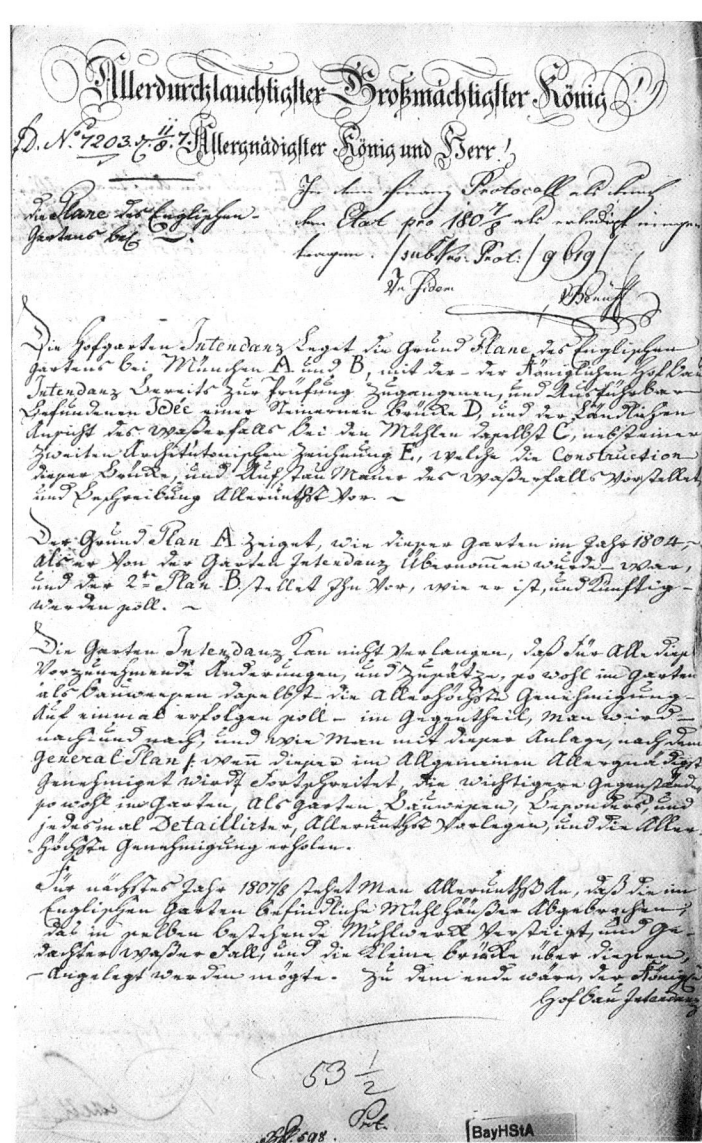

Sckells Begleitschreiben zur Denkschrift an den König Max I. Joseph vom 10. August 1807, Bayerisches Hauptstaatsarchiv, München, Bestand: MF 56050/1

bewundert werden kann. Diesen Platz wird eine dem Palast angemessene verzierte Einfassung, leicht und durchsichtig schliesen, und der Zirkel selbst wird schöne Allegorische Gruppen, guter Kunstwerke, anticker Statuen, aufnehmen, die sich mit schönen schlanken Bäumen gruppiren, und als Theile der Pracht des Palastes angesehen werden.

Bis dahin wird auch wahrscheinlich eine einfache aber zweckmäsige Bildergallerie bestehen, die den großen Gemälde-Schatz hinlänglich fassen wird, und wo als dann die gegenwärtige ohnehin nicht ganz entsprechende Gallerie 8, bis zum Punkte 14, wird abgebrochen; der eingeschlossene traurige Hofgarten, geöfnet, und der ausen gelegene Königl.e grose Garten der Natur hereingezohen, und endlich mit der Residenz einmal verbunden werden können: Siehe die punktirte Linie x, nach welcher die neuen Gränzen des Englischen Gartens bestimmt werden müsten: Sie durchschneidet das Eigenthum des Ministers von Salabert.

Würde man aber diese Gallerie erhalten wollen so müßte man doch wenigstens mehrere Arkaden öffnen, und dadurch die Verreinigung mit dem englischen Garten einiger maßen zu bezwecken suchen.

Allein die größte Hinderniß die in künftigen Zeiten dieser Verbindung im Weege stehen mögten ist allerdings der Garten und Haus des verlebten Ministers von Salabert Excelenz, welcher zur linken und die Besitzung des Militär Ober-Kassiers Orff zur rechten, den englischen Garten, an diser Stelle, der Gestalt verengen, daß nur allein der Durchweeg und also nur eine Breite von 30 Fuß mehr übrig gelaßen ist: Man sehe den neuen Plan B stelle 15, wo sich das Eigenthum des Titl. Orff sogar bis an den kleinen Weeg bei a erstrekket, und einen Theil der Pflanzung des englischen Gartens in Anspruch nimmt.

Wenn man also diese Verbindung in kommenden glücklichen Zeiten zu stande bringen wolte, so ist sie ohne dem Besitz des Gartens von Salabert Excellenz, wie auch die punktirte Linie x zeiget, nicht ausführbar: Dieser Garten mit seinen Gebäuden liegt mitten vor, und letzteres verenget nicht allein den Weg, sondern verstecket sogar die schöne Ansicht des großen Volksgarten, und wenn das geschmacklose Geländer, welches dieses Haus umgiebt, auf die eigentliche Gränze, und Eigenthum dieses verlebten Hr. von Salabert wäre errichtet worden, so hätte man da mit 6 Pferden nicht einmal die Kehre nehmen können.

Auch das Haus des Titl. Orff 11, dieses zwar artige Bürgerliche Gebäude ist am Eingang eines solchen ansehnlichen Gartens, wo sich Grichische Tempeln, Monumente im höhern Styl der Baukunst zeigen solten, keine schickliche Verzierung, und solte bei jener Epoche, wo die Residenz erbauet, und der Englische Garten hereingezogen wird, nicht länger mehr gesehen werden.

Dann aber kann ein großes Bild sich vor dem Königl.en Palaste aufstellen, es kann sich in der Gegend 16, im Vorgrund eine starke Anhöhe zeigen, und sich mit dem gegenwärtigen hinter der Gallerie leider noch existierenden Wall, der ehemaligen Festung, almählig herabsenken, letztern verschwinden machen, und den lieblichsten Abhang bilden.

Auf dieser Höhe würde sich ein Grichischer Tempel, der alten Tugend geweihet, erheben, den die schönsten Bäume überschatten, und tausende der Mannbaren Jugend beleben würden, während der Mayestätische Wald Hirschanger mit seinen Auen und Bächen die reitzende Ferne schliesen dürfte: Es kann also einer höchsten Regierung ohnmöglich gleichgültig seyn, wer der künftige Eigenthümer des Gartens und Hauses

Am Großen Wasserfall, 1872,
Aquarell von Jobst Riegel,
Münchner Stadtmuseum

von Salabert werde, und welchen Gebrauch dieser sowohl von Haus als Garten machen könnte. *17 Eine leichte Pflanzung, größten theils aus blühenden Gesträuchen bestehend, könnte den Vorplatz des Palastes, vom tiefer gelegenen Waffenplatz 18, trenen, und den exercirenden etwas Schatten gewähren.*

Man hat aber diese Verbindung auf den neuen Plan B, noch nicht anzeigen wollen, weil der Moment der Ausführung vielleicht noch sehr weit entfernet seyn dürfte, und sich nur dadurch begnüget, im Allgemeinen zu sagen, was in Zukunft geschehen müste, wenn ein groser Plan hervorgehen, und dieser über die bisherige Bruchstücke, und kleinliche Machwerke so genannter Verschönerungen, erheben solte.

Es kann also am Eingang des Englischen Gartens und in diesem Augenblicke für dessen Verschönerung nichts unternommen werden,: Man muß erst jene Epoche erwarten, von der so eben die Rede war: Nur eine kleine Pflanzung bei 18, um einsweilen die Bretterne Garten-Wand des Titl. Orff zu decken, wird im künftigen Frühling

bewirket werden.

19 breite Fahrstraße führet über die erste neu zu erbauende steinere Brücke 20,/: wozu die Garten Intendanz bereits mehrere Ideen vorgeleget, und wahrscheinlich die anliegende, Siehe Plan C, gewählet werden dürfte:/ und langs der Gränze dieses Gartens durch hohes Gebüsch über eine 2te und 3te Brücke 21, 22, die ebenfalls nach besseren Formen nach und nach erbauet werden sollen, zum Walde Hirschanger 23 hin.

Die Pflanzungen bei 24 /: Siehe den alten Plan A :/ ist viel zu schmal; sie muß mit neuen Gruppen die sich dem Weege 25 nähern und die diese Monotone einformige Reihen gemeiner Pappeln, nicht allein verstärken, sondern auch dekken, und mehr Abwechslung, mehr malerische Formen und Farben-Wechsel verbreiten helfen, bereichert werden, Siehe den neuen Plan B, 24 25.

26 Der ehemalige Eleven Garten bestehet nicht mehr, dieser Platz muß daher eine andere Bestimmung erhalten, und mit den übrigen Garten-Partien verbunden werden: Er ist auf 3 Seiten von fliesenden Bächen umgeben, und es wäre leicht in dortigen hohen Gebüschen 27, welches den Fahrweg bedecket, ein leichtes Geländer zu verstecken, und dadurch diesen Gartentheil einschliesen, und gegen den Besuch der Hunde und dergleichen zu schützen.

Dieser Platz solte dann mit allen möglichen ausländischen und einheimischen Bäumen Gesträucher und Blumen besetzet werden, und sich durch eine schöne und reichhaltige Pflanzung, im Geiste der höhern Cultur, von allen übrigen Parthien dieser Anlage auszeichnen.

Ein schöner Fußweeg 28 könnte als dann in innern unter diesen schönen Bäumen, und Blumentragenden Gesträuchen zu schönen Ansichten 29 zu einem verzierten Ruhsitz, der bei 30 auf einen Hügel gestellet werden müßte, und zum

Brückensteeg 31 über welchen man zur andern Seite, und zum neuen Wasserfall komen kann, hinleiten.

Diese angenehme, geschmückte Garten Parthie könnte seiner Mayestät der Königin zu ihren nahen Spatziergängen dienen, und diesen gewidmet werden.

Bei 32 bestehet noch eine undurchsichtige Scheide Wand teutscher Pappeln, wovon schon §:4 Erwähnung geschah, und die von gleicher Höhe sind, und in zwey künstlichen fast geraden Reihen, das schönste Wiesenthal durchschneiden, und dem Auge, welches doch so gerne eine so freundliche Wiese, mit ihren Gebüschen die sie begränzen, verfolgen möchte, den Genuß entziehen.

Fält dieser Vorhang, so wird dieses schöne Thal welches nun verborgen und getrennt da liegt, an's Licht tretten; das Aug wird an den schönen Gebüschen jenseits des Baches bei 33 hingleiten, und sich an neuen Natur Bilder weiden, die es nie sah und kaum vermuthete.

Da das Gebäude des verlebten Kommenthur von Salabert Excellenz 10 nun einmal da errichtet worden ist, so solte es doch wenigstens vom Englischen Garten als Bild und Verzierung benutzet werden; man solte also bei 34 einige Bäume fällen, und wenigstens das Portail dem erwehnten Thale 35, mittheilen dürfen.

36 ist der sogenante Mühlweeg, weil er bei 37 über die Brücke und bei den beiden Mühlen vorbeiführet, siehe den alten Plan 38;

Dieser Weg erhält in diesem Jahre eine schönere Form, und wird in einen beßeren Stand versetzt, auch werden abwechslende Gruppen schöner Bäume und Gesträucher ihn begleiten, und überschatten.

Bei 38 stehen, wie gesagt, die zwei Mühlen, eine Sääg und Mahlmühle; die Häuser sind äuserst elend, und von Brettern zusammen genagelt, und so lange diese Säägmühlen benuzet wurden, sah man ein beständiges fahren schwerer Lastwägen, mit Sägklötzen, Bretter und dergleichen beladen, welche die Weege und dortige Wiesen zu Grunde richteten: Das Aug wurde auch durch aufgethürmte Holzberge, oder durch die kahlen, und nackten Plätze, wo es gelegen war, oder durch die auf der ganzen Wiese umhergelagerten Sägklötzen unaufhörlich beleidiget, auch konnte, so lange die Mühlen gebraucht wurden, weder der Elevengarten 26, noch die dortige Wiesen als Garten Parthie angeleget werden, weil sie den Hölzlagen, den Sägklötzen, und dem Fuhrwesen dienen mußten p.p.

Ein Allerhöchstes Rescript von 16t May 1806 befiehlt daher, daß die Sägmühle im Englischen Garten eingestellet, und das Holzaufthürmen da aufhören soll: Ein zweites 17. Jul. nehmlichen Jahres verordnet, daß beide abgebrochen werden sollen. Man rathet daher, an dieser Stelle einen natürlichen Wasserfall 70, aus großen Felsenstücken anzulegen; eine leichte Brücke, in einen sanften Bogen über diesen zu sprengen; die Ufern mit schönen Bäumen und Gebüschen zu überhängen, und eine Landschaft zu bilden, wie sie auf beiliegender Sckitze Lit:D entworfen ist.

Wolte man aber das bewegliche eines Wasserrades mit diesen Bilde noch verbinden, so dürfte nur dem Titl. Landes Directions Rath von Bader erlaubt werden, die bei 39 stehende Hydraulische Maschine, welche den Bewohnern in Schönfeld ihren Wasserbedarf liefert, und im Jahre 1805 aus dem Wirthschafts Reste der Hofgarten Intendanz Cass, vom Großhändler Maier dahier, mit 5500 f erkauft wurde, hin versetzet werden. Allein diesen Bau in Hinsicht seiner äusern Form, müßte die Garten Intendanz bestimmen, wenn er anderst dem Garten als Gegenstand von Zierde, und dem Ganzen als Bild dienen solte.

Bei 40 stand eine andere Scheide Wand von gleichförmigen hohen Pappeln, welche diese Anlage in zwey Theile trennte, sie verkleinerte, und den wechselseitigen Genuß entzog.

Man hat einige Durchsichten geöffnet; diese steife Pflanzung durch neue Zusätze von mancherlei ausländischen und einheimischen Bäumen malerisch gruppirt, und auch den Mühlweg in diese neue beträchtliche Pflanzung, damit er

einmal Schatten erhalte, eingeschlossen. Siehe 41.

Am Rain und Fuße des Schönfeldes 42, hat man einen neuen Fußweeg /: eine Morgen-Promenade :/ angeleget, der auf die Brücke 43, zwischen einer reichhaltigen Pflanzung hinab ziehet, und wodurch diese entgegen gesetzte vernachläsigte nackte Seite des Englischen Gartens, mit verschönert und zum Genuße bereitet wird.

Die dortige einförmige lange Reihe von Bürger-
häuser /: Schönfeld genannt :/ tragen eben nur
wenig zum Pittoresken dieser Anlage bei: Sie
werden daher künftig zwischen Gruppen hoher
Bäume durchschimmern, und sich nur theil-
weise als malerische Bilder, dem Garten mittheilen.

Der alte Fahrweg 44, der dicht an der Veterinair
Schul 76, an traurigen Rothtannen 45 in gerader
Linie hinzog /: Siehe den alten und neuen Plan
A, B :/ ist gleichfalls abgerückt, und neu bis zur
steinernen Brücke 47 angeleget, und zu beiden
Seiten stark bepflanzet worden: Die hölzerne
Brücke 48 ist von der Stelle, wo sie stand /: Siehe
den Plan A 48:/ nach der Stelle 49 versetzet wor-
den.

Es wurde auch eine ebenfalls ganz neue Baumschule bei 50 angeleget, wodurch nicht allein
das Ausland ganz entbehrt, sondern auch künftig ein Erlöß eintretten soll: Sie enthält schon
eine beträchtliche Menge ausländischer Bäume
und Gesträucher, auch werden da viele Obstbäume zum eigenen Gebrauch und Verkauf
gezogen: Auf den Umfassungs Ländern stehen
bereits über 400 Pyramide Obstbäume.

Auch da mußte die neue Pflanzung 51 a., langs
dieser Baumschule, um sie zu deken, und um
auch diese bisher ganz vernachläsigte Seite in
natürliche Gartenparthien zu verwandeln, fort-
gesetzet und mit dem Wald Hirschanger verbunden werden.

Von der Brücke 49 ziehet ein neuer Weeg links,
und führet unter den vom Hirschanger getrennt
stehenden Ehrwürdigen Wald-Bäumen, zu
einem dazu erbauenden Tempel 51 zum Pan-
theon, den würdigsten Regenten Baierns gewidmet, hin.

Dieses Gebäude müßte mit einer schönen Porti-
que von Säulen, in doppelten Reihen in der
Fronte, nach Corinthischer Ordnung aufgestel-

let, und mit einem Frontispitz gezieret werden.
Im innern der Rotunde, die ein schöner Dome,
durch welchen das Licht von Oben hereinfallen,
und das Ganze sanft beleuchten müßte, schliesen würde, solten sich die Marmorbüsten dieser
Regenten, mit passenden Inschriften zeigen,
und der Wiederhersteller des König-Reiches,
und Stifter so vieler weisen Anstalten, in der mit-
lern Niche, in Lebensgröße, errichtet werden.

Dieser Tempel müßte sich auf einem Hügel erheben; die schönsten hohen Bäume solten ihn da,
im Karackter eines heiligen Haines, umgeben,
und der Ehrwürdige Wald Hirschanger den Hintergrund bilden: man wird zu seiner Zeit die
nähere Detaillen dieses Tempels figürlich vorle-
gen.

Den Fluß bei 52 hat zwar die Kunst erschaffen,
welches leider nur zu sichtbar ist, denn sie hat
weder deßen Lauf, Karackter, noch Entstehen
natürlich bezeichnet, daß sie doch hätte thun
müssen, weil sie täuschen wolte.

Nach dem neuen Plan wird der Strom bei 53 aus
dem Eisbach entspringen, und das Wasser wird
über Felsen-Maßen herunterstürzen, und einen
2ten Wasserfall bilden: Der Strom wird seinen
Lauf langs dem Gebüsche lebhaft und nicht
träge, wie jetzt fortsetzen und sich bei 54. mit
dem alten Fluß 52 vereinigen.

Das elende schmale Gewölb bei 55, und Seiten-
gewölbchen mit Tuftsteinen ängstlich und kleinlich bekleidet, und wo so gar für den fahrenden
Gefahr drohet, müßte dann caßirt, und da eine
solide Brücke mit einen Bogen von 50 Fuß weit,
über besagten neuen Strom gesprengt werden,
die auch in gleicher Zeit diese Gegend als Kunst-
Produkt verschönern würde.

Der auf der Erdenzunge bei 56 errichtete hölzerne Tempel des Apoll, ist nicht allein baufällig, sondern hat auch in Hinsicht seiner allzu
hohen Kuppel, keinen Aesthetischen Werth, da

aber das Local für einen Tempel gut gewählet worden ist, so solte da ein anderer nach reinern Verhältnissen der Baukunst von Stein erbauet, aber nicht dem Apoll /: aus schon erwähnten Gründen, und weil auch für diese Gottheit die Stelle viel zu nieder ist, und da die Quelle Hippocrene am Fuße des Parnassus nicht entspringen kann :/ sondern dem Cincinatus, dem großen uneigen nützigen Römer, der sein Vaterland rettete, dafür jede Belohnung ausschlug, und vorzog, zum Pflug rück zu kehren, gewidmet und Allegorisch dargestellt werden.

Bei dergleichen Anlagen ist ein wesentliches Bestreben diese so groß und ausgedehnt zu zeigen, wie sie wirklich sind, oder wie sie durch Täuschung erscheinen können.

Im ersten Fall, und wenn ein Garten, oder Park wirklich eine große Ausdehnung hat, wie der Englische Garten bei München, so solte sie sich doch wenigstens einmal endecken lassen, und die Verwunderung erregen.

Im letzteren Fall wird die schöne Erfindung des Ha, Ha, angewendet, welcher die Grenzen der Phantasie, überläßt, sie nach gefallen zu bestimmen.

Allein der Englische Garten biethet keine einzige Stelle dar, wo er sich in seiner ganzen Größe zeigen könnte,: Mehrere Scheide-Wände, und der in der Mitte gelegene, und noch nicht gehörig geöfnete Hirschanger Wald, laßen seinen großen Raum kaum vermuthen.

Aus diesen Grund muß man also rathen, daß bei 57. der Wald Hirschanger geöfnet werde, damit das Auge in die innere Theile eindringen, und die ganze Tiefe der Anlagen bemeßen könne.

Man würde also schon auf dem Mühlweege, und bei den Stellen 58, 59, durch diese Oeffnung 57, und im Hintergrund den entfernt gelegenen See 60 /: welcher nach dem neuen Plan eine zweite Insel aufnimmt, und um ein und einhalb mal

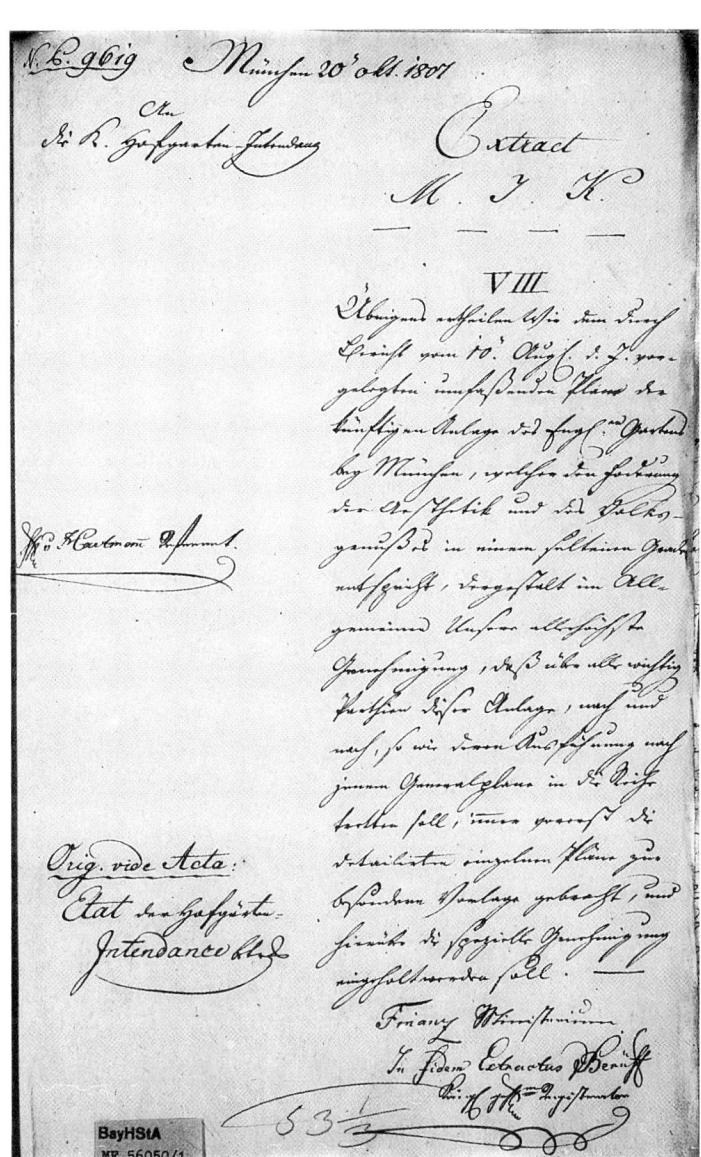

vergrößert wird :/ mit seinen beiden Inseln 61, 62, mit dem auf der rechts gelegenen Insel, zu errichtenden Denkmal 63, wo zu uns die großen

Extract des Finanzministeriums an die kgl. Hofgärtenintendanz vom 20. Oktober 1807, Bayerisches Hauptstaatsarchiv München, MF 56050/1

Vaterländischen Ereignißen, zu seiner Zeit hinlänglichen Stoff darbiethen werden, endecken, und zum nähern Besuch gereitzet werden. Dieser See wird hinter der dritten Insel, bei 64 aus einer Felsen Masse, die mit Trauer Weiden, überschattet wird, sein Entstehen gewinnen.

Die weitere Aenderungen, welche im innern des Hirschangers vorzunehmen sind, bestehen darin.

1tens Daß jene Weege, welche entweder zu hart gezeichnet, oder die besuchende, nicht zweckmäsig zu jenen Stellen führen, wo sich die Natur im schönen malerischen Gewande zeigt, verbeßert, und einige neue Z: b: siehe bei 65, 66 und s: w: angeleget werden.

Alle diese Änderungen sind bereits auf dem neuen Plan angezeiget.

2tens Daß die Umriße der Gruppen und Waldstücke, im erwähnten Hirschanger, wo sie nicht schön gezeichnet sind, durchs Fällen oder Pflanzen, bessere Formen erhalten p.p.p.

3tens Da dieser Wald meistens aus Erlen, Eschen, Pappeln, oder Traubenkirschen bestehet, und die Natur in ihrem ganzen gemeinen, und einförmigen Gewande, wie man sie fast überall siehet, erscheinet, so muß sie durch Zusätze fremder Bäume, und Gesträucher, die mit ihr verbunden werden, ein reichhaltigeres Ansehen gewinnen, und sich von den gewöhnlichen gemeinen einförmigen Wäldern und Gebüschen auszeichnen, und den Karackter der verschönerten Natur, die man durch Kunst und Geld Aufwand erzeugt, und in Gärten allerdings erwartet, annehmen.

Vorzüglich aber muß die Gegend, welche den See umgiebt, mit einer neuen ihr eigenen Pflanzung umgürtet werden usw.

Der schöne Schwabinger Bach 67, nachdem er über die Felsen bei den Mühlen 70 herabgestürtzet ist, durchschlängelt die freie Wiese, und bezeichnet dann die Gränze dieser Anlage bis zum Ende wo er sich in die Isar ergießet.

Seine Ufer sind höckerich, sie müssen sich unter sanften Flächen dem Wasserspiegel nähern, und mit Rosen, und Jasminen geschmücket werden.

68 Der Eisbach, welcher 4 Fuß höher liegt, nimt seinen Lauf zur rechten langs einem dunkeln Gebüsch, von Erlen und Weiden beschattet, und verläßt bei 69 den Englischen Garten, um sich früher als der Schwabinger Bach mit der Isar zu vereinigen.

80 Der liebliche Oberstjägermeister Bach windet sich unter tausend Krumungen durch Wälder und Auen im innern der Anlage, die er bei nahe bis an's Ende durchläuft, und dann erst der Isar zueilet.

Auch diese Ufern müssen viel sanfter, und da wo sie keine schöne Linien bezeichnen, verbeßert, und die vielen durchs Wasser ausgerissene Löcher nach und nach mit Erde ausgefüllet werden.

In diesem Bach sind hin und wieder Wasserfälle angeleget, nehmlich man hat mit einigen Balken und Bretter das Wasser aufgestauet, und gleichsam ein Wehr gebildet, und nichts weiter als ein Rauschen hervorgebracht: In der Folge, und wenn diese elende Machwerke, verfault seyn werden, solten, und da wo die Natur einen Wasserfall rechtfertigt, und möglich macht, andere und nach ihren Beyspiel, mit Felsen-Maßen angelegt werden.

71, 72, Sind Brücken, welche über den Oberstjägermeister Bach führen, sie sind von Holz, und nach keiner schönen Form erbauet, und müssen bald durch neue, welche sich durch eine solidere Construction, und einer beßeren Zeichnung empfehlen dürften, ersetzet werden.

73 Auch diese so wie alle übrige Brücken welche im Jahre 1804 von Major v. Riedl als Nothbrük-

ken erbauet wurden, sind ebenfals von Holz und nach einer ganz gemeinen Form errichtet; sie werden alle, wie schon gesagt, nach und nach, theils von Stein, theils von Holz, aber nach einer Besseren und Geschmack volleren Art, construiret werden.

74 Bogenhauser Brück', die über die Isar führet
75 Die Oeconomie Gebäude.
76 Veterinaire Schul wird nun hinter einer neuen Pflanzung ganz verstecket.
77 Schwabinger Brücke.
78 Brücke nach Biederstein.
79 Heustadl hinter Bäumen versteckt.
81 Hesselohe.

Bis daher ist gegenwärtiger neuer Plan gezeichnet, und nur bis daher, und auf einen ansehnlichen Flächen Inhalt von 378 Tagwerk, gedenket die bildende Garten Kunst ihre Verschönerungen im Karackter von Garten und Parks-Anlagen, auszudehnen: Dieser Theil wäre dann dem Besuche der gehenden vorzüglich gewidmet, weil auch die entferntesten Parthien für diese nicht zu entlegen sein würden.

An diese Anlage bei Hesselloh schließet sich die sogenannte Hirschau 82 an, die sich noch eine Stunde weiter abwärts ausdehnet, und 316 Tagwerk enthält.

Man hat diesen Landstrich noch mit dem Englischen Garten und deswegen verbunden, weil man den Reitenden und Fahrenden, eine größere Ausdehnung zum Durchlaufen verschaffen wolte.

Auch diesen 2ten Theil der öffentlichen Promenade, hat man im Jahre 1804 in einem unkultivirten, noch ganz mit Dornen und Disteln überwachsenen Zustand übernommen, und das Vorhaben berichtlich erläutert und erwiesen, daß sich der Ackerbau im eigentlichen Englischen Garten nicht schicke; daß man diese – Cultur am Ende, und ausser dem Gebiet der Garten und Parks-Revieren, also unter Hesseloh in der Hirschau hin verlegen wolle; daß man diese Cultur blos auf Haberbau, zum eigenen Bedarf der Herrschaftlichen Pferde beschränken, und überall für die Zierde dieser Anlagen, die Wiesen Cultur einführen wolte, und welches auch nach einem Jahr zu stande komen wird.

Man hat sich also seit 3 Jahren beschäftiget, auch dieses Terrein zu reinigen, die schlechten Waldparthien aus zu reutten, die schönsten Gruppen auszuspahren, und die Zwischenräume umzureisen. Fast ist nun das ganze urbar, und vorbereitet, um etwa Ackerfeld und Wiesen zu werden, welch letztere man auf mehrere Jahre zu verstiften der Meinung wäre.

Ein schöner Reit, und Fahrweg wird auf der linken Seite an den freundlichen Ufern des Schwabinger Baches hinab, und auf der rechten am Oberstjägermeister Bach zurück, um diese neue Cultur, und zu schönen Ländlichen Ansichten, die sich im einfachen ungeschmückten Styl der Natur auszeichnen werden, und zum letzten Bild dieser für alle Menschen so wohlthätigen Anstalt hinführen.

München, am 6ten März 1807.
Sckell
Hofgarten-Intendant

[1] Franz Hallbaum: Der Landschaftsgarten. Sein Entstehen und seine Einführung in Deutschland durch Friedrich Ludwig von Sckell 1750-1823, München 1927, S. 103-112, 182-222

[2] Hans Rose: Eine unveröffentlichte Denkschrift Friedrich Ludwig von Sckells über den Englischen Garten in München, in: Münchner Jahrbuch der Bildenden Kunst, VIII (Neue Folge), München 1931, S. 172-188

[3] Dorothee Nehring: Stadtparkanlagen in der ersten Hälfte des 19. Jahrhunderts. Ein Beitrag zur Kulturgeschichte des Landschaftsgartens (Geschichte des Stadtgrüns, Bd. 4, hrsg. von Dieter Hennebo), Hannover/Berlin 1979, S. 136

Bauten und Denkmäler im Englischen Garten einst und heute von A-Z

Christl Karnehm

Das Amphitheater

Zum Auftakt dieses kleinen Spaziergangs, vorbei an den zahlreichen Bauten und Denkmälern des Englischen Gartens, die teilweise seit seiner Gründung, teilweise nur noch in der historischen Erinnerung bestehen, geht es eigentlich um zwei verschiedene Bauwerke: um eines der ältesten und um das jüngste überhaupt.

1793 baute man in der Nähe der Martiusbrücke, an der Ecke zur Königinstraße, ein Amphitheater. Es bestand aus einem runden Orchestra-Platz von etwa 30 Metern Durchmesser und drei halbkreisförmig leicht ansteigenden Rasenbänken. Kaum etwas ist uns überliefert von dort aufgeführten Theaterstücken, doch ist die Rede von „chinesischem Leben und Treiben neben circensischen Spielen", außerdem von einem eigens angestellten Feuerwerker namens Mariani zum Abbrennen von „magischem Beleuchtungs- und Feuerwerk". Ein in der Nähe angelegter Weiher sollte helfen, eventuelle Feuergefahr zu bannen. Nachweislich bestand dieses Theater bis zum Jahre 1807.

Das neue Amphitheater (Entwurf: Zobel-Weber-Weißenfeldt, Architekten BDA) orientiert sich im wesentlichen am alten Plan. Es befindet sich viel weiter nördlich, auf der 25 x 40 Meter großen Lichtung der Rufhütte und besteht ebenfalls aus Rasenbühne, Orchestraplatz und Rasenbänken in drei Reihen, deren Stufenkanten mit Nagelfluhplatten gefaßt sind. Hoher alter Baumbestand hinter dem Bühnenrund bildet eine stimmungsvolle Kulisse und trägt zur guten Akustik des Amphitheaters bei.

Auf Initiative von Pankraz Frhr. von Freyberg wurde es von dem aus der gleichnamigen Münchner Laienschauspielgruppe hervorgegangenen Verein „Blütenring" als Bauherrn ausschließlich mit Hilfe von engagiertem privatem Arbeitseinsatz und Spendengeldern errichtet. Im Rahmen einer glanzvollen Einweihung mit Nestroys „Lohengrin", einem Schwanen-(Kostüm)fest sowie nächtlichem Festzug wurde das Theater dem Freistaat

Bayern am 13. Juli 1985 als Geschenk übergeben und steht seither allen Theatergruppen für Aufführungen zur Verfügung.

Gut versteckt im rückwärtigen Teil des Areals findet der Aufmerksame eine Messingplatte in den Boden eingelassen, auf der die Namen aller Spender verzeichnet sind, zusammen mit Friedrich von Schillers schönem Satz: „Der Mensch ist nur da ganz Mensch, wo er spielt."

Der Aumeister

Der Aumeister

Das alte „Aumeisterjäger-Haus", heute beliebte Wirtschaft mit turbulentem sommerlichem Biergartenbetrieb, liegt an der Nordgrenze des Englischen Gartens und war einst für den Heger und Jäger der Hirschau erbaut worden, und zwar in den Jahren 1810/11 durch den Hofmaurermeister Joseph Deiglmayr (1760–1814), wahrscheinlich nach Plänen des kgl. Oberbaukommissars E.J. Herigoyen (1746–1817). Dieser war portugiesischer Abstammung und kam nach Aufenthalten in Paris, Wien und England 1810 nach München.

Das Aumeisterhaus besteht aus einem einfachen rechteckigen Baukörper mit zwei Geschossen und einem stattlichen Walmdach. Schon im 18. Jahrhundert finden wir in München solche Bauten in Gelb und Weiß mit den typischen dunkelgrünen Fensterläden, z.B. im Schloßrondell von Nymphenburg oder an den dortigen Auffahrtsalleen. Einige der älteren Nebengebäude des Aumeisters bestehen inzwischen nicht mehr, dafür hat die Nutzung als vielfrequentierte Gastwirtschaft andere erforderlich gemacht, dennoch hat sich viel von dem biedermeierlichen Charme des alten Jägerhauses bis in unsere Tage erhalten.

Das Schlößchen Biederstein

Dieses Schlößchen, das Kurfürst Max IV. Joseph dem Kabinettssekretär seines Vorgängers Karl Theodor, dem Baron Stephan von Stengel (1750–1822) abgekauft hatte, um es 1803 seiner Gemahlin Friderike Wilhelmine Caroline zu schenken, gehört nicht in den ursprünglichen Zusammenhang der Gestaltung des Englischen Gartens. Seine Lage am äußersten Westrand, gegenüber dem Kleinhesseloher See, veranlaßte Friedrich Ludwig von Sckell (1750–1823) jedoch, es miteinzubeziehen. Am Westrand des Biedersteiner Schlößchens gestaltete er den privaten Garten der Königin – auch diesen im englischen Stil mit den entsprechenden Staffagebauten, z.B. einem ganz mit Baumrinde verkleideten „Borken-Tempel" und einem Obelisken; 1810 schuf Karl von Fischer (1782–1820) ein zwei-

111

geschossiges Belvedere, das mit seinen großzügigen geöffneten Loggien an eine altrömische Landvilla erinnerte und zu den Kleinodien klassizistischer Baukunst in München gehörte, bevor es Leo von Klenze abbrechen ließ.

An der Ostseite des Biedersteiner Schlößchens, zum Englischen Garten hin, gestaltete Sckell einen kleinen See mit Inselchen und eine neue „Auen-Brücke" über den Schwa-

binger Bach in den Garten hinein. Eine weit geöffnete Landschaftsszenerie gab den Blick bis zum gegenüberliegenden Isarhochufer frei.

Mit der Planung einer – allerdings so nicht ausgeführten – Vergrößerung des Parks nach Norden hin, in Richtung der heutigen Osterwaldstraße, gelang es Sckell, den damaligen Kronprinzen (später König Ludwig I., 1786–1878) für ein Projekt zu begeistern, das den zwischen 1830 und 1842 durch Klenze bei Regensburg ausgeführten Bau der Walhalla ursprünglich beim Englischen Garten am Isarufer vorsah! Dazu existieren sowohl ein Plan Sckells (Abb. S. 61) als auch ein Memoriale aus dem Jahre 1811, das die handschriftliche Randbemerkung des Kronprinzen trägt: „Auf die Stelle, wo ein zu erbauendes Lustschloß in diesem Plane angezeigt, die vorzüglichste der Gegend, kömmt Walhalla. Mit den zu vollführen angegeben(en) Anlagen völlig einverstanden, daß sie es einst werden sollen." Dazu kam es dann nicht. 1828/30 erbaute Leo von Klenze (1784–1864) ein neues Schloß am Biederstein an der Stelle, wo Fischers Belvedere stand und gestaltete es für Königin Caroline als Witwensitz aus.

Die Burgfriedsäule

Das älteste „Denkmal" stammt noch aus Zeiten vor der Anlage des Englischen Gartens: etwas westlich des Monopteros findet sich zwischen Bäumen versteckt die Burgfriedsäule Nr. 12/13 aus dem Jahre 1724. Sie markierte die alte Burgfriedensgrenze, die quer durch den Hirschanger vom Schwabinger Bach zur Isar verlief. Ähnlich einem Bildstock, wie er auf dem Lande noch öfters zu finden ist, wird die einfache Stele oben von einer halbrunden Bekrönung abgeschlossen, die auf einer Seite das Münchner Kindl als Stadtwappen, rückwärtig das Rautenwappen Bayerns in Stein gemeißelt zeigt.

Um den Chinesischen Turm

Mit dem Chinesischen Turm, einem der Wahrzeichen des Englischen Gartens, haben wir nicht mehr den Originalbau von 1789/90 vor Augen, den der 2. Weltkrieg zerstört hat, aber immerhin eine getreue Nachbildung aus dem Jahre 1952. Den heutigen Spaziergängern und Biergartlern ist dies größtenteils wohl nicht mehr bewußt und auch seine exotische Eigenartigkeit scheint kaum jemanden zu befremden. Sckell hätte ihn seinerzeit gerne entfernt, da nach seiner Meinung „der chinesische Geschmack der Baukunst keine Nachahmung verdiene". Als Stilpurist wollte er nur die von der Antikenbegeisterung seiner Zeit inspirierten klassizistischen Bauwerke für „seinen" Garten gelten lassen. Dabei war die Chinamode in Europa schon seit längerem heimisch, man denke nur an die Pagodenburg im Nymphenburger Schloßpark, die Kurfürst Max Emanuel zwischen 1716 und 1719 dort errichten ließ. Allerdings ist dort das asiatische Vorbild in eine westlich-barocke Formensprache umgesetzt. Das eigentliche Vorbild für den Chinesischen Turm in München lieferte der englische Gartentheoretiker William Chambers, der sich mit Schriften über „Designs of Chinese Buildings" (1757) und einer eher obskuren „Dissertation of Chinese Gardening" (1772) einen Namen gemacht hatte. Seine „Great Pagoda"

im Schloßpark von Kew (England) war mit neun Obergeschossen sogar noch bedeutend höher. Für den Münchner Turm ist überliefert, daß man zur Bauzeit im zweiten Obergeschoß auf gleicher Höhe mit den umgebenden Baumwipfeln sich befand; mit seinen vier Geschossen konnte er damals also seiner Funktion als Aussichtsplattform noch uneingeschränkt gerecht werden.
Der aus Mannheim stammende Militärarchi-

tekt Joseph Frey (1757–1812) hatte den Turm 1789 entworfen, wohl auf Initiative des Grafen Rumford (1753–1814), der in England viel herumgekommen war. Die Bauausführung lag in den Händen von zwei ganz in der heimischen Holzbautradition verwurzelten Hofzimmermeistern, nämlich Johann Baptist Erlacher und Martin Heilmayr.

Es gab aber noch weitere „Chinoiserien": Unweit der Tivolistraße gab es eine Chinesische Brücke, die, ebenfalls nach einem Vorbild in Kew, zierlich gekrümmt über den Eisbach führte, und in Kurfürst Karl Theodors Schwetzinger Park befand sich davon ein ebenbildliches Zweitexemplar.

Dann ist noch die „Chinesische Wirtschaft" zu nennen, südlich des Turmes gelegen, ein Rechteckbau mit vier niedrigeren Eckpavillons, Haupt- und Nebenbauten aus Holz mit charakteristisch geschweiften Dächern. Im Inneren gab es sogar ein „Porcellain-Zimmer". Dieses Gebäude wurde 1912 durch die heute noch an der Stelle stehende „Gaststätte am Chinesischen Turm", nunmehr aus Stein gebaut und ohne Anklänge an den asiatisch anmutenden Vorgänger, ersetzt.

Davon wiederum östlich stand seit 1790 ein „Gotischer Tempel" – allein diese Bezeichnung mutet uns heute widersprüchlich und kurios an. Es war ein silberfarbig gestrichenes „Sallet mit acht Säulen" und eingeschwungenem, markant aufschießendem Walmdach, das einem gotischen Dachreiter entfernt verwandt aussah. Sein Zweck wird nirgends genau überliefert, doch dürfte es mit der gleich nebenan angelegten, großen überdachten Tanzfläche um den Stamm eines lebenden Baumes eine funktionelle Einheit gebildet haben. Diese hatte auf ihrem Dach einen kleinen Orchesterplatz. All diese Bauten bildeten als Ensemble ein Herzstück volkstümlicher Vergnügungen für die Bevölkerung – bis in unsere Zeit hat sich daran nichts geändert, auch wenn manches davon inzwischen verschwunden ist.

Der Diana-Tempel

Noch vor 1793 entstand am östlichen Parkrand ein gelegentlich nach der Jagdgöttin Diana, dann wieder nach einer thessalischen Bergnymphe „Ossa"-Tempel genanntes Bauwerk, das die Münchner schon bald zu „Oha"-Tempel verballhornt hatten, denn ein kaum wahrnehmbarer Graben trennte den Spaziergänger im Park von dem bereits außerhalb gelegenen Tempelchen. Als man 1818 die nahe Tabaksfabrik in eine Badeanstalt umwandelte, bürgerte sich der Name „Diana-Bad" ein, vielleicht weil es ein solches auch im Wiener Prater gab.

Das Gessner-Denkmal

Zwischen dem Apollo-Hain und der dahinter einst verlaufenden „Palladio-Brücke" bestand ein Denkmal für den Schweizer Idyllendichter Salomon Gessner (1730–1788). Seine Errichtung scheint auf eine persönliche Initiative Rumfords im Jahre 1793 zurückzugehen. Wie einige erhaltene Zeichnungen überliefern, hatte es einen Sockel mit Inschrift, der, einer römischen Grab-Ara nachgestaltet, von einer Urne bekrönt wurde. Wahrscheinlich diente das Züricher Gessner-Denkmal als Vorbild. Bereits im vorigen Jahrhundert war der Sandstein so verwittert, daß es an seinem ursprünglichen Standort abgetragen werden mußte. Seit dem 2. Weltkrieg ist es verschollen.

Die „Harmlos"-Statue

Nahe dem Prinz-Carl-Palais, im Dreieck zwischen Hofgarten, Finanzgarten und Englischem Garten steht die Kopie der Marmorstatue eines makellos schönen Jünglings, des „Genius der Gärten". Franz Schwanthaler d. Ä. (1767–1833) schuf das sich heute in der Residenz befindliche Original im Auftrag des damaligen Kulturministers Theodor Graf Morawitzky 1803 aus Tegernseer Marmor. Standmotiv und Oberflächenbehandlung verweisen auf eine intensive Auseinandersetzung des Künstlers mit antiker Skulptur. Schwanthalers Lehrer war Roman Anton Boos gewesen, unter dem sich in München der Wandel vom späten Rokoko zum frühen Klassizismus vollzogen hatte. Den etwas spöttischen Titel „Harmlos" erhielt der Nackte vom Volksmund, womit auf die Inschrift hingewiesen wird: „Harmlos/wandelt hier/dann kehret/neu gestaerkt/zu jeder/Pflicht zurük".

Seinen Mitbürgern gewidmet von Theodor Graf Morawitzky durch Franz Schwanthaler MDCCCIII [= 1803]

115

Die Gaststätte Hirschau

1837 kaufte der damals 48jährige Münchner Patrizier Joseph Ritter von Maffei in der am Nordostrand des Englischen Gartens gelegenen Hirschau (stadtnahes Jagdrevier der bayerischen Herzöge und Kurfürsten seit dem 13. Jahrhundert) ein kleines Walz- und Hammerwerk und entwickelte es innerhalb weniger Jahre zum bedeutendsten Unternehmen der industriellen Frühzeit Münchens. Die „Maffei'sche Maschinenbauanstalt" beschäftigte bereits wenige Jahre nach ihrer Gründung Hunderte von Arbeitern, deren Verköstigung während der Mittagspause die Unternehmensleitung vor ein bis dahin

unbekanntes Problem stellte. Ein Münchner Wirt (sein Name ist nicht mehr zu ermitteln) nützte die Gunst der Stunde. Er erwarb in unmittelbarer Nähe der Maffei'schen Fabrik 1839 ein Waldgrundstück und erstellte darauf ein einstöckiges Wirtshaus, das er im Frühjahr 1840 eröffnete. Er nannte es „Zum Hasenstall".

Seine Gäste waren ausschließlich Maffeis Arbeiter, denen er ein preiswertes Mittagessen vorsetzte, während er gleichzeitig die damals (bei 13stündiger Arbeitszeit) immens wichtige Bierversorgung der ständig wachsenden Belegschaft übernahm.

Nach und nach entdeckten an sommerlichen Sonn- und Feiertagen auch Münchner Spaziergänger das Hirschauer Wirtshaus, das in Stadtführern der 60er Jahre des 19. Jahrhunderts als „Hirschauer Ausflugslokal" aufgeführt wird. Seine ursprüngliche Bezeichnung „Zum Hasenstall" geriet mit der Zeit in Vergessenheit.

Noch 1891 – das Anwesen gehörte damals der Schwabinger Brauerei (nachmals Franziskaner Leistbräu) – heißt es in einem Konzessionsakt: „Diese Wirtschaft steht ganz abseits. Werktags kommen nur Maffei-Arbeiter zum Essen. Die Gassenschänke ist nur für diese da. Ohne Maffei wäre das Gasthaus nicht lebensfähig." Deshalb beeilte sich der Magistrat zuzustimmen, als der damalige Hirschau-Pächter 1894 um die Genehmigung zur Errichtung von zwei Kegelbahnen nachsuchte, „um auch Normalpublikum in sein Etablissement zu bekommen".

Dennoch – allzu schlecht muß der Geschäftsgang in der Hirschau auch in jenen Jahren nicht gewesen sein, wie ein Pächtergesuch des Jahres 1901 verrät, in dem gebeten wurde „einen Umbau vornehmen zu dürfen, da das

Gastlokal zwar bis zum vorigen Jahr genügte, jetzt aber der Andrang zu dem Mittagstische so groß wird, besonders seitens der Arbeiter der Maffei'schen Fabrik, daß sich der Raum als unzureichend erweist". Ab 1902 vergrößerte ein ebenerdiger Anbau die „Schank- und Bierwirtschaft Hirschau nebst Kegelbahnen und Gartenbetrieb".

Nach dem Ersten Weltkrieg verwandelte sich durch den Wegzug der zur Krauss Maffei AG gewordenen Maschinenfabrik nach Allach nicht nur der Charakter des Gartenlokals, sondern auch jener der gesamten Hirschau. Sie wurde erneut zur stillen, von Seitenarmen der Isar umschlossenen, mit wenigen Häusern bestückten Waldlandschaft. Als Gäste kamen jetzt nur noch wenige Ausflügler, die dem Hirschau-Wirt gerade erlaubten, den Gastronomiebetrieb aufrecht zu erhalten. Während der Wintermonate blieb das Restaurant geschlossen.

1946 wurde aus der großen Wiese vor dem Lokal, das sich jetzt pompös „Parkrestaurant Hirschau" nannte, ein „Luna-Park", mit Schiffschaukeln, Karussells und einem großen Tanzplatz. Nach der Währungsreform wurde die Wiese zubetoniert und in eine riesige „Parktanzfläche" verwandelt, wo Bigbands aufspielten. Im Lauf der nächsten Jahre machte sich die „Hirschau" einen Namen als Austragungsort diverser, damals sehr beliebter „Sängerwettstreite", die Amateuren die Chance gaben, sich als Schlagersänger der Öffentlichkeit zu präsentieren. Unter ihnen auch der damals blutjunge spätere Rock'n Roll-Star Peter Kraus.

Zu Beginn der 60er Jahre wurde aus dem Tanzplatz eine Rollschuhbahn. Als der Hirschauwirt vor einem Vierteljahrhundert im Lauf der Münchner Biergarten-Renais-

sance weitere Gartenplätze benötigte, verschwand auch der Rollschuhplatz. Das Betongeviert wurde in den Gartenbetrieb integriert. Von da an präsentierte sich die Gaststätte Hirschau so, wie sie sich noch heute ihren Gästen vorstellt.

Dieser Artikel wurde ungekürzt von Hanns Glöckle übernommen.

Die Isar-Holzbrücke

Die Isar-Holzbrücke

Nicht weit von der Stelle, wo im Jahre 1158 Heinrich der Löwe die Föhringer Brücke zerstören ließ, um den Salzhandelsweg von Reichenhall nach Augsburg umzuleiten (Grundlage für Münchens rasche Stadtentwicklung), wurde am 20. November 1978 die Isar-Holzbrücke eingeweiht.

Der festlichen Brückenweihe ging eine achtmonatige Bauzeit voraus. Die eigentliche Montagezeit betrug etwa vier Wochen, die Fertigstellung ca. zwei Monate.

Bei diesem Bauwerk, das den Englischen Garten mit der Isarinsel Oberföhring verbindet, handelt es sich um die größte Brücke, die bis dahin in Holzbauweise errichtet wurde.

72 m des 96 m langen Baus sind mit Red-Cedar-Schindeln überdacht. Die Spannweite beträgt 52 m.

Die als Fachwerk konstruierte Brücke wurde von dem Ingenieurbüro für Konstruktionsstatik Prof. Natterer aus München berechnet. Mit etwa 175 cbm brettschichtverbauten Trägern und Diagonalen, 68 cbm Vollholz und 820 qm Außenverschalung erhält das von der Füssener Firma Ottmar Merk montierte Bauwerk zusammen mit dem für die Knotenpunkte benötigten Eisenanschlüssen ein Gesamtgewicht von 125 t.

In geradezu idealer Weise paßt sich die Isar-Holzbrücke in die sie umgebende Landschaft ein.

Das Japanische Teehaus

(Siehe dazu den Artikel von Gerhardt Staufenbiel.)

Das Karussell

Schon 1823 wurde in der Nähe des Chinesischen Turms ein Karussell errichtet, das fast ein Jahrhundert lang bestand und dem heutigen Karussell nicht unähnlich war. 1912 wurde ein neues notwendig, welches – wenn auch renoviert und aufgefrischt – bis heute an seiner alten Stelle seine Runden drehen darf. Es ist von dem Schwabinger Bildhauer Joseph Erlacher und dem Dekorationsmaler August Julier erdacht, ganz aus Holz gefertigt und höchst originell bemalt. Neben den üblichen Pferden und Wagen bietet es ausgesprochene Raritäten wie Hirsche und Steinböcke, Kamel und Giraffe, Storch, Flamingo und Vogel Strauß mit prachtvollem Federschmuck, dazu Kutschen und Schlitten. Ganz unauffällig hält sich sein schlichter, aber reizvoll gezierter Bau mit seinem Schindeldach hinter den hohen Bäumen – für Kinderaugen unübersehbar!

Das Karussell am Chinesischen Turm

Der Monopteros

Bereits in seiner Denkschrift im Jahre 1807 schlug Sckell die Erbauung eines Pantheons, den „würdigsten Regenten Baierns gewidmet", vor. Die Stelle, die er dafür auswählte, befand sich am Hirschangerwald unweit des Chinesischen Turms und es sollte dafür eigens ein künstlicher Hügel errichtet werden.

Nach Abbruch des baufälligen Apollo-Tempels, den man durch die Steinerne Bank ersetzte [s. unten], griff König Ludwig I. den Gedanken Sckells wieder auf: Statt des Pantheons sollte jedoch auf den Typus des abgebrochenen Tempels Bezug genommen werden. So beauftragte er Leo von Klenze 1830 mit dem Entwurf.

Über drei Stufen erhebt sich ein von zehn ionischen Säulen getragener Rundbau ohne Cella. Eine kupfergedeckte Flachkuppel, von einem Pinienzapfen bekrönt, ruht auf dem Gebälkring, der mit Mäandern und Palmetten polychrom gefaßt ist. Auch die umlaufenden Stirnziegel sind als Palmetten ausgebil-

det. Dieser Typus des Monopteros war in der europäischen Gartenkunst schon lange Zeit beliebt, sein berühmtestes Vorbild stand in Versailles: der Liebestempel am Petit Trianon. Auch im Park von Wörlitz, einem der ersten Parks englischen Stils in Deutschland, stand ein Monopteros.

Der Hügel, von dem man eine der schönsten Ausblicke genießen kann, den die Stadt München zu bieten hat, ist 1832 künstlich aufgeschüttet worden. Darunter sind in nahezu gleicher Höhe wie der Monopteros selbst, Ziegelfundamente aufgeschichtet, die dem gesamten Hügel Halt verleihen. Dies veranlaßte zur Bauzeit (1836/37) die Münchner Tagespresse zu dem Vorschlag, anstatt des griechischen Tempels den Chinesischen Turm dorthin zu versetzen, denn dieser war an seinem Standort inzwischen so hoch von den umgebenden Bäumen überragt, daß man dort die einst so berühmte Aussicht vermißte.

Die schlichte Stele im Inneren des Monopteros trägt die Inschrift: „Dem Gruender dieses Gartens/gegen Ende des XVIII Jahrhunderts/Churfuersten Karl Theodor/und/ dessen Erweiterer und Verschoenerer/im Anfange des XIX/Koenig Maximilian I/ errichtete dieses Denkmal/im Jahre MDCCCXXXVII (= 1837)/Koenig Ludwig I."

Die Ökonomiegebäude

Die Ökonomiegebäude beim Chinesischen Turm gehörten mit zu den konstituierenden Elementen aus der Frühzeit des Englischen Gartens. Wie die Militärgärten, aus denen der spätere Volksgarten letztlich hervorging, so sollten auch diese Schwaighöfe der Fortbildung und sinnvollen Freizeitgestaltung der aus ländlichen Familien stammenden Soldaten dienen, die in vorangegangenen Zeiten der Stadt gelegentlich Probleme bereitet hatten, vor allem in Zeiten des Friedens! So entstanden in den 90er Jahren des 18. Jahrhunderts eine „Schweizerey" zur Hornviehzucht unter der Leitung eines Schweizer Sennen, ferner ein mustergültiger Pferdestall, dazu die notwendigen Stadel und sonstigen landwirtschaftlichen Bauten. Alle Zuchttiere konnten käuflich erworben werden, um die Zuchtergebnisse auf dem Lande zu verbessern.

Die ursprünglich drei Höfe umfassenden Gebäude sind alle eingeschossig mit tief herabreichenden Satteldächern. Johann Baptist Lechner schuf die Pläne nach Rumfords Angaben. Die Zerstörungen im 2. Weltkrieg brachten für die Gesamtanlage Veränderungen und Erweiterungen, inzwischen beherbergt sie die Verwaltung des Englischen Gartens.

Unter der Hofeinfahrt in den ersten Hof steht die auch im bayrisch-ländlichen Bereich so häufig anzutreffende Figur des Hl. Florian, der mit folgender Inschrift versehen ist: „O Heiliger Florian! du kreuzbraver Mann/ beschütze uns're Häuser all'/ wofür wir dich verehren dann."

Das Prinz-Carl-Palais

Nicht als Bestandteil des Englischen Gartens erbaut, aber doch lange Zeit als ein solcher integriert, war das sog. Prinz-Carl-Palais, bis es durch die Prinzregenten- bzw. Von-der-Tann-Straße auf grobe Weise von ihm getrennt wurde.

Karl von Fischer schuf es für den ehemaligen Erzieher und Exminister der pfalz-zweibrük-kischen Herzöge Karl August und Max Joseph, den Abbé Salabert, zwischen 1804 und 1806. Schon 1807 starb der Bauherr, so daß es König Max I. Joseph auf Anraten Sckells erwarb, der damit zunächst die Einbeziehung des Palaisgartens (heute Finanzgarten) in den Englischen Garten im Auge hatte. Natürlich kam auch die frühklassizistische Architektur den Sckellschen Idealvorstellungen mehr entgegen als alles, was unter der Ägide Rumfords im Englischen Garten an Bauten entstanden war.

Das Prinz-Carl-Palais (ursprünglich Palais Salabert), 1839, Aquarell von Heinrich Adam, Privatbesitz München

Das Prinz-Carl-Palais

Fischer stammte wie Sckell aus der Pfalz und hatte bei dem in Wien lehrenden Mannheimer Verschaffelt studiert. Von dort aus wurde der 22jährige nach München berufen und zeigt sich im Palais Salabert auch noch von Wien beeinflußt, indem es eine gelungene Synthese von palladianischer Villa, Wiener Barock und frühem Klassizismus darstellt.

1825 übertrug König Ludwig I. den Bau an seinen Bruder Carl, dessen Namen er fortan behielt. Dieser ließ es ab 1826 vom kgl. Baurat und Hofdekorateur Jean Baptiste Métivier entlang der Von-der-Tann-Straße erweitern und die Räume im Sinne französischer Dekorationskunst neu ausgestalten; 1841 wurde das Palais durch Eichheim noch einmal verlängert. Als 1875 Prinz Carl starb, ging der Bau an das Finanzministerium über, war dann österreichische Gesandtschaft und bereits seit 1924 schon einmal, nach 1971 wieder, Sitz des bayerischen Ministerpräsidenten.

Die Bedürfnisse des modernen Stadtverkehrs, das „Haus der Kunst" als gelegentlicher Aufmarschort nationalsozialistischer Selbstdarstellung und schließlich die 1968–1971 erfolgte Untertunnelung des Prinz-Carl-Palais waren Schritt für Schritt Gründe für die Auflösung der einst so glücklichen Symbiose des Palais mit dem Englischen Garten.

Im Finanzgarten bestehen noch Reste einer alten „Gloriette", die zum Prinz-Carl-Palais gehörte. Auch eine kaum bekannte Gedenkstätte für den Dichter Heinrich Heine versteckt sich dort.

Der Rumford-Saal

Der schlichte gelb-weiße Rechteckbau aus dem Jahre 1791 geht auf den kurz darauf zum Reichsgrafen geadelten Rumford zurück, wenngleich der Entwurf selbst von Johann Baptist Lechner (1758–1809) stammt. In der Tat erinnert dieses ursprünglich als Offizierskasino gedachte Gebäude an die englisch geprägte, palladianisch-klassizistische Architektur der amerikanischen Ostküste. Typisch ist der ionische Säulenportikus, in dessen Giebelfeld sich als einziger Schmuck ein kleines Rundfenster öffnet. Die Vorderfront zeigt darüber hinaus eine sehr zurückhaltende Fensterreihung, an den Schmalseiten schließt das jeweils mittlere oben durch einen Halbkreisbogen mit Archivolte ab.

Der Bau war stets nur militärischen, später höfischen Kreisen zugänglich, die in seinem verspiegelten Saal zu vornehmen Diners luden, bei denen bis zu 150 Personen Platz fanden. Dazu gibt es vier weitere große Räume und im Untergeschoß für damalige Verhältnisse modernste Küchen. Heute ist darin eine städtische Kinderfreizeitstätte untergebracht.

Das Rumford-Denkmal

Das von Franz Schwanthaler d. Ä. aus Kalktuff, Sandstein und Marmor geschaffene Denkmal wurde dem Initiator des Englischen Gartens, dem Amerikaner Benjamin Thompson, Grafen von Rumford, noch zu

123

Das Rumford-Denkmal

dessen Lebzeiten (!) 1795/96 errichtet – „gewidmet von seinen Freunden". Es steht im Südteil des Parks, unweit der Oettingenstraße.

Über einigen Stufen erhebt sich ein altarähnlicher massiger Rechteckblock, darüber ein giebelgekrönter Würfel mit Eckvoluten, ähnlich einer Ädikula. Die Westseite zeigt in Dreiviertelrelief die Gruppe „Bavaria geführt von Abundantia", die eine mit Rautenschild, die andere mit Füllhorn als Attribut. Auf der Rückseite findet sich Rumfords Profil als Ovalrelief. Die Inschrift füllt beide Seiten des Sockels und lautet:

„Lustwandler steh!/Dank staerket den Genuss./Ein schoepferischer Wink Karl Theodors,/vom Menschenfreunde Rumford/mit Geist, Gefühl und Lieb gefasst,/hat diese ehemals oede Gegend/in das, was Du nun um Dich sihest,/veredelt.

Ihm/der das schmaehelichste öffentliche Übel/den Müssiggang und Bettel tilgte/der Armuth Hilf, Erwerb und Sitten/der vaterlaendischen Jugend/so manche Bildungsanstalt gab/Lustwandler geh!/Und sinne nach ihm gleich zu seyn/an Geist und That/ und uns/an Dank."

Die Sckell-Säule

Auf einer Landzunge am Südostufer des Kleinhesseloher Sees, weithin sichtbar plaziert, steht ein etwa neun Meter hohes Säulendenkmal aus Sandstein für den verdienten Hofgärtenintendanten Friedrich Ludwig von Sckell (1750–1823). Leo von Klenze entwarf es noch in seinem Todesjahr. Die Ausführung geht auf den jungen Ernst von Bandel (1800–1876) zurück, der später mit dem berühmten Hermannsdenkmal im Teutoburger Wald zu nationalen Ehren gelangte.

Für Sckell errichtete er eine hohe Säule, über deren Sockel eine im Quadrat umlaufende Sitzbank Ruhe und Ausblick gewährt. Die Inschrift verteilt sich über einen darüberliegenden, ebenso vierseitigen Block; sie lautet auf der Seeseite:

„Dem sinnigen Meister/schoener Gartenkunst/der sein volles Verdienst/um der Erde reinsten Genuss/durch diese Anlagen kroente/liess diesen Denkstein setzen/sein Koenig Max Joseph MDCCCXXIV.(=1824). - Erneuert im Jahre MDCCCXXXIX (= 1939) von/der Bayerischen Landesregierung."

Auf der Südostseite: „Auch Du Lustwandler ehre/das Andenken des Biedermannes."

Auf der Nordostseite: „Friedrich Ludwig von Sckell/Intendant der k. Gaerten/Ritter des Civ. Verd. Ord. d. b. Kr./Ehrenmitgl. d. k. Akad. d. Wiss./geb. zu Nassau-Weilburg MDCCL (= 1750)/gest. zu München MDCCCXXIII (= 1823)/seines Alters LXXIII" (= 73).

Auf der Nordwestseite: „Der Staub vergeht/der Geist besteht."

Den ganzen Säulenschaft überspannt ein reliefiertes Palmettenornament. Vier ganzfigurige, im Dreiviertelrelief herausgearbeitete Frauengestalten - Allegorien der Jahreszeiten - umstehen den unteren Säulenteil. Über dem korinthischen Kapitell war zunächst eine monumentale Sckell-Büste geplant, doch ragt nun ein Pinienzapfen aus dem voluten- und palmettenverzierten Aufsatz. Pflanzliche Stilisierungen kennzeichnen somit die ganze Säule und nehmen Bezug auf Sckells Verdienste, die er sich nicht nur um den Englischen Garten, sondern auch bei der Umgestaltung des Nymphenburger Schloßparks und in Schwetzingen erworben hat.

Die Sckellsäule am Kleinhesseloher See

Das Seehaus

Das Seehaus entwickelte sich aus verschiedenen zur alten „Meierei" von 1791 gehörigen Holzhütten, die im Laufe der Zeit immer wieder Veränderungen erfuhren. Der Bierausschank dort dürfte auf eine lange Tradition zurückgehen, denn schon 1811 ist die Pachtzahlung eines der Parkwächter für eine Schenke überliefert. 1882/83 baute Gabriel von Seidl am Ostufer des Kleinhesseloher Sees ein zweigeschossiges Bootshaus mit darüberliegendem Restaurationsbetrieb aus Holz. Dieses wurde 1935 von Rudolf Esterer durch einen Neubau ersetzt. Seine herrliche Terrasse erfreute sich großer Beliebtheit bei den Bewohnern Münchens und wehmütiges Bedauern begleitete seinen wegen Baufälligkeit notwendig gewordenen Abbruch 1970. Bis Juni 1985 richtete man sich in provisorischen Holzhütten ein, dann konnte das neue elegante Seehaus von Ernst Hürlimann und Ludwig Wiedemann seiner Bestimmung übergeben werden.

Das Seehaus, 1935 erbaut von Rudolf Esterer

Das neue Seehaus, 1985 erbaut nach einem Entwurf von Ernst Hürlimann und Ludwig Wiedemann

Das Stauwehr Oberföhring

Der Apollotempel, 1795, aqua-
rellierte Federzeichnung von
Joh. Jakob Dorner d. J., Münch-
ner Stadtmuseum

Das Stauwehr Oberföhring

In den Jahren 1920–1924 wurden durch die
Mittlere Isar AG, welche 1942 in der Bayern-
werk AG, Bayerische Landeselektrizitätsver-
sorgung, aufging, die Wehranlage der Groß-
kraftwerke Mittlere Isar AG Oberföhring
errichtet.
Durch vier Schützenwehre wird hier der Mit-
telwasserspiegel der Isar um 4,45 m gehoben.
Das Wehr Oberföhring ist Ausgangspunkt
von dem 54,1 km langen Werkkanal bis Moos-
burg, in welchem das Isarwasser über die
Kraftwerke Finsing – Aufkirchen – Eitting –
Pfrombach mit einem Gesamtgefälle von 88
m zur Energiegewinnung genützt wird.

Die Steinerne Bank und der ehemalige Apollo-Tempel

Ein ganz besonderer Platz, ein von spiegelnden Wassern umgebenes „Hain-Heiligtum", war der des 1789 errichteten Apollo-Tempels, im alten Hirschangerwald auf einer Halbinsel gelegen. Als Vorläufer des Monopteros regte der Bau die Künstler seiner Zeit zu zahllosen Bildern an: stimmungsvolles Mondlicht und durch die Bäume flutende Sonnenstrahlen bezeugen seine die künstlerische Phantasie beflügelnde Popularität. Das dorische Säulenrund war nach Plänen des Ingenieurs beim Hofkriegsrat, Johann Baptist Lechner, aus Holz über einem tuffsteinernen Stufensockel errichtet worden. Paul Mayr ist als Zimmermeister überliefert, der kurfürstliche Hof-

stukkator Franz Xaver Feichtmayr d. J. „wegen Plafon des Dorischen Tempels". Derselbe hatte in seinen jungen Jahren noch bei Johann Baptist Zimmermann sein Handwerk gelernt und unter François Cuvilliés d. Ä. u. a. bei der Rokokoausstattung in Schloß Nymphenburg mitgearbeitet.

Die Statue, die dem Apollo-Tempel seinen Namen gab, folgte erst 1791 und war vom kurfürstlichen Hofbildhauer Josef Nepomuk Muxel geschnitzt. Nach fast 50 Jahren war das Tempelchen, das übrigens Sckell in seinen Proportionen als mißglückt erachtete, so baufällig, daß es 1838 an der gleichen Stelle durch ein anderes Idyll ersetzt wurde. Bis heute hat sich die steinerne Marmorbank erhalten, die Leo von Klenze nach Art einer griechischen Exedra auf Geheiß Ludwigs I. errichten ließ.

Ihre sinnreiche Inschrift lautet: „Hier wo ihr wallet, da war sonst Wald nur und Sumpf."

Die Tierärztlichen Institute der Universität – Hofportal der „Veterinärschule"

Das Tivoli-Kraftwerk

Die Tierärztlichen Institute der Universität

Nach Ideen Rumfords gründete Kurfürst Karl Theodor 1790 die „Vieh-Arzney-Schule" zwischen der heutigen Königinstraße und dem Westrand des Englischen Gartens. Der Ingolstädter Professor Anton Will zog zunächst mit 32 Studenten in die alte Schwabinger „Jesuitenwasch", einen um 1600 entstandenen Gutshof mit Ställen, Schuppen und einem als „Lehrschmiede" umfunktionierten Waschhaus. Die verstreut liegenden Gebäude erhielten als einzigen „Neubau" 1790 zunächst nur einen frühklassizistischen Torbogen, der bis heute noch steht: zwei seitlich flache Pilaster, darüber ein strenger Giebel, in dessen Feld sich zwei Schlangen um eine Kelchschale gruppieren.

Der Schulbetrieb, der sich nicht ganz zur Zufriedenheit der Regierung entwickelt zu haben scheint, wurde erst unter König Max I.

Joseph 1810 reformiert; in diesem Zusammenhang plante man endlich auch neue Gebäude (Friedrich von Gärtner 1810, Klumpp und Ulrich Himbsel 1811, Franz Thurn 1816), die jedoch nicht realisiert wurden, da sie offensichtlich an den Bedürfnissen der neuen „Central-Veterinär-Schule" vorbeiliefen. Erst 1840 entstand schließlich ein neues Stallgebäude, 1848 folgte ein anatomisches Theater, weitere Teilbauten kamen nach und nach hinzu, hatten aber noch immer provisorischen Charakter. Erst zwischen 1896 und 1900 errichtete Julius Metzger einen 150 Meter langen Trakt entlang der Königinstraße, der alle Funktionen der Fakultät in sich vereinigen konnte. Die heutigen Gebäude der Tierärztlichen Fakultät entstanden nach dem Kriege ab 1953.

Das Tivoli-Kraftwerk

Das Tivoli-Kraftwerk wurde im Jahre 1895 von den Maffei-Eisenwerken errichtet. Es diente der 1837 gegründeten Firma, die um 1840 die ersten bayerischen Lokomotiven im Englischen Garten herstellte, zur Deckung des eigenen Strombedarfs. Das sowohl mit Wasser, als auch mit Dampf betriebene Kraftwerk leitet seinen Namen von der ehemals benachbarten Tivolimühle her, der es in späterer Zeit Strom lieferte.

Noch heute speist das Kraftwerk mit einer Leistung von ca. 690 kW das öffentliche Stromnetz.

Der sachliche, mit traditionellen Gestaltungselementen verbundene Industriebau in rotem Backstein steht mit seinen aneinandergereihten Giebelhallen auf einer Brückenkonstruktion über dem Eisbach. Hohe Rundbogenfenster gliedern die Hallenfassaden, deren Ränder durch Mauerlisenen leicht betont werden.

Der in seiner Schlichtheit schöne technische Bau der Jahrhundertwende fügt sich zurückhaltend in die ihn umgebende Natur ein.

Der Große Wasserfall

Da dem Wasserfall an der Kreuzung von Schwabinger- und Eisbach keine natürliche Geländeformation zugrunde liegt, er vielmehr auf einen Plan Sckells von 1807 zurückgeht, soll er hier im Rahmen der Bauten berücksichtigt werden. Seit dem späten 18. Jahrhundert waren an dieser Stelle Mühlen nachweisbar, die auf manchen der alten graphischen Darstellungen noch zu sehen sind. Da ihr Betrieb die Idylle des Parks zunehmend störte, gab man sie auf und schuf nach 1815 nach einem Modell des Hofbauintendanten Johann Andreas Gärtner (1744–1826) ein Stauwehr, dessen Wassermassen sich über von Menschenhand plazierte Felsen stürzen. Mit dem seitlichen mächtigen Baumbestand und dem herabhängenden Buschwerk erinnert die Szenerie an romantische Landschaftsgemälde, die dazu Anregung gegeben haben dürften. Das ehemalige Brunnhaus, das seit 1805 eine „hydraulische Maschine" zur Wasserversorgung der Schönfeldvorstadt barg, wurde nach seiner Kriegsbeschädigung 1944 ganz abgebrochen.

131

Das Werneck-Denkmal

Das Denkmal für Reinhard Freiherr von Werneck steht nicht weit vom Ostufer des von ihm ursprünglich in vereinfachter Form angelegten Kleinhesseloher Sees. Es wurde 1838 als eines der vielen von König Ludwig I. angeregten Monumente des Englischen Gartens von Klenze entworfen. Als mächtiger heller Marmorblock hebt es sich von der umrahmenden Baumgruppe ab. Über hohem Sockel flankieren beidseitig zwei Karyatidenpfeiler die dominante Inschrifttafel:

„Den/Verdiensten/des Gen. Lieutn./Freiherrn/von Werneck/um Verschoenerung/ dieses Gartens/durch erste Anlage/des Sees/Gewidmet/von/Ludwig I./ Koen. v. Bayern/MDCCCXXXVIII" (=1838). Das bekrönende Gebälk umzieht ein Palmettenkranz. Wie beim Sckell-Denkmal lädt auch hier eine links und rechts der Schauseite ausgreifende Marmorbank zum Verweilen ein.

Das Werneckdenkmal am Kleinhesseloher See

133

Das Teehaus im Englischen Garten

Gerhardt Staufenbiel

Der Chinesische Turm und das Japanische Teehaus – beide Stätten entstammen scheinbar dem gleichen ostasiatischen Kulturkreis, dennoch ist kaum ein größerer Gegensatz denkbar.

Der Chinesische Turm mit seinem Biergarten und dem lauten, fröhlichen Getriebe, bekannt bei jedem Münchner, wenn auch in seiner kunstgeschichtlichen Bedeutung als „chinesisches" Gebäude recht zweifelhaft – das Japanische Teehaus ein Ort der Stille und Kontemplation, fast ein „Geheimtip" unter Eingeweihten, ein absolut authentisches Bauwerk japanischer Kunst. Und dennoch, der Turm, dem Volk von den Wittelsbachern übergeben zur allgemeinen Belustigung und Erbauung, das Teehaus von Sen-no-Soshitsu, dem gegenwärtigen Oberhaupt der Urasenke-Teeschule, den Münchnern zur Olympiade geschenkt zum Zeichen des Friedens und der Völkerverständigung – dienen beide, wenn auch mit gravierenden Unterschieden, der Gastlichkeit. Wer nun aber erwartet, im Teehaus Geishas anzutreffen, die mit ihren farbenprächtigen Kimonos Gäste bewirten und unterhalten, wird enttäuscht. Die Stimmung ist still und einfach. Hier wird in größter Konzentration und Sammlung Tee bereitet und getrunken, und dies als Bestandteil eines DO, eines japanischen „Weges", der in der heute gelehrten Form bereits auf Sen-no-Rikyu (1521–1591) zurückgeht.

Die Kunst des Cha-Do, des Tee-Weges, wird seit jener Zeit getreu in der Sen-Familie weitergegeben und Soshitu Sen repräsentiert heute die 15. Generation seit Rikyu.

Der Ablauf einer Teezeremonie

Die Bereitung des Tees während einer Teegesellschaft erscheint dem Europäer wie eine stark ritualisierte Zeremonie, was aber nicht dem japanischen Empfinden entspricht. Bereits die Bezeichnung *cha-no-yu*, wörtlich „Tee und heißes Wasser", Rikyu bevorzugte diese Bezeichnung, zeigt dies. Rikyu formulierte: „Des Teeweges Urgrund: Wasser sieden lassen, Tee schlagen und ihn trinken – nicht mehr!" Dennoch dauert dieses einfache „Wasser sieden und Tee trinken" mit drei Gästen etwa vier Stunden. Die Teezeremonie variiert sehr stark nach Jahreszeit, ausgewähltem Gerät oder besonderer Gelegenheit. Die kurze Schilderung einer typischen Sommerzeremonie soll einen Einblick geben.

Nachdem sich die Gäste in einem kleinen Warteraum versammelt haben, fordert sie der Gastgeber auf, den Teeraum zu betreten. Ein verwinkelter Pfad führt die Gäste zu einem moosbewachsenen Steinbecken mit klarem, reinem Wasser. Der frisch gesprengte Gartenweg, auf dem Wassertropfen wie Morgentau glänzen, soll den Eindruck eines einsamen Gebirgspfades erwecken. Die Gäste lassen auf diesem Pfad die Welt des Alltags hinter sich und betreten eine eigene, in sich abgeschlossene Welt voller Frieden und Harmonie. Der letzte Staub des Alltags wird symbolisch am Wasserbecken abgewaschen, und die Gäste betreten den winzigen Teeraum. Dieser Raum ist von einer kunstvollen Einfachheit und Leere. Keine laute Farbe stört die Harmonie der einfachen Natürlichkeit. Den ruhigen Farben entspricht die Stille im Raum. Lediglich das Wasser im Kessel siedet und das Geräusch erinnert an das sanfte Rauschen des Windes in den Pinien.

Das Japanische Teehaus

Die Gäste betrachten die wenigen Geräte im Raum, die die Patina eines hohen Alters und des häufigen Gebrauchs zeigen. Zuerst reicht der Gastgeber eine kleine, aber kunstvoll zusammengestellte Mahlzeit, *kaiseki,* wörtlich: „Wärmender Stein". Dies erinnert daran, daß sich Zen-Mönche bei der Wintermeditation zum Schutz vor Kälte einen erwärmten Stein in die Brusttasche ihres Kimonos legten. So soll dieses Mahl nicht üppig sättigen, sondern eben vor dem Hunger schützen, damit man sich ganz dem Tee widmen kann. Nun erneuert der Gastgeber das Holzkohlenfeuer unter dem Wasserkessel und entläßt die Gäste zu einer Pause in den Garten.

In dieser Pause ordnet er den Raum neu und das ohnehin schon gedämpfte Licht wird durch Bambusrouleaus vor den Papierfenstern weiter verringert. Ein Gong ruft die Gäste in den Teeraum zurück, in dem nun in äußerster Konzentration und Stille auf medi-

tative Weise der Tee bereitet wird. Zunächst trägt der Gastgeber das Teegerät in den Raum, um es dann mit genau vorgeschriebenen Bewegungen zu reinigen. Er bereitet nun für alle Gäste zusammen eine einzige Schale Tee, die sie nacheinander austrinken, um so ihre Zusammengehörigkeit zu zeigen. Das Teegerät wird erneut gereinigt und die Gäste haben Gelegenheit, die einzelnen Stücke zu betrachten, bevor alles wieder hinausgetragen wird.

Eine zweite, weniger strenge Zeremonie, bei der jedem Gast einzeln, wenn auch in einer einzigen Schale, der Tee bereitet wird, schließt die Zusammenkunft ab.

Das Teehaus als Übungsstätte:
Harmonie, Ehrfurcht, Reinheit und Stille

Die Teezeremonie als Weg, die Lebenshaltung des wabi zu üben und sabi, die Reife, zu

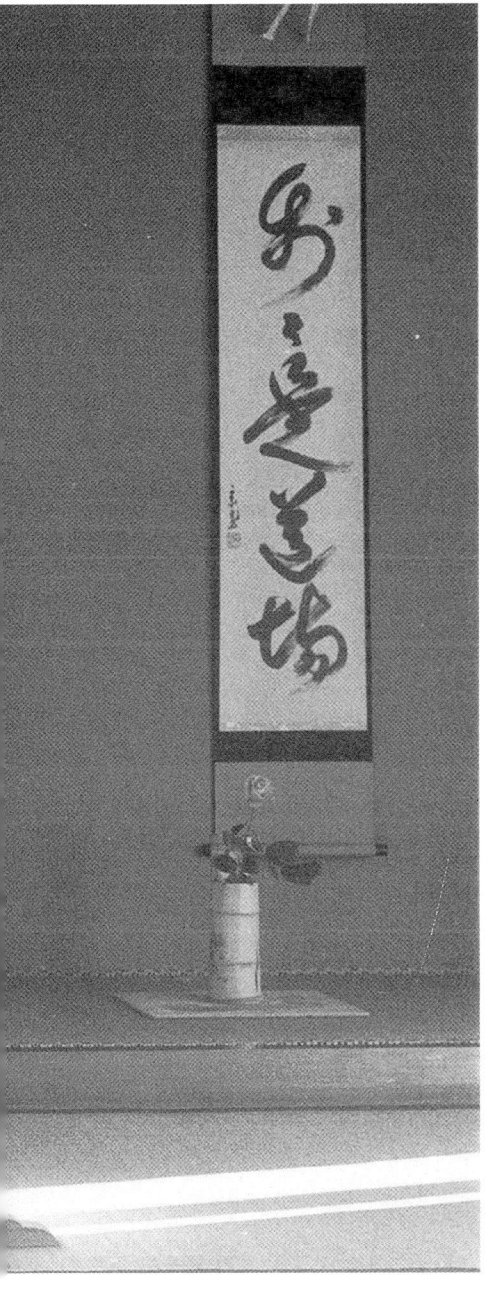

erlangen, läßt sich als Verhaltensschulung sehen. Es kommt nicht darauf an, die Philosophie des Cha-do zu verstehen, sondern sie als tiefe, innere Empfindung zu erleben, die schließlich alle Bereiche des Alltags durchdringt. Die kleine Welt des Teehauses wird als Abbild des Kosmos verstanden. Sie läßt sich, anders als die Welt draußen, so einrichten, daß auch die vier weiteren Prinzipien der Teephilosophie verwirklicht sind: wa, kei, sei, jaku – Harmonie, Ehrfurcht, Reinheit, Stille. Das Teehaus wird so zum Do-jo, zur Übungsstätte.

Wa ist die Harmonie zwischen den Menschen, den Dingen und der Atmosphäre im Teeraum, die in Einklang zur Natur und ihren Jahreszeiten steht. An einem schwülen Sommertag etwa wählt man eine flache Teeschale mit einer kühlen Glasur, die an treibende Eisschollen erinnert und den Gast mit ihrem Anblick erfrischt. Die dickwandige Winterschale dagegen mit ihrer warmen Farbe erwärmt zugleich auch die Hände des Gastes, wenn er den Tee trinkt. Nicht nur alle Geräte stehen mit Formen und Farben kunstvoll zueinander in Harmonie. Der genau geregelte Bewegungsablauf harmonisiert die Körperhaltung und die Atmung, so daß alle Hektik schwindet und der Empfindung von Ruhe und Harmonie Platz macht.

Kei, die Ehrfurcht, der Respekt vor allem, was ist, zeigt sich beim Betreten des Teeraumes durch den Kriecheingang, im Umgang der Menschen untereinander und im Umgang mit dem Teegerät, und sei es mit einem vom materiellen Wert her gesehen geringen Bambusteelöffel.

Kei bestimmt den gesamten Ablauf der Zeremonie bis ins kleinste Detail. Die Ehrfurcht erstreckt sich nicht nur auf den von Konven-

Die Teezeremonie im Innern des Japanischen Teehauses

Die Aufschrift auf der Hängerolle lautet „Ho, Ho, kore DO JO“: „Schritt, Schritt, das ist Übungsstätte“, was soviel heißt wie: „Jeder Schritt, den man geht, wo auch immer, ist ein Schritt auf dem Weg, bzw. die Übungsstätte (DO JO) ist immer überall (nicht nur im Teehaus)

tionen geprägten Umgang mit Menschen und Gerät, sie muß zu einer in der Körperhaltung manifestierten inneren Empfindung werden und die gesamte Natur umfassen. Liegen viele der Ursprünge von kei im Konfuzianismus begründet, so ist *Sei*, die Reinheit, sicherlich von den Ursprüngen her shintoistisch. Bereits im ältesten schriftlichen Dokument Japans, dem Kojiki, den „Aufzeichnungen aus dem Altertum" (712 n. Chr.) ist ausführlich von Reinigungen die Rede. Das Urgötterpaar Izana-mi-no-kami und Izanagi-no-kami waren durch Tod von Izana-mi getrennt worden. Izana-gi hatte versucht, da die Welt noch nicht vollendet war, seine Gattin wieder aus der Unterwelt zu holen, mußte jedoch unverrichteter Dinge wieder fliehen. Zurückgekehrt, reinigte er sich, woraufhin beim Reinigen seines rechten Auges der Mond und des linken Auges die Sonne - Ama-terasu-oho-mi-kami, die Stammesmutter des japanischen Kaiserhauses entstand. Die Welt wird im griechischen Mythos durch die Geburt der Musen, im japanischen Mythos durch Reinigungsriten vollendet.

Reinigungszeremonien gehören denn auch zum japanischen Alltag. Überall sieht man Wasserbecken mit Schöpfkellen, aus denen jeder Vorübergehende Wasser schöpft, Hände und Mund reinigt und die Pflanzen und Steine der Umgebung besprengt.

Im Teehaus herrscht makellose Reinheit, die freilich nicht mit aseptischer Sauberkeit zu verwechseln ist. Rein ist z. B. der geharkte Gartenweg, auf dem ein paar Blätter Herbstlaub liegen, die an die Jahreszeit erinnern. Rein ist der alte, rostige Eisenkessel, der ehrfürchtig niemals mit den Händen berührt wird, weil sich so Alterspatina - sabi - bildet, die an die Reife, aber auch an die Vergänglich-

keit aller Dinge erinnert. Zur Reinheit gehört für die Japaner auch die äußerste Schlichtheit, das Weglassen alles Überflüssigen und das Vermeiden alles Prunkvollen und Auffälligen. Alles ist so, „wie die Natur selbst". Diese Schlichtheit zeigt sich auch im völlig leeren Teeraum, seinen lehmfarbenen Wänden und den einfachen Strohmatten auf dem Boden. Diese Schlichtheit atmet Ruhe und Gelassenheit, die sich dem Gast über alle Sinne vermittelt, wenn er die einfachen Räume sieht, den Duft der Strohmatten riecht, das stille Sieden des Wassers hört, die Rauhheit der Tonschale spürt und das Bittere des Tees schmeckt. Rein ist vor allem das Herz, das in voller Aufrichtigkeit wie ein Spiegel die Dinge so zeigt, wie sie von sich aus sind, so wie der Spiegel ohne Eigennutz alle Dinge widerspiegelt, ohne etwas hinzuzufügen oder für sich zu behalten. Sorgen, Nöte, Wünsche, Habgier oder Angst würden das Herz veranlassen, die Wirklichkeit verändert zu zeigen. Deshalb ist es im Teeraum verpönt, über etwas anderes zu sprechen als über das, was jetzt gerade geschieht. Alle Handlungen im Teeraum, auch alle Reinigungen des Teegerätes, dienen dazu, das Herz zu reinigen.

Durch die äußerste Konzentration auf die Handlung sollen alle Gedanken zurücksinken und das Herz so gereinigt werden, wie man einen beschlagenen Spiegel reinigt. Sen-Sotan schrieb: „Ein Herz zu besitzen, das auch nicht EINEM ETWAS verhaftet ist, das ist der Sinn der Versenkung. Selbst wenn es sich nur um das Handhaben des Teelöffels handelt, gebe man sich ohne Einschränkung diesem Teelöffel hin und denke an gar nichts anderes; das ist die rechte Handhabung von Anfang bis zum Ende. Auch wenn man den Teelöffel beiseite legt, so tut man es mit der gleichen tiefen Hingabe des Herzens wie vorher."

Hat der Mensch diese Reinheit des Herzens erreicht, so braucht er nach japanischer Auffassung keinerlei Vorschriften und Gesetze, keine Sittenlehre und kein Dogma, da er in der Lage ist, unverfälscht das zu tun, was die Zeit von ihm fordert und es so zu tun, wie es die Harmonie des Ganzen erfordert. Ziel des Teeweges ist die völlige Freiheit des Menschen in Harmonie mit seiner Umwelt.

Alle diese Elemente gipfeln in *jaku* – der Stille, die zunächst die äußere Stille im Teeraum ist, die noch durch die wenigen Geräusche, dem Sieden des Wassers, dem Geräusch beim Eingießen des Wassers in die Teeschale oder auch dem Geräusch des Regens auf dem Dach, vertieft wird. Das japanische Schriftzeichen für *jaku* bezeichnet die Einsamkeit und Abgeschiedenheit, die immer in der Poesie beschrieben wurde:

„Schlichte Hütten am Meeresstrand im Dämmerlicht eines stillen Herbsttages." Dieses Bild der einsamen Hütte vermittelt aber nicht das Gefühl der Verlassenheit und Verlorenheit, sondern die Sammlung und Ruhe des schwindenden Jahres und des still rauschenden Meeres, die das Herz mit einer wehmütigen Freude erfüllt. So ist die Stille, die im Teeweg angestrebt wird, die Gelassenheit und herbe Freude angesichts der Vergänglichkeit in einer Welt des Leidens. Diese Stille ist das völlige Frei-sein von aller kleinlichen Angst, von jedem Verhaftetsein an Nichtiges. Dem Teeweg geht es, so gesehen, um das Einfachste schlechthin, nämlich zu lernen, als Mensch zu leben und zu sterben.

Dies ist etwas, das alle kulturellen und religiösen Schranken sprengt, auch wenn Sotan einst schrieb: „Der wahre Sinn der Teelehre ist der wahre Sinn der Zen-Lehre. Wer den Sinn der Zen-Lehre beiseite setzt, der findet daneben keinen Sinn einer Teelehre. Wer den Geschmack am Zen nicht kennt, der kennt auch nicht den Geschmack am Tee." (Erst 1888 im Zencharoku veröffentlicht.) Niemand muß Zen-Buddhist werden, um sich im Tee zu üben und den Weg zu einer tieferen Menschlichkeit zu finden. Es ist gerade die Größe des Teeweges, daß die höchsten Ideale des Mensch-seins gerade in den einfachsten Dingen des alltäglichen Lebens gelernt und verwirklicht werden können. Deshalb formulierte Rikyu auf die Frage, was der Sinn des Teeweges sei: „Wasser sieden lassen, Tee schlagen, ihn trinken – nicht mehr." Dieses Einfachste des Alltäglichen ist zugleich das höchste Ziel des Zen wie des Menschseins schlechthin. Der Teemeister Takuan schildert den Teeweg folgendermaßen: „...man lege Holzkohle auf, hänge einen Kessel darüber, ordne Blumen an und bereite das Teegerät vor...Wir erfreuen uns an den Landschaften der Jahreszeiten, des Schnees, des Mondes und der Blumen, erleben die Zeiten des Blühens und Verwelkens an den Gräsern und den Bäumen und lassen, unsere Gäste begrüßend, Ehrfurcht walten. Wir lauschen dem Wasser im Kessel, vergessen die Sorgen und Kümmernisse der Welt...und spülen allen Staub von unsrem Herzen. So wohl ist hier wahrhaftig das Gefild heiliger Einsiedler unter den Menschen... Somit erfreue man sich an der natürlichen Harmonie von Himmel und Erde. Man schöpfe aus dem Quell von Himmel und Erde und verspüre im Munde den Geschmack des Windes. Ist das nicht gewaltig! Die Freude an dem Geist der Harmonie von Himmel und Erde, das ist der Weg des *chanoyu*."

„Nach der Natur gezeichnet…"

Beobachtungen zur frühen künstlerischen Rezeption des Englischen Gartens in München, zu Johann Georg von Dillis und zur Entstehung der Landschaftsmalerei

Hinrich Sieveking

Alfred Winterstein
zum Gedächtnis

In der Entstehungszeit des Englischen Gartens um 1790 war das Kunstgeschehen in Bayern noch von den Traditionen des ausklingenden Rokoko bestimmt. Eine Landschaftsmalerei um ihrer selbst willen gab es hier nicht, Landschaft diente als Kulisse für Historienmalerei. In dieser Zeit wurde die Schönheit und Bildwürdigkeit der heimischen Landschaft erst entdeckt, ein Phänomen, das zumindest in der Zeit der Freiheitskriege auch eine patriotische Komponente besitzt. Die Bereitschaft, Natur unverfälscht und ursprünglich zu erleben, war literarisch im Sturm und Drang und in der Frühromantik vorbereitet worden. Die künstlerische Entdeckung der Landschaft vollzog sich vor allem im Medium der Zeichnung, dem führenden künstlerischen Medium in der Epoche gesellschaftlichen, politischen, wirtschaftlichen und geistig-religiösen Umbruchs um 1800. Im Bereich der Zeichenkunst läßt sich parallel zum Aufstieg des Bürgertums ein Prozeß des Freiwerdens beobachten, eine Entwicklung, die zur autonomen Zeichnung führt. Zeichnen spielte eine wichtige Rolle als Mittel der Erziehung und Bildung, woraus das Phänomen der unzähligen zeichnenden Dilettanten resultiert. Mit wachsender Bedeutung der Zeichnung als autonomem Ausdrucksmittel und einer Neubewertung der Studie als einer eigenen künstlerischen Qualität war auch die Zeichnung Gegenstand des Sammelns geworden.

Bedenkt man das vielfältige Angebot an ästhetisch anspruchsvollen Naturmotiven, das der Englische Garten in München dem empfindsamen Auge bot und immer noch bietet, so ist der Umfang künstlerischen Niederschlags seit seiner Entstehung eher bescheiden. Dabei nimmt noch das Genre, die seit der Mitte des 19. Jahrhunderts zunehmende Schilderung des volkstümlichen Lebens im Garten, einen relativ großen Anteil ein. In seiner nach englischem Vorbild künstlich angelegten Naturschönheit mußte der Garten allerdings von Anfang an mit dem reichhaltigen Angebot schönster Urlandschaft in der näheren Umgebung Münchens und im Voralpengebiet konkurrieren, das noch heute – und besonders im Zeichen allmählicher Umweltzerstörung – einen wesentlichen Anziehungspunkt Münchens ausmacht. Von einer eigentlichen künstlerischen Rezeption kann man nur in der Zeit von etwa 1790 bis 1830 sprechen. Sie konzentriert sich auf das erste Jahrzehnt. Im späteren Verlauf der Geschichte des Gartens sollte es nur noch vereinzelte Antworten künstlerischen Ranges geben, etwa bei Fritz Schider, Max Slevogt oder beim frühen Kandinsky. Erstaunlich klein ist die Anzahl der zumeist heimischen, untereinander bekannten und befreundeten jungen Künstler, die von dem Angebot des Gartens Gebrauch machten. Künstlerisch unterschiedlich begabt, haben sie hier in ihrem Frühwerk als Zeichner ihr Bestes gegeben. Als Keimzelle der Münchner Schule der Landschaftsmalerei haben sie Bedeutung. Es handelt sich im wesentlichen um Johann Georg von Dillis (1759–1841), den ältesten unter ihnen, der auch die treibende Kraft war, um seinen jüngeren Bruder Cantius Dillis (1779–1856), um Simon Warnberger (1769–1847), Johann Jakob Dorner d. J. (1775–1852), Max Joseph Wagenbauer (1775–1829) und wenige mehr. Unter ihnen war Johann Georg von Dillis zweifellos der bedeutendste. Er spielte eine Schlüsselrolle für die Naturrezeption „en plein air"; vor

Gegend am Chinesischen Turm (von Norden gesehen), um 1790, Aquarell eines unbekannten Künstlers, Privatbesitz, München

Gegend am Chinesischen Turm (von Süden gesehen), um 1790, Aquarell eines unbekannten Künstlers, Privatbesitz, München

141

allem durch sein Schaffen gewinnt der Englische Garten eine künstlerische Relevanz[1].

Am 1. April 1792 war der erste kontinentale Volkspark im Englischen Stil dem Publikum zugänglich gemacht worden. Graf Rumfords Leitgedanke war gewesen, den Garten nicht bloß einem Stande, sondern dem ganzen Volke zugute kommen zu lassen. Bezeichnenderweise wurde aber der Garten zunächst von den gebildeten Bevölkerungskreisen begeistert aufgenommen, die seine sozialpolitische und ikonologische Bedeutung verstanden. Denn, was sich im Englischen Garten als freie Natur darstellt, ist seiner Grundidee nach nicht eine wildwuchernde, von Menschenhand unberührte Natur, sondern es ist Gestaltung idealer Vorstellung, wie freie Natur auszusehen hat, orientiert an Darstellungen der Natur in der französischen und holländischen Landschaftsmalerei des 17.

Jahrhunderts, die als vorbildlich empfunden wurden. Diese Kenntnis gehörte zum Bildungsgut gehobener Stände und zur künstlerischen Ausbildung an den Akademien und Zeichenschulen. Wesentliches gestalterisches Kriterium dieser barocken Tradition ist die Auffassung der Landschaft als Bühne mit perspektivisch verschobenen Kulissen, um räumliche Tiefe zu suggerieren. Alle Elemente des Englischen Gartens, alle vorgegebenen und neu hinzugefügten – Hügel, Senken, Wasserläufe, Bäume und Büsche – sollten nach dem künstlerischen Konzept Friedrich Ludwig von Sckells so geordnet sein, daß sich nach allen Himmelsrichtungen in Nah- und Fernsicht eine möglichst große Vielfalt an schönen Aussichten und Durchblicken, also beliebige Bildersequenzen à la Claude Lorrain oder à la Anthonie Waterloo ganz natürlich einstellten. Dabei wurde die Stadt-

Nachtszene am Apollotempel, um 1790, lavierte Federzeichnung von Simon Gassner, Staatliche Graphische Sammlung, München

Der Apollotempel, 1790, „Die Gegend des dorischen Tempels in dem neu angelegten englischen Garten oder Theodorspark zu München…", Aquatinta von Simon Gassner, Münchner Stadtmuseum

142

silhouette Münchens bewußt als Hintergrundkulisse und als Blickziel einbezogen. Versatzelemente, wie Bäume und Büsche, wurden nach ihrer Repoussoir-Funktion, nach Farbe und Farbperspektive, nach Form und Umriß sowie ihrer Zuordnung zu stehenden und fließenden Gewässern angepflanzt. Um den Stimmungsgehalt der Natur zu erhöhen, wurden auf Veranlassung Rumfords dekorative Architekturen in historischen griechischen und gotischen sowie in exotischen chinesischen Stilformen als Staffage integriert. Bezeichnenderweise sind diese sentimentalen Staffagen in der Gegend des alten Hirschangerwaldes konzentriert (heute etwa zwischen Oettingen-/Tivolistraße und Königin-/Maria-Josepha-Straße). Auf vorgeschriebenem, gewundenem Wege wandelnd wurden sie in einer Abfolge von Ansichten mit immer neuen Überraschungen nach dem Prinzip der Erlebnissteigerung wahrgenommen. Der Landschaftsgarten präsentierte also ideale Natur in dreidimensional begehbaren, an der Malerei orientierten Bildern. In ihm war das Bildprinzip der traditionellen Komposition in der Fläche ins Dreidimensionale erweitert[2].

Die Begegnung mit der Natur wurde daher den akademisch ausgebildeten Künstlern im Englischen Garten „erleichtert". Überall mußten ihnen in Ausblicken und Ansichten die vertrauten akademischen Bildmuster ins Auge springen. Es kam hier also zu dem Phänomen, daß sie beim Studium in der freien Natur das dort wiedergefundene Bildmuster in ihre eigene Komposition zurückübertrugen. Hier gibt es nun einen Gradmesser für echte Innovation und Kreativität, an der sich die künstlerischen Begabungen scheiden. Entwicklungsgeschichtlich ist für die Entstehung der freien Landschaftsmalerei das Phänomen bedeutsam, daß sich in dieser Situation das wirkliche Bild der Natur mit dem imaginierten akademischen Musterbild für Natur überlagert. Das Skizzieren vor der Natur ersetzte das Kopieren in der Akademie. In der Überwindung des bloßen Naturmusters liegt der Anfang der freien Landschaftskunst begründet. Jetzt wird verständlich, warum die Künstler ihre Darstellungen beschrifteten: *„Nach der Natur gezeichnet …".* Dieser Hinweis schien notwendig, um beim Betrachter des Bildes die Authentizität der Naturbeobachtung zu dokumentieren und zu garantieren. Es konnte ja der Eindruck entstehen, daß nach einer akademischen Mustervorlage gezeichnet war.

Es ist auffallend, daß sich die künstlerischen Äußerungen zum Englischen Garten nahezu ausschließlich auf Darstellungen mit den charakteristischen Staffagen konzentrieren. Eine völlig unbefangene, von jeglichem Bildungsballast befreite, vorurteilsfreie Begegnung mit der Natur konnte sich erst langsam duchsetzen. Bei der Konfrontation mit der Natur stellte sich zunächst noch die Aufgabe, *bildwürdige* Themen zu finden, die über prospektmäßiges Abbilden hinaus geeignet waren, hohe poetische Gedanken zu offenbaren. Diese Aufgabe erfüllten im Englischen Garten die stimmungstragenden Staffagen, die in der frühen, von Graf Rumford bestimmten Phase reichlich integriert worden waren. In der zweiten, durch Sckell bestimmten Phase mußten etliche nicht klassizistische Staffagen verschwinden. Selbst den Chinesischen Turm wollte Sckell wieder abreißen lassen. Doch der war schon zum Wahrzeichen geworden. Dem Besucher ging es in erster Linie um das optische Erlebnis der

sehenswürdigen Natur. Der Erholungs- und Freizeitwert des Gartens im modernen Sinne spielte eine geringere Rolle. Der Englische Garten galt als neu gewonnene Sehenswürdigkeit und Attraktion der Stadt, nicht nur für gebildete Einheimische, sondern auch für Bildungsreisende aus ganz Europa. Die sentimentalen Staffagen in Ansichten verbürgten markenartig die Identität des Münchner Englischen Gartens. Im Zeichen der Bildungsreisen des frühen Tourismus gewann die charakteristische Ansicht mit Wiedererkennungsmerkmalen als Reiseandenken Bedeutung. Reise- und Gartenführer für Bildungsreisende wurden mit Souvenir-Veduten illustriert, um auf bildwürdige Ansichten hinzuweisen[3]. Hier stellten sich Aufgabe und Verdienstmöglichkeit für Künstler. Bezeichnenderweise sind zahlreiche Ansichten aus dem Englischen Garten in zeitgenössischer Reproduktionstechnik, frühe in Radierung und Aquatinta, spätere in Lithographie und Stahlstich vervielfältigt worden, um einem wachsenden Bedarf nachzukommen. Eine gewisse Nachfrage konnte auch durch die besonders von Warnberger benutzte Technik der kolorierten Umrißradierung befriedigt werden. Frühe Beschriftungen lauten verallgemeinernd schlicht: „Eine Lage des neuen Parkes zu München. 1791.", „Eine Gegend aus dem Theodorspark zu München" oder spezifischer: „Eine Gegend des dorischen Tempels im Theodorspark zu München". Immer zeigen sie die in die Natur eingebetteten markantesten, stimmungstragenden Staffagebauten, möglichst aus Blickwinkeln, die mehrere zugleich in die Komposition einbringen ließen, gelegentlich manipuliert etwa bei Warnberger oder Johann Michael Mettenleiter. München gewann mit dem Englischen Garten einen neuen Motivschatz für seine traditionelle Stadtvedute, wodurch das Landschaftsbild verbreitet wurde.

Tatsächlich entdeckten die Künstler die Natur im Medium Zeichnung. Das Zeichnen in der freien Natur war offenbar ein so neuartiges Erlebnis, daß es häufig selbst zum Bildthema wurde. Für die unmittelbare Niederschrift des unmittelbaren Naturerlebnisses war die Zeichnung das adäquate künstlerische Medium. Die Künstler bedienten sich dabei aller nur denkbaren Zeichenmittel, die ebenso wie Papier und Skizzenbuch leicht verfügbar und transportabel waren und deren jeweils bevorzugte Verwendung dem Wandel des von den akademischen Konventionen mitbestimmten Zeitgeschmacks unterlag. So setzte sich der 1795 von Conté erfundene Bleistift im modernen Sinne erst nach 1800 durch und herrschte in der Entstehungszeit des Englischen Gartens noch die

145

leidenschaftlich betriebene Mode vor, mit Feder und Pinsel in Brauntönen, sei es mit Tusche, Bister oder der neu entdeckten Sepia zu zeichnen und zu lavieren. „Sepiamanier" als modischer Zeitstil war nicht zuletzt befördert worden durch weite Verbreitung der von dem Engländer Richard Earlom 1777 publizierten Reproduktionen der Zeichnungen Claude Lorrains im sog. Liber veritatis. Diese waren nämlich in braunen Drucken in einer Aquatinta-Mischtechnik erschienen, die eigens zur täuschenden Nachahmung der beliebten Feder- und Pinselzeichnungen erfunden worden war. An Akademien und Zeichenschulen wurden diese als Vorlageblätter zum Studium der Landschaft im Rahmen der zeichnerischen Grundausbildung kopiert. Individuelle Handschrift hatte sich dabei kaum entwickeln können.

Gerade unter diesen Aspekten muß auf die künstlerische Vielseitigkeit und Leistung von Johann Georg von Dillis hingewiesen werden. Er wußte alle Register der Übersetzung eines Ausblicks im Englischen Garten in eine Claude'sche oder Ruisdael'sche Komposition zu ziehen. In wesentlichen Punkten setzte er sich aber von den Konventionen ab. Von kommerzieller Prospektmalerei gänzlich unabhängig, wählte er meistens wirklich natürliche Motive, die beliebig sein konnten, unscheinbare und sentimental unbelastete, wie z. B. die Prunnersche Tabakfabrik beim Eisbach am Rande des Gartens, um sich mit der Realität der Gegenstandswelt auseinanderzusetzen (Abb. S. 157). Dillis manipulierte seine Kompositionen nicht. Er bediente sich der ihm jeweils angemessen erscheinenden Zeichentechnik, bevorzugte die Aquarellzeichnung und förderte ihre Verbreitung, im Spätwerk daneben das Zeichnen

mit Kreiden auf Tonpapier, was eher dem Zeitgeschmack in der Entstehungszeit des Englischen Garten entsprach. Sein Naturerlebnis ist von geistiger Wachheit und Sinnlichkeit zugleich getragen. Sein künstlerischer Gestaltungswille wurzelt in der Naturauffassung des Sturm und Drang. Dillis ist der einzige, dessen früh ausgebildete, unkonventionelle, freie Gestaltungsweise dem Gefühl der Freiheit und Souveränität, wie es der Englische Garten seiner ursprünglich zugrundeliegenden sozialpolitischen Intention nach vermitteln sollte, schöpferisch Ausdruck verleiht. Es ist interessant, daß der Amerikaner Benjamin Thompson, Graf von Rumford, der die Idee für die Anlage des Englischen Gartens hatte und seine praktische Realisierung innerhalb weniger Jahre durchsetzte, früh die außerordentliche Begabung des jungen Dillis erkannt und sehr entschieden gefördert hat. Im geistigen Austausch mit dem für München so bedeutenden Philanthropen dürfte Dillis zur erstaunlich frühen Ausbildung seiner künstlerischen Handschrift gefunden haben. Als ältester Sohn von 11 Kindern eines kurfürstlichen Revierförsters hatte Dillis zunächst ein Theologie- und Philosophiestudium mit abschließender Priesterweihe in Ingolstadt absolviert. 1792 besuchte er die in München von Kurfürst Maximilian III. Joseph 1770 institutionalisierte Zeichenschule, um sich fürderhin künstlerischen Aufgaben zu widmen. Er verdiente seinen Unterhalt „durch Unterricht im Zeichnen bei den angesehensten Familien". Rumford wählte und empfahl ihn als Reisebegleiter, und vermittelte ihm 1786 den kurfürstlichen Auftrag, „die interessantesten Gegenden des baierischen Gebirges" in Aquarellzeichnungen aufzunehmen. Die

*Die Chinesische Brücke im
Englischen Garten, um 1792,
Pinselzeichnung über Bleistift
von Joh. Georg von Dillis,
Privatbesitz, München*

*Die Chinesische Brücke, um
1792, Aquarell und Feder in
Grau von Joh. Georg von Dillis,
Privatbesitz, München*

entscheidende Begegnung mit Rumford hat Dillis etwa um 1785 in einer meisterhaften Bildniszeichnung seines Mentors dokumentiert (Abb. S. 24). Lebendig hat er die Persönlichkeit, den wachen, fordernden Blick dieses bedeutenden Mannes erfaßt. In den zarten, farbigen Kreiden ist noch ein Hauch der Farbigkeit des bayerischen Rokoko spürbar. 1790 wurde Dillis zum Inspektor der kurfürstlichen Bildergalerie am Hofgarten ernannt. Damit begann seine steile Karriere in der Kunstverwaltung des Hofes, die er mit der Übernahme der Leitung sämtlicher Kunstsammlungen als Zentral-Galeriedirektor im Jahre 1822 unter König Max I. Joseph krönte. Wurde seine ausübende künstlerische Tätigkeit durch die administrativen Verpflichtungen auch erheblich eingeschränkt, so konnte sie doch auf zahllosen Reisen profitieren. Seine Erfahrung und sein Können kamen dem künstlerischen Nachwuchs durch seine Lehrtätigkeit an der 1808 in München neu gegründeten Akademie zugute, wo er von Anbeginn bis 1814 den ersten Lehrstuhl für das Fach Landschaftsmalerei übernahm. Es war methodisch durchaus neu, daß er mit seinen Schülern das Studium der Landschaft nicht durch Kopieren von Vorlagen in der Klasse, sondern direkt in der Natur übte. Dafür bot der nahe vor der Stadt gelegene Englische Garten ideale Voraussetzung.

Dillis hat den Wandel von der monochromen Zeichnung zum farbigen Aquarell früh vollzogen, wofür zwei Ansichten der heute nicht mehr existierenden Chinesischen Brücke im Englischen Garten zeugen, die beide in das letzte Jahrzehnt des 18. Jahrhunderts zu datieren sind: die frühere, im kleinen querovalen Format (10,2 x 17,2 cm), ist mit dem Pinsel in braunen Farbtönen sorgfältig bis an

den Bildrand ausgeführt, ein vignettenartiger Prospekt, geeignet für Aquatinta-Reproduktion auch in einem Buch (Abb. S. 152 o.). In dem späteren Aquarell (22,5 x 32,6 cm) tritt das exotische Motiv der Chinesischen Brücke buchstäblich verblaßt in den Hintergrund zurück (Abb. S. 152 u.). Um so kraftvoller entfaltet die Natur ihr spätsommerliches Farbenkleid, und Leben durchpulst diese traditio-

„Im Englischen Garten, 1841",
Aquarell von Joh. Jakob Dorner
d. J., Staatliche Graphische
Sammlung, München

149

nelle, ideale Komposition mit dem vorbeifließenden Bach als raumschaffendem Element. Es kennzeichnet Dillis' verfestigten Frühstil, daß das Aquarell gegenstandsbezogen bleibt. Wie lebendig Dillis diesen sorgfältig ausgeführten Prospekt des Englischen Gartens mit einer ursprünglichen Naturauffassung verbindet, lehrt der Vergleich mit einer nahezu identischen Ansicht von der Hand Simon Warnbergers, der wiederum eine Darstellung von Dillis zugrundeliegt (Abb. S. 86). Daß sie in ihrem peniblen Vortrag so unlebendig wirkt, ist nicht nur technisch durch die Übertragung in kolorierte Umrißradierung bedingt, sondern resultiert aus der Handschrift Warnbergers, dessen Begabung eher im Koloristischen lag. Bezeichnenderweise verschob er seinen Standort leicht oberhalb des Wassersturzes und ließ dieses stimmungssteigernde Motiv weg, das für Dillis ein wichtiges Element der Veranschaulichung tätig wirkender Kräfte in der Natur bedeutete.

Im Folgenden sollen anhand konkreter einzelner Beispiele die allgemeinen Beobachtungen veranschaulicht werden. Eine repräsentative Ansicht des Englischen Gartens als Sehenswürdigkeit von hohem Stimmungsgehalt und Wiedererkennungswert aus dem Jahre 1795 soll hier erstmals vorgestellt werden (Abb. rechts). Sie dokumentiert nicht nur den Zustand aus der Entstehungszeit des Gartens, sondern schildert auch, wie und von welchen Teilen der Bevölkerung er angenommen wurde. Das Blatt in Münchner Privatbesitz stammt von der Hand des aus Mannheim gebürtigen Simon Klotz (1776–1824), der sich als Bildnismaler und in seinem Spätwerk als sensibler klassizistischer Maler christlicher und mythologischer Themen einen Namen

Im Englischen Garten – Blick auf den Chinesischen Turm und den sog. Rumford-Saal, 1795, Aquarell und Feder von Simon Klotz, Privatbesitz, München

151

gemacht hat. Seit 1804 lehrte er die Theorie der bildenden Kunst an der Universität Landshut. Im letzten Jahrzehnt des 18. Jahrhunderts hat er farbintensive Aquarelle geschaffen, jedoch gilt ein erheblicher Teil seines Werkes als verschollen. Auch für die Kenntnis seines Jugendwerks muß der Neufund dieses Blattes als ein Glücksfall gelten: weiträumig öffnet sich der Ausblick auf den Chinesischen Turm im Hintergrund links und auf das – anders als heute – erhöht gelegene, in palladianisch-klassizistischem Stil errichtete Militär-Casino rechts, einen Speisesaal für Offiziere, der später nach Rumford benannt wurde. Die Szenerie ist belebt durch Spaziergänger und Casino-Besucher in modischer Kleidung, die diese als Angehörige höherer Stände ausweist. Der Betrachter ist eingeladen, dem schönlinig sich in die Tiefe des Gartens verlierenden Weg zu folgen und

sich der sentimentalen Stimmung „im Schoße der schönen Natur" (Sckell) hinzugeben. Mit unbekümmerter Frische und einem soliden handwerklichen Können meistert der neunzehnjährige Klotz die schwierige Technik des Aquarells und das große Format (50,2/4 x 76,6/9 cm). In sorgfältig ausgeführter, bildmäßiger Komposition einer Vedute, in nuancenreicher Farbgebung und subtiler Lichtführung gibt er auch durch die am hohen Himmel aufziehenden Wolken ein naturnahes Stimmungsbild eines spätsommerlichen Nachmittags. Dieses bedeutende Dokument früher künstlerischer Rezeption des Englischen Gartens ist auch eine Inkunabel des „malerischen Realismus" der Malerei der Münchner Landschaftsschule.

Stimuliert von der idealen Landschaftsauffassung suchten und sahen manche Künstler im Englischen Garten Arkadien. In einer frühen

*Die Prunner'sche Tobaksfabrik
am Eisbach, lavierte Bleistiftzeichnung von Joh. Georg von
Dillis, Privatbesitz, München*

Ansicht, die eine ideale Komposition erkennen läßt, sitzt ein Schalmei blasender Hirt an
einem Hang und bewacht seine in Claude'-
scher Manier gezeichneten Kühe und Schafe
(Abb. S. 72). Ein zeitgenössischer Besucher,
der sein Kind zum Aufbruch mahnt, ist in das
Hirtenidyll einbezogen. Die Bildunterschrift
lautet: „Gegen Abend am Theodorspark
nach der Natur gezeichnet von N." Mit unver-
gleichlich größerem Raffinement verbrämt
Dillis in einer „klassischen" Ansicht mit
Durchblick auf die Theatiner Kirche das Claude'sche Motiv der Viehtreiber an der Furt
(Abb. S. 151 r. o.).

In einem frühen Aquarell von 1795 gibt
Simon Warnberger einen Ausblick über die
sogenannte Länderei auf der Höhe Schwabings, wo nach englischem Vorbild die nützliche Feldwirtschaft in das schöne Gartenbild
integriert war (Abb. S. 114).[4] Über gesenkte

Felder, wo das Korn in Reife steht, fällt der
Blick auf den Rumford-Saal und das später
abgetragene Amphitheater im Hintergrund
mit einem topographisch manipulierten
Fernblick auf die Kirchtürme der Münchner
Stadtsilhouette. Im Vordergrund Schnitter
bei der Rast im Schatten der Bäume zur Mit-
tagszeit an einem heißen Sommertag. Mit
diesem Stimmungsbild des Sommers verbindet Warnberger ideale Komposition und die
Tradition der Landschaftsdarstellung in
Monatsbildern, die sich aus der Kalender-
illustration ableiten.

Im Zuge der Schaffung eines reinen Landschaftsgartens im „klassischen" Stil suchte
Sckell die Natur im Englischen Garten durch
ihre eigenen erhabenen Elemente zu beto-
nen. Daher ließ er 1814 an der Gabelung von
Schwabinger Bach und Eisbach den heute
noch erhaltenen großen Wasserfall nach eige-

*Nachtszene am Großen Wasser-
fall mit Brunnenhaus, um 1820,
weißgehöhte Tuschpinselzeich-
nung von Heinrich Adam,
Privatbesitz, München*

nem Entwurf (und Modell von Johann A. Gärtner) anlegen, der sich deutlich an gemalte Vorbilder Jakob van Ruisdaels anlehnt. Elementare Naturgewalt sollte optisch durch die vom Wasserdruck geborstenen und abgedrängten Steinbrocken und akustisch durch das rauschend stürzende Wasser veranschaulicht werden. Hier klingt Naturverständnis der Romantik an. Ein Vertreter der jüngeren Künstlergeneration, Heinrich Adam (1787–1862), bringt in seiner Zeichnung des Wasserfalls einen Betrachter, der sich meditierend dem Naturschauspiel hingibt, als Rückenfigur ins Bild, ein in der Romantik beliebtes und verinnerlichtes Motiv, das hier jedoch zur bloßen sachlichen Berichterstattung verflacht ist (Abb. links)[5]. Zeigt sich der Wandel in der Auffassung vom Landschaftsgarten in dem unter König Max Joseph entwickelten Konzept Sckells zu einer von Staffage befreiten, entmythologisierten, mehr durch ihre natürliche Erscheinung erhabenen Natur, so zeichnet sich auch in der künstlerischen Rezeption ein Wandel vom vorbestimmten Sehen zum vorurteilsfreien Naturerlebnis ab. Dieser Wandel soll am Beispiel der künstlerischen Rezeption des hölzernen Apollotempels von 1790 aufgezeigt werden, der unter Ludwig I. 1838 abgerissen und durch die Steinerne Bank Leo von Klenzes ersetzt wurde.

In diesem sogenannten dorischen Tempel in Gestalt eines Monopteros war eine hölzerne Apollostatue von der Hand des kurfürstlichen Hofbildhauers Joseph Muxel als Allegorie auf Kunstsinn und Mäzenatentum des Gründers des Parks, Kurfürst Karl Theodor, aufgestellt. Bezeichnenderweise wurde der Tempel, der auf einer durch Abzweigung eines Armes des Eisbachs gebildeten Halbinsel einen antikischen Hain bildete, in der Frühzeit häufiger dargestellt, als seine vielfältigen gedanklichen Anspielungen noch verstanden wurden, am frühesten 1790 in einer Aquatinta-Radierung (50,0 x 36,1 cm) von der Hand Simon Gassners. Sie erschien als erstes Blatt einer geplanten Serie der „interessantesten", *nach der Natur gezeichneten* Ansichten des Englischen Gartens (Abb. S. 146 rechts). Seine bei Tage nach der Natur gezeichnete Ansicht verwandelte Gassner im endgültigen Druck-Zustand in eine stimmungsvolle Szenerie im nächtlichen Mondenscheine in enger Anlehnung an Hendrick Goudts 1613 entstandenen, weit verbreiteten Reproduktionsstich nach Adam Elsheimers Gemälde „Flucht nach Ägypten"[6]. Wiederum wird deutlich, wie sich imaginiertes Naturerlebnis und akademisches Musterbild überlagern. Seine Wirkung hat das Blatt nicht verfehlt, eine rezensierende Beschreibung formuliert eindrucksvoll das zeitgenössische Verständnis auch des Gartens: „Der Dom des Tempels reicht in die Äste der majestetischen Baumgruppe, die ihn umgiebt; schauerliche Ehrfurcht ist das Gepräge dieser Gegend, und bey dem griechischen Tempel im celtischen Bardenhaine glaubt man die Saiten Homers und Ossians harmonisch säuseln zu hören"[7]. Ein anderer Rezensent nimmt nun in dem irrtümlichen Glauben, Gassner habe den Tempel im nächtlichen Mondenscheine belauscht, dessen künstlerische Leistung zum Anlaß, die Anlage des Englischen Gartens als nützlich, jedenfalls für die Fortbildung des künstlerischen Nachwuchses zu rechtfertigen, woraus auch erhellt, daß die Zeitgenossen vom Nutzen des Gartens nicht einhellig überzeugt waren: „Gewis wird dieses erste Beyspiel unsere jungen Künstler aufmerksam machen, und sie werden sich beym Studium des Lebens, das in diesem Theodorsparke so überaus kräftig ist, weit besser befinden, als beym Kopiren auch der allerbesten Gemälde".[8]

Auch in einer etwa ein bis zwei Jahrzehnte später entstandenen Ansicht des „dorischen Tempels" spielt die Tageszeit für den Stimmungsgehalt eine entscheidende Rolle. Es handelt sich um eine aquarellierte Bleistift- und Federzeichnung von der Hand des Johann Georg von Dillis, eine seiner reifsten und schönsten Schöpfungen (Abb. S. 161).[9] Das Blatt ist rückwärtig geschwärzt, vielleicht war an Übertragung in Umrißradierung zum Zweck der Vervielfältigung gedacht. Auch Dillis war das Motiv des Apollotempels noch wichtig, ihn reizte aber die unmittelbare künstlerische Auseinandersetzung mit der Natur: es ist die frühe Morgenstunde kurz vor Sonnenaufgang an einem Sommertag. Links am Horizont verdichtet sich die Morgenröte, die sich zum Himmel hin aufhellt. Klares, helles Licht durchflutet die Morgenfrische. Selbst der Tempel (und mit ihm sein allegorischer Bildungsballast) ist transparent und Teil der Natur geworden. Meisterlich sind die Farben über die Konturen verfließend, akzentuiert von der Feder und unter Aussparen des weißen Papiers in nur wenigen Nuancen locker und sicher verteilt. Der momentane Eindruck der Natur ist so spontan eingefangen und so lebendig vorgetragen, daß sich in dem Betrachter das Naturerlebnis wiederholt. Diese Sehweise ist höchst modern. Sie wird künftig bei einzelnen Künstlern wie Karl Blechen und noch später im Impressionismus Thema der Malerei sein. In einem mit malerischen Mitteln vorgetragenen realistischen Stimmungsbild reflektiert

Dillis sein Erlebnis der Natur und der Schöpfung, die sich gleichnishaft mit Tagesanbruch im Aufgehen der Sonne wiederholt.

[1] vgl. auch Richard Messerer: Georg von Dillis, ein Entdecker der Münchner Landschaft, in: Theodor Dombart: Der Englische Garten zu München. Geschichte seiner Entstehung und seines Ausbaues zur großstädtischen Parkanlage, München 1972, S. 287–302. Ders.: Johann Georg von Dillis, München 1961. Waldemar Lessing: Johann Georg von Dillis als Künstler und Museumsmann 1759–1841, München 1951. S. 15–56

[2] Adrian von Buttlar: Der Garten als Bild – das Bild des Gartens. Zum Englischen Garten in München, in: Kat. Ausst., Münchner Landschaftsmalerei 1800–1850, München 1979, S. 160–172; 207–218. Ders.: Der Landschaftsgarten, München 1980. S. 7–23, 173–182.

[3] Peter Märker, Monika Wagner u. a.: Mit dem Auge des Touristen. Zur Geschichte des Reisebildes. Kat. Ausst., Tübingen 1981, S. 7–12

[4] Aquarell / 33,5 x 51,2 cm / verso bezeichnet: „S. Warnberger nach der Natur gezeichnet 1795" / München, Privatbesitz

[5] Bleistift, grau laviert, weiß gehöht auf blaugrünlichem Papier / 28,2 x 33,0 cm / verso bezeichnet: „Hr. Adam f. (Engl. Garten beim Brunnenhaus)" / München, Privatbesitz

[6] von Buttlar, 1979; a. a. O., S. 169

[7] Baierischer Landbot Nr. 26 vom 15. Februar 1791

[8] Baierischer Landbot Nr. 29 vom 20. Februar 1791

[9] Aquarell über Bleistift, Feder in Graubraun / 27,0 x 41,4 cm / München, Privatbesitz

Der Apollotempel, um 1810, Aquarell, Feder über Bleistift von Joh. Georg von Dillis, Privatbesitz, München

Das erste Volksfest im Englischen Garten *i. J. 1795*

Pankraz Frhr. von Freyberg

*Kurfürst Karl Theodor, 1795,
Kupferstich von Bartolo Weyss,
Stadtarchiv, München*

*Tanzrondell in der Nähe des
Chinesischen Turms, um 1830,
kol. Lithographie von Hjalmar
Graf Mörner, Privatbesitz,
München*

Als wir 1989 den 200. Geburtstag des Englischen Gartens in ihm selbst mit einem großen Fest begingen, so trugen wir mit dem Fest an sich grundsätzlich keine neue Idee in den Garten, sondern führten eine langgepflegte Tradition – bis heute lebendig in den Theater- und Kostümfesten der Schauspielgruppe „Blütenring" – fort, die ihren Ursprung im Jahre 1795 hat.

Hören wir dazu Matthias Wellnhofer[1]:

Der Park sollte vor allem auch als Schauplatz für Volksbelustigungen größeren Stiles dienen. Ein Anlaß hierzu ergab sich alsbald im Jahre 1795, als sich der Kurfürst neuerdings vermählte, und zwar mit der jugendlichen Erzherzogin Maria Leopoldine von Habsburg-Este.

Zur Feier dieses Ereignisses wurde vom Grafen Rumford die Abhaltung eines großen Volksfestes im neuen Garten vorbereitet und hierfür der 9. August, ein Sonntag, bestimmt. Es wurde für München und seine Bevölkerung ein Schaustück ersten Ranges, das ungezählte Teilnehmer und Schaulustige auf die Beine brachte.

Schon um zwei Uhr nachmittags bewegte sich nach dem Berichte eines Augenzeugen, der den Verlauf des Festes mit seiner Feder festgehalten hat, ungeachtet der brütenden Hitze, ein Strom von Menschen zum Park hinab, um dort das Herrscherpaar zu erwarten.

Gegen 4.30 Uhr brach der Kurfürst vom Nymphenburger Schlosse auf – seine Gemahlin war durch eine Unpäßlichkeit an der Teilnahme verhindert – und nahm bei seiner Ankunft zuerst die Anhöhe in Augenschein, die sich vom Wasserthurm an der heutigen Einmündung der Schönfeldstraße in die Königinstraße gelegen, bis zur Veterinärschule hinzog und als Bauplatz für Gartenhäuser abgesteckt war. Dreißig Sommerhäuser von verschiedener Größe und

158

alle mit der Front nach dem Parke hin sollten hier auf dem ehemaligen Wiesengrund errichtet werden, um auch auf diese Weise den Bewohnern der Hauptstadt den Reiz und die Schönheit des Parkes vor Augen zu führen. Der Kurfürst förderte die Anlage dieser Gartenkolonie, des „Schönfeldes", das außerhalb des eigentlichen Stadtgebietes lag, durch eine äußerst billige Preisgestaltung des Baugrundes und die Verleihung der Stadtprivilegien an die Siedler. Die Gartenhäuser, die hier entstanden und „artig und regelmäßig gebaut werden und an die genau vorgeschriebene Baulinie zu stehen kommen mußten", waren zumeist zweigeschossig und von „drei oder fünf Fenster-Breite" mit „französischen Dachstühlen und allerlei architektonischen Verzierungen".

Von diesen Bauplätzen weg fuhr Karl Theodor sodann in den Park hinein bis zu den Fußwegen, die durch die verschiedenen Gebüsche hindurch nach der romantischen Insel führten. Kaum hatte er einen dieser Pfade betreten, schlüpften überall aus den Gebüschen und hinter den Bäumen hervor Nymphen und Dryaden und bestreuten mit duftenden Blumen den Weg, den der Fürst in Begleitung des Grafen Rumford und seines übrigen Gefolges einschlug. Auf diesem „Blumenpfade" gelangen sie an das Seeufer, an dem ein mit Kränzen gezierter Sitz den Herrscher erwartete. Liebliche gedämpfte Musik von Blasinstrumenten steigerte die Stimmung und die Empfindungen, die der Anblick des bezaubernden Geländes bei den Beschauern auslöste. Ein blumen- und girlandengeschmücktes Schiff stieß von dem kleinen Eiland ab und landete vor Karl Theodor. Amor und Hymen, umschwärmt von vielen Grazien, stiegen ans Ufer, opferten dem Vater des Vaterlandes Kränze, Blumen, Früchte und eine Krone und ruderten dann wieder zur Insel zurück.

[1] Matthias Wellnhofer: Das erste Volksfest im Englischen Garten im Jahre 1795, in: Altheimatland. Blätter für Heimat und Volkskunde Folge 19, Jg. 15, München 1939, S. 73–75.

Nach dieser Huldigung zog der Herrscher mit seinem Gefolge und von Amoretten, Grazien und Waldgöttern umgeben, zu dem westlich vom Chinesischen Turm gelegenen Militärsaalgebäude, dem „Rumford-Saal", der heute zu Verwaltungszwecken dient. Auf dem großen grünen Platze vor dem Bau jauchzte dem Zuge lustiges, lärmendes Bauernvolk entgegen; bei Musik und ländlichen Tänzen wurde eine Bauernhochzeit vorgeführt, ganz mit den einheimischen Sitten und Gebräuchen und den kleidsamen Volks-

trachten der altbayerischen Kreise. In vollem festlichem Schmucke prangte auch das erst kürzlich fertiggestellte Amphitheater: die unter den gedeckten Bögen angebrachten Sitze waren mit Girlanden von lebenden Blumen geziert und mit Früchten behangen. Eine gut besetzte „türkische" Musikkapelle ober den beiden großen Eingängen empfing den Herrscher mit fröhlichen Weisen. Alle Plätze des Amphitheaters waren besetzt und gegen 20.000 Zuschauer füllten den weiten, freien Platz ringsumher. Für Karl Theodor war ein eigenes Zelt aufgeschlagen, um das sich vornehmlich der Adel zahlreich versammelt hatte.

Hier begannen nun die mit Spannung erwarteten „gymnastischen" Spiele, die in Wettlaufen und einem Pferderennen bestanden. Für den Wettlauf war eine kreisförmige Bahn von 500 Schritten mit weißblauen Fähnchen abgesteckt, für das Pferderennen eine ovale Strecke, die in einer „kleinen halben Stunde" zu umgehen war. Zuerst kam ein Wettlauf der männlichen und hernach der weiblichen Personen; von den Mädchen hatte jede ein Ei auf einem Löffel zum Ziele mithinzubringen. Ein Sack- und Hosenlaufen, wobei die Arena zweimal zu umkreisen war, schlossen sich an. Bei dem zuletzt stattfindenden Pferderennen galt es, die Rennbahn dreimal zu umreiten. Die Vorführungen vollzogen sich alle trotz der ungewöhnlichen Menge von Zuschauern in bester Ordnung. Kavallerie hatte die Zugänge besetzt und es war dafür gesorgt, daß die Vorgänge von allen Seiten her ungehindert gesehen werden konnten.

Nach Beendigung dieser Veranstaltungen nahm das allgemeine Tanzvergnügen seinen Anfang: im Amphitheater, im Militärsaale und auf dem freien Raume unter den schattigen Bäumen beim Eiskeller, der zum Wirtshause neben dem Chinesischen Turm gehörte. Unentgeltlich konn-

„Münchner Mädchen im englischen Garten", Lithographie von H. P. nach C. Engel, Privatbesitz, München

te sich jedermann daran beteiligen und dabei waren auch alle Arten von Erfrischungen, Speisen und Getränken in reichlicher Auswahl zu haben. Der Anbruch der Nacht brachte den Höhepunkt des Festes. 1.500 Lichter flammten am Amphitheater auf und boten im Dunkel des Parkes einen bezaubernden Anblick. An der gegenüberliegenden Seite des Gartens stiegen künstliche Feuerwerke in bunter Farbenpracht zum nächtlichen Himmel empor. Inzwischen hatte sich der Kurfürst mit dem Adel auf der von Lampen erhellten breiten Straße des Parkes zum Chinesischen Turm begeben. Ein entzückendes Bild bot sich dar: Der Turm war bis zur Spitze aufs herrlichste beleuchtet; das oberste Stockwerk war mit vielfarbenen Glaslaternen behangen, die wie Sterne am Firmamente funkelten und dem Turm eine „eigene bunte Schattierung" gaben. An den Galerien, an den Säulen und in den inneren Gemächern schimmerten mehr als 2.000 Lichter und Lampen in das Düster der Baumgruppen hinein. Maskierte Chinesen und Chinesinnen in seidenen Gewändern und mit Sonnenschirmen bevölkerten den Turm und seine untere Halle, stiegen auf den Treppen auf und nieder und reichten dem Fürsten allerlei Erfrischungen dar; dazu

hielt ein gerade anwesender geborener Chinese in seiner Landestracht und Landessprache eine Anrede. Unterdessen hatte sich der Himmel mit schwarzen Wolken überzogen; in der Ferne rollte bereits der Donner, Wetterleuchten erhellte die Finsternis und darum schien eine Kürzung des Festes geboten. So fuhr denn der Kurfürst zum Apollo-Tempel, der gleichfalls im prächtigen Lichterglanze erstrahlte. In der Mitte des Tempels, neben der Bildsäule des Gottes, leuchteten die Namenszüge des Herrscherpaares. Die neun Musen mit ihren verschiedenen Attributen tanzten um die Statue und in der waldigen Um- gebung des Tempels sowie im Vordergrund gruppierten sich zahlreiche arkadische Schäfer und Schäferinnen, liebliche Schalmeien blasend. Bei der Ankunft Karl Theodors verließen die neun Musen den Tempel und huldigten ihm abwechselnd in lobpreisenden Versen. Darnach eilten sie zurück und umschwebten wieder voll Anmut die Bildsäule. Und plötzlich brach hinter dem Tempel eine mächtige feurige Lichtquelle sonnengleich majestätisch hervor und verbreitete lichten Schein über die in ehrfurchtsvolles Dunkel gehüllte Gegend. Es war ein märchenhaftes Bild, das sich in dem am Tempel vorbeifließenden Gewässer widerspiegelte! Der Festespracht und dem frohen, bunten Treiben ringsumher bereitete das mit einem Male losbrechende Gewitter ein jähes Ende. Heftiger Sturm und starker Regen erlöschten die Lichter und es setzte ein Gedränge der Menschenmassen nach den Ausgängen des Parkes ein; alles eilte nach Hause. Aber trotz der Unbill des Wetters waren alle Teilnehmer und Zuschauer auf ihre Rechnung gekommen.

Wir glauben es gerne, wenn unser Augenzeuge seinen Bericht mit dem Satze schließt: „Mich reut es nicht, hinabgegangen zu sein, und wenn ich jetzt noch so durchnäßt wurde."

Literarischer Spaziergang durch den Englischen Garten

zusammengestellt von Ulrike Eichler und Pankraz Frhr. von Freyberg

Wozu nützt der Englische Garten?

Diese Frage, welche so oft und fast allgemein wiederholt wurde, hat meinen ehemaligen Stolz, ein Baier zu seyn, ungemein gedemüthiget; denn weder ein Athenienser noch ein Römer, weder ein Pariser noch ein Londoner, ja kein Bürger eines Staats, wo auf Geschmack und Bildung Ansprüche gemacht werden, würde sich jemals eine solche Frage haben in den Sinn kommen lassen. Bey allen Nationen haben die schönen Künste den Anfang zur Besserung und Veredlung der Sitten und des Karakters gemacht, und nicht nur den höhern Wissenschaften, sondern auch den geselligen Tugenden den Weg gebahnt. […] Diese Beobachtungen sind so wenig neu, daß schon vor 1900 Jahren ein weiser Staatsmann behauptet hat, daß ein Mensch, der in einer schönen Gegend oder in einer mit erhabnen Kunstwerken und regelmäßigen Gebäuden gezierten Stadt geboren und aufgewachsen sey, auch ohne Unterricht und Erziehung sich sein ganzes Leben hindurch an Feinheit des Geistes, des Geschmackes und der Sitten von jeden andern, in einer rauhen Gegend Gebornen, auszeichnen werde.

Wozu nützt nun die Anlegung des Theodorspark, einer Gegend, die mit den berühmtesten Anlagen in Europa um den Vorzug streitet? Wozu nützt die Verherrlichung dieser einzig schattigten malerischen Gegend, die die Natur uns Einwohnern von München zur Entschädigung für die brennenden Sandhügel und dürre Haiden, die uns umgeben, geschenkt hat? Ihr habt ja Gefühl für die schöne Natur, meine Mitbürger; denn es geschieht gewis nicht um der jungen Hahnen und andrer Braten willen, daß ihr den ganzen Sommer hindurch nach Gegenden geht und fahret, die mit keiner einzigen der mannichfaltigen und durch Kunst verschönerten Par-

*Wozu nützt der Englische Garten?
(„An meine Mitbürger", in: Der baierische Landbot Nr. 29, München 20. 2. 1791)*

163

Vers, sur le Jardin Anglais de Munich
(Crux, l'ainé: Vers sur le Jardin Anglais de Munich, München 1803)

Sanfte Kühlung – Liebesthränen
(„An den englischen Garten in München", in: Der kleine Hausfreund, München 1811)

thien dieses Parkes in Vergleichung kommen könnten. Widersprecht also nicht euerm Selbstgefühle, sondern bekennet entweder, daß Ihr stumpf seyd, wie Böotier, für alle Empfindung gegen Natur und Kunst, oder hört auf zu fragen, wozu der englische Garten nütze?

Ein Bürger (1791)

Vers, sur le Jardin Anglais de Munich

Dans ce jardin créé par la philantropie,
admirant à mongré RUMFORT, et son génie,
je trouve à chaque pas cette simplicité,
ces agrestes effets de la variété,
ces heureux résultats, ces lointains, ces percées,
ces retaites sans nombre au hazard dispersées,
dont la douce fraicheur, et les rameaux touffus,
savent me garantir des ardeurs de Phébus!

Crux, l'ainé (1803)

Sanfte Kühlung – Liebesthränen

Englisch bist du, lieber Garten!
Das ist wahr,
Mehr als Kenner je erwarten,
stellst du dar.

Alles athmet Freud' und Leben
ohne Zahl,
Zephirs kühlen, Schatten schweben
ueberall.

Süße Wohlgerüche schwingen
sich umher,
Quellen rieseln, Vögel singen
sorgenleer.

Deine Einsamkeiten gönnen ungeseh'n
sanfte Kühlung, – Liebesthränen Schmachtenden.

Freundlich rein, entzückt und lohnet uns Natur,
und in deinen Hainen thronet Rosenspur.
Anonym (1811)

Was dem Garten fehlt

Der englische Garten [...] wäre das für München, was der Prater für Wien und der Thiergarten für Berlin sind, wenn darin so für Anstalten des Genußlebens gesorgt wäre, als dort, oder vielmehr, wenn die Münchner so viel Liebe für ihren herrlichen Park hätten, als die Berliner für ihren weit weniger schönen Thiergarten, und die Wiener für ihren – der Anlage nach – weit einförmigeren Prater und Augarten.
Christian Müller (1816)

Sinnes den Lusthain,
kehret gestärket zurück an des Berufes Geschäft. [...]

Empfindungen eines Schweizers

Dich bewundert mein Lied jetzt, sinnig schaffender Genius,
der du das Schönste erschuffst Bojuariens Stadt!
Wenn der denkende Wanderer deine Schöpfung betrachtet,
sey es im goldenen Licht' Abends oder der Früh',
immer gewährest Erholung du ihm und heiteres Daseyn.
Frühling, Sommer und Herbst und auch im eisigen Froste
starrenden Winters durchwallet er freudigen

Wer denn setzte Palläste am Eingang und ländliche Hütten,
dunkel von Pappeln umgrünt und der Linden Gelaub?
Wer zog der Kanäle sich ringsum schlängelnde Strömung?
Das ist dein – deines Genius Werk, herrlicher Rumford! [...]

Liebe und Freude, Kummer und Hoffnung, Frohsinn der Jugend,
alles ergötzt sich in dir, sinnige Schöpfung von Sckells!
König und Bettler, Misanthropen und Freunde

Und ich stehl' aus dem Gewühle
der bewegten Stadt mich weg,
aus der Straßen banger Schwüle
zu dem stromdurchrauschten Steg,
und es breiten sich die Wiesen
grünend aus dem Wellenbord,
und in Blätterlauben schließen
sich Accorde an Accord.

Welche Fülle reicher Bäume
in des Wechsels buntem Spiel!
Wie im reiche stiller Träume
wölbt sich's schattend bis an's Ziel.
Labyrinthisch ziehen Gänge
sich in jeder Richtung hin,
nirgends Störung, nirgends Enge,
ueberall ein freier Sinn.

Th. Hell (1827)

der Menschheit,
alles holt sich in dir Frohsinn erneuerter Kraft.

Ein Schweizer (1827)

An Goethe

Eben bin ich durch den hier sogenannten Englischen Garten gefahren, der in der That alle Erwartungen zu Schanden macht. Er kann seine vier Quadratstunden haben, ist auf das geschmackvollste mit Gruppen von Laubholz, kolossalen alten Rüstern und Eschen, breiten Fahr- und Fußwegen und von der Isar abgeleiteten Kanälen, die mit Gewalt daher rauschen, durchschnitten, und zwölf Stunden davon siehst Du die ganze Salzburgische Gebirgskette so deutlich als wenn es eine Pistolenschußweite bis dahin wäre.

Karl Friedrich Zelter (1827)

Jedes Blättchen lispelt Grüße

*Nimm mich auf in Deine Schatten,
stiller Hain! beim Sonnenbrand,
jeder Baum reicht hier dem Matten
zur Erquickung seine Hand,
jedes Blättchen lispelt Grüße
des Willkommens freundlich zu,
und des Westes leise Küsse
laden ein zu sanfter Ruh.*

*Jedes Blättchen lispelt Grüße
(Hell, Th.: „Im englischen Garten bei München", in: Flora
Nr. 174, München 31. 8. 1827)*

*An Goethe
(Zelter, Friedrich Karl: Brief an
Goethe vom 23. 9. 1827, zitiert
nach: Riemer, Friedrich Wilhelm [Hg.]: Briefwechsel zwischen Goethe und Zelter in den
Jahren 1796 bis 1832 Bd. 4,
Ducker und Humblot, Berlin
1833/34)*

Der chinesische Thurm

Chinesisch? ja denn weil die Frauen,
in China nicht zu Fuße gehn,
so lassen sich auch unsre Frauen
in Equipagen bei mir seh'n.
Die Mutter Erd' ist nicht von Adel,
nicht hoch geboren ist das Gras,
und die Natur hat keinen Titel,
wie bürgerlich ist alles das!
Nur unsre Pferde mögen stehen,
mit andern Menschen in der Reih,
wir hoffen, daß den armen Thieren
wohl dieses nimmer schädlich sey.

Moritz Gottlieb Saphir (1830)

Heiratsmarkt

Die herrlichen Fahrten
im englischen Garten;
man geht so vertraut
und oft sieht man a Braut,
die ein Bräutigam sucht.

Ferdinand Raimund (1832)

Bettina an Goethe

Dem wunderbaren Frühlingswetter konnte ich
nicht widerstehen, der warme mailiche Sonnen-
strahl der das harte, eisige Neujahr ganz zusam-
menschmolz, war überraschend, es hat mich hin-
aus getrieben in den kahlen, englischen Garten,
ich bin auf alle Freundschaftstempel, chinesi-
sche Thürme, und Vaterlands-Monumente ge-
klettert um die Tyroler Bergkette zu erblicken,
die tausendfach ihre gespaltenen Häupter gen

Himmel ragt; auch in meiner Seele kannst Du
solche große Bergmassen finden, die tief bis in
die Wurzel gespalten sind, und kalt und kahl
ihre hartneckige Zacken in die Wolken strecken.

Bettina von Arnim (1835)

Harmlos für Liebende

Unser Harmlos [...], von weißen Marmor, der
aus dem duftigen Grün der ersten Boskets im
Garten hervorschimmert, ist der Gott des
Schweigens, der Beschützer treuer Liebe, die im
Verborgenen ihrer Sehnsucht Lust umfängt, es
ist „Nikel's Grab" für München's Pyrame und
Thisbe.
Die Zärtlichen, die sich am Fuße der Harmlos-
säule finden, haben nun zwar den Löwen nicht
zu fürchten, wie jenes antike Liebespaar, aber
manchen Trunkenbold, der Nachts durch den
Garten streicht. Ich glaube daher, daß man in
neuerer Zeit übereingekommen ist, zärtliche

Der chinesische Thurm
Saphir, Moritz Gottlieb: „Der
chinesische Turm", in: Ders.:
Der englische Garten, ein pitto-
reskes Melodienspiel. Extrabei-
lage zu: Der Bazar für München
und Bayern. Ein Frühstücks-
Blatt für Jedermann und jede
Frau Nr. 113, München,
14. 5. 1830)

Heiratsmarkt
(Raimund, Ferdinand: „die herr-
lichen Fahrten...", zitiert nach:
Stritzke, Otto: Der Englische
Garten in München, Feucht bei
Nürnberg [1957]: Hessel)

Bettina an Goethe
(Arnim, Bettina von: Goethe's
Briefwechsel mit einem Kinde,
Teil 2, Berlin 1835)

Harmlos für Liebende
(Lewald, August: Panorama
von München, Stuttgart 1835)

Abschied von München (Hebbel, Friedrich: „Gestern Abend ging ich" [10.3.1839], zitiert nach: Bamberg, Felix [Hg.]: Friedrich Hebbels Tagebücher Bd. 1, G. Grote'sche Verlagsbuchhandlung, Berlin 1885)

Frühstück mit Blechmusik („Der k. Hofgarten und der englische Garten in München", in: Vaterländisches Magazin Nr. 20, Jg. 4, München 1840)

Gesang auf Kaiser Franz II. (Trautmann, Franz: Im Münchener Hofgarten, München 1884)

Stelldichein an andern Orten stattfinden zu lassen, bin jedoch nicht im Stande diese zu verrathen.

August Seewald (1835)

Abschied von München

Ich machte einen Spaziergang – den letzten – im englischen Garten; da entstand in Bezug auf das schon vorhandene erste ein zweites Scheidelied:

Das ist ein eitles Wehnen,
sey nicht so feig, mein Herz!
Gieb redlich Thränen um Thränen,
nimm tapfer Schmerz um Schmerz.

Ich will dich weinen sehen,
zum ersten und letzten Mal,
will selbst nicht widerstehen,
da löscht sich Qual in Qual.

In diesem bittern Leiden
hab' ich nur darum Muth,
nur darum Kraft zum Scheiden,
weil es so weh' uns thut!

Dann übersah ich noch einmal den großen Garten und die Stadt. Ich habe dort gebetet um Segen für München, das mich in seinen Schooß so freundlich aufnahm, und um Segen für mich selbst. „Mach Etwas aus meinem Leben – rief ich aus – es sey, was es sey!" Auch für meine liebe Beppi habe ich den Segen des Himmels herabgerufen. Und, da dieses Blatt doch beschlossen werden muß: warum soll ich es nicht mit ihrem Namen beschließen?

Friedrich Hebbel (1839)

Frühstück mit Blechmusik

Ein eingenommenes Frühstück an irgend einer der Wirthschaften im Garten unter grünen Bäumen bei dem fernen Schalle einer Blechmusik, die öfter an schönen Morgen ertönt, gehört zu den schönsten Stunden, die man in München erleben kann. Alle Sonnabende sind bei günstiger Witterung zwei Musikkorps des Militärs des Abends an den chinessischen Thurm kommandirt, welche abwechselnd eine Stunde lang die passenden Musikstücke aufführen. An diesen Produktionen nehmen nun alle Stände Theil, Reiter an Reiter, Equipage an Equipage, Fußgänger in dichten Massen, sie kombiniren die lebendigsten fröhlichsten Bilder und hier ist Ort und Zeit, wo sich Alle jeglicher Sorge auf eine Stunde entschlagen zu haben scheinen.

Anonym (1840)

Gesang auf Kaiser Franz II.

Und wenn, wo ich dies singe, einst wüthete ein Sturm,
so daß er niedersänk', hier dieser „Chinathurm",
nie wird er, möcht' er noch so fürchterlich errasen –
nie die Erinnerung an Kaiser Franz verblasen!

Franz Trautmann (1884)

Die Fee vom Englischen Garten

FRANZI. *Schau nur 'nauf zu dem Tempel da droben – weißt denn nicht, da droben soll sie ja logieren, seit sie im wackligen chinesischen Turm nimmer sicher wohnen kann.*
CENZI. *Wen meinst denn, so red' doch deutlich!*
FRANZI. *Wen anders als die Fee vom Englischen Garten.*
HANS. *Geh red doch net gar so dalket daher – Fee!!! Gibt's gar keine! Aber, Ihr Mädel glaubt schon gar alles!*

Isabella Hummel (1891)

Abendstimmung

Der Park erstreckt sich stundenlang bis gegen Schleißheim, und es kann leicht geschehen, daß man dort den Abend erwartet. Dann hebt sich der kleine Säulentempel, Monopteros genannt, als Silhouette scharf von den matten Tönen der nebligen Luft ab, und weit über den Wiesen in die Stadt, dunkel und dämmernd, und ihr Wahrzeichen, die Türme der Frauenkirche ragen hoch empor vor dem Goldgrund des Abends.

Rainer Maria Rilke (1897)

Die Fee vom Englischen Garten (Hummel, Isabella: „Die Geburtstagsveigerln", in: Jugendblätter Nr. 1, Jg. 37, München 1891)

Abendstimmung (Rilke, Rainer Maria von: „Auch ein Münchner Brief", zitiert nach: Rilke-Archiv/Sieber-Rilke [Hg.]: Rainer Maria Rilke. Sämtliche Werke Bd. 5, Insel Verlag, Frankfurt a. M. 1987)

Ein Dialog im Englischen Garten
(Zettel, Karl: „Ein Dialog im
englischen Garten", in: Ders.:
Monacensia. Zeit- und Stim-
mungsbilder aus Alt- und Jung-
münchen, München 1897)

Ein Dialog im Englischen Garten

Das Frühlicht spielte sanft und rosig
durch jenen grünen Wälderkranz,
und millionenfach erblitzte
der Tau von Diamantenglanz.

Da brannte glühendes Entzücken
mir aus der Seele Tiefen auf;
der Sonne folgten meine Blicke
und ihrer Strahlen goldnem Lauf.

Ich wollte diesen Morgen preisen
und alle seine stille Pracht
und allen seinen Glanz und Segen,
den er der dunkeln Welt gebracht. -

Da plötzlich hör' ich zornig kreischen:
„Ein Liberaler nur kann's sein!
Ein Schwarzer trägt in unsre Schulen
doch nimmer volles Licht hinein."
„Nein!" braust ein anderer dazwischen,
„Des Schulrats Glaube sei wie Erz,

sonst pflanzen wir der lieben Jugend
des Zweifels Unkraut selbst ins Herz."

„Wie mögen Sie so albern schwatzen!
Wer hemmt die Zeit und ihren Zug?
Erstarken muß des Volkes Bildung!
Wer hindert ihren stolzen Flug?"

„Ei, ei! Sie, hoher Denker, werden
in Zukunft nur mit stillem Grau'n
die Früchte der modernen Schulung
für Körper, Geist und Herz erschau'n."

„Unheilbar", schloß der eine höhnisch,
„bleibt Ihre kranke Phantasie!"
Der andre schlug gehob'nen Hauptes
sich seitwärts ins Tivoli.

Ich aber wünschte beiden Kämpen
Verzeih' mir's Gott, ein Stündchen Weh;
verstimmt und poesieverlassen
schlich ich zurück ins „Prinz-Café".

Karl Zettel (1897)

Gruß vom Aumeister

Es sieht zwar aus wie 7 Tisch,
auf diesem schönbedruckten Wisch,
doch der Ort, anders heißt er,
nämlich: Aumeister.
Wir sind zu diesem Ort gewallt,
über Wiesen und durch grünen Wald,
und sitzen am grünen Tische hier.
Und essen Brot und trinken Bier.
Das Bier ist frisch, die Wege gut,
jedoch kein Mensch hier radfahrn tut:
man sieht keinen Radler, man sieht kein Radel,
nur Gendarmen und Kindsmadel,
nur Fiaker schreien hott und hüst,
denn das Radfahren verboten ist.
Wir schicken Euch viel Grüße in Eil,
und rufen: Hip, hip, hurrah, All Heil!

Josef Hofmiller (1900)

Gruß vom Aumeister
(Hofmiller, Josef: „An die Herren C. u. W. Kraus…", zitiert nach: Josef Hofmiller. Briefe, 1. Teil, 1891–1921, [Josef Hofmillers Schriften Bd. 5], Karl Rauch Verlag, Leipzig 1941)

Monopteros

Ich muß Ihnen diese Schwäche gestehn: ich liebe dieses merkwürdige naive Stückchen Architektur, diesen altmodischen Freundschaftstempel, ich pflegte oft da oben zu sitzen, allein in den Zeiten, die jetzt vorüber sind, oder auch hier unten vorüberzugehn, ich gestehe es, fröstelnd in der Sommersonne, und zu dem Altar, der aussieht wie der Turm im Schachspiel, hinaufzuschauen: ob dort nicht eine stille, blaue schmale Flamme brennt?

Arthur Holitscher (1905)

Monopteros
(Holitscher, Arthur: Das sentimentale Abenteuer, S. Fischer Verlag, Berlin 1905)

Die Prinzregentenenten
(Gulbransson, Olaf: „Vor mei-
nem Kefernest-Paradies", zitiert
nach Björnson-Gulbransson,
Dagny: „Das Olaf Gulbrans-
son- Buch", 2. überarbeitete
Auflage, Albert Langen – Georg
Müller Verlag, München und
Wien 1977)

Die Prinzregentenenten

Vor meinem Kefernest-Paradies am Schwabinger Bach lag eine Insel, die einzige Insel in München, außer der Kohleninsel. Dort brüteten
gerne Enten. Sonst kam niemand hin. Zu der
Zeit lebte noch der alte Prinzregent von Bayern.
Er hatte am Englischen Garten beim Aumeister
eine Jagd, und die halbwilden Enten gehörten
dazu. Auf einem natürlichen Nest lag nun seit
einiger Zeit eine Prinzregentente und brütete
und dachte, sie wäre ungeschoren. Sie lag ganz
zahm und still, wenn ich vorbeiging, weil sie
mich kannte. Eines schönen Tages war plötzlich
ein großes Geschrei und Aufregung. Ein Fremder war auf die Insel gekommen und hatte der
Ente vom Nest weg den Hals umgedreht und sie
mitgenommen. Ich war froh, daß ich nicht zu
Hause gewesen war, sonst hätte ich diesen
Fremdling wahrscheinlich in den Bach ge-
schmissen. Wir haben ihn angezeigt, und ich
wurde vorgeladen. Der Mann sagte verlegen
aus: Er sei Mitglied vom „Sparverein Bienen",
und nun wollten sie eine Auslosung machen.
Das schönste Los sollte eine Ente sein. Sie hatten aber keine Ente. „Ich weiß von einer Ente",
hatte er gesagt. „Ich werde sie gleich holen." Daß
es eine Prinzregentente war, hatte er nicht
gewußt. Ich zog meine Klage zurück. Ich nahm
mich nachher der kleinen Entlein, die gerade
ausgeschlüpft waren, an. Es waren drei, sie
waren ganz außer sich, so ohne Mutter. Ich legte
mich, nacket wie ich war, auf den Bauch zu
ihnen auf den Rasen hinunter. Sie krabbelten
um mich herum und suchten was zu fressen. Ich
konnte nicht aufstehen, ich mußte meine Zeichnungen auf dem Bauch machen. Ging ich weg,
war ein Spektakel wie am Ende der Welt. Sie flo-
gen mit und schrien, was sie konnten. Legte ich
mich hin, war alles wieder gut. Sie krochen unter
meinen Bauch, zwischen meine Beine, überall
an meine warmen Stellen. Wir haben es so friedlich miteinander gehabt. Sie wußten nur aus
Instinkt – ohne Mutter waren sie hilflos. Also
Mutter mußte man sein – und so wäre es schön
weitergegangen. Doch ich habe sie leider
beschummeln müssen. Neben uns lag ein weißer
Bademantel mit einem blauen Kragen dran.
Unter den kuschelten wir uns zusammen. Ich
stopfte ihn so aus, als wäre ich es. Beim Aufstehen gab es wieder ein Geschrei, aber dann sahen
sie den weißen Mantel. Und so huschten sie wieder zurück und blieben bei ihm. Es hat mir
direkt weh getan, denn das gemeinsame Schla-
fen war so schön.

Olaf Gulbransson (um 1906)

Im Englischen Garten

Steifgefroren die Hälmchen, bedeckt der Teich,
ohne Regung die Zweige, der Himmel bleich –
Ist das Leben gestorben? die Welt vereist?
Sieh, was hastet durchs Erdreich und wellt sich
und gleist,
Ein wacher, beweglicher, wirkender Geist?
Du Krieger des Lebens, nie rastender Bach,
Du Todbesieger, dir folg' ich nach!

Marie von Bradke (1908)

Ein Spaziergang

Gustav Aschenbach oder von Aschenbach, wie
seit seinem fünfzigsten Geburtstag amtlich sein
Name lautete, hatte an einem Frühlingsnach-
mittag des Jahres 19.., das unserem Kontinent
monatelang eine so gefahrdrohende Miene
zeigte, von seiner Wohnung in der Prinzregenten-
straße zu München aus allein einen weiteren
Spaziergang unternommen. Überreizt von der
schwierigen und gefährlichen, eben jetzt eine
höchste Behutsamkeit, Umsicht, Eindringlich-
keit und Genauigkeit des Willens erfordernden
Arbeit der Vormittagsstunden, hatte der Schrift-
steller dem Fortschwingen des produzierenden
Triebwerkes in seinem Innern, jenem „motus
animi continuus", worin nach Cicero das Wesen
der Beredsamkeit besteht, auch nach der Mit-
tagsmahlzeit nicht Einhalt zu tun vermocht und
den entlastenden Schlummer nicht gefunden,
der ihm bei zunehmender Abnutzbarkeit seiner
Kräfte, einmal untertags so nötig war. So hatte
er bald nach dem Tee das Freie gesucht, in der
Hoffnung, daß Luft und Bewegung ihn wieder-
herstellen und ihm zu einem ersprießlichen
Abend verhelfen würden.
Es war Anfang Mai und, nach naßkalten Wo-

Im Englischen Garten
(Bradke, Marie von: „Im Engli-
schen Garten", in: Dies.:
Gedichte, München 1908)

Ein Spaziergang
(Mann, Thomas: Der Tod in
Venedig, zitiert nach: Mann,
Thomas: Der Tod in Venedig
und andere Erzählungen,
Fischer Taschenbuchverlag,
Frankfurt a. M. 1954)

chen, ein falscher Hochsommer eingefallen. Der Englische Garten, obgleich nur erst zart belaubt, war dumpfig wie im August und in der Nähe der Stadt voller Wagen und Spaziergänger gewesen. Beim Aumeister, wohin stillere und stillere Wege ihn geführt, hatte Aschenbach eine kleine Weile den volkstümlich belebten Wirtsgarten überblickt, an dessen Rand einige Droschken und Equipagen hielten, hatte von dort bei sinkender Sonne seinen Heimweg außerhalb des Parks über die offene Flur genommen und erwartete, da er sich müde fühlte und über Föhring Gewitter drohte, am Nördlichen Friedhof die Tram, die ihn in gerader Linie zur Stadt zurückbringen sollte.

Thomas Mann (1912)

Stelldichein

„Um fünf Uhr beim Monopteros…"
Paula saß auf einer Bank unter dem kleinen
Tempel und wartete. Es kam ihr seltsam vor, daß
sie nun doch da war, obwohl sie während des
Vormittags und auch nach Tisch noch den festen
Willen gehabt hatte, der Bitte des Studenten
nicht nachzugeben.

Aber es fiel ihr ein, daß sie nur gekommen war,
um den jungen Menschen zu fragen, wie er sich
hätte einbilden können, daß man sie als geach-
tete Bürgersfrau zu einem Stelldichein bestellen
dürfe. Vielleicht war es harmlos gemeint und
sollte in allen Ehren die Fortsetzung einer flüch-
tigen Bekanntschaft ermöglichen. Wäre sie
nicht gekommen, hätte er in ihrer Ablehnung
vielleicht eine schlimme Auffassung seiner
bescheidenen Bitte sehen können, und das
wollte sie erst recht nicht haben.

„Sagen Sie doch Franz zu mir! Bitt schön…"
„Also, Herr Franz… und wissen S', eine Seelen-
freundschaft, so eine Freundschaft, wo… wis-
sen S'… wo eins zum andern das größte Ver-
trauen hat, die könnt ich Ihnen schon entgegen
bringen… Wissens S', ohne häßliche Ne-
bengedanken…" fügte sie hinzu, und Franz
nickte ernsthaft.

Er stimmte mit ihr überein, daß die Nebengedan-
ken häßlich seien.

„Unsereins", sagte Paula nach einer kurzen
Pause, in der sie sich treuherzig in die Augen
geschaut hatten, „unsereins hat ja so oft das
Bedürfnis sich auszusprechen, und ich hab ja
auch niemand, zu dem ich offen reden könnt…"
„Ihr Mann…?"
„M…m…"
Ein Schatten huschte über ihre Augen, und sie
seufzte.

Stelldichein
(Thoma, Ludwig: Münchnerin-
nen, zitiert nach: Thoma, Lud-
wig: Münchnerinnen, Piper Ver-
lag, München und Zürich 1984)

175

„Mit mei'm Mann kann ich am allerwenigsten reden. Der hört mich net an. Aber net, daß Sie glauben, ich möcht ihm was nachsagen! Wissen S', das is halt so in der Ehe. Ich glaub, es geht alle andern grad so. D' Resi hat neulich zu mir g'sagt, daß ich in der gleichen Haut steck wie sie…"

„Ja…ja…" antwortete Franz, den ihre Offenheit wieder etwas in Verlegenheit brachte.

„Aber eine Seelenfreundschaft!" rief Paula und sah ganz schwärmerisch zum grünen Laubdach der Bäume hinauf.

„Oft…du lieber Gott…wie oft hab ich mir das g'wunschen! Und warum soll's das net geben? Sie denken nichts Schlechts von mir, gelt?"

„Im Gegenteil. Es gibt ja Leute, die das bestreiten, daß es so etwas gibt zwischen Mann und Frau, und die behaupten, daß immer die…ein anderes Gefühl dazwischen käme, aber ich sehe nicht ein, warum…"

„Gel, das sag ich auch, und wenn Sie mögen, und wenn Sie mir Vertrauen schenken, dann gilt's…"

„Es gilt."

Franz sagte es beinahe feierlich, und er schüttelte herzhaft ihre Hand.

„Eigentlich sollten wir…" fuhr er fort, „ich meine, wenn wir wirklich Freundschaft miteinander schließen…"

„Was?"

„Ich meine, wir sollten…" er wurde sehr rot … „wir sollten du zueinander sagen?"

Paula war viel zu natürlich, um die Erschrokkene zu spielen.

„Das is eigentlich wahr", sagte sie, „wenn wir einander gut Freund sind, is doch nix dabei… also wenn du magst…"

„Du…Gute!"

Eine halbe Stunde später gingen sie langsam der Stadt zu. Auf dem Hauptwege begegneten

ihnen viele Leute, die der schöne Abend zu einem Spaziergange verlockt hatte, und Franz schlug deswegen einen Umweg über Tivoli vor, wo es stiller war.

Es gab da ein paar versteckte Fußsteige über denen dichtbelaubte Zweige ein schützendes Dach bildeten.

Und mit einem Mal, ohne daß Franz es sich vorgenommen, und ohne daß es Paula recht gewollt hatte, küßten sich die beiden, erst schüchtern und dann immer stürmischer.

„Jessas…wenn jetzt wer kommen wär!" rief die gutmütige Frau Globerger und setzte sich den Hut zurecht.

„Es is niemand kommen…und wenn? Das wird da herin schon oft passiert sein", sagte Franz, den ein ungewohntes Siegergefühl verwegen machte.

„No…i dank schön! Ich tät mich ja in'n Erdboden verkriechen…"

„Komm! Noch ein Bussel! Das aller-allerletzte!"
„N…nein!"
Aber sie gab's ihm doch. Und darnach sagte sie:
„Eigentlich is's ja unrecht. Mir hamm doch
g'sagt, daß mir nur eine Seelenfreundschaft
schließen…"
„Das g'hört mit dazu…"
„Du! Das glaub ich net. Aber jetzt is's mal
g'schehn…"
Sie lachte fröhlich.
*So leicht und heiter war ihr zumut wie schon
lange nicht mehr.*

Ludwig Thoma (1922)

Die Aufklaubfrau

*Ein weißes Kopftuch um den verwitterten Kopf,
eine grobe Schürze um die Hüften, schwere
Schuhe an den Füßen, den Korb zum Einsam-
meln unterm Arm, so geht sie langsam mit spä-
hendem Auge die Wege ab, hebt Butterbrotpa-
piere, Kirschkerne und all den Krimskrams auf,
den Kinder und Erwachsene gedankenlos und
undiszipliniert hingeschleudert haben. Sie wirft
die armen zertretenen Blumen zur letzten Ruhe
in die Wiese zurück, wischt die beschmutzten
Bänke ab usw. Diese Frau lebt von der Schlam-
perei der Anderen, ihr Brot ist die Unordnung,
die dem Publikum beliebt. Hoffentlich gibt sie
sich nicht mit philosophischen Betrachtungen
ab – sie müßte sonst zu einem vernichtenden
Urteil über die Hemmungslosigkeit der Masse
kommen. Ich sehe ihr nach, wie sie gleichmäßig
dahinstapft und in ihren schweren Schuhen, als
Kehricht in ihren Korb einsammelnd, was vor
wenigen Stunden noch bunt und lebensfroh
gewesen…Ein leises Frösteln befällt mich. Wie
sie so dahinschreitet, im Dämmer der Bäume*
*verschwindet, scheint sie wie ein Symbol der
Andern, der großen Aufklaubfrau, die mit gleich-
gültiger Hand alles wieder ins Geleise bringt,
was wir verrückt haben, die fühllos beiseite
wirft, was uns ein frohes Lebenswerk schien…*

Carry Brachvogel (1923)

Wir wären so gern allein gewesen

*Wir ließen Bäume hinter uns und wieder Bäume,
wir wären so gern allein gewesen und waren
doch nicht allein. Dafür gab es viel zuviel Radler, und wenn man meinte, wie weit der noch von
einem weg ist, war der Kerl schon bei einem dort
und die Radler sind so frech und schauen einem
direkt ins Gesicht.
Wir kamen darauf, daß wir uns abseits vom Weg
auf einen Rasen hinsetzen müssen. Sie sagte:
„Geh du zuerst!" Da hat es mich aber gerissen.*

*Die Aufklaubfrau
(Brachvogel, Carry: „Die Aufklaubfrau", in: Ders.: Im weiß-
blauen Land, Knorr & Hirth Verlag, München 1923)*

*Wir wären so gern allein gewe-
sen
(Fleißer, Marieluise: „Abenteuer
aus dem Englischen Garten",
zitiert nach: Dies.: Abenteuer
aus dem Englischen Garten,
Suhrkamp Verlag, Frankfurt
a. M. 1983)*

177

Denn das hat soviel geheißen als wir sind per du.
Ich schaute sie an, und wir waren per du.
Ich ging voraus, sie immer hinter mir her mit angehaltenem Atem. Sie wollte sehn, wie weit ich sie führe. Ich setzte mich nicht gar so weit von der Straße hin, da konnte sie über die ausgesuchte Stelle nichts sagen. Sie nahm Platz, und es war eine Enttäuschung für sie, aber sie konnte nichts sagen. Sitzend gelangte ich zu der Erkenntnis, was ich für ein Ochs bin. Wir warteten auf eine bessere Zukunft, das war der nächste Radler. Der stellte sich ein und beleuchtete uns bereits von weitem bengalisch. Sie sagte: „Siehst du!" Der zweite Radler kam, ich gab immer noch nicht meine Schüchternheit zu als Veranlassung für unkluges Verhalten. Beim fünften Radler wünschte sie mir viel Vergnügen. Die ganze Bitterkeit lag in ihrer Stimme, ein Ortswechsel schien mir begründet.

Marieluise Fleißer (1925)

Gern hätte ich ihn angesprochen

Der Weg zum Aumeister mußte beschleunigt zurückgelegt werden. Die reifen Kastanien fielen mir wie in meiner Bubenzeit auf den Pfad, der Rhythmus des Englischen Gartens war noch nicht aus den Fugen geraten. Auf einer Bank saß regungslos eine schwarze Gestalt, ein alter Mann mit breitkrempigem Hut und unverkennbar jüdischem Aussehen. Er hatte den Kopf auf den Stock gestützt, man konnte aus der Entfernung nicht feststellen, ob er die Augen geschlossen hielt oder ins Leere blickte. Als ein Monument erstarrter Hoffnungslosigkeit schien er in die von der Herbstsonne schon matter beleuchtete Landschaft eingepflanzt. Es war mir plötzlich, als ob die Schönheit dieses Tages an seiner Erscheinung zuschanden würde. Hatte ich nicht

in meiner Zeitung gelesen, daß den Münchner Juden in diesem Sommer die Benützung der städtischen Bäder untersagt war und daß einige Städte ihnen bereits das Betreten der öffentlichen Anlagen verboten hatten? Vielleicht war der Alte ein Abschiednehmender wie ich, der seinen Englischen Garten noch einmal sehen wollte, ehe dieser sich ihm auf immer verschloß. Er saß in der Haltung eines Mannes da, der sich aufgegeben hatte, vielleicht gar nicht mehr entrinnen wollte. Gern hätte ich ihn angesprochen, aber er ließ meinen Gruß unerwidert.

Eugen Gürster (1933)

Lyrik unterm Regenschirm

Ich saß am Hesselohersee,
es tröpfelt-e und tröpfelt-e.
Ich dachte mir: Wie wunderbar
gegen heut' der vorige Sonntag war,
als sanft die Sonne lagert-e
wohl auf dem blitzeblanken See.
Wie wäre es auf Erden fein,
könnt' es doch ewig voriger Sonntag sein.
Wie sang schon einst so wunderschön
der Trompetersmann von Säckin-gen:

Gern hätte ich ihn angesprochen
(Gürster, Eugen: „Als Gespenst in der Heimat", zitiert nach: Proebst, Hermann, Ude, Karl [Hg.]: Denk ich an München. Ein Buch der Erinnerungen, Gräfe und Unzer Verlag, München 1966)

Lyrik unterm Regenschirm (Endrikat, Fred: „Lyrik unterm Regenschirm", in: Ders.: Höchst weltliche Sündenfibel, Buchwarte-Verlag, Berlin 1940)

Es ist gar häßlich eingericht',
drum gibt's kein' ewig vorigen Sonntag
nicht! –
Am Tische saß ein Mann gerad',
der Kreuzworträtsel lösen tat.
Im Rasen spielt ein blondes Kind,
ein Kranz in seinen Locken hing.
Sein Antlitz war so zart und fein,
so zart und fein wie Elfenbein.
Ein Schwan durchschwante kühn den See,
ein Vöglein mich bekleckert-e,
die Geige schluchzte in die Höh',
mein Herz ergriff ein leises Weh.
Ich saß am Hesselohersee,
es tröpfelt-e und tröpfelte-e---

Fred Endrikat (1940)

Die Münchener sind bedächtig

*Wie ich so, in Gedanken jetzt mich auf den Weg
in den morgendlichen Englischen Garten
mache, die weiten grünen Wiesen und die prächtigen dunklen Bäume am Rand betrachte, dem
schönen weißen Strandhaus am Kleinhesseloher See zustrebe, wird mir ein anderer Wesens-
zug der Stadt und ihrer Bürger klar, ein Wesens-
zug, der, wie ich glaube, vieles erklärt, Münchens
Charakter als Stadt der Kunst und des musischen Treibens, seine Immunität gegen Hast,
Hatz und nervösen Betrieb. Die Münchener sind
bedächtig. Das schließt ein, daß sie, nicht mißtrauisch zwar, aber doch abwartend sind. Weiter
ist in dieser Eigenart gut bäuerlichen Herkom-
mens enthalten, daß die Münchener nicht so
leicht den Kopf verlieren, sich nicht überraschen
zu lassen, daß sie die Dinge zunächst einmal in
gesundem Egoismus aus ihrer Sicht betrachten.*
Karl Korn (1942)

Immer noch und wieder dieselbe Melodie

*Zu Zeiten und insbesondere beim ersten Blühen
im Englischen Garten kann man sich vorkommen, als sei man ewig; man spaziert wieder als
Student mit himmelstürmenden Gedanken zur
Ludwigstraße, sitzt als unsterblicher Stirnrunz-
ler auf einer Bank am Chinesischen Turm oder
schwebt gar – was verschlägt's unsrer frühlings-
haften Allgegenwart – als ein junges Mädchen
im neuen Kleid den Monopteros hinauf, wo ein
Freund unsrer wartet, ein feuriger, berühmter,
alles versengender, mag er nun Lenbach heißen,*

*Die Münchener sind bedächtig
(Korn, Karl: „Wenn ich ein Münchener wär'", in: Sperr, Hans
Joachim [Hg.]: Freundschaft
mit München, Arbeitsgemein-
schaft für Zeitgeschichte, München 1942)*

*Immer noch und wieder dieselbe
Melodie
(Löffler, Adolf: Stille Wanderung, Carl Röhrig Verlag, München 1944)*

Ibsen oder auch Meierlein. Die Büsche grünen, die Amsel nistet, und wenn sie am Abend unterm Hügel ein paar schaurig-süße Töne aneinanderreiht, so ist es immer noch und wieder dieselbe Melodie, die schon zu unserer Jugend und ersten Liebe flötete...

Adolf Löffler (1944)

Fremdenführer

LIESL KARLSTADT. *Hier biegen wir in den Englischen Garten ein. Die früheren Isarauen wurden von dem letzten Kurfürsten zu einer großen Parkanlage ausgenutzt.*

KARL VALENTIN. *Hier sehen Sie Bäume und ebensolche Fußwege. Hier auf dem Bergesgipfel erblicken Sie den Monopteros. Von unten kann man zu demselben hinaufschauen, was man von oben aus nicht kann.*

KARLSTADT. *Hier sehen Sie einen der schönsten Wasserfälle.*

VALENTIN. *Es ist dies eine traurige Kopie des Niagarafalles.*

KARLSTADT. *In langsamen Tempo fahren wir zum Chinesischen Turm.*

VALENTIN. *Derselbe ist unten breit und wird nach oben zu viermal schmäler. In der Mitte des Englischen Gartens ist der Kleinhesseloher See. Der See darf von Fußgängern nicht betreten werden.*

Karl Valentin (um 1945)

Oase in der Oase

Manches Liebespaar hat sich im Schatten des Chinesischen Turms gefunden und wiedergesehen. Mancher melancholische Eingänger (oder „Einspänner", wie man im Bayrischen auch hören kann) hat da eine gute, ob auch resignierte Stunde beim grauen Steinkrug mit jenem robusten Braunbier verbracht, das auf den rechten Münchner Durst die rechte Antwort ist (denn in München und Altbayern entsteht aus der starken Luft her ein rauher voluminöser Durst, dem nur mit Bier ernstlich beizukommen ist, weder mit Wein noch mit Wasser). Mancher hat in jungen Tagen dort getanzt, etwa als Student um 1900, mit einem „Kocherl" (denn dies war der Münchner Titel des Hausmädchens, das auch kochen kann). Mancher hat mit seinesgleichen dort seinen Fünfuhrschoppen getrunken, und er entsinnt sich fernhin der blanken Messinginstrumente, auf denen vom ersten Stockwerk des Chinesischen Turms herab geblasen wurde, während die sinkende Sonne auf ihnen widerscheinend funkelte.

Wilhelm Hausenstein (1947)

Fremdenführer
(Valentin, Karl: „Fremdenrundfahrt", zitiert nach: Schulte, Michael [Hg.]: Karl Valentin. Gesammelte Werke in einem Band, 3. Aufl., Piper Verlag, München und Zürich 1988)

Oase in der Oase
(Hausenstein, Wilhelm: „Fritz Schider – Am Chinesischen Turm zu München", in: Ders.: Begegnungen mit Bildern, Piper Verlag, München 1947)

Motto für ein Kostümfest um 1900

Überaus anmutig war die Damenwelt in Reifröcken und langen Zackenhöschen mit schwarzen, zugespitzten und durch Bänder um die Knöchel gehaltenen Stoffschuhen à la Gavarni bei dem Biedermeierfest mit dem Motto „Einweihung des Monopteros im Englischen Garten", anläßlich der „Großen Bürger-Réunion 1830".
In der Mitte des Hackerbräukeller-Saales erhob sich ein großer grüner Hügel mit dem Monopterostempelchen. Um ein Haar hätten wir auf diesem Biedermeierfest eine historische Taktlosigkeit monumentalen Ausmaßes begangen. Zuerst sollte nämlich die Enthüllung des Obelisken auf dem Karolinenplatz die Festidee sein. Gerade bedachte ich noch, daß der Obelisk ja ein Totendenkmal für die 30.000 in Rußland gebliebenen Bayern ist. „Auch sie starben für des Vaterlandes Befreyung", schrieb Ludwig I. darauf. Zum Glück fanden wir dafür den lustigen Monopteros.

Felix Schlagintweit (1949)

Volkspark

Aber hier war nichts von dem Rohen und Herablassenden, in dem sich vom Hoftheater das Volkstheater unterschied, nichts von dem Populären, das draußen in Nymphenburg mit Wippschaukel, Menagerie, Glückshafen und „Haut den Lucas" das Volk im „Volksgarten" an seine Schranken erinnerte, weit vor den Gittern des königlichen Schloßparks. Wie vom Hofgarten das Land in sanftem Schwung in den Hirschanger fällt, aus dem Sckell seinen Garten lichtete, so friedlich übergab der Graf Rumford den Englischen Garten an Bayerns Herrscher und Münchens Volk. Dieses Volk hielt sich, wie in der

Pinakothek, an die Wege und warf seine Abfälle in die Papierkörbe, an deren Vorhandensein und Bestimmung man jedenfalls in Erhards Jugend nachdrücklich erinnert wurde.
Der Park des Volkes: dem Stadtvolk heiter dienstbare Natur, dem Armen und dem Reichen grün, ruhig dem Gedrängten, dem Einfältigen vieles bietend, Auslauf dem Gedankenreichen, Ordnung dem Geist, Bühne dem Glück, Schutz den Liebenden: der Liebe unendliche Bahn.
Satt grünt der Rasen, dicht dunkeln Büsche, Flieder und bald Jasmin, mit schwärzlichen Stämmen stehen die Bäume, Kastanien und Platanen, Akazien und Ulmen, Weiden über den Bächen. Alles ist ruhig und scheint noch ein

Motto für ein Kostümfest um 1900
(Schlagintweit, Felix: Ein verliebtes Leben, Kurt Desch Verlag, München 1949)

Volkspark
(Heimpel, Hermann: Die halbe Violine. Eine Jugend in der Haupt- und Residenzstadt München, zitiert nach: Heimpel, Hermann: Die halbe Violine. Eine Jugend in der Haupt- und Residenzstadt München, Insel Verlag, Wiesbaden 1958)

181

wenig eng, die Stadt hat den Park noch nicht entlassen, seine Wege säumen ihren Rand, Rund-
wege ohne Ziel dem mäßigen, dem müßigen Spaziergänger. Noch wandelt er im Schatten der
Häuser an der Königinstraße. Er ist aus der
engen Von-der-Tann-Straße gekommen, vorbei
an dem Haus Elvira mit dem violetten und grünen Meerwesen außen und dem photographi-
schen Atelier Elvira innen: dem einst belächel-
ten, bald gewohnten Wagstück des Jugendstils;
oder er ist der Schönfeldstraße entronnen, die
mit dem Bayerischen Kriegsministerium beginnt, mit wählerischen Sattlern und Schustern
endet. Jetzt hat er, hinter den Büschen, die Villen
der Königinstraße zur Linken, Haus und Museum der großen Tragödin Klara Ziegler, dann
höhere Mietshäuser, von denen ihn später der
Schwabinger Bach trennt. Beruhigte den Wan-
delnden die Nähe, der zutrauliche Vogel auf
dem Weg, die Bänke der Ruhenden, so erhob
ihn, blickte er nach rechts, durch Gruppen von
Büschen und Bäumen, eine stets lieblich und
menschlich unterbrochene Weite. Die große
Wiese ist besäumt von Baumkronen; als ein
Gruß aus der Zeit, da der bayerische Prinz Otto
König von Griechenland war, steht der Monopteros – wie gemütlich ist dieses Griechisch – unter
dem tiefblauen Münchener Himmel auf künstli-
chem Hügel. Wäre der Wandler entschlossener,
hielte er sich nicht an den Weg unter den Häusern, er nähme den freieren, zielbewußteren
Pfad zum Brunnhaus mit seinen Felsen und
Wehren, wo Eisbach und Schwabinger Bach sich
berühren und trennen, und käme, mit dem Weg
ein wenig am Abfall des Hügels teilnehmend,
unter den Monopteros selbst.
Doch „alle Wege führen nach Rom", sagt der
Vater und im Englischen Garten alle an den Chinesischen Turm. Hier endet die große südliche
Wiese, der Gemächliche mag sie umkreisen und

zurückgehen oder durch neue Büsche, wieder
unter Baumschatten, alsbald den Blick über die
kleinere Nordwiese befreien – denn in einem englischen Park, der die Ferne und die Nähe verbindet, Natur und Kunst versöhnt, ist stets zurückzukehren, immer neu zu schweifen erlaubt. Jetzt,
noch im Dunkeln, erweitert sich rechts der Eisbach zu einer Pferdefurt und Pferdeschwemme;
blauhalsige Enteriche tauchen, braune Enten
führen schwimmende Brut. Dann mündet der
Bach, vom Weg überbrückt, links im Hellen in
den Kleinhesseloher See; die Wege schmiegen
sich an seine Ufer, Schwäne landen, schwimmen, der Kopf schläft auf schaukelndem Gefie-
der, jetzt hebt er sich sanft, die schwarzen Füße
schaufeln zum sonnigen Ufer, den Brotkrumen
der Kinder, der Greise entgegen. Flache Boote
plätschern ziellos auf dem See, drücken sich in
die Bachenge, umfahren die buschigen Inseln,
die Landzunge mit Sckells Denkmalsäule:
„Auch du, Lustwandler, ehre das Andenken des
Biedermannes!" Weiter noch? Nun wird auch
der Garten kühner, freier, dichter liegt das Laub,
der Park möchte ein Wald werden, die Eisenbän-

der verschwinden, Wagenspuren erscheinen, der Ernst des Lebens meldet sich, die Straße für die Spazierdroschken nähert sich den Fabrikgebäuden des Loden-Frey, von rechts, von der Kunstmühle Tivoli, drängt die Hirschauerstraße an den See, dort, hinterm Seehaus, schützt, auf einer Böschung, das hohe Denkmal des Generals von Werneck, des Schöpfers des Kleinhesseloher Sees, den Blick des Ruhenden vor der rauhen Welt. Wer das harte Pflaster überschritt und links Park und Schlößchen Biederstein mit dem Auge griff, kann nicht mehr zurück, er kehre denn um: der See bot die letzte müßige Kehre. Der Park, bald die Hirschau genannt, streckt sich nach Norden, du brauchst ein Ziel und festere Schuhe, schreite aus, bald querst du ein Eisenbahngleis, dann kommst du an den Aumeister, vor dem alten Forsthaus stehen hölzerne Bänke und Tische, kein großer Verkehr ist hier, aber es gibt einen guten Käs, ein Paar Regensburger und den „deutschen" süßen Senf dazu, ein frisches Bier, drinnen hangen ein paar gute Geweihe an der Wand, die Fenster schauen über Spaliere auf Ökonomie. Bist du noch kühner, willst du einen Ausflug wagen, wartet kein Vater mit gezogener Uhr, so wende dich rechts, laß hinter dir den Park, tritt ins Ufergrün der strömenden Isar, bald findest du bei St. Emmeram eine Fähre, die setzt dich nach Föhring über, bleib dort in der Einkehr zum Fischessen oder beim berühmten Preßsack, dann geh mit ratternden Fuhrwerken heim auf der Ismaningerstraße am Burgfrieden vorbei, am Pflasterzoll.

Du hast hinter dir eine Welt. Denn wahrlich ist der Englische Garten eine Welt. Wie jeder Park ihr Spiegel und Abbild, ihre Verkürzung und Erhöhung.

Allen ist er vieles, so wollten es Spender und Schöpfer. Zwar Jahrmarktlärm darf sich nicht in den Park wagen: das Karussell am Chinesi-

schen Turm mußte in einer runden Hütte sich verstecken, und populär ist es nie geworden. Welche Kraft aber hat der Englische Garten, anzuziehen und wieder abzustoßen, sich zu öffnen und rein zu bleiben. Im Winterschnee lockern sich die heiligen Schranken um die Rasenflächen. Unter schreienden Genossen rodelt Erhard vom Monopteros hinunter, bald ist am steilen Hang der Schnee vereist, verdreckt, schwarz und glatt, Berg, Auslauf und Wiederanstieg wimmeln von Rotznasen aller Stände, Buben und Mädchen. Wild schauen aus ihren wollenen Helmen Volksschülergesichter, mit dem Bauch liegen diese rauhen Beherrscher der Bahn auf den Rodeln, zehnmal, hundertmal saust die Fahrt, ruft es „Bahn frei" durch die Winterluft. Von fußkalten

Müttern umstanden, duldet der See die unglei-
chen Künste der Schlittschuhläufer und trägt
auch einen Eisschlitten dazwischen mit einer
bemufften Dame wie zu Goethes Zeiten. Es geht
grob zu in der Bude, wo man die Eintrittskarten
kauft, an den Bänken, auf denen man sich
mit Schlittschuhschlüsseln plagt, ist es kalt,
unfreundlich und naß von halbgeschmolzenem
Schnee, die hier üblichen Wiener Würstel helfen
auch nicht viel, um so schöner ist die Bewegung
draußen auf dem Eis, gar am Musiknachmittag,
bis der Tag sinkt. Erhard kommt, wenn er müd
wird, wieder in das Knöchelknicken und Stol-
pern, das er eben fleißig überwand. Halbgötter
sind durch Balken vom laufenden, fallen-
den, lachenden Menschengewimmel geschieden,

dahinter ziehen trainierende Bogenkünstler,
tiefernste Schnelläufer ihre bewunderten Bahnen. In den Straßen, durch die man heimgeht,
warten die Maronibrater, durch den Garten klin-
geln gelbkufige Droschkenschlitten.
Wenn dann der Winter vorbei ist, trocknen die
Wege bald. Die Münchener finden die ersten
Hälmchen im alten Laub, die frühesten Veil-
chen. Bald grünen die Sträucher, man öffnet den
Wintermantel, doch freut man sich noch der
Ofenbank im Aumeister. Bis dann der Frühling wirklich da ist: eine Zeitlang stinkt der
Schlamm des abgelassenen Sees, dann strömt
frisches Wasser ein, die Bäche sind gereinigt.
Monat für Monat empfängt der Park seine
Gäste. Stunde für Stunde spendet er Trost, die
Nahewohnenden suchen ihn Tag für Tag. Viele
durcheilen ihn geschäftig, ihnen ist er nur ein
Durchgang, gar ein Verkehrshindernis, und
durch Jahrzehnte muß der Park gegen die Bogen-
hausener verteidigt werden, die ihn mit einer
Straßenbahn durchschneiden möchten. Auch
das Auto greift den Gartenfrieden an. Doch im
ganzen kann er sich halten, den meisten Lärm
machen noch immer die Enten und die Buben
am Monopteros. Viele aber wandeln in ihm täglich und gemächlich, der Tagesspaziergang
führt in den Englischen. [...] Er segnete den Einsamen, er segnete jede Zweiheit in seinen Laby-
rinthen. Wie froh besprach sich da die Welt. Wie
viele Kochrezepte haben diese Büsche gehört,
wie viele Pläne hat Paar um Paar über diese
Wege gebreitet, wie große und wie viele Luft-
schlösser habt ihr ragen sehen, ihr ragenden
Bäume. [...] Wo anders als im Englischen Garten kann eine Münchener Bürgersfrau so frei
das Herz vor der Freundin ausschütten, alle
Lebenserfahrung, alle Schlechtigkeit dritter Personen ausbreiten, sich selbst zu Bekräftigung
und Ruhm? [...] Buben und Jünglinge – im Eng-

lischen Garten hattet ihr Augenblicke, wo die Wahrheit an den Bäumen hing, ihr brauchtet sie nur zu pflücken. […]

Noch waren die Buben blind für die Paare der Paare, die Liebespaare. Diese aber hätten am meisten Grund gehabt, vor das Rumfordmonument vor der Regierung von Oberbayern Kränze zu legen. Glücklich, verspielt, ein bißchen langweilig, trägt der Schwere Reiter das modische Täschchen der Angebeteten in der Rechten, während ihm an der Schwertseite der Pallasch baumelt. Gefaßt wartet auf ihrer Bank die achtunddreißigjährige, natur- und musikliebende, hellblonde, gute Erscheinung mit etwas Vermögen auf den Erfolg ihres Inserats – ohne Blick auf die Seligkeit, die im jungen Gleichschritt die Wege mißt. Die Liebenden finden sich, wo immer sie sich getroffen haben, im Englischen Garten, und sie wissen nicht, wie sie hineingekommen sind. Und neue Gnade schenkt der Park denen, die ihn allein betreten. Der Einsame entdeckt ihn wirklich, und sähe er ihn nicht, auf sich selbst gewandt; auch dem Blinden müßte er lieblich sein: im Tau des Morgens, wenn Reiter ihn durchschwingen: dann blickt man ihnen sehnsüchtig nach, wohlig knarzt Sattelleder, in der frühen Sonne glühen die Füchse, glänzen die Braunen; am hohen Tag, wenn das tiefgelbe Rumfordhaus am Chinesischen Turm Goldglanz empfängt um seine edlen, schlichten Linien, als sei ein Parkbild, vor hundert Jahren gemalt, gegen Abend, wenn die Wasservögel stiller werden. Von Bank zu Bank wandern die Knaben, die Mädchen. Viele Vokabeln sind hier gelernt worden, lateinische und französische. Wer sucht die Jünglinge noch auf, die in diesem Garten den Homer entdeckten, verhaucht ist das Murmeln der Schauspieler, die auf diesen Bänken ihre Rollen lernten, aufgegangen die Saat der Leser, die auf den gleichen Ruhebänken sich dem Karl Marx ver-

schrieben. An welchem Parteiprogramm hat der Englische Garten nicht irgendeinen Anteil? Hier grüßte der Schul- und Landtagstyrann Orterer den demokratischen Philologen und Donnerer Hammerschmidt, hier trugen Primadonnen ihren Ruhm, Chorsänger ihre Verzichte spazieren. Was sich trennen will, vereinigt sich unter diesen Bäumen, die ein Kurfürst pflanzte und die das graue Ende eines erlauchten Königtums beschatteten. Auf diesen Wegen wandelte Stefan George, wanderten seine Jünger steil von Zeit und Menge getrennt – doch sie schritten im selben Frieden, mit dem unter den Glöckchen des Chinesischen Turms der Bürger sein Vesper aß und trank. Tausende Verse tönten im Park unter der milden Sonne des Nachmittags. Da stieg ein Baum. O reine Übersteigung! Oh Orpheus singt! O hoher Baum im Ohr… Und die gleiche Sonne wärmte die Armut, im gleichen Schatten verschnaufen sich alte Weiblein mit ihrer Holzlast. An den Sandbänken bakken die Kinder ihre Kuchen. Die Veteranen wärmen sich, die Alten vom nahen Altersheim. Viel Geist zog über diese Wege. Im Sommer, schon vor den Reitern und längst vor seinem Tagewerk, stelzt der Professor Hellmann mit seinem Sophoklestext durch den Englischen Garten. Die Hände klamm vor Dürftigkeit, versunken in die Treue zu seinem Werk, strebt der Privatgelehrte Bastian durch den Park in die Bibliothek. Er denkt an alte Handelspapiere, an Urkunden des Mittelalters, er sieht die Bäume nicht, doch segnen sie ihn. Hunde beriechen sich, zerren an den Leinen, der Dackel des Herrn Privatier, der Foxl der gut erhaltenen Dame, Schnauzer und Windspiele. Erhard sitzt auf der Bank am überhangenden Baum. Er hat sich das erste Buch vom Antiquar gekauft. Der Mann mit dem Dackel setzt sich neben ihn und sagt: „Grüß Gott, Herr Nachbar."

Herbst im Englischen Garten (Kölwel, Gottfried: „Herbst im Englischen Garten", in: Ders.: Elegien und andere Gesänge, Scientia Verlag, Zürich 1949)

Bob ist gestört. Er sollte stolz sein. Tante Anna wird sterben, doch wird sie sich auch im Tod vom Englischen Garten nicht weit entfernen, sie wird draußen im Neuen Nordfriedhof unter dem Engelskopf liegen, den der Bildhauer Baierer gemacht hat, dem Oberstleutnant zum Gedächtnis. Von Herrn Baierer war oft die Rede. Tante Anna sprach so gern von Künstlern.

Es wird dunkel und kalt. Erhard trägt sein Buch fort und träumt davon, daß es eine Bibliothek sein wird. Bei der Deckerschen Klinik kommt ihm ein Paar entgegen. Der Park wird es aufnehmen: der Liebe unendliche Bahn.

Hermann Heimpel (1949)

Herbst im Englischen Garten

Einst, in den Zeiten des köstlichen Friedens, wie ging ich so oft
durch deine blühenden Auen, im Schatten der uralten Bäume,
über blendenden Kies wie auf goldenen Wegen des Glücks.
Silbern lachte der Fluß, es lachten die leuchtenden Rinden der Buchen,
und bunte Vögel lachten im grünen Gezweig.
Alles lachte, die Blumen, die Steine, und so lachte denn
fröhlich mein Herz auch inmitten der heiteren, irdischen Welt.
Blau war der Himmel und die Wolken so weiß, daß sie glänzten
wie die Mauern und Dächer der Stadt und die Kuppeln der Türme,
als wollte alles sich messen, was reicher und spendender sei
an Licht und Farben und Formen, um Auge und Herz zu erfreun.
Ach, wer gedächte nicht auch der goldenen Zei-

ten des Geistes,
als noch ein jeder ging mit seinem eignen Gesicht und
jeder den eignen Stein trug, den Tempel der Künste zu bauen,
als noch keiner scheute die blitzende Kugel des andern;
hell gepanzert war noch das Herz von gläubiger Freude,
wo ein Geschoß sich zeigte, klang noch das

Lachen im Mund.
Freunde, wo seid ihr? Weh zerrissen, ach, ist der segnende
Kreis der Liebe und zerstoben alles im Wind.
Wie Gerippe stehen die Bäume, es schluchzet der Fluß
und die Wiesen sind kahl, von klaffenden Wunden durchfurcht.
Traurig wandert der Blick zu den grauen Ruinen der Stadt, wo verkohlte Balken sich kreuzen,

Dezembertage

Auch der Englische Garten kam wieder in Gunst: in priesterlicher Weiße ruhte er unter dem kurzen Sonnenlichte der Dezembertage, plötzlich sehr weit und eben, mit Baumgruppen, die der Rauhreif verklärte. Im gelichteten Buschwerk entdeckte man alte Marksteine, und die Häuser Schwabings drängten sich jetzt enger an den Garten, der sie sonst mit vollen Wipfeln verscheuchte. Vom stolzen Monopteros rodelten aufs ungriechischste Scharen von Buben und Mädeln, indem sie platt auf ihren kleinen Bäuchen lagen, mit den Beinen steuerten und bremsten, und gellende Rufe der Warnung ausstießen. Auf dem Kleinhesseloher-See aber, der festgefroren eine prächtige Eisbahn abgab, bewegten sich, schwarz oder bunt gekleidet, die gleitenden Figuren der Schlittschuhläufer.

Arnold Zweig (1950)

Ich fahre schwarz

Als ich fünf Jahre alt war, durfte ich mit meinen beiden Schwestern das Karussell am Chinesischen Turm im Englischen Garten besuchen. Jedes Kind bekam 10 Pfennige und dafür durfte man dreimal fahren. Aber meine Schwestern machten immer weiter, während ich ihnen betrübt zuschaute. Ich beklagte mich, weil ich nicht auch öfters fahren durfte und verlangte noch einmal ein Zehnerl. Sie erklärten aber: Wir haben kein Geld, wir fahren schwarz. Ich dachte nun, dies sei ein Zauberwort, wartete bis das Karussell hielt und setzte mich befriedigt auf einen Schimmel. Nach einigen Drehungen kam die Frau zum Geldkassieren; ich erklärte seelenruhig: Ich fahre schwarz. Darauf packte mich die humorlose Person am Genick und warf mich

ein Sinnbild des Jammers,
wo der Schutt sich zur Asche gesellt, wo das Antlitz des Todes
hohl aus den Fenstern und Türen äugt und zu pfeifen beginnt,
bis im Sturm der moderne Staub sich hebt zum gespenstischen Tanz.
Wenn die letzten Mauern und Türme wanken, sich fürchten,
zu stürzen hinab in den wirbelnden Abgrund, verhülle dein Haupt,
um nach innen zu schauen, bis der Dämon erscheint vor dir,
und du erkennest für immer sein höllisches Werk.

Gottfried Kölwel (1949)

Dezembertage
(Zweig, Arnold: Verklungene Tage, Kurt Desch Verlag, München 1950)

Ich fahre schwarz
(Reisinger, Ernst: Meine Jugend in Alt-Schwabing, Franzis Verlag, München 1952)

Aus dem Richtspruch zum Wiederaufbau des Chinesischen Turms 1952
(Lachner, Johann: Richtspruch für den Chinesischen Turm, München 1952)

wie einen Dackel während der Fahrt auf den
Rasen hinaus.

Ernst Reisinger (1952)

Aus dem Richtspruch zum Wiederaufbau des
Chinesischen Turms 1952

Ja, warum is des ganga, warum is des gschehgn,
daß mir an Chinesischen Turm wieder sehgn?
Des kommt vo nix anders als wia von da Kraft
und da Liab zu da Arwat; damit hamma's
gschafft!
Jetzt, Leutl, geht's auf! Jetzt geht's wieda bessa!
Was waar denn a Bua ohne stehates Messa?
Was is denn a Hemmad ohne Knöpfl im Krag'n?
Is nix, is glei gar nix – und drum laßt's mi sagn:
Des, was für das Rentamt de Metzga und Bäcka,
des, was für an Blinden da Hund und da Stecka,
und was für a Ant'n a richtiga Wurm –
is für'n Englischen Garten da Chinesische
Turm!

Johann Lachner (1952)

Englischer Garten-Song

Hallo, my baby, come with me
for an English-Garden-trip.
Ich weiss am Kleinhesseloher Sea
für uns a little ship.
Come on, steig ein und farewell!
Reich mir your little hand!
Beim five o'clock dann im Hotel
gibt es ein happy end.
Beim Boogie zähl ich one, two three

und fass dich um die hip –
Hallo, my baby, come with me
for an English-Garden-trip.

Emil Vierlinger (1956)

2. Februar

Schreibmaschine versetzt,
auf eine Bank gesetzt
im verschneiten Englischen Garten,
um auf das komische Glück zu warten.
Glück nicht gekommen.
Zwei Kilo abgenommen.
Mich aber dann zusammengenommen
und wieder vom Selbstmord abgekommen.

Walter Rufer (1963)

Harmlos

Am Harmlos stund einmal ein Mann
und sah sich diesen harmlos an.
Da kam ein Weib und frug ihn frei,
ob dies denn hier noch harmlos sei?

Ein völlig unbedeckter Stein,
muß das, so fragt sie harmvoll, sein?
Die Straße sei doch kein WC!
Und trieb's so fort, ach jemine!

Der Mann, dem dies Getu mißfiel,

erwidert darauf sachlich-kühl,
es wäre wirklich nichts dabei,
weil ja der Harmlos harnlos sei!

„So harmlos sind Sie nicht gebaut,
wie jener dort, der nicht verdaut
und weder Notdurft kennt noch Durft!"
Drauf ist das Weib davongeschlurft.

Der Harmlos aber lächelt mild,
ein harmlos steinern Jünglingsbild.
Kein Menschenwort, kein Gallenstein
wird jemals ihm beschwerlich sein!

Herbert Schneider (1967)

Sträucher für Liebespaare

Dann gründete ich in einem Teil des Englischen
Gartens ein Geschäft.
Ich vermietete hinter dem Haus der Kunst Sträu-
cher als Stundenhotels für Liebespaare. Ich
akzeptierte nicht jedes Liebespaar. Das sprach
sich schnell herum und brachte mir, leider,
Zulauf. Ich war ein Bettler und war wachsam;
wer in meinen Sträuchern liebte, kam verändert
heraus, das merkten zuerst die Betroffenen,
schließlich auch ich selber. Wie das geschah,
wußte keiner, ich am wenigsten. Ich nahm für

2. Februar
(Rufer, Walter: „Schreibma-
schine versetzt…", in: Ders.:
Der Himmel ist blau, ich auch,
Kreisselmeier Verlag, Icking-
München 1963)

Harmlos
(Schneider, Herbert: „Harmlos",
in: Münchener Merkur Nr. 156,
Jg. 23, München 1./2.7.1967)

Sträucher für Liebespaare
(Herhaus, Ernst: Kapitulation.
Aufgang einer Krankheit, Carl
Hanser Verlag, München und
Wien 1977)

[1] *Aus: Münchner Neueste Nachrichten Nr. 114/115, Jg. 39, München 24. 4. 1886, S. 10.*

Ankündigung in der Zeitung[1]
(Kleinhesseloher See) Morgen, Sonntag beginnen die regelmäßigen Fahrten mit dem neu erbauten elegant ausgestatteten Dampfboot „Ludwig". Dasselbe hat eine ganz neue Maschine, 40 Sitzplätze und umfährt den See per Fahrt zweimal. Zur Sicherheit des Publikums ist ein eigener Platz zum Ein- und Aussteı-

gen mit zwei sicheren Stegen erbaut. Außerdem sind die vorhandenen Schiffe heuer um sechs Flachschiffe und sechs Grönländer bester Bauart vermehrt.

Der Admiral von Kleinhesselohe[2]
(Besitzer und Betreiber des Dampfbootes)

„Erwar nicht etwa ein Mann von hervorragender Bedeutung aber wegen seines unverwüstlichen Humors in einem ungewöhnlich großen Kreis bekannt und beliebt", heißt es in einem Nachruf, den das „Neue Münchner Tagblatt" zum Tode von Gabriel Wörlein, selbsternannten Admiral und Erfinder des Ausflugortes Kleinhesselohe, vor 50 Jahren brachte. Sein Grab am Friedhof in der Arcisstraße ist nur zu finden, wenn man das Glück hat, den Friedhofswärter anzutreffen, der einmal täglich kurz von auswärts kommend die Tore öffnet. Vor rund 18 Jahren wurde diese Ruhestätte nämlich geschlossen und über dem Wärterhäuschen eine Tafel „Städtische Straßenreinigung, 14. Bezirk" angebracht. Die alte Glocke über dem Emaille-Schild „Leichenfrau", die man aus Vergeßlichkeit nicht entfernt hatte, wird nur noch gelegentlich von Lausbuben gezogen.

Bis zu seinem 50. Lebensjahr war Gabriel Wörlein Vergolder und Gipsformer. Seine Werkstatt lag im Gefängnis-Gassl, seine Spezialität waren Stuckengel zur Schlafzimmer- oder Grabdekoration. Als 1883 die „Königliche Civilliste" am Kleinhesseloher See ein Restaurant errichtete, beschloß Herr Wörlein seinen Pinseln und Meißeln zu entsagen und den Münchnern einen bequemen und erreichbaren Ausflugsort zu schenken. Er pachtete die Gaststätte und erwarb eine Flotte von 20 Gondeln. Bei der Eröffnung lud er in einer humorvollen Ansprache, mit

einer blutroten Admiraluniform bekleidet, die Gäste zum Wassersport. Die Uniform, die er von da an jeden Sonntag anzog, brachte ihm den Namen „Admiral Gaberl" ein.

Täglich, punkt sechs Uhr, unternahm er mit seinen zwei Dackeln, nach einem selbsterfundenen Gesundheitsrezept, einen Spaziergang von 999 Schritten durch den Englischen Garten. Erkundigte man sich nach seinem Ausflugsziel, erwiderte er stets „Da miassn S'meine Dackln fragn". Im Herbst zog Gaberl eigenhändig seine Flotte an Land, mottete seine Uniform ein, bekleidete sich mit einer Biberfellmütze und nagelte über den Eingang seines Boots- Schuppens ein riesiges Schild „Schlittschuh-Anschnall-Lokal". Vom Balkon aus beobachtete er das fröhliche Treiben der Eisläufer durch ein uraltes Marine-Fernrohr.

Eines Maiensonntags – Gaberl war inzwischen 74 Jahre alt geworden – wurde er plötzlich, beim 385. Schritt des Gesundheitsspaziergangs, im Gesicht röter als seine Uniform und sank röchelnd zu Boden. Der Schlag hatte ihn getroffen. Unter einem Blumenmeer wurde der Sarg in die Erde gesenkt, die Mitglieder der Bürgersängerzunft München – sie hatten in Gaberl einen trefflichen Baß verloren – waren vollzählig erschienen. Bis zu ihrem eigenen Tod im Jahre 1907 führte Gaberls Frau Magdalena das Restaurant am Kleinhesseloher See weiter.

[2] *Aus: Münchner Stadtanzeiger Nr. 3, Jg. 10, München 22.1.1954*

Die Gründung der „Thierarzneyschule"
im Englischen Garten im Jahre 1790

Höchst Landesherrliche Militär-Verordnung[1]

*Hofportal der ehemaligen
„Thierarzneyschule" (der
heutigen Tierärztlichen Institute
der Universität)*

Serenissimus Elector.
Seiner Churfürstl. Durchleucht Landesväterlichen Fürsorge für das allgemeine Beste Dero getreuen Unterthanen haben die Vortheile nicht verborgenbleiben können, welche dem Landmann durch Verbreitung der Thier-Arzneykunst bey einbrechenden Viehseuchen zur Verbesserung bey der Viehezucht und Beförderung des Ackerbaues gewährt werden.

Höchstdieselben haben also den gnädigsten Entschluß gefaßt, eine förmliche Thierarzney-Schule (Ecole Veterinaire) in dem an dem hiesigen Militairischen Garten anliegenden und hierzu bereits vollkommen hergestellten Gebäude zu errichten.

Dieser höchsten Entschlüßung zu Folge befehlen Seine Churfürstliche Durchleucht gnädigst, daß

1mo. diese Veterinaire-Schule mit künftigen 1sten May Monats eröffnet, und mit den erforderlichen Lehren der Thierarzneykunst durch einen hierzu besonders aufgestellten öffentlichen Lehrer den Anfang gemacht werden solle.

2do. werden in diese Thierarzney-Schule Acht Zöglinge vom Civil- und Acht vom Militaire-Stande aufgenommen, in allem unterrichtet, und bis zur Vollendung des Lehrkurses mit Kost, Kleidung, und Wäsche darinn unentgeldlich verpfleget werden.

3tio. sollen nebst der unentgeldlichen Aufnahme dieser Sechszehen Zöglingen, noch

196

andere Sechszehen ohne Rücksicht des Standes gegen Erlag von monatlichen zehen Gulden in gedachter Veterinaire-Schule aufgenommen, und mit all obigen darinn verpfleget werden.

4to. müssen die Zöglinge, welche in diese Thierarzney-Schule aufgenommen zu werden suchen, wenigst das 10te Jahr erreichet, und das dreyßigste nicht überschritten haben, und damit

5to sämmentliche Churfürstliche Lande und Erbstaaten in der Folge mit geschickten Thierärzten, so wie auch die Cavallerie-Regimenter mit guten Huf- und Curier-Schmiden versehen werden, so wollen Seine Churfürstliche Durchleucht gnädigst gestatten, daß zur ohnentgeldlichen Aufnahme der Acht Eleven vom Civil-Stande, von hiesigen Landen Vier, von der Churpfalz am Rhein Zwey, und von Gülch- und Bergischen Landen ebenfalls Zwey der tauglichsten und geschicktesten jungen Leuten, welche die erforderliche Anlage zur Thierarzneykunst besitzen, hieher gesendet werden därffen, wegen deren Auswahl, Übersendung und Aufnahme die hiesige Oberlandes-Regierung die Churpfälzische Regierung zu Mannheim, und der Gülchund Bergische geheime Rath mit dem Churfürstlichen Hofkriegsrath sich freundschaftlich zu benehmen hat.

6to, soll jedes Cavallerie-Regiment zur unentgeldlichen Aufnahme und Besetzung deren Acht Zöglingen vom Militär-Stande seinen geschicktesten Huf- und Curier-Schmid hieher überschicken – oder sofern beym Regiment kein tauglicher vorhanden ist, gegen Entlassung des untauglichsten einen fähigen jungen Menschen als Huf- und Curier-Schmid aufnehmen und denselben zur Lehre in diese Thierarzney-Schule anher übersenden.

7mo wird der Lehrkurs auf drey Jahre festgesetzt und während dieser Zeit nicht nur in denen besten Curarten, sondern auch in der besten Methode Pferde zu beschlagen förmlicher Unterricht ertheilet, die Lehrart selbst aber, und die innerliche Einrichtung dieser Veterinaire-Schule seiner Zeit öffentlich nähers bekannt gemacht werden. Damit aber auch

8vo. denen studierenden Zöglingen Gelegenheit verschaffet werde, ihre erlernte theoretische Wissenschaften gleich praktisch auf den kranken Körper des Thieres anzuwenden, und zu gleicher Zeit die hiesige Stadt und die nahe gelegenen Ortschaften von dieser Einrichtung mehreren Nutzen ziehen können, so wird jedermann erlaubt seyn, kranke Pferde, Hornviehe, Schaafe, Schweine etc. in diese Thierarzney-Schule zu überbringen, wo selbe in denen alldort besonders neu, und gemächlich erbauten, auch bereits auf Fünfzig Pferde hergestellten Stallungen gegen sehr leidentliche Nahrungs-Medicinund Wartungskosten z. B. für ein Pferd von täglichen dreyßig Kreutzer, und für übrige Thiere von verhältnißmäßig geringerem Preiß ordentlich behandelt und verpfleget werden.

München, den 10ten März 1790
Carl Theodor Churfürst
Vid. Freyherr von Vieregg.
Ad. Mandatum Serenissimi
Domini Electoris proprium.
Schultes

[1] In: Der baierische Landbot Nr. 25, München 24.- 28. 3. 1790

„Zum Muster und zur Vervollkommnung der Viehzucht in Bayern"[1]

München, den 6ten July 1790

[1] Aus: Der baierische Landbot
Nr. 55, München 7.–11. 7. 1790.

Heute Mittags wurde seiner churfürstl. Durchleucht das für Höchstdero englischen Militärgarten eben angekommene sehr schöne Schweitzervieh vorgeführt, worüber Höchstselbe mit gnädigstem Wohlgefallen die höchste Zufriedenheit geäussert haben. Dieses herrliche Vieh besteht aus sechs sehr schönen Melkkühen, und einem ungemein schönen und großen 2jährigen Springstier. Sowohl die Größe, als vorzüglich der ganze Bau, dieses Viehes ist von einem solch guten Schlage, der selbst in der Schweitz selten anzutreffen ist. Diese schönen Thiere sollen für die neu angelegte Mayerey im englischen Militärgarten zum Muster und zur Vervollkommnung der Viehzucht in Baiern bestimmt seyn. Diesen wichtigen Zweck desto sicherer und

zuverläßiger zu erreichen, so befindet sich bey diesen 7 Stücken Vieh ein damit angekommener schweitzerischer Sender, der mit allen Manipulationen bey einer guten und zweckmäßigen Viehzucht aus eigener Erfahrung genau bekannt ist.

Eine Menge Menschen folgten diesen neu angekommenen Schweitzerkühen auf dem Fuße nach, und täglich wandern itzt noch viele in das Gebäude der Veterinär- Schule, wo sich dieses Vieh einsweil befindet, und wo ihm noch kein Kenner die volle Bewunderung, und den ungeheuchelten Beyfall versagt hat.

Giebel des Hofportales
der ehemaligen
„Thierarzneyschule"

198

Die ökologische Bedeutung des Englischen Gartens

Friedrich Duhme

Der Englische Garten stellt städtebaulich gesehen eine im Durchschnitt 1 km breite grüne Achse dar, die am Altstadtring und damit im direkten Anschluß an die historische Altstadt ihren Anfang nimmt und sich über rund 10 km bis zum alten Eisenbahnring Nord hinzieht, letztlich aber abgesehen von verschiedenen in diesem Jahrhundert geschaffenen Querriegeln unmittelbaren Anschluß an die nördlichen Isarauen bis Freising hat.

Die Abgrenzung entspricht damit, wenn man die städtisch überprägten Bereiche an der Prinzregentenstraße und parallel zur Isar bis zum Mittleren Ring im Bereich Tucherpark ausnimmt, vollkommen der alten Isarau. Die Isar selbst wurde bei der Anlage des Englischen Gartens von ihrer Aue ausgedeicht.

Dies war eine unabdingbare Voraussetzung, um den neu geschaffenen Volksgarten einerseits ganzjährig nutzen zu können, andererseits aber auch, um die einmal getätigten Investitionen vor den Isarhochwässern insbesondere des Frühsommers schützen zu können. Hierüber würde man heute anders denken (vgl. die Bemühungen um eine Renaturierung der südlichen Isar im Bereich der Au), doch entspricht dies in vollem Umfang den Absichten des ausgehenden 18. und beginnenden 19. Jahrhunderts, mit dem Landschaftsgarten eine idealtypische Landschaft festzuschreiben.

Das Element Wasser wird aber durch die Ausdeichung der Isar nicht ebenfalls ausgeklammert. Im Gegenteil, die seit dem Mittelalter für München lebenswichtigen Stadtbäche werden mit Eisbach und Schwabinger Bach zu einem der zentralen Motive im Park, wobei ganz offensichtlich alte Gerinne und natürliche Flutmulden der Auenlandschaft entsprechend modifiziert in die Gestaltung integriert werden.

Als ökologisch und gestalttypologisch ebenso bedeutsam ist die Tatsache einzustufen, daß bereits seit dem 14. Jahrhundert im mittleren Bereich des Englischen Gartens zwischen Hirschau und Hirschanger ein Hirschgehege existent war, das einerseits für relativ mühelose Jagden gedient hat (man könnte auch sagen, daß hiermit eine relativ sichere Ressource für die fürstliche Küche etabliert wurde), andererseits aber auch bereits wesentliche Merkmale eines Landschaftsgartens durch diese Nutzung hervorgebracht hat.

Hierfür entscheidend sind die Äsungsgewohnheiten des Rotwildes, das neben der Zurückdrängung der Strauchschicht vor allem

Aronstab (arum maculatum) und Gefleckte Taubnessel (lamium maculatum)

199

die Baumschicht bis auf ca. 2,5 m Höhe „aufastet", so daß eine oberflächenparallele Äsungslinie entsteht. Sie ist eine Grundvoraussetzung für eine staffagenhafte Kulissenbildung, die aus der Augenhöhe des Menschen immer transparent bleibt. Sehr gute Beispiele sind heute noch der Hirschgarten in München (er hat die gleiche Funktion für die Hoffestivitäten in Nymphenburg gehabt) und heute noch besonders eindrucksvoll das Gelände um das Jagdschloß Grünau östlich der Residenz Neuburg/Donau in den Donauauen.

Der Startpunkt zur Entwicklung und Gestaltung des Englischen Gartens ist somit nicht als wilde ungebändigte Auenlandschaft vorzustellen, sondern als in großen Teilen bereits weitgehend durch mehrhundertjährige Nutzung modifiziert. Friedrich Ludwig von Sckell ist offenbar auch in höchst subtiler Weise mit den vorgefundenen Strukturen umgegangen, hat sich sehr eingehend mit den klimatischen und standörtlichen Rahmenbedingungen auseinandergesetzt und fast ausnahmslos standortgerechte, heimische Gehölze für die Gestaltung des Englischen Gartens verwendet. Man kann also mit Fug und Recht die Entwicklung des Englischen Gartens auch unter heutigen Kriterien als ökologische Planung bezeichnen.

Zum Zeitpunkt der Entstehung des Englischen Gartens ragte der Park weit in die freie Landschaft hinaus und bildete ein ungeteiltes Kontinuum hinaus in die nördlichen Isarauen. Das enorme Wachstum Münchens von rund 35.000 Einwohnern um 1750 auf 170.000 Einwohner im Jahre 1871, vor allem aber auf bereits 500.000 um die Jahrhundertwende und dann noch einmal auf knapp 1,4 Mio. um 1975 bedeutete vor allem für die

Zierliche Segge
(carex gracilis)

Stadtentwicklung, daß der Englische Garten eine „unangenehme" grüne Barriere bildete. Diese ist heute mehrfach durchbrochen. Wohl die schwerste Zäsur bildet der Mittlere Ring, er trennt den südlichen vom mittleren und nördlichen Teil. Viel früher bereits geschah die Abgrenzung zu den nördlichen Isarauen durch den Bau des Eisenbahn-Nordrings 1939. Diese Zäsur wird heute – und war es vermutlich auch früher – als offizielle Grenze des Englischen Gartens angesehen.

In den 60er Jahren dieses Jahrhunderts hat man noch durch Gestaltungswettbewerbe versucht, den Englischen Garten gestalterisch funktional an die nördlichen Isarauen

bis Freising anzubinden, um sozusagen ein Zeichen zu setzen für ähnlich vorausschauende Planung in diesem Jahrhundert. Daraus ist letztlich nicht viel mehr als eine Radfahrverbindung beiderseits der Isar geworden. Der Bau des Autobahnnordringes hat nun endgültig den früher gegebenen Anschluß an die nördlichen Isarauen vereitelt.

Aufgrund der nunmehr vorhandenen städtischen Barrieren kann man den Englischen Garten geographisch gesehen in drei ökologisch jeweils ähnliche Bereiche unterteilen. Man kann als einigermaßen homogene Teilräume des Englischen Gartens einen südlichen, besonders intensiv genutzten Bereich bis zum Mittleren Ring ausgrenzen, einen mittleren Bereich, der vom Mittleren Ring etwa bis zum Föhringer Wehr reicht und einen deutlich geringer genutzten Abschnitt, der von dort bis zum Eisenbahn-Nordring reicht.

Der Südteil des Englischen Gartens ist äußerst stark durch Erholungsverkehr genutzt. Die extrem hohe Nutzungsintensität, vor allem der Wiesen als Liegewiesen, Sportflächen aber auch Hundetoiletten, bedingt in weiten Bereichen eine Pflege als Intensivrasen, so daß ökologisch interessantere Gebiete ausgeschlossen sind. Dies gilt in erheblichem Umfang auch für die Gehölzbestände, die zwar in Teilen noch eine auentypische Krautschicht aufweisen, wo aber aus Haftpflichtgründen kaum mehr Altbäume geduldet werden können.

Auch die Fließ- und Stillgewässer bieten wenig Ansatzpunkte für eine gewässertypische Vegetation und Fauna. Während die Fließgewässer weitestgehend ingenieurmäßig mit Steinwurf und sonstigen Uferverbauungen ausgebaut sind, wirkt sich der außer-

Junger Waldkauz (Ästling)

ordentlich überhöhte Wasservogelbesatz des Kleinhesseloher Sees extrem negativ auf die Vegetation der Uferbereiche aus. In der Folge dieser durch unreflektierte „Tierliebe" entstandenen Überpopulation an Wasservögeln ist das Vorkommen von Amphibien weitgehend ausgeschlossen.

Dennoch ist immerhin festzuhalten, daß es für die Jahre 1981–1983 Brutnachweise für Saatkrähe und Kolbenente auf der Königsinsel gibt und im Südteil des Englischen Gartens an einem Teil der Bachläufe auch für die

201

Wasseramsel. Immerhin wird dadurch bestätigt, daß selbst in extrem stark durch Erholung beanspruchten Räumen doch für einzelne sonst stark bedrohte (Vogel-)Arten noch Refugien existieren können.

Der mittlere Bereich des Englischen Gartens erfüllt eine wichtige Übergangsfunktion zwischen dem extrem stark genutzten Süden und den naturnahen Teilen des Nordens. Vermutlich hat der Mittlere Ring sogar ungewollt eine deutlich beruhigende Wirkung auf die nördlich anschließenden Flächen. Jedenfalls sind weite Wiesenflächen hier nur noch zweimähdig bewirtschaftet und zum Teil wegen standörtlicher Veränderungen auch mit interessanteren Wiesen- und Halbtrockenrasen-Gesellschaften bestockt (ehemaliges Maffeigelände {s. Artikel Holder}).

Auch die Gehölzbestände weisen hier einen deutlich natürlicheren Charakter auf, der wesentlich klarer die Herkunft aus dem eigentlichen Isarauwald dokumentiert. Kennzeichnend ist vor allem aber die Auflösung des ehemaligen Waldbestandes in klein-

Spitzahorn Austrieb und Blüte
(Acer platanoides)

räumige Gehölzgruppen im Wechsel mit Wiesenflächen, die räumlich eine erhebliche Erhöhung der Strukturvielfalt gegenüber dem Auwald bedeutet. Hierauf begründet sich ein entsprechend hoher Besatz mit Vogelarten, die für den Münchner Raum zum Teil hochbedeutend sind (s. Artikel Zedler), deutlicher wirkt sich diese strukturelle Diversität auf die Insektenfauna aus. Der zum Teil sehr alte und freistehende Baumbestand beherbergt in seinen Alt- und Todholzstrukturen stark bedrohte Urwaldreliktarten der Holzkäferfauna, die zum Teil im Umkreis von zig Kilometern nicht mehr vorkommen.

Der Nordteil des Englischen Gartens bietet aufgrund der relativ extensiven Pflege, den zum Teil noch vergleichsweise ungestörten Gehölzen und gewässerbegleitenden Säumen und den recht gut entwickelten Altbaumbeständen relativ gute Lebensmöglichkeiten für Säugetiere. An Kleinsäugern wurden Maulwurf, Igel, Rötel-, Wald-, Scher- und Feldmaus, das Eichhörnchen, die gefährdete Waldspitzmaus und die im Stadtgebiet vergleichsweise selten auftretende Bisamratte nachgewiesen. Daneben kommt hier auch das Kaninchen, das im Stadtgebiet seltene Reh, welches den Biotop allerdings ebenso wie der gelegentlich hier auftretende Rothirsch hauptsächlich als Nahrungsbiotop nutzen dürfte, sowie der in Bayern zunehmend zurückgehende Hase vor.
Auch die Raubtiere sind mit Iltis, Fuchs und dem zumindestens noch bis in jüngste Zeit hier auftretenden Dachs gut vertreten. Außerdem kommt hier sicherlich auch der in der angrenzenden nördlichen Isaraue nachgewiesene und weit über das Stadtgebiet verbreitete Steinmarder vor. Aus dem Randbe-

reich des Biotops liegen Nachweise von Fledermäusen vor, und man kann wohl davon ausgehen, daß hier ebenso wie im Südteil des Englischen Gartens die dort von BRISKEN (mdl.) nachgewiesenen gefährdeten Arten, nämlich Zwergfledermaus und Abendsegler, siedeln.

In den Parkteichen des nördlichen Englischen Gartens laicht ein mittelgroßer Bestand des Grasfrosches. Aufgrund des starken Besatzes der Gewässer mit Schwimmvögeln, der durch unsachgemäße Fütterung hervorgerufen wird, dürften allerdings nur wenige Jungtiere aufkommen. Der Park dient dem Grasfrosch gleichzeitig auch als Landlebensraum. Da sich die Bedingungen für Amphibien im Biotop aufgrund des immer stärkeren Erholungsdruckes und der immer höheren Entenbestände zunehmend verschlechtern, sollten unbedingt kleine Tümpel weitab vom Wegenetz angelegt werden, damit sich die Amphibienbestände wieder erholen können.

Die naturnahen Teile der Hirschau beherbergen noch den größeren Teil der ursprünglich reichen Molluskenfauna. Während in den stark überformten Gewässern keine Schnekken gefunden wurden, sind die Landschnekken noch gut vertreten. Es wurden zwar keine Arten der Roten Liste gefunden, aber acht in München schon ziemlich seltene Formen stehen doch auf der erfreulichen Seite der Bilanz. So kommt hier die Berg-Vielfraßschnecke (Ena montana), Draparnaud's Glanzschnecke (Oxychilus draparnaudi), die Wurmschnecke (Boettgerilla pallens), die Glatte Schließmundschnecke (Cochlodina laminata), die Strauchschnecke (Bradybaena fruticum), die Schatten-Laubschnecke (Perforatella umbrosa), die Einzahnige Laub-

schnecke (Trichia unidentata) und die Weinbergschnecke (Helix pomatia) vor. Darüber hinaus leben hier noch neun allgemein weit verbreitete Landschneckenarten. Der Biotop ist daher für Landschnecken äußerst wertvoll. Wichtig wäre es, in Zukunft größere Teile der Hirschau noch extensiver zu pflegen, das heißt, abgefallenes Laub und morsche Äste nicht zu entfernen. Dies würde auch für zahlreiche andere Tiergruppen positive Auswirkungen haben.

Insgesamt gesehen ist aus der ursprünglichen Isarauenlandschaft eine Parklandschaft in der Aue geworden, die freilich auch heute noch viele ökologische Attribute und Merkmale der Vergangenheit aufweist. Der wichtigste anzusprechende Verlust aus ökologischer Sicht ist selbstverständlich einerseits die verlorengegangene Auendynamik und darüber hinaus die durch die städtische Entwicklung verursachten Querbarrieren. Sie haben zwar wichtige Verbindungen innerhalb der Aue getrennt, sie haben aber auch dazu geführt, daß auch die Erholungsnutzung an diesen Barrieren von der Intensität her jeweils sprunghaft vermindert ist.

Gestalterisch wie ökologisch sind für die Zukunft – bei einem über 200 Jahre alten Park kann das nicht anders sein – richtungsweisende Entscheidungen zu fällen. Diese Entscheidungen kann man in der Frage zusammenfassen, wie denn wohl die zukünftigen Proportionen von Kunst- und Naturdenkmal auszuschauen haben.

Die Gehölze im Englischen Garten

Britta Seiffer-Renner

D as Gebiet des Englischen Gartens – früher als „Schwabinger Au" bezeichnet – war noch Anfang des 19. Jahrhunderts von Altwässern der Isar zerteilt und durch Hochwasser gefährdet (Heindel 1936, S. 21; L. Wagner 1931, S. 23). Es war mit Erlengestrüpp, Haselgebüsch, wehenden Weiden und Birkenbeständen bewachsen, mit Gruppen von struppigem Nadelholz und vereinzelten großen Bäumen. Es war umwuchert von subalpiner Flora, deren Same von der Isar aus den Bergen mitgeführt und hier abgesetzt worden war (Dombart 1972, S. 12).

Aufgrund wachsender Einwohnerzahl und gesteigerter Verkehrsbedürfnisse begann man – nach anfänglichen regellosen Schutzbauten – Anfang des 19. Jahrhunderts mit der systematischen Regulierung der Isar. Die Einengung und Begradigung bewirkte eine Änderung der bis dahin vorhandenen Auendynamik, d. h. vor allem ein Ausbleiben der Überflutungen und der damit verbundenen Ablagerungen von Kies und Hochflutlehm. Für die vorhandenen Auwälder und Gehölze hatte das zur Folge, daß sie sich ungestört weiterentwickeln konnten. D. h., daß sich z. B. vorhandene „Pioniergesellschaften" auf Kiesbänken, die nur aus wenigen Arten zusammengesetzt sind, langsam und ungestört durch weitere Hochwässer zu artenreicheren und vielfältigeren Pflanzengesellschaften hin entwickeln konnten.

Vor der Konzeption des Englischen Gartens untersuchte Friedrich Ludwig von Sckell das Münchner Klima und die Bodenbeschaffenheit, um sicher zu gehen, daß die natürlichen Gegebenheiten der Isarauen für die Gestaltung eines Landschaftsgartens geeignet waren.

Gehölzrand mit Waldrebe

Altbuchenbestand mit Buschwindröschen

Literatur

Ammer, U. u. Sauter, U.: Überlegungen zur Erfassung der
Schutzwürdigkeit von Auebioto-
pen im Alpenvorland. - In:
Berichte der ANL, H. 5, Laufen,
1981, S. 99-137

Dombart, T.: Der Englische Garten zu München, München, 1972

Heindel, K.: Die Umgestaltung
der Isar durch den Menschen.
Diss., München, 1936

Palten, W.: Intensiv- und Exten-
sivpflege von Grünflächen. - In:
Neue Landschaft, H. 5, Hanno-
ver/Berlin 1982, S. 322-326

Schmiedeknecht, H.: Der Englische Garten in München im
Spiegel seiner Besucher. - Dipl.-
Arbeit, Lehrstuhl für Landschaftsarchitektur, TU Weihenstephan, München 1976

Seibert, P.: Die Auenvegetation
an der Isar nördlich von München und ihre Beeinflussung
durch den Menschen. - In:
Landschaftspflege und Vegetationskunde, H. 3, München
1962

Seiffer, B.: Vergleichende Stand-
ortsaufnahmen ausgewählter
Gehölze im Englischen Garten
(München). - Dipl.-Arbeit,
Geogr. Institut der LM Univer-
sität München, München 1984

Troll, W.: Die natürlichen Wälder im Gebiet des Isarvorland-
gletschers. - In: Mitt. d. Geogr.
Ges. München, Bd. 19, H. 1,
München, 1926, S. 3-129

Wagner, L.: München. Eine
Großstadtuntersuchung auf geo-
graphischer Grundlage,
München 1931

Entsprechend der natürlichen Voraussetzun-
gen der ehemaligen „Schwabinger Au" bildet
der Hirschangerwald den südlichen und mittleren Bereich des Englischen Gartens, dem
isarabwärts ein größtenteils offenes Auengebiet, die Hirschau, folgt.

Nach der Planung Sckells sollte der Englische
Garten die Illusion einer freien, ungestörten
Landschaft vermitteln. Durch dichte, hohe,
waldartige Gehölzpflanzungen an den Park-
rändern wird die Durchsicht vermieden.
Freistehende Baum- und Gehölzgruppen
schmücken die Innenräume. Die Randpflan-
zungen werden durch unterschiedliche Zusammensetzung der Gehölze und abwechslungsreichen Grundriß gestaltet (Palten 1982, S. 323; Schmiedeknecht 1976,
S. 11).

Die heutigen Gehölze - mit einer Größe von
ein paar hundert Quadratmetern bis zu mehreren Hektar - bestehen in der Regel aus folgenden Schichten:

- obere Baumschicht
- untere Baumschicht
- Strauchschicht
- Kraut- und Moosschicht

Abgesehen von den Beständen mit stark
überalterten Bäumen, die aus Sicherheits-
gründen gefällt werden müssen, und Bereichen wie dem N-Teil des Englischen Gartens,
die durch den Orkan vom 24. 7. 1988 in ihrem
Baumbestand stark beschädigt wurden, ist
die obere Baumschicht immer vorhanden.
Die untere Baumschicht, die im allgemeinen
von jüngeren Bäumen gebildet wird, fehlt oft-
mals oder ist nur schwach ausgeprägt. Diese
Bäume sind meist aus Naturverjüngung ent-

standen. Sie sind für die Stabilität, den Aufbau und den Erhalt eines Gehölzes von großer Bedeutung, da sie einerseits gut an den
jeweiligen Standort angepaßt sind, andererseits entstehende kleinere Lücken, die durch
den Ausfall von einzelnen größeren, älteren
Bäumen entstehen, sofort einnehmen können, und dadurch langfristig den Erhalt eines
Bestandes auf natürliche Weise garantieren.
Sträucher nehmen in den Gehölzen des Englischen Gartens eine Fläche von ca. 33% ein.
Sie sind in der Regel lichtliebende Arten, die
sich bevorzugt an den Gehölzrändern ausbreiten, da nur hier ein ausreichendes Licht-
angebot vorhanden ist. Für den Aufbau des
Waldrands sind die Sträucher sowohl ökologisch als auch gestalterisch von großer Bedeutung.

Durch die lange Zeit der ungestörten Entwicklung (Sukzession) - infolge des Ausblei-
bens von Hochwasser - hat sich im Englischen Garten als Schlußgesellschaft der
Ahorn-Eschen-Wald (Assoziation: Aceri-
Fraxinetum) gebildet, dessen Baumschicht
sich durch einen hohen Anteil an Edellaub-
hölzern wie Ahorn-Arten, Eschen, Linden,
Ulmen und Buchen auszeichnet. In der
Strauchschicht findet man hier besonders
häufig Weißdorn, Gemeinen Hartriegel, Hollunder, Kratzbeere, Stachelbeere, Kornelkirsche und Heckenkirsche.

Der folgende in Auszügen wiedergegebene
Florenkatalog des Englischen Gartens wurde
im Rahmen einer wissenschaftlichen Untersuchung der Gehölzbestände erarbeitet
(Seiffer 1984).

Bäume: Feldahorn, Spitzahorn, Bergahorn,
Roßkastanie, Schwarzerle, Grauerle, Weiß-
birke, Hainbuche, Rotbuche, Esche, Apfel-
baum, Fichte, Schwarzpappel, Vogelkirsche,

Schwarzkieferngruppe in der Hirschau

Frühlingserwachen in der Hirschau.
Alter Solitärbestand beim Oberstjägermeisterbach.
Im Vordergrund Rotbuchen, Weide und Ahorn.

Kirschbaum, Birnbaum, Stieleiche, Robinie, Silberweide, Salweide, Eberesche, Sommerlinde, Winterlinde, Feldulme, Bergulme und Huntington-Ulme.

Sträucher: Kornelkirsche, gem. Hartriegel, Haselnuß, Eingriffliger Weißdorn, Zweigriffliger Weißdorn, Seidelbast, Pfaffenhütchen, Faulbaum, Jasmin, Liguster, Heckenkirsche, Schlehe, Felsenkirsche, Traubenkirsche, Johannisbeere, Stachelbeere, Heckenrose, Kratzbeere, Himbeere, Holunder, Flieder und Wolliger Schneeball.

Die für Auwälder typische forstliche Betriebsform des Nieder- oder Mittelwalds wurde im Englischen Garten allmählich auf die Betriebsform Hochwald umgewandelt. Auf Flächen, auf denen früher der Niederwald ausgegangen war und selbst mit künstlicher Hilfe nicht mehr regeneriert werden konnte, begann man schon 1851 mit einer Umwandlung in Fichtenforste (Seibert 1962, S. 20). Viele Fichtenbestände stammen aus den 20er Jahren. Für sie ist auf den vorhandenen Standorten eine natürliche Verjüngung nicht möglich; als Naturverjüngung dominieren hier eindeutig Esche, Bergulme und Bergahorn.

Eine Holznutzung im Sinne der Forstwirtschaft findet im Englischen Garten nicht statt. Fällungen, Rodungen und Läuterungen werden lediglich im Rahmen der Bestandserhaltung und des -aufbaus sowie aus Gründen der Verkehrssicherheit durchgeführt.

Baumexoten und -raritäten sind im Englischen Garten ebenfalls vorhanden, so z. B. Christusdorn, Schwarznuß, Zick-Zack-Weiden und Tulpenbäume, außerdem eine brüchige Traueresche und ein Eisenholzbaum. Diese Bäume befinden sich überwiegend an ausgewählten Standorten, z. B. in kleinen Gruppen vor der Waldkulisse.

In der Krautschicht der Gehölzbestände finden sich viele Waldbodenpflanzen wie Bingelkraut, Aronstab, Bärlauch, Busch-Wind-

207

Eine Eberesche im Herbstschmuck

Der älteste Baum im Englischen Garten, die etwa 400 Jahre alte Rotbuche, steht auf dem ehemaligen Forstgelände in der Hirschau

röschen, Haselwurz, Waldzwenke, Hexenkraut, Wald-Schachtelhalm, Wolfsmilchgewächse, Wald-Schwingel, Johanniskraut, Springkraut, Waldsauerklee, Vierblättrige Einbeere, Klebriger Salbei, Wald-Ziest, Efeu und viele mehr.

Der menschliche Einfluß wird in der Krautschicht in verschiedener Hinsicht deutlich. Durch Nährstoffanreicherung im Wasser der Bäche findet man ufernah vor allem Brennessel, Scharbockskraut und Stinkenden Storchschnabel. In Biergartennähe findet eine verstärkte Düngung durch die Biergartenbesucher statt, die sich ebenfalls im vermehrten Wachstum von Brennesseln äußert. Große Auswirkung auf die Krautschicht hat die Trittbelastung. Der „Wald trägt in jeder Hinsicht die Spuren seiner stadtnahen Lage ... ist stark ausgetreten und deshalb die ursprüngliche Bodenflora so gut wie vernichtet". Dieses Zitat von W. Troll aus dem Jahre 1926 (S. 56) – bezogen auf das Kapuzinerhölzl – beschreibt sehr gut die Auswirkungen hoher Besucherzahlen auf städtische Grünflächen.

Natürlich sind die größeren, im Nordteil des E. G. liegenden Bestände aufgrund des schwächeren Besucherstroms weniger stark belastet als die des Südteils, doch auch dort ist die Krautschicht beeinträchtigt und es fehlen Arten wie Schneeglöckchen und Leberblümchen.

Trotz aller Einwirkungen und Veränderungen wie Grundwasserabsenkung durch Begradigung der Isar, Anlage eines Landschaftsgartens, Einbringen von Pflanzmaterial, innerstädtische Lage und hohe Besucherzahlen kann man die Gehölzbestände im Englischen Garten als „naturnah" (Ammer u. Sauter 1981, S. 104) bezeichnen, da sie vorwiegend von den natürlichen Standortbedingun-

gen geprägt und durch Nutzungen nur wenig verändert sind.

Im Verlauf von Süden nach Norden wurde im Englischen Garten ein Übergang vom Kunstvollen zum Natürlichen geschaffen, wodurch der Park ein bedeutendes Werk in der Gartenbaukunst des vorigen Jahrhunderts darstellt.

Die Wiesen im Englischen Garten

Dorothea Holder

D ie Wiesen im Englischen Garten sind Grünlandflächen, die durch Mahd und Beweidung genutzt werden. Diese Bewirtschaftungsform bewirkt ein „Offenhalten" der Flächen, da Holzpflanzen, wie Bäume und Sträucher, an solche massiven Eingriffe nicht angepaßt sind. Wo diese Pflege aufhört, entwickelt sich in unserem Klima über langfristige Verbuschungsstadien ein Wald. Die Zusammensetzung der Pflanzenarten einer Wiese ist, wie bei allen Vegetationsgesellschaften, von den auf sie einwirkenden Standortfaktoren abhängig. Unter Standortfaktoren versteht man die ökologischen Gegebenheiten, die an einem bestimmten Ort maßgeblich auf die Pflanzenwelt einwirken. Hierzu zählen insbesondere folgende Faktorenkomplexe: Lagegegebenheiten, Klima, Boden sowie Beeinflussungen durch Tiere und durch den Menschen. Die für den Englischen Garten standortgemäßen Pflanzengesellschaften des Wirtschaftsgrünlandes sind aufgrund der Lage auf der Münchener Schotterebene des süddeutschen Alpenvorlandes Glatthafer-

wiesen (*Arrhenathereten*) mit dem namensgebenden Glatthafer (*Arrhenatherum elatius*) und mit Goldhafer (*Trisetum flavescens*), einer Grasart der Hügel- und Bergstufe. Für die Ausprägung der Pflanzenzusammensetzung der Wiesen im Englischen Garten im Vergleich zueinander, ist jedoch auf zwei Standortfaktoren näher einzugehen. Dies sind die Bodeneigenschaften und die schon erwähnte Beeinflussung durch den Menschen, das heißt, die unterschiedlichen Nutzungs- und Pflegeintensitäten.

Die räumliche Verteilung der Wiesengesellschaften in Abhängigkeit ausgewählter Standortfaktoren

Bei den Böden im Englischen Garten handelt es sich um flach- bis tiefgründige kalkhaltige Böden mit teilweise hohem Sandgehalt über Isarschotter im Untergrund. Seit der Isarregulierung (1806–1812) und der damit verbundenen Grundwasserabsenkung besteht eine Auendynamik nicht mehr. Der Grundwasser-

209

stand liegt ständig mehr als zwei Meter unter Flur und ist somit für Wiesenpflanzen nicht nutzbar. Sandböden und flachgründige Lehmböden über Schotter sind bei tiefliegendem Grundwasserstand durch Austrocknung gefährdet. Des weiteren ist die Nährstoffversorgung *von Eisen, Mangan, Stickstoff, Phosphor und Kalium* auf kalkreichen, flachgründigen und trockenen Standorten gehemmt. Auf allen Wiesenflächen im Englischen Garten ist mehr oder weniger der Hopfenklee (*Medicago lupulina*) verbreitet, der an solche Böden angepaßt ist und somit die Trockenheit und Magerkeit der Standorte aufzeigt. Die Häufigkeit dieser Kleeart ist jedoch auf den einzelnen Wiesenflächen unterschiedlich, da Faktoren wie Lichtmenge, Bodengründigkeit und Nährstoffhaushalt (Einbringen von Kunstdünger) eine Verschiebung im Artengefüge der Wiesenpflanzen bewirken.

Wichtig für die Artzusammensetzung einer Grünlandgesellschaft ist auch das Ausmaß einer Bodenverdichtung. Bodenverdichtungen entstehen durch Auflagedruck wie bei-

Werneck-Wiese im Südteil des Englischen Gartens (Bereich A). Durch Mahd ständig kurzgehaltene Wiese mit starker Trittbelastung. Im Vordergrund deutlich erkennbar: die Trampelpfade.
Aufnahme: Juni 1988

spielsweise durch Trittbelastung (Wege, Sportplätze), Belastungen durch schwere Mähmaschinen, Ablagerungen (Lagerplätze) oder durch Überbauungen (Asphaltstraßen, Häuser). Dieser Auflagedruck bewirkt eine Pressung und Verbackung der lehmigen Bodenteilchen und bedingt damit eine Änderung des Luftporenvolumens und des Wasserhaltevermögens. Je stärker der Druck von oben ist, desto dichter ist der Boden gelagert und desto weniger tief können sich Pflanzen mit ihren Wurzeln verankern, oder um so weniger Regenwasser kann in den Boden eindringen. Allgemein gilt, bei gleicher Auflagebelastung neigen grobkörnigere Bodenarten (wie Sand) mit einem höheren Luftporenvolumen weniger zur Verdichtung und zur Bildung oberflächlicher Staunässe als tonige Böden. Pflanzen typischer Trittgesellschaften wie Breitwegerich (*Plantago major*), strahlenlose Kamille (*Matricaria discoidea*), Vogelknöterich (*Polygonum aviculare*) oder einjähriges Rispengras (*Poa annua*) sind Flachwurzler und benötigen oberflächliche Staunässe für ihre Keimung.

Vor diesem Hintergrund ist für eine Differenzierung der Wiesengesellschaften im Englischen Garten besonders wichtig und ausschlaggebend die Belastung der Standorte durch den Menschen. Da der Englische Garten als Landschafts- und Volkspark zu den ersten Parkanlagen Deutschlands gehörte, dessen Grünflächen betreten werden durften, und heute inmitten der Millionenstadt München liegt, wird er intensiv von der städtischen Bevölkerung angenommen, jedoch mit räumlich deutlich differenzierter Beanspruchung. Diese Beanspruchung und die Pflege der Wiesen entsprechen einander. Da der innenstadtnahe Südteil den Ansprüchen der Besucher als Spiel- und Liegewiesen entgegenkommt, kann die innenstadtfernere Hirschau extensiv bewirtschaftet werden. Aufgrund dieser Nutzungsansprüche, den daraus resultierenden Bewirtschaftungsmaßnahmen sowie aufgrund differierender Bodeneigenschaften läßt sich der Englische Garten in Räume gliedern, die in sich relativ einheitliche Wiesentypen aufweisen.

A: Intensiv gepflegte und genutzte kurzwüchsige und artenarme Weidelgras-Weiden-Gesellschaften mit starker Trittbelastung im Südteil des Parkgeländes

B: Hochwüchsige, extensiv gepflegte und landwirtschaftlich genutzte Futterwiesen des Typs „mäßig frische Glatthaferwiesen" sowie artenreiche trockene Glatthaferwiese im Westbereich der Hirschau

C: Beweidete Kammgrasweiden im östlichen Abschnitt der Hirschau, zum Teil sehr artenreich und trocken ausgebildet, teilweise auch wechselfeucht

Liegebelastung im Südteil des Englischen Gartens (Bereich A) beim Monopteros-Hügel. Aufnahme: August 1988

Die Beschreibung der Wiesen

A: Die Wiesen im Südteil des Parkgeländes (Prinzregentenstraße bis Isarring) sowie die Wiesen des ehemaligen Maffei-Geländes werden von den Parkbesuchern überwiegend als Spiel- und Liegewiesen beansprucht. Dementsprechend ist die Pflege seitens der Verwaltung des Englischen Gartens intensiv. Die Wiesen werden ständig kurzgehalten. Die Mahd beträgt 10 bis 20 Schnitte pro Vegetationsperiode. Eingesät wurden diese Wiesen mit einer Parkrasenmischung ohne Blütenpflanzen, ausgenommen die Maffeiwiese,

welche mit einer Dauerwiesenmischung eingesät wurde. Der Einfluß der Saatmischung auf die Artenzusammensetzung kann jedoch vernachlässigt werden, da nach etwa vier Jahren die Standortfaktoren diese bestimmen. Diese hier anzutreffenden Wiesengesellschaften sind kurzwüchsige, artenarme und grasreiche Weidelgras-Weiden (*Lolio-Cynosureten*). Alle drei Jahre erfolgt eine Düngung mit *Stickstoff, Phosphor und Kalium* (Kunstdünger), welche die Gräser begünstigt und das Überhandnehmen von tritt- und mahdunempfindlicheren Rosettenpflanzen wie Breitwegerich (*Plantago major*), Weißklee

211

Literatur

Ellenberg, H.: Über die Beziehung zwischen Pflanzengesellschaft, Standort, Bodenprofil und Bodentyp. – In: Angewandte Pflanzensoziologie, H. 15, Stolzenau/Weser 1958, S. 14–18

Ellenberg, H.: Zeigerwerte der Gefäßpflanzen Mitteleuropas. – In: Scripta Geobotanica, 9, 2. Auflage, Göttingens 1979

Holder, D.: Vergleichende Standortuntersuchungen ausgewählter Wiesen im Englischen Garten in München. – Diplomarbeit an der Fakultät für Geowissenschaften der LM-Universität München, München 1984

Klapp, E.: Wiesen und Weiden – eine Grünlandlehre, Berlin/Hamburg 1971

Seibert, P.: Die Auenvegetation der Isar nördlich von München und ihre Beeinflussung durch den Menschen. – In: Landschaftspflege und Vegetationskunde, H. 3, München 1962

(*Trifolium repens*), Löwenzahn (*Taraxacum officinale*), Gänseblümchen (*Bellis perennis*) unterbinden soll. Aufgrund der flachgründigen und sandig-lehmigen Bodeneigenschaften kann besonders die Werneck-Wiese als trittbelastbar angesprochen werden. Das gleiche gilt auch für die Maffei-Wiese mit einem sehr flachgründigen Boden auf Bauschutt im Untergrund (ehemalige Fundamente des Werkgeländes). Im Vergleich hierzu zeigt jedoch die Werneck-Wiese die artenärmste und trittbelastetste Wiesengesellschaft im Englischen Garten auf (ausgenommen ausgesprochene Reitwiesen). Der Grund liegt in ihrer zentralen Lage am Eingang zum Kleinhesseloher See. Für viele Parkbesucher ist sie einerseits die erste Spiel-und Liegewiese und andererseits wird sie als Abkürzung z. B. zum Chinesischen Turm genutzt (Trampelpfade). Ihr Arteninventar besteht fast ausschließlich aus Weidelgras (*Lolium perenne*), einjährigem Rispengras, Weißklee, Breitwegerich und Löwenzahn, also aus Arten, die gegenüber mechanischer Beschädigung und Bodenverdichtung resistenter sind.

B: Die großflächigen Wiesen (Rumford-, Thompson- und Siebenbuchenwiese) im Nordwestteil der Hirschau (zwischen Schwabinger Bach und Oberstjägermeisterbach) erhielten im letzten Jahrhundert einen Auftrag mit Erdaushub, der bei der Anlage des Kleinhesseloher Sees anfiel. Die Gründigkeit des Oberbodens aus feinkörnigem Lehm ist somit mächtiger ausgebildet (bis 65 cm über dem Isarschotter im Untergrund). Diese Wiesenflächen werden von der Parkverwaltung landwirtschaftlich als Futterwiesen (Heugewinnung) genutzt und von Besuchern teilweise als Liegewiesen beansprucht. Gemäht wird zwei- bis dreimal im Jahr. Die Heuernte

ist im Juni und im August. Eine Kunstdüngung zur Kräftigung der Futtergräser erfolgt alle drei Jahre. Im allgemeinen fördert eine Düngung nährstoffliebende und auch feuchtigkeitsliebende Arten, da gedüngte Bestände Wasser besser verwerten können als ungedüngte. Die hier anzutreffenden Wiesengesellschaften sind hochwüchsige, frische bis mäßig frische Glatthaferwiesen mit anspruchsvollen, feuchtigkeitsliebenderen und tiefwurzelnden Gräsern wie Traubentrespe (*Bromus racemosus*), Fuchsschwanz (*Alopercurus pratensis*) und Glatthafer (*Arrhenatherum elatius*). Das Relief dieser großflächigen Wiesen ist uneben (ehemalige Verzweigungsarme der Isar sind noch sichtbar). Auf den etwas erhöhten und damit weniger gedüngten Flächen sind hier auch trockenheitsliebendere Arten vertreten wie Margerite (*Leucanthemum vulgare*), zottiger Klappertopf (*Rhinanthus alectorolophus*) und Salbei (*Salvia pratensis*).

In der Schwabinger Bucht, südöstlich davon und auch zwischen Rumfordwiese und dem gegenüberliegenden Kiosk, ist eine trockene Form der Glatthaferwiese ausgebildet mit aufrechter Trespe (*Bromus erectus*), Zittergras (*Briza media*), Salbei und rundblättriger Glockenblume (*Campanula rotundifolia*). Diese trockenen, kurzwüchsigeren und teilweise lückigen Glatthaferwiesen mit Arten des Kalk-Magerrasens (*Mesobromion*) auf ungedüngten, flachgründigen, sandigen und kalkhaltigen ehemaligen Auenböden der Isar sind unter den Wiesengesellschaften im Englischen Garten am naturnähesten. Deshalb und wegen ihrer Schönheit, Farbenpracht und ihres Artenreichtums sind sie schützenswert. Eine extensiv bewirtschaftete trockene Form einer Weidelgras-Weide mit einem hohen Anteil an Arten des Kalk-Magerrasens wie mit der schon im Rückgang befindlichen Karthäuser-Nelke (*Dianthus carthusianorum*) oder der Skabiosen-Flockenblume (*Centaurea scabiosa*) ist auch auf der Wiese gegenüber der Wehranlage im Nordostteil des Englischen Gartens vorhanden. Sie ist die artenreichste Wiesengesellschaft überhaupt.

C: Die Wiesenflächen im östlichen Abschnitt der Hirschau, im ehemaligen Forstteil des Parkgeländes (zwischen Oberstjägermeisterbach und Isar), werden beweidet. Interessant ist, daß diese Flächen noch nie eingesät und chemisch gedüngt wurden. Eine Düngung erfolgt hier durch Schafe und Pferde (mehrere Reitwege und -wiesen). Eine Nachmahd der abgeweideten Flächen erfolgt im Spätsommer. Die hier vertretenen Wiesengesellschaften können unter dem in der Pflanzensoziologie verwendeten Typus einer Kammgrasweide (*Cynosurion*) bezeichnet werden mit Kammgras (*Cynosurus cristatus*), Fiederzwenke (*Brachypodium rupestre*) auf schattigeren Standorten und der aufrechten Trespe auf sonnigeren Flächen. Das kriechende Fingerkraut (*Potentilla reptans*) ist hier dominant vorhanden. Diese trittresistente Pflanze siedelt sich gern auf wechselfeuchten und in der Bodenentwicklung noch jungen Auenstandorten an und wird als Naßkeimer durch Tritteinwirkung gefördert. Das hohe Vorkommen kann vermutlich auf einen Samenvorrat in den ehemaligen Auenböden der Isar zurückzuführen sein. Eine weitere interessante Wiesengesellschaft in diesem Parkabschnitt ist ein hainartiger Bestand mit Erlen (*Alnus glutinosa*) nördlich des Wehrs mit einem hohen Anteil an Herbstzeitlose (*Colchicum autumnale*), Rasenschmiele (*Deschampsia cespitosa*) und Kräutern, deren Samen sich gern im Überschwemmungsbereich von Flüssen ansiedeln wie Acker-Stiefmütterchen (*Viola arvensis*), Floh-Knöterich (*Polygonum persicaria*), gewöhnliches Eisenkraut (*Verbena officinalis*) und bittere Kreuzblume (*Polygala amara*). Der Oberboden besteht hier aus tonigem Lehm, der je nach Niederschlag zu Vernässung oder Austrocknung neigt. Diese Wechselfeuchtigkeit wird durch die Rasenschmiele angezeigt. Vor der Isarregulierung muß hier der Grundwasserstand zeitweise sehr hoch gewesen sein. Der Standort entsprach einer Erlen-Eschen-Au.

Beweidete Kammgrasweide im östlichen Abschnitt der Hirschau (Bereich C). Aufnahme: Herbst 1988

213

Vogelkundliche Beobachtungen im Englischen Garten

Siegfried Zedler

Die auffälligsten freilebenden Tiere im Englischen Garten sind die Vögel. Abgesehen von vornehmlich am Wasser lebenden sind viele Arten nur in den Wintermonaten gut zu beobachten, so lange die Bäume und Sträucher noch unbelaubt sind. Mit Beginn der Vegetationsperiode, die mit dem Eintreffen der Zugvögel in etwa zusammenfällt, verlagert sich die Feststellung der Arten mehr und mehr von der optischen zur akustischen Wahrnehmung. Bei voller Baumbelaubung bekommt man die besten Sänger nur noch selten zu Gesicht. Dennoch sei dem interessierten Spaziergänger unbedingt die Verwendung eines Fernglases empfohlen, auch wenn dies in bestimmten Sommermonaten bei Parkbesuchern unter Umständen falsche Eindrücke erwecken könnte (Nacktbadende!).

Sowohl die Baum- und Strauchbestände als auch die Wiesenflächen sind für die Vögel von ökologischer Bedeutung. Einerseits werden Bäume und Sträucher als Brut- bzw. Rastbiotope genutzt, andererseits sind bestimmte Arten, hauptsächlich Stare und Drosseln, auf Wiesenflächen als Nahrungsbiotope angewiesen.

Im Englischen Garten brüten 50-60 Vogelarten, wobei der nördliche Teil, die Hirschau, deutlich artenreicher, jedoch individuenärmer ist als der südliche Teil. Der Artenreichtum ist durch den zunehmenden Auencharakter, ferner durch schwächere Besucherbelastung sowie durch größere und dichtere Gehölzflächen bedingt. Parkbiotope stellen besondere Lebensräume dar, die sich gewöhnlich durch höhere Siedlungsdichten gegenüber anderen Landschaftsteilen auszeichnen. Ein bekanntes Beispiel für die Gewöhnung an menschliche Nähe ist die Amsel, mit ca. 400 Paaren der häufigste Brutvogel im Park. Ihre höhere Siedlungsdichte im Südteil bedingt kleinere Reviere und durchschnittlich mehr Bruten. Mit ihrem ab Februar ertönenden melodischen Gesang mag sich kaum eine andere Vogelstimme messen. Bei entsprechender Witterung kann man im März die ersten Nester in den noch unbelaubten Sträuchern entdecken. Diese Erstgelege fallen leicht Nesträubern wie Rabenkrähe, Elster, Eichhörnchen und Kleinsäugern zum Opfer, zuweilen verschwinden sogar ganze Nester mitsamt Eiern! Da Stadtamseln zwei- bis dreimal jährlich brüten, stellen sich Bruterfolge erst dann ein, wenn durch die volle Belaubung ein ausreichender Sichtschutz gegeben ist. Die bunten Wacholderdrosseln kommen gegen Ende März im Park an, und ab Mitte Mai sind Junge in den Nestern zu erwarten. Sie nisten oft in kleinen Kolonien, selten als Einzelpaare. Die Nester stehen verschieden hoch in Laubbäumen, besonders in Kastanien und Birken. Im Mai und Juni wird auf die Rabenkrähen laut schackernd gehaßt und die Drosseln beteiligen sich auch, wenn Amseln gegen Greifvögel oder den Waldkauz Alarm schlagen. Neben der Amsel beherrscht ab Ende Februar die Singdrossel den Chor der Vogellieder. In der Morgen- und Abenddämmerung läßt sie sich während dieser Zeit leicht beobachten. Ein allgemein bekannter Standvogel im Park ist das Rotkehlchen, dessen Gesang ab Ende März vernommen werden kann. Die Nester dieses Bodenbrüters sind oft unnötig durch das Verlassen der Spazierwege gefährdet. Einem ähnlichen Schicksal unterliegen die Bruten der drei vertretenen Laubsängerarten, deren Nester ebenfalls in der dichten Bodenvegetation versteckt sind. Im Englischen Garten dominiert der Weidenlaubsänger. Sein monotoner „Zilp-zalp-zilp-zilp-zalp"-Gesang ist etwa ab Mitte März zu hören. Die kugeligen Nester sind schwer im Unterholz auszumachen und liegen in aller Regel unmittelbar an den Wegen. Der Fitis liebt die etwas offeneren Flächen der Hirschau, wo er sein Nest bevorzugt im Grenzbereich zwischen Wiesen- und Strauchbeständen im hohen Gras anlegt. Der Waldlaubsänger trifft als letzter in seinem Brutgebiet ein, und erst ab Ende April trägt er seine schwirrenden Lieder in alten Rotbuchenbeständen vor. Auch sein Nest ist, gut gegen Sicht geschützt, im Unterwuchs verborgen. Bei einer grundsätzlich höheren Gefährdung der Bodenbrüter gegenüber den Freibrütern wird man vielleicht verstehen, daß es durch unvernünftiges Verlassen der Wege zu erheblichen zusätzlichen Brutstörungen, sogar Brutverlusten kommen muß. Die kleinen, im Bodenbewuchs hervorragend getarnten Nester werden sehr leicht unbemerkt zertreten oder von Hunden zerstört. Die weitere Umgebung des Chinesischen Turms ist ein Extrembeispiel der Wegemißachtung. Man könnte meinen, sich im Rotwildgehege eines Zoologischen Gartens zu befinden und nicht in einem Erholungspark. Hier ist nicht einmal mehr die Spur einer Bodenvegetation vorhanden. Eine wirklich vermeidbare Unsitte!

Mit ungefähr 130 Brutpaaren ist die Mönchsgrasmücke nach der Amsel der häufigste Freibrüter. Das abwechslungsreiche laute Gezwitscher des schwarzköpfigen Männchens ertönt ab Anfang April und ist durch lang anhaltende „Überschläge" charakterisiert. Die meist niedrig im Strauchwerk ange-

legten und oft schlecht getarnten Nester werden nicht selten von Nesträubern geplündert. Leider verschwinden in letzter Zeit nachweislich durch menschlichen Zugriff (!) Nester mitsamt vollständigem Gelege, ja sogar mit halbflüggen Jungen. Verlustraten von über 70% erscheinen dann gerade in klimatisch ungünstigen Jahren nicht verwunderlich. Etwa gleichauf mit der Mönchsgrasmücke rangiert in der Dominanzliste der Brutvögel der Buchfink. Er ist ganzjährig im Park anzutreffen, jedoch verschwindet im Herbst ein Großteil, um erst im März zurückzukehren. Im Winter verweilen praktisch nur die Männchen in unseren Breiten, daher auch sein wissenschaftlicher Name *Fringilla coelebs*, der „ehelose" Fink. Sein laut schmetternder Gesang kann bereits Ende Februar gehört werden. Buchfinken zeigen nur geringe Scheu vor dem Menschen und lassen sich sogar aus der Hand füttern. Grünling, Stieglitz, Girlitz, Gimpel und Kernbeißer erreichen lange nicht die Bestandszahlen des Buchfinks. Ihre Gesänge sind unauffällig, nur der Gimpel verrät sich durch seinen typischen Pfiff, der das ganze Jahr über zu hören ist. Zahlreicher und natürlich auffallender sind Finken im Winter. Als Durchzügler können Zeisige, Kreuzschnäbel und invasionsartig auftretende Bergfinken beobachtet werden. Die Haussperlinge lassen sich, wie die Haustauben auch, im Winter fast ausschließlich und im Sommer teilweise vom Menschen füttern. Von sicheren Plätzen aus, meist dichten Sträuchern, versuchen die Spatzen durch schnelle überfallartige Ausflüge an das für andere Vogelarten bestimmte Futter zu gelangen. Am Kleinhesseloher See rivalisieren die Tauben mit den Möwen und dem Wassergeflügel um das von Spaziergängern

mitgebrachte Brot. Im Winter fressen die Haus- und Türkentauben hauptsächlich die Körner unter den für Singvögel errichteten Futterhäuschen. Die Enten am See werden regelrecht gemästet und es kann vorkommen, daß gutgemeintes Futter vor Übersättigung nicht mehr angenommen wird. Viele Haussperlinge kommen nur zum Fressen in den Park, da sie zum Brüten immer an die Nähe von Gebäuden gebunden sind. Für die Hege der höhlenbrütenden Arten wurden von der Gartenverwaltung zahlreiche Nistkästen aller Typen aufgehängt, die in Zusammenarbeit mit dem Bayerischen Vogelliebhaberverein e.V. betreut werden. Der Feldsperling, der keiner Förderung bedarf, nutzt vor allem in der Hirschau die künstlichen Nistmöglichkeiten. Er kann sich leicht gegen Blaumeisen aber auch gegen Kohlmeisen durchsetzen, und gar nicht selten finden wir bei Nistkastenkontrollen vom Feldspatz überbaute Meisennester. Die jährlichen Kontrollergebnisse zeigen eine deutliche Dominanz der Kohlmeise und des Feldspatzen gegenüber der Blaumeise. In letzter Zeit wird versucht, durch Verringerung des Fluglochdurchmessers, den Bestand der kleineren Meisenart anzuheben. Relativ selten sind in künstlichen Nisthöhlen anzutreffen: der Kleiber, der Gartenrotschwanz, der Halsbandschnäpper, der Trauerschnäpper und die Sumpfmeise. Der Kleiber ist der einzige unserer Vögel, der mit dem Kopf nach unten Baumstämme absuchen kann. Weder den Spechten noch dem rindenfarbigen Gartenbaumläufer, der gelegentlich die Spezialnistkästen annimmt, ist dies möglich. Vom Kleiber bewohnte Kästen sind am bis auf Körpergröße zugeleimten Flugloch leicht zu erkennen. Der Grauschnäpper ist ein Nischenbrüter, der aber auch Meisenhöhlen mit fehlendem Frontdeckel als Brutplatz wählt. Im Jahr 1987 brütete ein Paar dieses unscheinbaren Vogels an der dem Schwabinger Bach zugewandten Hausmauer des Standesamtes in der Mandlstraße. An den Bächen sind ab April die Familienverbände der Weißen Bachstelze zu beobachten, die sich im Herbst, zu größeren Trupps zusammengeschlossen, an der Isar zur Nahrungssuche einfinden. Verschiedentlich sind unter den Bachbrücken spezielle Wasseramselbrutkästen angebracht, die mit gutem Erfolg regelmäßig angenommen werden. Das Brutvorkommen der tauchfähigen Wasseramsel im Englischen Garten stellt eine Rarität dar, die Rückschlüsse auf die Wasserqualität der Bäche zuläßt. Die Bachamsel, wie sie wegen ihrer Bindung an Fließgewässer auch genannt wird, gilt als empfindlicher Indikator für Wasserverunreinigungen. Gute Beobachtungsmöglichkeiten bestehen am Wasserfall nahe dem Haus der Kunst, wo fast alljährlich ein Paar, von den Parkbesuchern völlig unbeeindruckt, brütet. Die immer schwanzwippenden Weißen Bach- und Gelben Bergstelzen sind von März bis November an allen Parkbächen anzutreffen. Brutplatz der graziösen Bergstelze sind die Felsen des Wasserfalls und die Wasseramselbrutkästen. Auch der

Zaunkönig bezieht gelegentlich die Spezialkästen unter den Brücken, gewöhnlich sind seine kugeligen Laubnester aber an mit Efeu bewachsenen Stämmen von Laubbäumen zu finden. Unser zweitkleinster Vogel fällt vor allem durch seinen unverhältnismäßig lauten, charakteristischen Gesang auf. Der bekannte Star trifft Mitte Februar bei uns ein und bleibt bis Anfang Oktober. Er nistet in

Tafelentenerpel auf dem Kleinhesseloher See

Lachmöwe im Winter auf dem See

217

den von Spechten gezimmerten Höhlen, nimmt aber auch Nistkästen an. Im Sommer und Herbst finden sich große Schwärme auf den kurz gemähten Wiesen zur Nahrungssuche ein. Durch die Fähigkeit, andere Vogelstimmen zu imitieren, narren sie gelegentlich auch den erfahrensten Vogelstimmenkenner. Der Buntspecht ist Stand- und zahlreicher Brutvogel im Park, dessen „Trommeln" von Ende Dezember bis in den Juli zu hören ist. Auf die selbstgezimmerte Bruthöhle wird man am ehesten durch das ununterbrochene Betteln der Jungvögel aufmerksam. Regelmäßig, jedoch nur in einem Paar, nistet der Grünspecht in alten Pappeln der Hirschau. Schon an sonnigen Tagen des Vorfrühlings bis in den Mai macht er sich durch ein weithin hörbares helles „Lachen" bemerkbar. Daneben ist der dem Grünspecht ähnliche Grauspecht gewöhnlich in der Hirschau zu finden, wenn er auch nicht jedes Jahr brütet. Zwischen Maffeiwiese und Aumeister erklingt im Frühjahr der Flötenruf des unverkennbar goldgelb und schwarz gefärbten Pirols. In dichten Kronen hoher Bäume weiß er sich geschickt zu verbergen, so daß man ihn vergleichsweise selten zu sehen bekommt. Auch der Gelbspötter ist ein auffälliger Sänger, den man im Laubwerk nur schwer auffinden kann, obwohl er als Rohrsängerverwandter recht niedrig, aber bewegungslos singt.

Immer mehr zum Problem wird der häufigste Rabenvogel im Englischen Garten, die Rabenkrähe. Ihr Brutbestand zeigt in den letzten Jahren ansteigende Tendenz, was sicherlich mit der zunehmenden Verstädterung in Einklang steht. So brüteten im Jahr 1988 allein zwischen dem Haus der Kunst und dem Mittleren Ring 22 Paare. Ein Zusammenhang zwischen dem sinkenden Brut-

erfolg der Freibrüter, wie beispielsweise Amsel, Mönchsgrasmücke, Gelbspötter, Buchfink, und der Zunahme der Rabenkrähen läßt sich durchaus vermuten, zumal sie bekanntermaßen zu den Nesträubern zählen, und die Zahl der Eichhörnchen und Elstern, die ebenfalls Nester plündern, seit Jahren stagniert. Ich habe schon Rabenkrähen an Singvogelnestern beobachtet und es ist gar nicht so selten, sie mit Eiern im Schnabel zum Nest fliegen zu sehen. Im Bereich des Tucherparks kommt es regelmäßig zu „Junggesellenansammlungen", die mehrere hundert Individuen umfassen können. Solche lokalen Häufungen können im begrenzten Gebiet zum weitgehenden Brutausfall der freibrütenden Kleinvögel führen. Zwei weitere Rabenvögel, die Elster und der Eichelhäher, brüten in der Hirschau, nicht aber im Südteil. Entlang der Gysslingstraße, auf der Maffeiwiese und am Isarufer findet man Jahr für Jahr drei bis fünf typische Kugelnester der Elster. Dagegen nistet der Eichelhäher vereinzelt in den Fichtenbeständen. Beide Arten zählen zwar zu den Nesträubern, haben jedoch wegen des örtlichen, nicht flächendeckenden Vorkommens nicht annähernd die gleiche Bedeutung wie die Rabenkrähe. Große Krähenansammlungen auf den freien Wiesenflächen bestehen im Herbst und Winter in aller Regel aus Saatkrähen, die nur als Wintergäste aus Nord- und Osteuropa im Park verweilen. Die beiden großen Inseln im Kleinhesseloher See werden hin und wieder als Schlafplatz aufgesucht, wo sich bis zu 3.000 stark lärmende Saatkrähen auf den Bäumen sammeln. In den Jahren 1983–1985 wurde auf der Königsinsel der Versuch einer Koloniegründung unternommen, deren Stärke von anfänglich 6 Horsten auf 16 Horste 1984 anwuchs, um schließlich nach der Brutsaison 1985 mit 11 Horsten wieder aufgegeben zu werden. Saatkrähen sind keine Nesträuber, sondern ernähren sich entweder vegetarisch oder von Kleintieren wie Würmern, Schnecken usw.

Das Hauptbrutgeschehen der Wasservögel des Sees spielt sich auf den drei Inseln ab, die nicht betreten werden dürfen. Durch das Einhalten dieses Verbots von seiten der Parkbesucher brüten dort, trotz des Bootsbetriebs, weitgehend ungestört Stockenten, Bleßhühner, Grau- und Kanadagänse, Höckerschwäne sowie wenige Paare Reiher- und Kol-

benenten. Tafelenten verweilen zwar ganzjährig auf dem See, vermehren sich jedoch bislang nicht. Im Morgengrauen ist es schon imposant, vom Seeweg aus fast 100 Graugänse beim Grasen auf der Werneckwiese zu beobachten, die dann nach lautem Simultangeschnatter allesamt auf die Schwingen kommen, in drei bis vier Meter Höhe brausend über einen hinwegstreichen, um schließlich im See einzufallen. Exotische Gäste wie Streifengans, Nilgans, Brautente oder Chilenische Krickente sind wohl immer aus menschlichem Gewahrsam entflohen. Bei den auf den Bächen des Englischen Gartens vorkommenden Mandarinenten handelt es sich um ausgesetzte Tiere. Im Winter tummeln sich Hunderte von Wasservögeln auf dem See; dabei stehen Lachmöwen, Bleßhühner und Stockenten am höchsten in der Dominanz. Sturmmöwen, Schnatterenten, Krickenten, Hauben- und Zwergtaucher gehören zu den ständigen Wintergästen. Nach Zufrieren des Sees verlagert sich das Geschehen auf den Isarstausee Oberföhring, wo vor allem bei klirrender Kälte, zusätzlich, seltene nordische Gäste beobachtet werden können.

Höckerschwan mit Jungen

Stockentenweibchen mit Jungen

Wasseramsel am Großen Wasserfall

Sperber regelmäßig den Park. Man wird leichter auf sie aufmerksam, wenn die Singvögel erregt zu warnen beginnen oder die Krähen auf sie hassen. Der zur Horstzeit heimliche Sperber ist sicherlich zu den Brutvögeln zu zählen, auch wenn er meines Wissens nicht alljährlich in der Hirschau seine Jungen aufzieht. Während der Frühjahrs- und Sommermonate kann er im Flug leicht mit dem Kukkuck verwechselt werden, der ab Mitte April gelegentlich im Park vorkommt. Auch bei seinem Auftauchen wird seitens der Singvögel gewarnt. Ob sich der Kuckuck als Brutparasit im Englischen Garten fortpflanzt, ist mir nicht bekannt. Die Fichtenbestände der Hirschau sind das Brutbiotop des Turmfalken, dessen laute „Kikikiki"-Rufe weithin vernehmbar sind. Auch der Baumfalke, ein Insektenjäger, ist immer häufiger bei Balzspielen im Mai zu beobachten. Die einzige im Park brütende Eule ist der Waldkauz. Insbesondere gegen Ausgang des Winters sind seine Balzstrophen nachts zu hören. Als Brutplatz werden alte hohle Linden bevorzugt. Die Waldohreule ist ein regelmäßiger Wintergast; auch ihre Anwesenheit wird uns, wie beim Waldkauz oder den Greifvögeln, durch schimpfende und hassende Kleinvögel angezeigt, die den Nachtvogel, dicht am Stamm sitzend schlafend entdeckt haben. Gerade zur Oktoberfestzeit und den Folgewochen überqueren viele Zugvögel hauptsächlich nachts das Münchner Stadtgebiet. Nicht alle ziehen stumm, so daß man aufgrund der Lautäußerungen beispielsweise auf überhinfliegende Rotdrosselschwärme schließen kann. Auch Graureiher und Wachteln geben sich des öftern in den Herbstnächten akustisch zu erkennen. Die Schwalben und Mauersegler sollen letztendlich nicht uner-

So verweilen neben Pfeifenten, Schellenten und Löffelenten auch einmal Besonderheiten wie Samtenten, Gänse- und Zwergsäger oder Prachttaucher auf der Isar. Unterhalb des Stauwehrs suchen in der kalten Jahreszeit Wasserpieper und Flußuferläufer nach Nahrung. Sobald es im Frühjahr wärmer wird, überfliegen immer häufiger Kormorane den Englischen Garten, die Besucher vom nahegelegenen Ismaninger Speichersee sein dürften. Im Winter durchstreifen Habicht und

wähnt bleiben. Mehl- und Rauchschwalben sieht man oft vergesellschaftet, niedrig über dem Wasser oder hoch in den Lüften Insekten jagen. Ihre Brutplätze liegen in der näheren oder weiteren Umgebung des Englischen Gartens. Die Mauersegler verweilen nur von Mai bis Ende Juli bei uns. Auch sie sind, wie die Schwalben, Gebäudebrüter, die nur zur Insektensuche im Park beobachtet werden. Mit Eingang des Herbstes wird es still im Englischen Garten. Vogelgesänge sind fast nicht mehr zu hören. Dafür massieren sich, wie schon gesagt, auf dem Wasser die fütterungs-gewöhnten Schwimmvögel an bekannten Orten, und so kommen nun auch in unmittelbare Menschennähe jene Arten, die zur Brutzeit eine größere Fluchtdistanz einhalten oder im Park gar nicht anzutreffen sind. Viele Enten tragen Federkleider, die infolge Domestikation, Massierung und Bastardierung von den bekannten artgerechten Färbungen wesentlich abweichen. Sie sind für den nicht so versierten Beobachter recht schwer einzuordnen und auch in den meisten Bestimmungsbüchern nicht zu finden. Auch die Flora des Gartens hat nun Zeit zur Regeneration – die Menschenmassen stören und zerstören (ungewollt) nicht mehr. Die Neupflanzungen vieler Bäume und Büsche durch die Parkverwaltung können bis zum Frühjahr Wunden wieder schließen und auch solche, wie sie besonders im Jahr 1988 am alten Baumbestand unabwendbar durch heftige Unwetter entstanden sind.

Der Autor, nun seit über 15 Jahren ornithologisch im Park „zu Hause", hat auf seiner Artenliste noch viele hier nicht aufgeführte Vögel festgehalten, weiß um manche in unmittelbarer Nähe der Parkgrenzen brütende Arten, wünscht sie auch einmal im Park brütend bestätigen zu können und ist dazu jedem Interessierten dankbar, der eine (nachprüfbare?) Beobachtung beisteuern kann.

Gartengrasmückennest mit Jungvögeln in der Hirschau

Graugans mit Jungvogel

221

Der Englische Garten Kunst- und/oder Naturdenkmal?

Stefan Rhotert

Friedrich Ludwig von Sckell, der Leiter der 1804 neu errichteten Hofgärtenintendanz, legte 1807 dem König einen Entwicklungsplan zusammen mit einer Denkschrift, die an anderer Stelle dieses Buches dokumentiert wird, vor. Hierin wird das gartenkünstlerische Konzept dargestellt und begründet und die beabsichtigten Veränderungen des bisherigen Zustandes und die weiteren Ausbaumaßnahmen beschrieben. In der Abwicklung von Süden nach Norden sollte sich im Englischen Garten der Übergang vom Kunstvollen zum Natürlichen zeigen. Im ersten stadtnahen Abschnitt forderte Sckell „geschmackvolle und solide Verzierungen, Gebäude von reiner Baukunst", im zweiten Abschnitt ländliche Staffagen und im nördlichen Teil „den einfachen, ungeschmückten Styl der Natur".

Kurz vor seinem Tod hat Sckell in einer umfangreichen Abhandlung sowohl die Gestaltungsprinzipien als auch Hinweise über die praktische Verwirklichung seiner Pläne, nach denen auch der Englische Garten in München angelegt wurde, veröffentlicht[1]. Einige Grundsätze hieraus werden im folgenden kurz erläutert.

Parkszenen: Oberstes Gebot ist es, kein großes Naturprogramm auf beschränkter Fläche in entsprechend verkleinertem Maßstab darzustellen. Es dürfen nur Ausschnitte im Maßstab 1:1 gewählt werden, und zwar nur solche, die die Natur selbst auf dem Grundstück hervorbringen könnte. Keine Berge, sondern nur flache Hügel, keine breiten Flüsse, sondern nur Bäche sind geeignet, bei entsprechender Anordnung die jeweilige Parkszene optisch größer als sie ist und damit glaubhaft erscheinen zu lassen.

Raumbildung: Von Gehölzkulissen gefaßt, entstehen Räume, die durch Aneinanderreihung zu einer Raumabfolge zusammengefügt sind. Der Blick wird nie in die Mitte einer freien Fläche gelenkt, sondern immer an den Rand, wo ein bestimmter Blickpunkt den Besucher weiter in den Garten lockt. Um die geringe Breitenausdehnung des Englischen Gartens nicht spürbar werden zu lassen, ist die Randzone stark gegliedert, so daß auch in der Querrichtung der Eindruck großer Tiefe entsteht. Sckell hat häufig versucht, mit Hilfe perspektivischer Gesetze Raum- und Größeneindrücke hervorzurufen, die auf optischen Täuschungen beruhen. So darf ein Hügel niemals mit großen Bäumen bepflanzt werden, da er dadurch stark verkleinert erschiene. Neben einem kleinen Bauwerk z.B. einem Tempel, darf ebenfalls kein großer Baum stehen. Er würde den Bau kleiner erscheinen lassen. Ausbuchtungen, die in gebogener Form Waldränder oder Seeufer unterbrechen, und deren Ende nicht sichtbar ist, täuschen ebenso größere Ausdehnung des Parkes vor wie ein Fernblick über die begrenzte Ausdehnung des Grundstücks hinaus. Auch ein flaches Seeufer ohne Bepflanzung läßt, da kein Größenbezug besteht, die Seefläche weiter erscheinen.

Wege: Große Wege müssen gestreckter verlaufen als kleinere. Die Wegeführung in Wellenlinien ist unnatürlich; sie muß vielmehr von den Hindernissen im Gelände bestimmt werden (Bäume, leichte Geländeanschwellungen). Die Wege sollen nur für kurze Strecken überschaubar sein und wechselweise durch lockere Haine am Waldrand, durch dichte Bestände und über freie Wiesenflächen führen. Dadurch ergeben sich ständig wechselnde Ausblicke in den Park.

Durch Überschneidung mit begleitenden Baumgruppen entsteht der Eindruck großer Raumtiefe.

Brücken: Brücken aus Stein, Eisen oder Holz sollen künstlerisch wertvoll sein (keine Prügelholzbrücken). Bei der Ausbildung von Brücken in verschiedenen Stilarten muß beachtet werden, daß sie nicht von einem Standpunkt aus gleichzeitig gesehen werden können.

Bäche: Je größer und langsamer fließend ein Bach ist, desto gestreckter ist seine Linienführung. Bäche sollen, soweit nicht andere natürliche Gegebenheiten vorhanden sind, möglichst flache Ufer und nicht über längere Strecken parallel geführte Uferlinien aufweisen. Inseln dürfen nicht in der Bachmitte liegen und sind entsprechend dem Vorbild in der Natur spitz und länglich auszubilden.

Wasserfälle: Bezugnehmend auf den Landschaftsmaler Ruisdael werden von Sckell niedrige Wasserfälle zur Erzielung eines malerischen Bildes empfohlen. Felsen dürfen, wo sie nicht natürlich vorkommen, nicht nur an der Absturzstelle selbst verwendet werden, sondern müssen in der Umgebung, soweit der Blick reicht, angewandt werden, damit die Situation insgesamt glaubhaft wird.

Seen: Sckell unterscheidet zwischen Teichen, die ganz umpflanzt sind, keine Aussicht freigeben und ohne Bauwerke anzulegen sind, und Seen, die nach einer Seite freigelegen sind und deren Ufer mit Bäumen und Gebäuden belebt werden sollen.

Gebäude: Schon vor der Münchner Zeit hatte sich Sckell von seiner früheren Vorliebe für exotische Bauten (Schwetzingen) abgewandt und empfiehlt, die Parks mit wenigen Gebäuden im klassischen Stil, die sich wirkungs-

Sckell'sche Raumbildung (Thompson-Wiese)

Skelltypische Hainpflanzung und Wegeführung (Apollohain)

223

voll gegen den Hintergrund einer Waldkulisse abheben, auszustatten.

Anzahl und Ausmaß der Bauten müssen in Grenzen gehalten werden. Vor einer Anhäufung von Bauwerken unterschiedlicher Stilarten wird eindringlich gewarnt. Sckell hat sich in seiner Denkschrift von 1807 abfällig über den Chinesischen Turm geäußert, während der Rumfordsaal seine Billigung fand. Die Verwirklichung des Planes zur Errichtung eines „Pantheons" als architektonischen Höhepunkt des ersten Wiesenabschnittes hat Sckell nicht mehr erlebt; das von ihm vorgeschlagene „Palais" in der Hirschau kam nie zur Ausführung.

Pflanzung: Sckell übte an den 1804 im Englischen Garten vorgefundenen Pflanzungen heftige Kritik. Sie waren steif und monoton und bestanden oft nur aus Pappel und Fichte; sie bildeten horizontal einheitlich abgeschlossene Wände. Um eine lebendige, von Licht und Schatten durchwirkte Kulisse zu erreichen, mußte die Artenzusammensetzung verändert werden.

Sckell nennt eine Anzahl von Baumarten, die geeignet sind, ausdrucksvolle und malerische Waldpartien entstehen zu lassen: Eiche, Hainbuche, Rotbuche, Esche, Platane, Ahorn, Walnuß und Baumweide. Dagegen hält er Zitterpappel, Birke, Robinie, Eschenahorn, Gleditschie und Vogelbeere für weniger geeignet, diese Aufgabe zu erfüllen.

Nadelhölzer sollten ebenfalls weniger verwendet werden, da sie mit Ausnahme der Kiefer nicht malerisch wachsen, meist melancholisches Aussehen haben und weder in Form noch Farbe abwechslungsreich wirken. Sie sollen nur bei besinnlichen Gartenszenen, die im Kontrast zu hellen, heiteren Partien stehen, verwendet werden. Nie darf man Nadelhölzer bunt mit Laubhölzern mischen, sie müssen jeweils als Gruppe gegeneinander gesetzt werden.

Ebenso ist bei der Zusammensetzung von Baumgruppen darauf zu achten, daß jeweils größere Trupps aus Arten mit ähnlichem Kronenaufbau (Eiche, Ulme, Rotbuche, Hainbuche) oder ähnlichen Blattformen (Ahorn, Platane, Liriodendron oder Buche, Hainbuche, Ulme oder Esche, Walnuß, Gleditschie, Vogelbeere) zusammen gruppiert werden.

Ein weiteres Mittel, Einförmigkeit von Pflanzungen zu vermeiden, sieht Sckell darin, hin und wieder an ausgewählten Stellen, meist in kleinen Gruppen vor der Waldkulisse, Arten zu stellen, die durch ihren schlanken, hohen Wuchs eine allzu weit ausgedehnte waagrechte Linie unterbrechen. Hierzu verwendet

Die heutige X-Brücke in der Nähe des Chinesischen Turms

er neben Lärche und Fichte vor allem die Pyramidenpappel. Ziel all dieser Maßnahmen ist es, Kontraste zu schaffen, ohne durch eine ungeordnete Vielfalt die Einheit der großen Kulisse zu verlieren.

Die Lebenserwartung der Bäume im Englischen Garten ist wegen ungünstiger Bodenverhältnisse in weiten Bereichen des Parkes nicht so hoch wie auf besseren Standorten. Die Bäume können sich deshalb in der Regel nicht zu großen Einzelexemplaren entwikkeln. Sckell hat deshalb dort, wo die Wirkung eines Solitärbaumes geplant war, diese dadurch erreicht, daß er eine Baumgruppe pflanzte.

Parkpflege: Da die Pflanzungen eines Parks aus lebenden Bausteinen bestehen und sich mit der Zeit verändern, hat Sckell auch Probleme der Parkpflege angesprochen. Eingriffe in Form von Auslichtungen und Freistellungen sind laufend notwendig, um den malerischen Charakter der Gartenansichten auf Dauer zu erhalten.

Eine nach diesen Gestaltungsregeln geschaffene Anlage, die den Forderungen des Gartentheoretikers Hirschfeld „Alles scheint Natur, so glücklich ist die Kunst versteckt"[2] in idealer Weise entspricht, ist ein Gartenkunstwerk, das charakteristische Züge der Geisteshaltung seiner Entstehungszeit vermitteln kann. Die Erhaltung dieses Gartenkunstwerks aus vergangener Zeit – davon kann man nach 200 Jahren sicher sprechen – ist Aufgabe der Denkmalpflege. Dies berücksichtigt das Bayerische Denkmalschutzgesetz v. 25.6.1973 und legt u.a. fest:

„Art. 1 Begriffsbestimmungen
(1) Denkmäler sind von Menschen geschaffene Sachen oder Teile davon aus vergangener Zeit, deren Erhaltung wegen ihrer geschichtlichen, künstlerischen, städtebaulichen, wissenschaftlichen oder volkskundlichen Bedeutung im Interesse der Allgemeinheit liegt.
(2) Baudenkmäler sind bauliche Anlagen oder Teile davon aus vergangener Zeit, soweit sie nicht unter Absatz 4 fallen, einschl. dafür bestimmter historischer Ausstattungsstücke und mit der in Absatz 1 bezeichneten Bedeutung. Gartenanlagen, die die Voraussetzung des Absatzes 1 erfüllen, gelten als Baudenkmäler.
Art. 4 Erhaltung von Baudenkmälern
(1) Die Eigentümer und die sonst dinglich Verfügungsberechtigten von Baudenkmälern haben ihre Baudenkmäler instand zu halten, instand zu setzen, sachgemäß zu behandeln und vor Gefährdung zu schützen, soweit ihnen das zuzumuten ist.
Art. 5 Nutzung von Baudenkmälern
Baudenkmäler sollen möglichst entsprechend ihrer ursprünglichen Zweckbestimmung genutzt werden. Werden Baudenkmäler nicht mehr entsprechend ihrer ursprünglichen Zweckbestimmung genutzt, so sollen Eigentümer und die sonst dinglich oder obligatorisch zur Nutzung Berechtigten eine der ursprünglichen gleiche oder gleichwertige Nutzung anstreben."

Der Englische Garten ist ein Baudenkmal im Sinne des Gesetzes und damit ein Denkmal der Gartenkunst. Dies wird auch von allen Autoren, die sich mit dieser Anlage befaßt haben, so gesehen.[3]

Friedrich Ludwig von Sckell und andere Landschaftsarchitekten oder Kunsthistoriker seiner Zeit verlangten, daß die Natur Vorbild für die einzelnen im Landschaftsgarten anzulegenden Gartenszenen sein müsse. Daraus

225

ergibt sich zwangsläufig die Frage: Ist der Englische Garten auch ein „Naturdenkmal"? Hierzu muß der Begriff Natur, wie ihn die Schöpfer der Landschaftsgärten benutzten, näher definiert werden. Vorbild war nicht die potentielle natürliche Vegetation eines Standortes, die sich unter Ausschaltung jeglichen menschlichen Einflusses entwickeln konnte, sondern waren Landschaftsbilder, wie sie die damalige Landnutzung, z.B. die extensive Waldweide, hervorbrachte.[4]

Nachgeahmt und idealisiert wurden von Landschaftsmalern und Gartenkünstlern nicht unberührte Natur, sondern naturnahe, malerisch erscheinende, Landschaftsteile, wie sie in der damaligen Kulturlandschaft real vorgefunden wurden.

Wenn heute Naturschützer und Parkpfleger bei ihrem Bestreben, in den historischen Landschaftsgärten eine möglichst artenreiche Flora und Fauna zu bewahren, die nach diesen Kriterien gestaltete Natur gleichermaßen zur Grundlage nähmen, könnten Konflikte zwischen Denkmalschutz und Naturschutz, wie sie verschiedentlich spürbar werden, vermieden werden.

Engriffe in Form von Auslichtungen der Gehölzbestände oder Freistellungen von Zukunftsbäumen sind bei der Parkpflege laufend erforderlich, um die Erhaltung des Gartendenkmals über Generationen hinweg zu gewährleisten.[5]

Es gibt auch zahlreiche nach dem Gesetz ausgewiesene Naturschutzgebiete, die nur in ihrem Bestand gesichert werden können, wenn regelmäßige Eingriffe in Form von Pflegegängen erfolgen. Andernfalls würde aufgrund der natürlichen Sukzession die schutzwürdige Flora und Fauna verdrängt (z.B. Garchinger Heide). Auch im Landschaftsgarten würde sich bei Aussetzen der Pflegearbeiten die Artenzusammensetzung der Gehölze wesentlich verändern. Zunächst würden die wuchskräftigen Arten wie Ahorn und Esche einen dichten Stangenwald bilden und alle anderen Arten verdrängen. Durchblicke würden zuwachsen und gegliederte Parkwaldränder egalisieren. Das Raumkonzept des Parkes wäre zerstört. Diese Zusammenhänge sollten jedem Parkbesucher geläufig sein, wenn er einzelne Baumfällungen im Park beurteilt.

Naturschutz in einem historischen Landschaftsgarten muß so verstanden werden, daß er den Fortbestand des Denkmals nicht in Frage stellt.

Unter dieser Voraussetzung waren und sind auch künftig Aspekte des Naturschutzes ein wichtiger Bestandteil bei den Bemühungen zum Unterhalt des Englischen Gartens. Entscheidend für die Ausbildung naturschutzwürdiger Bereiche ist die Tatsache, daß wirtschaftliche Gesichtspunkte bei der Holzwirtschaft und der Grünlandnutzung nicht berücksichtigt werden mußten.

Dadurch blieben die Parkflächen von all den wenig segensreichen Folgen der neueren Agrartechnik, wie Artenverarmung und Bodenzerstörung, verschont. Nicht erst seit kurzem, sondern schon seit zwei Jahrhunderten konnte sich die Vegetation unter Bedingungen entwickeln, wie sie normalerweise nur in Naturreservaten gegeben sind.

● Deshalb haben sich artenreiche Parkwälder, die dank der gezielten Pflege überwiegend dreistufig aufgebaut und von bizarren Altbäumen durchsetzt sind, entwickelt.

● Deshalb konnte sich eine vielfältige Tierwelt, darunter besonders artenreiche Vogelbestände, einstellen.

Der Englische Garten ist seit dem 9. 10. 1964 als Landschaftsschutzgebiet nach dem Naturschutzgesetz ausgewiesen. In der zugehörigen Landschaftsschutzverordnung sind „Maßnahmen der Landschafts-, Park- und Denkmalpflege sowie der Gartengestaltung, die von den zuständigen staatl. oder städt. Garten- oder Forstverwaltungen durchgeführt werden" von den Beschränkungen der Verordnung ausgenommen, während die grundsätzlichen Verbote von Maßnahmen, „die geeignet sind, die Natur zu schädigen, den Naturgenuß zu beeinträchtigen oder das Landschaftsbild zu verunstalten", natürlich auch für den historischen Landschaftspark gelten. Unter dieser gesetzlichen Vorgabe kann die Verwaltung des Englischen Gartens den Parkunterhalt im Einklang mit den Forderungen des Naturschutzes bewerkstelligen. Im Spannungsfeld zwischen Denkmalschutz und Naturschutz taucht im Englischen Garten eine weitere Komponente auf, die beide Bestrebungen erheblich belastet: die übermäßig starke Nutzung des Parkes und das wenig park- und umweltschonende Verhalten vieler Besucher. Die Auswirkungen sind besonders im Südteil des Englischen Gartens augenfällig.

● Die Wiesen können nicht mehr bis nach der Blüte stehen bleiben, sondern müssen ständig kurz gehalten werden, da sie ständig belagert und verunreinigt werden. Der für das frühere Parkbild prägende Anblick hochstehender und blühender Wiesen kann im Südteil nicht mehr erlebt werden.
● Am Monopteroshügel muß mit einem Stahlgitterzaun die Vegetationsdecke vor Erosion bewahrt werden. Der klassische Rasenhügel ist nicht mehr realisierbar.

● Durch Jogger, die sich frei im Parkwald ihre Trampelpfade suchen, wird die Kraut- und Strauchschicht zerstört.
● Viele Fahrradfahrer halten sich an keinerlei Vorschriften, fahren quer durchs Gelände und verunsichern die Fußgänger.
● Großer Besucherandrang bei Veranstaltungen auf Wiesen führt zu Bodenverdichtung, die langjährig im Vegetationsbild sichtbar bleibt.
● Für die Müllbeseitigung muß mehr Geld ausgegeben werden als für die Wiesenpflege.
● Für Ver- und Entsorgungsleitungen der Stadt stellt der Englische Garten eine ideale Zone dar. Zahllose Leitungen, Kabel, Kanäle und ein Regenrückhaltebecken schädigen die Vegetation, beeinträchtigen die Gestalt des Parks und verursachen Wartungsverkehr.

Darüber hinaus ist auch die geringe Wertschätzung des Denkmals Park in der öffentlichen Meinung und bei manchen Politikern zu beklagen. Die Pläne der Stadt München für eine parkquerende Straßenbahn sind hierfür nur ein derzeit aktuelles Beispiel.

Denkmalschutz und Naturschutz sind gleichermaßen gefordert, nach Lösungen zu suchen, die diese Auswirkungen in Grenzen halten können.

Zusammenfassend läßt sich die eingangs gestellte Frage ganz klar beantworten: Der Englische Garten ist sowohl ein „Gartendenkmal" als auch ein „Naturdenkmal" im beschriebenen Sinne, und zwar von jeweils hervorragender Qualität.

[1] Friedrich Ludwig von Sckell: Beiträge zur bildenden Gartenkunst für angehende Gartenkünstler und Gartenliebhaber, München 1818

[2] C. Lorenz Hirschfeld: Theorie der Gartenkunst, Leipzig
1782

[3] z. B. u. a.
Alfred Hoffmann: Der Landschaftsgarten (Dieter Hennebo,
Alfred Hoffmann), Hamburg 1963

Christian Bauer: Der Englische Garten in München, München 1964

Theodor Dombart: Der Englische Garten zu München,
München 1972

[4] Heinz Ellenberg: Die Vegetation Mitteleuropas, Stuttgart
1963

[5] Hermann von Pückler-Muskau: Andeutungen über Landschaftsgärtnerei, Stuttgart 1834
„Das Hauptwerkzeug des Erhaltens und Fortarbeitens aber
ist die Axt. Sie darf keinen Winter ruhen ...“

Probleme der Parkpflege

Waldemar Palten

Der Englische Garten in München stellt entwicklungsgeschichtlich den Höhepunkt des klassischen Landschaftsgartens in Deutschland dar.

Nach seinem Entwicklungsplan von 1807 schuf Friedrich Ludwig von Sckell eine idealisierte Landschaft, gestaltet nach den Kompositionsregeln der Landschaftsmalerei.

Sckell überließ nichts dem Zufall – jede Einzelheit seines Werks hat eine Beziehung zum Ganzen; er schuf eine großartige Folge von Parkräumen mit großen freien Wiesenflächen.

Sorgfältige Entwürfe Sckells für diese Parkanlage sowie seine schriftlichen Anweisungen stellen die Grundlagen für die Arbeiten zur Erhaltung des Englischen Gartens dar.

Die historischen Gestaltungsziele werden durch die dynamische Bestandsentwicklung, durch natürliche Alterungsprozesse des lebendigen Materials, aber auch durch Schadstoffeinwirkungen und Schädlingsbefall gefährdet.

Ferner führen außerordentlich hohe Besucherzahlen und vielfältige Nutzungsansprüche zwangsläufig zu Konflikten mit der Aufgabe, den Garten in seiner historischen Konzeption, seiner Eigenart und seiner Natürlichkeit zu erhalten und zugleich der Öffentlichkeit zur weitgehenden Nutzung zu öffnen.

Aus der Vielzahl der Probleme, die sich aus dieser Aufgabe heraus ergeben, sollen nachfolgend die wichtigsten angesprochen werden.

Gehölzbestand

Die geschlossenen Gehölzflächen, die Haine, die Baumgruppen und die Einzelbäume sind die Hauptträger der Raumwirkung; sie sind das Rückgrat der Anlage.

Die Pflege des Gehölzbestandes ist von entscheidender Bedeutung für die Erhaltung des Parks in seiner gewünschten Form.

Naturgemäß ist die Pflege je nach Funktion, Artenzusammensetzung, Alter der Gehölze und Standort verschieden.

Randbestände sollen nach außen hin möglichst dicht, nach innen buchtig und aufgelockert sein.

Geschlossene Bestände sind anders zu behandeln als hainartige oder Einzelgruppen.

Auch ein Gartendenkmal wie der Englische Garten ist stets den Kräften der Natur unterworfen.

Parkgehölze durchlaufen verschiedene Ent-

Neupflanzung in überalteter Gehölzgruppe

wicklungsphasen. Diese erstrecken sich vom Jugendstadium über ein optimales Stadium zum Altersstadium und bis zur Auflösung. Das eigentliche Problem bei der Erhaltung parkartiger Gehölzbestände besteht darin, das optimale Stadium mit einem Aufbau aus Ober-, Mittel- und Unterschicht möglichst ständig zu erhalten. Das heißt in der Praxis, daß Bäume aus der Oberschicht vor Erreichen des Altersstadiums zu entnehmen sind, um dem Nachwuchs Platz, Licht und damit Lebensraum zu schaffen.

Solche Maßnahmen der Gehölzpflege stießen zu allen Zeiten auf Unterverständnis in der Öffentlichkeit – so selbstverständlich sie für den Fachmann auch sind. Sie unterblieben in der Vergangenheit deshalb entweder ganz oder wurden nur halbherzig durchgeführt, so daß in der Folge die Probleme nur noch größer wurden.

Die Regeneration solcher überalterungsgefährdeter Bestände muß demnach unter Herausnahme überständigen Altholzes erfolgen. Dieser richtige und logische Denkansatz ist jedoch im Augenblick durch eine vorhandene Vitalitätsminderung in den Beständen, verbunden mit zahlreichen Notfällungen, nicht in vollem Umfang durchzuführen.

So ist die heimische Ulme, eine der Leitbaumarten in der Oberschicht, durch eine Pilzerkrankung (Ceratocystis ulmi), die durch den Ulmensplintkäfer übertragen wird, Ende der 90er Jahre völlig ausgefallen. Über 6.000 abgestorbene Ulmen mußten entfernt werden. Wie dramatisch sich das Ulmensterben entwickelt hat, zeigen folgende Zahlen gefällter Ulmen:

1982 = 30 Ulmen; 1983 = 55 Ulmen; 1984 = 240 Ulmen; 1985 = 391 Ulmen; 1986 = 500 Ulmen; 1987 = 651 Ulmen; 1991 = 754

Überalterte Ulme

entwickelt sich aber der Bestand an resistenten Ulmen gut.

Auch der Zustand des übrigen Baumbestandes hatte sich in der Dekade 1977–1986 erheblich verschlechtert und gab bzw. gibt zu ernsten Bedenken Anlaß.

Insbesondere im Jahre 1986 war eine Zunahme der Schädigungen gegenüber dem Zustand im Vorjahr nicht zu übersehen. Die Schadenssymptome traten an nahezu allen Laubholzarten auf, besonders stark jedoch bei Rotbuche, Hainbuche, Eiche, Ahorn-Arten, Esche, Linde und Pappel. Der wesentliche Teil der parkprägenden und raumbildenden Gehölzarten war in einem Umfang betroffen, der als bestandsgefährdend bezeichnet werden mußte. Die Schäden sind im Südteil des Englischen Gartens stärker ausgeprägt und nehmen nach Norden hin ab; sie liegen hier um etwa zwei Vegetationsperioden zurück.

Die vorgenannten Tatsachen wurden bei der Auswertung der mit Hilfe von Infrarotaufnahmen durchgeführten Baumschadenskartierung vom 28. Juli 1986 bestätigt.

Ab dem Jahre 1987 ist – vermutlich aufgrund höherer Niederschläge – im äußeren Erscheinungsbild des Gehölzbestandes eine Besserung eingetreten, die sich ab 1988 weiter festigte.

Als Ursache für die Abbauerscheinungen muß – neben extremer Trockenheit in den Jahren ab 1977 und einem großen Hagelschaden 1984 – eine Reihe von schädigenden Einflüssen angenommen werden.

Durch seine innerstädtische Lage ist der Park in extremer Weise schädigenden Immissionen ausgesetzt (durch Verkehr, Heizkraftwerke, Gewerbebetriebe etc.), was auch durch einen vermehrten Vitalitätsverlust im Südteil des Englischen Gartens augenscheinlich ist.

Ulmen; 1992 = 536 Ulmen; 1994 = 379 Ulmen; 1998 = 36 Ulmen, 2000 = 23 Ulmen. Aufgrund dieser Krankheit werden Ulmen im Englischen Garten seit Jahrzehnten nicht mehr gepflanzt. Der endgültige Ausfall dieser Baumart ist nahezu erfolgt. Wenn auf diese wertvolle Baumart nicht endgültig verzichtet werden soll, kann nur die Anpflanzung resistenter Neuzüchtungen Abhilfe schaffen. In der Baumschule des Englischen Gartens wurden im Jahre 1985 erstmals die anbaugeschützten und resistenten Ulmen-Sorten »Regal«, »Recerta« und »Sapporo-Autum Gold« aufgeschult. Die Pflanzen haben sich sehr gut entwickelt; sie wurden im Frühjahr 1989 ausgepflanzt.

Der 200. Geburtstag des Englischen Gartens 1989 veranlaßte die Münchner, nach einem Spendenaufruf, rund 1500 Bäume für den Park zu stiften. Dadurch konnten 1989/90 auch über 1000 Ulmen nachgepflanzt werden.

Nicht alle Sorten sind gleich vital, insgesamt

ge Chance zu einer langfristigen Bestandssicherung liegt nach den derzeitigen Erkenntnissen – neben einer Ausschaltung vermeidbarer Belastungen – im qualitativ und quantitativ angemessenen Ersatz ausgefallener Gehölzarten.

Franz Hallbaum schreibt 1927 in seinem Buch über den Landschaftsgarten, daß im „Englischen Garten" auf dem Kiesboden Solitärbäume nicht die volle Üppigkeit, wie das im nördlichen und westlichen Deutschland der Fall ist, erreichen. Das hierdurch flach ausgebildete Wurzelwerk birgt eine erhöhte Windwurfgefahr und stellt so eine weitere Standortschwäche dar.

Dazu kommen noch Beeinträchtigungen aus dem intensiven Besucherverkehr und aus den Folgewirkungen zahlreicher tiefgreifender Baumaßnahmen in Form von Leitungsverlegungen über Kanalisationsbau bis hin zu wasserbaulichen Maßnahmen wie dem Bau eines Regenüberlaufbeckens zur Verbesserung der Wasserqualität der Isar.

Schäden in Millionenhöhe richtete im Juli 1988 ein Unwetter im nordwestlichen Teil und im Februar 1990 im südlichen Teil des Parkes an. Besonders bedauerlich war dabei der Verlust vieler wertvoller, alter Solitärbäume.

Zur Verbesserung der Vitalität des Gehölzbestandes wurden und werden die verschiedensten Maßnahmen durchgeführt; sie reichen von Blatt- und Bodenanalysen über verschiedene Düngungsversuche bis hin zu Standortverbesserungen mit Druckluft und verschiedenen Bodenhilfsstoffen. Die einzi-

Verkehrssicherheit

Die Verkehrssicherheit ist ein wichtiger Aspekt bei der Gehölzpflege. Nicht nur entlang des insgesamt 75 km langen Wegenetzes, sondern auch entlang der Gehölzränder an den Wiesenflächen müssen die Bäume laufend daraufhin überprüft und überwacht werden, ob morsche Äste eine Gefahr für Besucher des Parks darstellen und ob sonstige Mängel an den Bäumen zu beheben sind.

Zu diesem Zweck werden Baumüberwachungslisten geführt, in denen festgestellte Mängel und deren Beseitigung festgehalten werden. Diese Listen dienen gleichzeitig als Arbeitsanweisung für die Gärtner.

Parkpflegewerk

Um für die Durchführung der Erhaltungspflege langfristig einen konkreten Maßnahmenkatalog zur Hand zu haben, wurde in den

233

80er Jahren ein Parkpflegewerk aufgestellt. Das Parkpflegewerk umfaßt das gesamte Gebiet des Englischen Gartens von 375 Hektar. Entsprechend dem in der Natur nachvollziehbaren Wege- und Bachnetz wurden Teilgebiete abgegrenzt – 3 bis 6 Hektar groß –, welche als eigenständige, überschaubare Untersuchungseinheiten behandelt wurden. Für jedes dieser Untersuchungsgebiete wurde eine Bestandserhebung durchgeführt in Bezug auf markante Einzelgehölze und Bestände (nach Artenspektrum, Artenanteilen und Deckungsgrad) sowie Wiesen. Dazu wurde jeweils ein Bericht mit Lageskizze im Maßstab 1:2000 erstellt. In einem weiteren Schritt wurde jedes Teilgebiet für sich bewertet hinsichtlich seiner Gestaltung, Funktion und Vegetationsqualität. Die Ergebnisse sind in einem Formblatt aufgezeichnet, das zugleich Aufschluß gibt über die notwendigen Maßnahmen.

Dieses doppelseitige Formblatt bietet somit auf kleinstem Raum einen Überblick über Situation, Zustand und Handlungsbedarf im betreffenden Bezirk.

Die Problematik einer derart umfassenden Untersuchung besteht zum einen im erforderlichen Zeitaufwand, der in der enormen Flächenausdehnung des Parks begründet ist, und zum anderen in der geringen Realisierungschance, da das Parkpflegewerk sich quasi selbst überholt.

Auf jeden Fall ist es aber eine erheblich gründlichere und umfassendere Inventur, als es die Biotopkartierung darstellt.

Mitte der 90er Jahre wurde über eine Diplomarbeit der Fachhochschule Weihenstephan der Aufbau eines geographischen Informationssystems speziell für die computertechnische Umsetzung eines Parkpflegekonzepts erarbeitet. Mit einer digitalisierten Grundkarte und leistungsfähigen PC's soll in den nächsten Jahren ein Parkpflegewerk entstehen, das auf aktuellen Bestandsplänen basiert. Zeitlich unterschiedliche Katasterblattstufen können übereinander gelegt werden und zeigen die Veränderungen des Parks im Wandel der Jahrzehnte. Eine aktuelle, ebenfalls maßstabsgerechte Luftbildaufnahme wird mit den überlieferten Bestands- und Katasterplänen verglichen, ebenso verschiedene aktuelle und historische Texthinweise, die letztendlich, verknüpft mit den Baumüberwachungslisten, die Entwicklung des Gartendenkmals nachvollziehbar machen.

Die Akzeptanz und der Schutz dieses Gartendenkmals soll hierdurch auch zukünftig gesichert werden.

Wiesen und Freiräume

Das Verhalten und der Erholungsanspruch der Parkbesucher haben sich in den letzten 15 Jahren entscheidend verändert. So wurden bis zum Jahre 1972 – mit Ausnahme der damals 20 Hektar großen Liegewiesen – alle anderen Wiesen landwirtschaftlich genutzt. Voraussetzung dafür ist, daß die Wiesen bis nach der Grummeternte nicht betreten werden. Dies schränkt aber auch danach noch – bedingt durch die rauhen Stoppeln – eine zwanglose Benutzung als Liege- und Spielwiese ein.

Der heutige Parkbesucher will die Wiesen jedoch ab dem zeitigsten Frühjahr uneingeschränkt benutzen. Deshalb ist es erforderlich, im Englischen Garten rund 116 Hektar Wiesen ständig kurz zu halten. Notwendig ist dies auch für die Beseitigung des anfallenden Mülls.

Extensiv bewirtschaftet sind 70 Hektar. Es handelt sich dabei um große zusammenhängende Wiesenflächen im Nordteil, um Teich- und Bachuferbereiche sowie um Wegebegleitgrün.

Auch extensive Wiesenflächen bedürfen fachgerechter Pflege. Bei der Geräteauswahl und Arbeitstechnik ist darauf zu achten, daß die vorhandene Vielfalt der Flora erhalten bleibt.

Wege

Die Gesamtlänge des Wegenetzes im Englischen Garten beträgt rund 75 km. Die für Wegebau und -unterhalt aufzuwendenden Materialkosten sind zwar erheblich, die Arbeiten können aber durch den Einsatz zweckmäßiger Maschinen, Geräte und Fahrzeuge problemlos durchgeführt und bewältigt werden.

Sturmschäden – auch ein Problem der Verkehrssicherheit

235

- Fahrstraßen: 26,39 km, davon befestigt 11,63 km = 44,1 %;
- Fußwege: 36,18 km, davon befestigt 5,64 km = 15,6 %;
- allgemeines Wegenetz: 62,57 km, davon befestigt 17,27 km = 27,6 %;
- Reitwege rund 13 km.

Wasserflächen

Das Wasser – belebendes Element einer Parkanlage – bedarf der besonderen Pflege. Die Qualität des Wassers im Englischen Garten ist hervorragend (Ableitung der Isar bei der Mariannenbrücke, keine Regenauslässe). Einleitung von 32 m³/sec.; 22 m³/sec. verlassen den Park rasch als Eisbach an der Ostseite; 7 bis 8 m³/sec. bilden als Schwabinger Bach im wesentlichen die Westgrenze und nur 2,5m³/sec. stehen für die Speisung der Parkgewässer zur Verfügung.

Die größte zusammenhängende Wasserfläche stellt der Kleinhesseloher See dar. Er hat eine Größe von 8 Hektar. Mehrere kleinere Weiher befinden sich in der Hirschau. Die Länge der Bäche beträgt 8,75 km. Die Qualität des Bachwassers wird durch die Anwesenheit von Brutpaaren der Wasseramsel bewiesen.

Die Ufer der rasch fließenden Bäche im Südteil (= 2 lfm/sec.) sind mit Faschinen oder Bruchsteinen befestigt. Angesichts der geringen Fließgeschwindigkeit im Nordteil des Englischen Gartens sind die Bachufer dort naturbelassen.

Bei Hochwasser ist das Isarwasser erheblich mit Schwemmstoffen belastet. In den Bachstrecken mit geringerer Fließgeschwindigkeit, vor allem aber in den Seen, setzen sich diese Schwemmstoffe zu Schlammbänken ab,

Müllbeseitigung – kostenaufwendiger als Wiesenpflege

die jährlich - oder wie in den Seen in einem Zeitabstand von 20 Jahren - entfernt werden müssen.

Sauberhaltung

Die Sauberhaltung der Parkanlage hatte noch bis 1972 im Bereich der Pflegemaßnahmen eine untergeordnete Bedeutung. Mit der höheren Besucherdichte und dem geänderten Besucherverhalten ist der Müllberg erheblich angewachsen. Der Müllanfall betrug 1972 in den Sommermonaten rund 0,6 t/Woche und stieg innerhalb von 10 Jahren auf 2,7 t/Woche. Der Spitzenwert wurde 1989/90 mit 4 t/Woche erreicht.

Durch die Einführung von Mehrweggeschirr mit Pfand, Anfang der 90er Jahre, sank die Müllmenge auf ca. 1,7 t/Woche. Mülltrennung und Recycling ist leider bisher gescheitert. Die Abfälle sind so miteinander verklebt, daß eine Trennung durch Fachfirmen, trotz moderner Technik, nicht möglich ist. Lediglich Glasflaschen werden vom Restmüll

getrennt. Im Sommer müssen bis zu 1000 Flaschen pro Tag im Park eingesammelt werden.

Abnutzung, Zerstörung

Auch dieser Aspekt der Parkpflege hatte früher nur eine untergeordnete Bedeutung. Durch die hohe Besucherdichte sind Abnutzungserscheinungen – wie z.B. abgetretene Wegeränder, Trampelpfade, verdichtete Gehölzflächen – zu einem kostenaufwendigen Problem geworden.
Dazu kommt die sinnlose Zerstörung von Parkeinrichtungen bis hin zu Gehölzen. Allein die Beseitigung von Schmierschriften an Denkmälern erfordert jährlich Haushaltsmittel in Höhe fünfstelliger DM-Beträge.

Wild, Jagd, Fischerei

Während Rehe, Hasen und Fasane durch die Unmenge von freilaufenden Hunden nahezu ausgerottet sind, vermehrt sich das Wassergeflügel – bedingt durch eine reichliche Fütterung durch Parkbesucher – übermäßig.
Zur Verhinderung von Seuchen und zur Erreichung eines artgerechten Geschlechterverhältnisses muß der Bestand an Wassergeflügel daher durch regelmäßige Bejagung reguliert werden.
Fischzucht wird in begrenztem Umfang betrieben. Der Bestand ist regelmäßig zu überwachen; es ist darauf zu achten, daß eine natürliche Artenzusammensetzung gegeben ist.

Sicherheit

Durch die hohe Besucherdichte sind Verstösse gegen Recht und Ordnung zwangsläufig die Folge. Die Verstöße halten sich noch im Rahmen; den Anfängen muß jedoch gewehrt werden – im Interesse der Sicherheit der Parkbesucher.
Dank Unterstützung durch die zuständigen Dienststellen der Polizei ist die Überwachung der Parkanlage erheblich verbessert worden.

Anforderungen der Technik und Baumaßnahmen Dritter.

Erhöhter Pflegeaufwand entsteht nicht nur durch die hohe Besucherdichte und durch unverständige oder rücksichtslose Parkbesucher, sondern Mehrarbeit resultiert auch aus den Forderungen und Ansprüchen, die der Fortschritt und die Technik stellen.
Zahlreiche Versorgungsleitungen müssen die Grünanlage durchqueren. Im Englischen Garten ist eine Vielzahl von Strom-, Telefon-, Rundfunk- und Steuerkabeln verlegt. Gas- und Wasserleitungen sowie Abwasserkanäle durchqueren die Anlage.
Bau und Unterhalt dieser Versorgungsleitungen sind zweifellos als erhebliche Beeinträchtigungen des Erholungswerts anzusehen.
Die Verbesserung der Münchner Abwasserverhältnisse und der Fernwärmeversorgung zum Beispiel beeinträchtigten mit dem Bau einer Eisbachüberleitung, eines Regenüberlaufbeckens, mehrerer großer Kanäle und dem Bau einer Fernwärmeversorgungsleitung auf die Dauer von 10 Jahren Parkteile in erheblichem Umfang.

Pflegeplanung

Für den Unterhalt der Parkanlage wendet der Freistaat Bayern hohe Summen auf. Der Mittelbedarf muß durch eine genaue Pflegeplanung ermittelt und durch eine Kostenerfassung (Nachkalkulation) kontrolliert werden.

Die Pflegekostenplanung erfolgt analog zur Haushaltsmittelaufstellung, langfristig für einen Zeitraum von 4 bis 6 Jahren, mittelfristig für einen Zeitraum von 2 bis 4 Jahren und kurzfristig für den Zeitraum eines Jahres. Kurzfristige Maßnahmen ergeben sich aus der Baumüberwachungsliste, aus der Verkehrssicherungspflicht an Baumbestand und Parkfläche, aus dem Winterdienst (Räum- und Streupflicht) und aus allen wiederkehrenden Arbeiten. Mittelfristige Maßnahmen ergeben sich beispielsweise aus dem Parkentwicklungsplan (= Vorstufe zum Parkpflegewerk), aus der Vorschau wünschenswerter Bestandsabrundungen und aus Erweiterungen. Langfristige Maßnahmen sind im Parkpflegewerk beschrieben.

Kostenerfassung

Es handelt sich dabei um die Erhebung von jährlich anfallenden Kosten für einzelne Arbeitsfelder. Zweck dieser Erhebung ist ein Aufwandsnachweis für das jeweilige Arbeitsgebiet. Sie dient aber vor allem dem innerbetrieblichen Leistungsvergleich über Jahre hinweg. Bei Umrechnung der absoluten Werte auf Flächeneinheiten (DM/m²/lfm) ist auch ein Vergleich mit anderen Betrieben möglich. Die gesamten Aufwendungen werden pro Arbeitsfeld für das Untersuchungsjahr auf-

summiert und können nunmehr zu den entsprechenden Arbeitsflächen in Beziehung gesetzt werden. Die gesamten Unterhaltskosten für den Englischen Garten werden 21 Arbeitsfeldern zugeordnet; dies waren im Jahre 1985 beispielsweise:

1. Parkmüll-Beseitigung/Park gesamt (372,208 ha), Gesamtkosten 1985 = 206.679,89 DM = 0,06DM/m². Die Parkmüll-Beseitigung erfolgt jedoch überwiegend auf den Wiesen und Wegeflächen = 04 ha; damit Kosten tatsächlich = 0,10 DM/m².
2. Wegebau und Instandhaltung (72,78 km Wege oder 31,031 ha), Gesamtkosten = 226.195,93 DM = 2,84 DM/lfm oder 0,67 DM/m².
3. Läuterung, Fällung, Regeneration: Gesamtfläche Parkwald 127,8 ha, Gesamt-

kosten = 204.643,42 DM = 0,16 DM/m².

4. Baumsanierung/Verkehrssicherung: Gesamtfläche = 127,8 ha, Gesamtkosten = 253.337,91 DM = 0,20 DM/m².

5. Pflanzung/Pflege: Gesamtfläche = 127,8 ha, Gesamtkosten = 265.789,51 DM = 0,21 DM/m².

6. Baumschulfläche/Anzucht: Gesamtfläche = 3,765 ha, Gesamtkosten = 177.205,16 DM = 4,71 DM/m².

7. Bodenvorbereitung/Kompost: Fläche = 3,765 ha, Gesamtkosten = 18.632,71 DM = 0,50 DM/m².

8. Pflege kurz gehaltener Wiesen: Gesamtfläche = 110 ha, Gesamtkosten = 109.112,50 DM = 0,10 DM/m².

9. Extensivwiesen/Extensivflächen gesamt: 42,675 ha, Gesamtkosten = 59.176,99 DM = 0,14 DM/m².

10. Landwirtschaftlich genutzte Wiesenflächen gesamt = 20 ha, Gesamtkosten = 11.677,80 DM = 0,06 DM/m².

Für die Pflege aller Wiesenflächen wurden 1985 gegenüber der Müllbeseitigung 26.712,60 DM weniger ausgegeben.
Die Summe aller Unterhaltskosten, bezogen auf die gesamte Parkfläche, betrug im Jahr 1985 ohne Berücksichtigung der nicht unerheblichen Einnahmen: 0,875 DM/m².
Seit 1990 sind die Kosten der Müllentsorgung aufgrund der reduzierten Menge etwa gleich geblieben. Durch Optimierung aller Betriebsvorgänge und Maschineneinsätze konnten bei der Wiesenpflege sogar Einsparungen erzielt werden. Derzeit ist noch nicht erkennbar, daß die vom Zeittrend gewünschte vermehrte Vergabe von Parkpflegeleistungen bei gleichbleibender Qualität zu Kosteneinsparungen führen können. Nachdem dies auch anderen-

orts nicht eingetreten ist, sollten darauf keine zu großen Hoffnungen gesetzt werden.
Trotz des hohen Aufwands und trotz all der unangenehmen Zeiterscheinungen ist diese historische Gartenanlage nicht nur ein Denkmal der Gartenkunst, sondern für Jung und Alt, für Kranke und Gesunde, für Sportliche und Behäbige ein Ort der Ruhe und Erholung geblieben.
Daran wird sich – trotz aller Probleme – hoffentlich auch in Zukunft nichts ändern.

Flächengliederung Englischer Garten
375 Hektar – Stand 01.01.2000.

Gehölzflächen (einschließlich Haine)	130 ha
Wiesen – ständig kurz gehalten	116 ha
Extensivwiesen	70 ha
Baumschule	4 ha
sonstige Flächen	55 ha
	375 ha

Vandalismus

Sonstige Flächen:	
Wasserflächen	16 ha
Fahrstraßen, Fußwege, Reitwege	32 ha
Gebäude, Plätze	7 ha
	55 ha

Karl-Theodor-Wiese in herbst-licher Abendstimmung

Organisation der Verwaltung des Englischen Gartens München

Vier Betriebsabteilungen:
1. Englischer Garten – Süd
   mit den Unterabteilungen
   Pflege und Landwirtschaft
   Baumschule
   Werkstätten
2. Englischer Garten – Nord
   mit der Unterabteilung
   Baumschule

3. Maximiliansanlagen
4. Hofgarten/Finanzgarten
Betreute Gesamtfläche: 417 ha;
Personalstand:
52 Betriebsarbeiter
4,5 Angestellte
6 Beamte
_____
62,5 Stellen

Text ergänzt durch Thomas Köster;
Vorstand der Verwaltung des Englischen Gartens
ab 1994

Das Münchner Paradies

Roland Krüppel

Gemeinsames und Gegensätzliches zwischen Franzosen und Bayern lassen sich im Laufe der Geschichte mannigfach ausmachen, doch sei der historische Exkurs reduziert auf eher Symbolhaftes. Als in den heißen Sommertagen von 1789 revoltierende Bürger von Paris die Bastille stürmten, um vom König die Freiheit fürs Volk zu erkämpfen, gab sich in Bayerns Residenzstadt München der Kurfürst bürgerlich. Er ordnete die Anlage eines großen natürlichen Parks an und damit die Revolution gegen die französische Gartenarchitektur, die Pflanzen so richtig ordentlich unter das Diktat der Geometrie gestellt hatte. Zurück zur freien Entfaltung! Dies hatte Symbolcharakter und regte den Menschen zu individueller Interpretation an, die eher zufällig (?) den Regierenden entgegenkam und Demokratiebestrebungen in geordnete Bahnen lenkte. Denn wer spazierengeht in einem solchen Park, der rennt nicht gegen die Mauern der Residenz.

Heute kann sich der Mensch dort sogar eine ins Spielerische gehende Individualität erlauben. Er kann zum Beispiel so frei sein, sich frei zu machen vom Knebel der Kleidung. Frei vom Zwang des Schamgefühls darf er sich mitten in der Stadt, mitten in der einstmals kurfürstlichen Anlage, bloßlegen, ohne sich bloßzustellen.

Der Mensch hat sich im Garten, der niemals die Fesseln des höfisch-barocken Parkideals von Frankreich zu spüren bekam, einfach und schlicht der Natur angepaßt. Die fashionable Textillosigkeit ist zur kollektiven Identität einer klassenlosen Gesellschaft geworden, in der Yuppies und Punker brüderlich den Rasen teilen, einer Gesellschaft, die in ihrer freizügigen Übereinstimmung gegen scheinheiliges Establishment opponiert, wenngleich sie im Denken und Tun weit entfernt vom Revolutionären ist. Ein bisserl Aufmüpfigkeit wird wohl noch sein dürfen, im Garten des Kurfüsten Karl Theodor, dessen Liberalität seinerzeit Friedrich von Schillers „Räuber" zuließ.

Und so liegen sie und stehen sie - ganz locker, nicht lose. Und flanieren ohne Flanell. Sie würdigen die puritanischen Betuchten und Gewandeten keines Blickes, was umgekehrt freilich der Fall ist. Ein voyeuristischer Sündenfall?

Die Nackten des Englischen Gartens, die so frei sind, sind zur touristischen Attraktion von Münchens Grünem Salon geworden, wie etwa die Bohèmiens von Schwabing und neuerdings von Haidhausen. Dabei sind es nicht nur heimische Nuditäten, deren der Fremde ansichtig werden kann, auch Körperbewußten aus prüderen Regionen der Republik bietet der Englische Garten freizügig Heimstatt. Leben und leben lassen. In München findet das Wort eines Preußen, des gerne französisch parlierenden Alten Fritz, praktikable Umsetzungsmöglichkeit, auch wenn Lokalpolitiker „nicht mehr wissen, wie man wegschauen soll vor lauter Verlegenheit" oder sich darüber mokieren, „daß ein bestimmter Personenkreis dem anderen seine Unkultur aufzwingt".

Der Englische Garten ist indes nicht nur Platz für paradiesische Nacktheit, er ist glei-

chermaßen lustvolle Stätte für Bikini-Schönheiten und deren bekleidete Begleiter. Der Eisbach, der so frisch dahinzischt, Luftblasen bildend, wie Mineralwasser, das mit Kohlensäure durchsetzt ist, er bietet Abkühlung im Sommer und ist, wie auch der Schwabinger Bach, für alle, die Erquickung suchen, murmelnder Zeitvertreib. Sein Rauschen bettet den Beat der Box im Radio ein und macht auch das Getöse der Gruppe „Kiss" erträglich. Die Isar, die Kiesel aus dem Gebirge als sonnenwarme Lagerstatt anbietet, verspricht den Badenden ebenfalls die Frische des Fließgewässers. Und am Kleinhesseloher See lassen sich die Wanderfüße kühlen. Oder Enten und Schwäne füttern. Im Sommer und mit besonderer Zuwendung im Winter. 17 Hektar Wasserfläche bietet der Englische Garten, die natürlichste und größte Bade-„Anstalt" der Stadt. Kein Wunder, daß der Chef der städtischen Bäder den Englischen Garten mehr und mehr als Konkurrenz für die kommunalen Wasseroasen ansieht.

Nirgendwo sonst in München kann der Mensch die Freiheit so körpernah spüren und erleben. Auch erlaufen. Die Wanderwege zwischen dem Haus der Kunst im Süden und dem Aumeister, dem einstigen herzoglichen Au-Jägermeister im Norden sind 73 Kilometer lang. Nun würde es der Philosophie des Englischen Gartens widersprechen, würden ausschließlich die Wege den Wanderer zur Route zwingen. Das Betreten des Rasens ist seit 1972 erlaubt, wird mittlerweile gar erleichtert: weit über die Hälfte der 170 Hektar Wiesenfläche wird an die zehn bis fünfzehn Mal im Jahr gemäht. Der Grasflor ist somit kurz, dicht und trittfest. Und wenn unterirdische Störenfriede den Frieden stö-

ren, weil sie die Optik des Wiesenteppichs durch braune Erdhügel verschandeln, machen Gärtner kurzen Prozeß und ebnen ein, was Maulwürfe aufgeworfen haben. Das ist gezielter Eingriff in die Natur, den keiner der rund 250.000 Schönwetter-Bummler verübelt.

Mit herber Kritik dagegen reagieren die Münchner, wenn sie die Männer der Verwaltung des Englischen Gartens auf Leitern stehen sehen, die Säge in der Hand – oder wenn diese Männer die Säge gar ganz unten am Stamm ansetzen und der Motor aufheult. Da laufen die Drähte in den Redaktionsstuben der Medien heiß. Von Skandal, von

Baumfrevel wird da gesprochen, heiser vor Empörung. Ein Ende müsse man dieser Schande bereiten! Da werden Emotionen wach, die im Bauch geschlummert haben. Sie sind stärker als der Verstand, der erklären würde, daß Bäume vor Erreichen des Altersstadiums gefällt werden, um dem Nachwuchs Platz zu machen. An die 130 Bäume werden deshalb Jahr für Jahr abgesägt. Es sind Ulme, Ahorn, Rotbuche, Esche, Eiche, Hainbuche, um nur ein paar Beispiele zu nennen. Wie sehr müssen die Münchner ihre Bäume im Englischen Garten lieben, daß sie den Sinn der Abholzung einfach ignorieren! Daß ihnen nur schwer verständ-

245

lich gemacht werden kann: auch ein Naturdenkmal braucht Pflege.

Im Nordteil des Englischen Gartens üben
die harten Garten-Männer sensible Zurück-
haltung. Dort werden die Wiesen nur zwei
Mal gemäht. Einmal im Sommer und dann
im Herbst, wenn das Grummet fällig ist. Da
duftet es, da zirpen die Grillen, da geben die
Heuschrecken ihre hellen, hohen Töne ab.
Und die Vögel finden reiche Nahrung. Auf
diesen Wiesen kann auch der umwelt-kun-
dige Spaziergänger und biologisch-interes-
sierte Gymnasiast keinerlei pflanzliche
Degeneration feststellen, muß sich nicht
sorgen wegen des Rückgangs von Glockenblume oder Sauerampfer oder Pechnelke
oder Wiesenschaumkraut. Dort, in der Nähe
des Stauwehrs Oberföhring, ist nämlich die
Wiesen-Welt noch in Ordnung. Von einer
„Artenvielfalt, wie sie nur selten an Trocken-
standorten vorkommt", ist stolz die Rede in
der Verwaltung des Englischen Gartens. Da
kann sich der Großstädter auch noch über
die Vielfalt an Insekten erfreuen, über die
krabbelnden, hüpfenden, fliegenden Insekten. Wenn er die Geduld des Naturfreundes
aufbringt, trotz der Großstadthektik, die er
sich aufzwängen ließ, dann sieht er auch
Fasan und Rebhuhn, Hase und Reh. Immer
seltener freilich, weil freilaufende Hunde
ihren Jagdinstinkt illegal ausleben dürfen.
Freiheit mit Negativeffekt.

Ist's Lässigkeit, mit der sich die Etablierten
zeitgemäß geben? Ist's Nachlässigkeit der
Etablierten gegenüber der fragenden und
suchenden Jugend? Ist's somit auch Freiheit mit Negativeffekt? Was sich rings um
den Monopteros, den zehnsäulig-ionischen
Tempel, auch noch nach den auf- und anre-
genden sechziger und siebziger Jahren

abspielt, ist Ausdruck zumindest einer Variante von Freiheit, die bei den Etablierten Unverständnis auslöst: Koks satt, Sex satt. Leben und lieben lassen? Hat Freiheit Grenzen? Wenn ja, wo verlaufen sie? Wer verantwortet sie? Wenn nein, wer hat die Kraft für die grenzenlose Freiheit?

Wenn der Föhn die Münchner Luft vom Dunst befreit oder der Vollmond sein Licht wie durch ein Milchglas scheinen läßt, gewinnt München noch zusätzlich an Kontur. Ludwigskirche, Salvator-, Theatiner-, Frauenkirche, der Alte Peter, das Alte Rathaus, das Armeemuseum bilden mit ihren steilen und buckeligen Türmen eine Silhouette, die im Licht des Föhns die Klischees der modernen Tourismuswerber assoziiert, im Licht des Mondes dagegen werden eher biedermeierliche Gefühle wach: heimelig mutet's einen an, warm und weich. Hier auf dem Hügel des Monopteros, den Leo von Klenze im Auftrag von Ludwig I. im griechischen Stil errichtete, hier steigt Selene, die Mondgöttin des Nachts herab zu ihrem Hirten Endymion, auf daß er ihr auf ewig hörig bleibe.

Eugen Roth, der Unvergessene, hat in einer Eloge auf den Englischen Garten das Emotional-Romantische des Monopteros so beschrieben: „Der Knabe Indianer spielt,/ Das Mädchen ängstlich Flieder stiehlt,/ Der Jüngling dichtet hier und trachtet!/Der Backfisch (meint man) schwärmt und schmachtet,/Der Liebe Flammen riesengroß,/Umlodern den Monopteros./Nicht nötig dazu ist der Mai,/Man geht auch winters zwei und zwei."

Wenn sich der Spaziergänger nicht verirrt, was durch eine Vermehrung der Hinweisschilder ein bißchen unwahrscheinlicher als früher geworden ist, kann er knirschenden Schrittes, überholt von keuchenden Joggern und klingelnden Radfahrern, bequem hinübergehen zu einem weiteren kunstvollen Denkmal des Englischen Gartens; zum vielleicht schönsten Nackten im Großstadtparadies. Zu Antinous, dem Lustknaben aus kühlem Klassizistik-Marmor. Die Inschrift des Denkmals von Franz Jakob Schwanthaler: „Harmlos wandelt hier. Dann kehret neugestärkt zu jeder Pflicht zurück." Das Volk sagt „Harmlos" zum Nackten. Und so ganz ernst nimmt es auch die schriftliche Aufforderung zur Pflichterfüllung nicht. Münchner stärken sich nicht beim Lustwandeln. Seelisch vielleicht, körperlich nicht.

Schon im Frühling, wenn zwischen den Bäumen die weißen Anemonen und die blauen Leberblümchen blühen und die Farben des „bayerischen" Himmels wiedergeben, können sich Nicht-Münchner mit einem Eckerl bayerischer Lebensart vertraut machen und angeregt beobachten, wie sich Einheimische körperlich stärken. Sie legen Brotzeitbrettl in einen Korb, Messer, Gabel, Senfglas und Salzfaßl, Gurken, Radi, Brot und Brez'n. Ein Ripperl kommt dazu oder je nach Gusto vielleicht Leberkäs oder Fleischpflanzerl oder Preßsack. Zu Fuß oder mit dem Fahrrad geht's dann in die Hirschau, zum Chinesischen Turm, zum Aumeister oder Seehaus. Hier wird der Gast nach Altmünchner Biergartentradition verwöhnt. Hier darf der Mensch schwitzen, wenn er sich nach heißem Fußmarsch einen schattigen Platz unter der Kastanie sucht. Wo er seinen mitgebrachten Schmankerln kulinarisch den Garaus machen darf. Nur das Bier, das muß er beim Wirt kaufen. Er kann sich selbstverständlich auch über

Augen und Nase verführen lassen vom Angebot, das aus der Küche kommt:
Wie wär's mit einer braun-glänzenden Kalbshax'n? Einer reschen Schweinshax'n? Einem krustigen Grillwammerl? Einem knusprigen Brathendl? Einer knackigen Wurst? Oder mit anrüchigem Romadur? Vielleicht mit einem pikanten Obatztn – bestehend aus Camembert, Butter und Gewürzen?
An einem schönen Wochenend-Tag werden etwa rings um den Chinesischen Turm 130 Hektoliter Bier und 13 Hektoliter Limonade

und Cola getrunken, runde 3500 Schweinshax'n und 4000 halbe Hendl verzehrt. Etwa 20.000 Menschen teilen sich dieses Teil-Angebot. In der Hirschau, beim Aumeister und im Seehaus haben die Leute nicht weniger Appetit. Warum auch?
Im Winter, wenn die Skilangläufer in der „städtischen" Loipe physische Form trainieren, um psychisch in Form zu kommen, dann dampft der weiße Atem in der grauen Luft um die Wette mit den kleinen Wolken über den Glühweingläsern, die von den Wirten des Englischen Gartens kredenzt werden.

Rotbäckige Eisprinzessinnen und eisgraubärtige Eisstockschützen finden so wärmende Labsal am Kleinhesseloher See. Und auch die Reiter nehmen einen zur Brust. Gegen die Kälte. Sommers wie winters ist der Grund für einen Schluck so logisch.

In den gastlichen Stätten des Englischen Gartens würden auch jene Männer soziale Verbundenheit spüren, die im Sommer 1789 zum Sturm auf die Bastille aufriefen. Denn hier vereinen sich auf eine spezifisch bayerische Arte liberté, égalité, fraternité. Da sitzt der sportliche Jungunternehmer, der gerade sein Cabriolet unter einer Rotbuche geparkt hat, neben dem Rentner, der sich ganz selbstverständlich seine Fahrradklammer vom rechten Hosenbein nimmt. Die Frau des Behörden-

leiters lächelt dem Mitarbeiter ihres Mannes zu, der vom Nebentisch in ungewohnter Leutseligkeit herüberprostet: »Zum Wohl, Herr Nachbar!«. Es ist ein freundliches Lächeln; weder indigniert noch maliziös. Hierarchie gibt's nicht am Biertisch. Und wenn man sich sympathisch ist, dann kann es sogar vorkommen, daß ein Schmankerl aus dem Korb mit einem bis dahin unbekannten Tischnachbarn geteilt wird. So ist der Englische Garten in über 200 Jahren zu einer in Europa einmaligen Kommunikationsstätte geworden. Im Hydepark zu London reden die Leute, was sie denken. Im Englischen Garten zeigen sie, was sie denken.

Theodor Dombart (1884–1969)
unvergessen...

Theodor Dombart in seinem geliebten Englischen Garten

Unser Englischer Garten ist kein Museum
überkommener und bewahrter Vergangenheit:

Er ist ein lebendiges,
dem Leben der Gegenwart Rechnung tragendes,
ja ein Leben spendendes Wesen
im Sinne seines künstlerischen Schöpfers
Friedrich Ludwig von Sckell.

Theodor Dombart

Große Feste im Englischen Garten

Waldemar Palten und Karl-Friedrich Beuckelmann

Der erste von Kurfürst Karl Theodor dem Volk gewidmete Garten, von Rumford begonnen, von Werneck erweitert und von Friedrich Ludwig von Sckell zum klassischen Landschaftsgarten gestaltet, wurde im Jahr 1792 ohne große Feierlichkeiten dem „allgemeinen Publikum" zugänglich gemacht. Es wird zwar von einem Hoffest 1792 in der Nähe des Chinesischen Turms berichtet, nähere Angaben hierzu gibt es aber nicht.

Erstes großes Volksfest

Anlaß zu einem ersten großen Volksfest gab 1795 die Wiederverheiratung von Kurfürst Karl Theodor mit der 18-jährigen Großherzogin Maria Leopoldine von Habsburg-Este. Rumford veranstaltete ein Fest mit Lustfahrten auf dem Weiher hinter dem Rumfordhaus, mit Tanzvorführungen, einem Wettlaufen im Amphitheater und einem Pferderennen. Danach begann ein allgemeines Tanzvergnügen auf verschiedenen Plätzen im Park. Nach Einbruch der Dunkelheit erreichte das Fest durch Illuminationen seinen Höhepunkt. Im Amphitheater flammten 1.500 Lichter auf. Der Chinesische Turm war bis zur Spitze mit bunten Glaslaternen und mit 2000 Lichtern und Lampen beleuchtet.

Ein Tanz der neun Musen um das Standbild des Apollo-Tempels wurde durch bengalische Lichter märchenhaft beleuchtet. Ein plötzlich losbrechendes Gewitter setzte dem Fest allerdings ein jähes Ende.

Rumford berichtet in seinen Schriften über das Fest, er habe 1800 Arme und über 30.000 Bürger eingeladen. Dies bedeutet, daß nahezu die gesamte damalige Bevölkerung der Stadt an dem Fest teilgenommen hat.

150 Jahre Englischer Garten

Der 150. Geburtstag des Englischen Gartens fiel in eine schwierige Zeit. Von größeren Veranstaltungen oder gar Festen aus diesem Anlaß ist nichts bekannt.

Wiederaufbau des Chinesischen Turms

Am 13. Juli 1944 wurde der Chinesische Turm durch einen Brandbombentreffer eingeäschert. Seinen Wiederaufbau förderte ein 1951 eigens für diesen Zweck gegründeter Verein. Die Übergabe des wieder errichteten Bauwerks erfolgte am 6. September 1952 mit einem Festzug und einer großen Feier am Chinesischen Turm. Auch dieses Fest beeinträchtigte ein gewaltiges Gewitter ganz erheblich.

175 Jahre Englischer Garten

Das Jubiläum des 175-jährigen Bestehens war ein willkommener Anlaß, im August 1964 Gartenfeste zu feiern. Obwohl Staat und Stadt für diesen Zweck keine finanzielle Hilfe leisteten, gelang es dem damaligen Staatsgärtendirektor Christian Bauer und seinen Mitarbeitern, eine Reihe guter Veranstaltungen zu organisieren und durchzuführen. Zum Auftakt der Feste fanden sich Tausende von Mädchen und Buben zur Eröffnungspolonaise mit amerikanischer Militärmusik auf dem Schulspielplatz Hirschanger ein. Wettspiele, Kasperltheater, ein Zirkusprogramm usw. sorgten an diesem Tag für eine ausgezeichnete Unterhaltung der Kinder. Einer der Höhepunkte war ein Lichterfest am Kleinhesseloher See. Durch Presse, Rundfunk und Fernsehen mobilisiert, strömten bei Einbruch der Dunkelheit Tausende von Münchner Bürgern zur Werneckwiese, die in einem Lichtermeer von Kerzen erstrahlte. Helle Begeisterung rief eine amerikanische Militärkapelle hervor, die bei Kerzenlicht Märsche, Blues und heißen Jazz spielte. Die im Englischen Garten vertretenen Reiter zeigten in einem Reitturnier ihr Können und begeisterten Fachleute und Laien gleichermaßen. Überrascht waren die Besucher von einer festlichen Beleuchtung des damals noch unbeleuchteten Chinesischen Turms von innen heraus. Das durch den Kerzenschein erzeugte pittoreske Bild brachte unzählige Ah's und Oh's hervor.

Ein Festvortrag von Prof. Alwin Seifert in der Bayerischen Akademie der Schönen Künste war der wissenschaftliche Höhepunkt der Veranstaltungen. Seifert zeigte eindringlich den Wert der Gartenschöpfung und seine Bedeutung auf, wies aber genauso eindringlich auch auf Versäumnisse der Stadtplanung hin. Im Anschluß an den Vortrag verkündete die Akademie die Stiftung eines Sckell-Preises, der alle zwei Jahre für überragende Leistungen in der Pflege historischer Gärten und Planungen in der Landschaft verliehen werden sollte.

Im September 1964 wurde im Münchner Stadtmuseum eine Ausstellung über den Englischen Garten mit zum Teil noch nicht veröffentlichten Karten und Plänen eröffnet. Des großen Interesses wegen mußte die Ausstellung von vier auf zwölf Wochen verlängert werden.

Der Zweck der Gartenfeste, nämlich auf die Bedeutung des Englischen Garten in Vergangenheit, Gegenwart und für die Zukunft hinzuweisen, aber auch Freunde und Verteidiger für den Park zu gewinnen, wurde eindrucksvoll erreicht.

XX. Olympische Sommerspiele in München

Feste besonderer Art wurden anläßlich der XX. Sommerolympiade 1972 im Englischen Garten gefeiert. Der Bogenschieß-Wettbewerb auf der Werneckwiese, der Marathonlauf auf einer Strecke von acht Kilometern im Englischen Garten, besonders aber die Aufführung von Stockhausens »Sternenklang« auf der Karl-Theodor-Wiese, fanden große Beachtung und begeisterten viele Menschen.

Eröffnung des Amphitheaters

Der Verein Blütenring errichtete auf Initiative seines Vorsitzenden Pankraz Frhr. von Freyberg mit Hilfe zahlreicher Sponsoren ein Amphitheater im Nordteil des Englischen Gartens. Im Rahmen eines Kostümfestes und einer Aufführung des »Lohengrin« von J. N. Nestroy, zu denen rund 1.000 Gäste als Schwäne verkleidet kamen, wurde das

Schwanenfest zur Eröffnung des Amphitheaters am 13. 7. 1985.

255

Amphitheater am 13. Juli 1985 dem Freistaat Bayern als Geschenk übergeben.

200 Jahre Englischer Garten

Vom 30. Juni bis 16. Juli 1989 feierte München den 200. Geburtstag des Englischen Gartens - es war das größte kulturelle Volksfest, das München je erlebt hat.
165 Veranstaltungen der verschiedensten Art - Festzug, Klassik, Rock, Pop, Tanz, Spiel, Sport, Kostümfeste, Theater, Ballett und Kinderfeste - wurden von mehr als drei Millionen Menschen besucht. Zum besonderen Charakter dieses großen Volksfestes für alle hat sicher beigetragen, daß der Eintritt für die Veranstaltungen nahezu frei war. Nur ein verschwindend kleiner Teil, etwa zwei Prozent der Zuschauer hatten überhaupt ein Entgelt zu entrichten. So waren unter den Besuchern viele Bürger und Gäste Münchens, die ansonsten nicht oder nur selten Konzertsäle und Theater besuchen. Ihnen konnte im Rahmen der Festwochen die gesamte kulturelle Vielfalt Bayerns und Münchens dargeboten werden. Die Festwochen rückten den Englischen Garten nachhaltig in den Mittelpunkt des öffentlichen Interesses und haben vielen Bürgern erstmals oder erneut den großen Erholungswert »ihres« Parks sichtbar gemacht.

Die Vorbereitungen

Bereits sehr frühzeitig war man sich in einem kleinen Kreis einig darüber geworden, das Jubiläum dieser großartigen Parkschöpfung im Rahmen eines Volksfestes zu feiern. Man dachte an kulturelle und sportliche Veranstaltungen, an einen Festzug, an Ausstellungen und Vortragsveranstaltungen, die auf die internationale Bedeutung des Parks in der Garten- und Sozialgeschichte, auf seine ökologische Bedeutung für die Stadt, aber auch auf seine Probleme hinweisen sollten.
Im Mai 1987 legte der Kunsthistoriker Pankraz Frhr. von Freyberg ein erstes Konzept für Festwochen zum 200. Geburtstag des Englischen Gartens vor. Zunächst fand dieses Konzept bei den zuständigen Behörden keine große Zustimmung, erschien es doch wegen des großen räumlichen und zeitlichen Umfangs nur schwer mit den denkmalpflegerischen Belangen vereinbar. Die Überlegungen für ein Festprogramm gingen aber bei allen Verantwortlichen weiter. Am 12. Januar 1988 führte der damalige Bayerische Ministerpräsident Franz Josef Strauß schließlich im Kabinett einen Beschluß herbei, mit dem das Finanzministerium beauftragt wurde, ein attraktives Festprogramm auszuarbeiten.

Nun begann eine fast eineinhalbjährige Vorbereitungszeit, denn so schnell und problemlos wie von manchem gedacht, ließ sich ein großes Volksfest nicht auf die Beine stellen. Der Freistaat Bayern, die Landeshauptstadt München und die Wirte des Englischen Gartens schlossen sich zu einer Veranstaltergemeinschaft zusammen und übertrugen Pankraz Frhr. von Freyberg die Erstellung des teilweise ja bereits vorhandenen Konzepts sowie die künstlerische Leitung der Festwochen. Mit der Gesamtorganisation beauftragten sie die Münchner Firma Interplan Kongreßorganisation Anton Kössl, die auch das wirtschaftliche Risiko der Festwochen übernahm. Die Presse- und Öffentlichkeitsarbeit wurde Ursula Seeböck und ihrem PR-Büro anvertraut.

Ziel aller war es, während der 17-tägigen Festwochen ein hochwertiges, aber auch alle Bürger ansprechendes Programm anzubieten. Dabei war von Anfang an klar, daß der Einsatz öffentlicher Mittel auf ein verhältnismäßig bescheidenes Maß beschränkt bleiben sollte. Durch die Beiträge des Freistaats Bayern und der Landeshauptstadt München sowie durch die Mitfinanzierung der im Englischen Garten vertretenen Wirte und Brauereien war nur ein Teil der notwendigen Kosten zu decken. Der weitaus überwiegende Teil der auf ca. 2,5 Millionen DM geschätzten Kosten mußte damit durch Eintrittsgelder, den Verkauf von Souvenirartikeln und Festabzeichen, besonders aber durch Sponsoren finanziert werden.

Die Mithilfe der Münchner Bevölkerung lag auch im Sinne des damaligen Bayerischen Ministerpräsidenten Franz Josef Strauß, der in einem Empfehlungsschreiben für die Festschrift unter anderem ausführte:

»An alle Freunde unserer Landeshauptstadt richte ich die Bitte, nach Kräften zum Gelingen des Festes beizutragen. Ideelles und materielles Engagement sind nötig, damit Münchens schönstes Viertel seine Begründung würdig, fröhlich und gewinnend begeht. Jeder sollte sich überlegen, wie er sich als einzelner, mit Freunden und Kollegen, mit Verein und Betrieb für das gemeinsame Ziel einsetzen kann. Wenn jeder mitmacht, wird München leuchten. Dann werden unsere Nachbarn in Europa erfahren, was die Münchner wissen: Der Englische Garten ist eine der schönsten Parkanlagen des Alten Kontinents - so volkstümlich wie der Giardino di Boboli in Florenz, so elegant wie der Jardin du Luxembourg in Paris und mindestens so eng-lisch wie der Hyde-Park in London. Ich rufe dazu auf, «

Die Vorbereitung dieses großen Ereignisses unter Federführung des Finanzministeriums verlangte von allen Beteiligten größtes Engagement und vor allem auch die Notwendigkeit, immer wieder mit völlig neuen Aufgabenstellungen fertig zu werden, denn das Projekt hatte ja keinerlei Vorbilder. Im Rückblick war es eine einzigartige Zusammenarbeit zwischen Öffentlicher Hand und Privatwirtschaft, die in dieser Form nur schwer zu wiederholen sein wird.

SKH Prinz Franz von Bayern pflanzt im April 1989 eigenhändig eine von ihm gestiftete Baumgruppe im Englischen Garten.

Festschrift

Zu einem solch großen Jubiläum gehört auch eine Festschrift. Die Idee dazu hatte der künstlerische Leiter von Freyberg, der das Buch auch zusammenstellte und redaktionell bearbeitete. Die Festschrift erschien im Alois Knürr Verlag München.

In dem reich bebilderten 366 Seiten umfassenden Werk wurden von 19 Autoren die Entstehung und Entwicklung des Englischen Gartens beschrieben und die Gründer in Porträts beleuchtet. Die ökologische Bedeutung des Parks, seine Bedeutung als Gartendenkmal und seine Probleme wurden ausführlich dargestellt, alle Bauten und Denkmäler beschrieben, aber auch die Einflüsse des Parks z.B. auf die Malerei aufgezeigt. So entstand eine vorzügliche Festschrift, die von Ron Imelauer, der auch das Logo für die Festwochen geschaffen hatte, hervorragend graphisch gestaltet wurde. Durch die in das Buch aufgenommene Werbung war die Festschrift zum Preis von 29 DM auch für die breite Masse erschwinglich. Die erste Auflage von 20.000 Stück war ebenso schnell vergriffen wie die zweite. Von jedem verkauften Buch stellte der Verlag vier DM zur Durchführung der Festwochen zur Verfügung.

Baumspenden

Große Sorge bereitete das ab Anfang der 80er Jahre wieder aufgeflammte Ulmensterben im Englischen Garten. So mußten in den Jahren 1985 bis 1990 über 3.000 zum Teil mächtige Altbäume gefällt werden. Ein Orkansturm während eines Gewitters hatte zudem am 24. Juli 1988 in kurzer Zeit große Gehölzbestände vorwiegend im nördlichen Bereich der Hirschau vernichtet. Der entstandene Jahrhundertschaden machte die Neubepflanzung ganzer Gehölzpartien erforderlich.

So griff die Münchner Abendzeitung im Februar 1989 eine Idee des künstlerischen Leiters v. Freyberg und der Firma Interplan auf und rief unter dem Motto »200 Jahre Englischer Garten - 1000 Bäume zum Geschenk« zu Baumspenden für das Geburtstagskind auf. Die von Gerhard Merk liebevoll journalistisch betreute Aktion löste bei den Münchner Bürgerinnen und Bürgern eine Spendenfreudigkeit ohne gleichen aus. Kinder spendeten ihr Taschengeld, Vereine plünderten ihre Kassen, Prominente und Privatleute stifteten Bäume und ganze Haine zu familiären Anlässen, Firmen zu Jubiläen und sonstigen bedeutenden Ereignissen. Das gesamte Spendenaufkommen betrug schließlich fast 1,2 Millionen DM, von der Kleinspende in Höhe einiger Mark bis hin zu Spendern gleich mehrerer Bäume. Insgesamt konnten damit weit mehr als 2.000 neue Bäume im Englischen Garten gepflanzt werden. Die über 900 Spendernamen sind auf fünf Bronzetafeln im Park festgehalten. Ein Journalist formulierte es treffend: »Eine großartige Leistung der Münchner Bürger für den Erhalt des Englischen Gartens, eine Spende die vor allem ihren Kindern und Enkeln zugute kommt«!

Festprogramm

Das große Festprogramm zum 200. Geburtstag des Englischen Gartens fand an 17 Tagen vom 30. Juni bis 16. Juli 1989 statt. An den acht Hauptspielorten, der Werneckwiese mit Festbühne und Reitarena, dem Feststadl und dem Amphitheater, den Gaststätten Chinesischer Turm, Seehaus, Hirschau, Aumeister, dem Hotel Park Hilton sowie weiteren sieben Veranstaltungsorten im Englischen Garten und außerhalb, wurden insgesamt 165 Veranstaltungen aller Art durchgeführt. Das Festprogramm bot ein Spektrum kultureller Veranstaltungen für Jedermann, ein Volksfest mit Veranstaltungen von der Laiengruppe bis zum Staatstheater. Ausstellungen über die Entstehung, Entwicklung und Bedeutung des Englischen Gartens, über seine Beziehung zur Bildenden Kunst und auch über seine Probleme sowie Vorträge und Symposien über Denkmalpflege und Erholung rundeten das Festprogramm ab.

Lediglich bei insgesamt 55 Veranstaltungen auf der Festbühne, im Feststadl, im Amphitheater, im Hotel Park Hilton und in der Reitarena mußten als Beitrag zur Deckung der Kosten für Sitzplätze Eintrittsgelder erhoben werden. Die Preise lagen aber im erschwinglichen Bereich. Vor allem auf der Werneckwiese kamen darüber hinaus Hunderttausende kostenfrei in den Genuß hochrangiger Aufführungen. Kostenfrei war auch der Eintritt zu den ausgezeichneten Kostümfesten und allen anderen Veranstaltungen im Bereich der Biergärten Chinesischer Turm, Seehaus, Hirschau und Aumeister sowie für die Vielzahl der begleitenden Rahmenveranstaltungen.

Ein bürgerliches Fest für jeden Geschmack und für jeden erschwinglich, ein Fest für alle konnte beginnen.

Ökumenischer Festgottesdienst

Am 30. Juni 1989 läuteten um 19.00 Uhr die Glocken der am Englischen Garten gelegenen Kirchen den Ökumenischen Festgottesdienst auf der Festbühne ein, mit dem die Festwochen begannen. Den Gottesdienst gestalteten die römisch-katholische, die evangelisch-lutherische und die griechisch-orthodoxe Kirche gemeinsam. Während des Gottesdienstes wurde eine »Rumford-Kollekte« zu Gunsten der Nichtseßhaften in München abgehalten, eine Kollekte zur Erinnerung an Graf Rumford, der sich in besonderem Maße für die Armen in München eingesetzt hatte.

Der historische Festzug

Die zweihundertjährige Geschichte des Englischen Gartens hätte nicht besser in das Bewußtsein der Öffentlichkeit gerückt werden können als mit einem historischen Festzug. Das Konzept hierzu stammte von Pankraz Frhr. von Freyberg; die aufwendige Umsetzung erfolgte durch die Firma Interplan. Beginnend in der Maximilianstraße, dann über Residenz-, Ludwig-, Veterinär- und Königinstraße führte der Zug schließlich im Englischen Garten vorbei am Monopteros und Chinesischen Turm zur Festwiese am Kleinhesseloher See. 38 prachtvoll geschmückte Wagen und rund 800 Mitwirkende zeigten nicht nur die Entstehung des Englischen Gartens, sondern auch seine Gründerväter in historischen Kostümen. Einer Kutsche mit König Ludwig I. mit seiner Gemahlin Therese und Leo von Klenze folgte ein Festwagen mit acht Schönen seiner Schönheitsgalerie, wobei die wohl berühmtesten, »Lola Montez« und »Helene Sedlmayr«, nicht fehlen durften. Das Militär, nicht unerheblich an der Entstehung des Englischen Gartens beteiligt, war durch Kurfürstliche Grenadiere um 1800, Kurfürstliche Dragoner, Königliche Grenadiere, Königliche Kürassiere und durch eine Bayerische Bürgerwehr um 1820 vertreten. Gruppen mit Trachten des Münchner Biedermeier und Bürgertrachten Alt-Münchens lockerten den Festzug auf.
Die prächtig geschmückten Kutschen der Festwirte, besonders aber die vier Prachtgespanne der Münchner Großbrauereien setzten weitere Glanzpunkte.

Bayerische Herzöge, Kurfürsten und Könige übten schon lange vor seiner Entstehung die

*Der Festzug auf dem Odeons-
platz. Im Hintergrund die Feld-
herrnhalle und die Theatinerkirche.*

Bundespräsident Richard von Weizsäcker und Ministerpräsident Max Streibl in der Festkutsche (v. l.)

Festwagen „Die Schönheitengalerie" König Ludwig I.

*Schauspielgruppe des Blütenring im
Festzug.*

Jagd im Bereich des Englischen Gartens aus. Sie waren im Festzug vertreten durch den Festwagen »Jagd im Englischen Garten«, durch Jagdhornbläser der Polizeistaffel München und besonders beeindruckend durch »Die rote Jagd hinter den Hunden« mit Reitern und Foxhounds der Cappenberger Meute. Ein großer Bogen gärtnerischer Tätigkeit wurde von der ersten Baumlieferung für den Englischen Garten bis zur heutigen Baumpflanzung durch einen modernen Baumpflanzwagen mit einem Baumgeschenk des Fachverbandes Garten- und Landschafts- und Sportplatzbau e.V. geschlagen. Das 38 Tonnen schwere Gerät mit einem acht Meter hohen und 24.000 DM teuren Bergahorn ordnete sich wegen seines hohen Gewichts erst ab der Galeriestraße in den Festzug ein. Blaskapellen, Spielmannszüge und eine Pfeiffer-

gruppe sorgten pausenlos für Unterhaltung und Feststimmung.

Besondere Beachtung der Zuschauer erhielten die Festkutschen der Landeshauptstadt München mit Oberbürgermeister Georg Kronawitter sowie des Hauses Wittelsbach mit Prinz Franz von Bayern. Bravorufe brandeten auf, als Bundespräsident Richard von Weizsäcker und der Bayerische Ministerpräsident Max Streibl mit ihren Gattinnen aus einer vierspännigen Kutsche der Menge zuwinkten.

Mehr als 50.000 Menschen säumten den Weg des Festzuges, der nach Ansicht vieler Zuschauer den prachtvollen Münchner Oktoberfestzügen in nichts nachstand.

263

*Beim Festakt vor dem Regen.
Frau Gabriele Tandler, Staats-
minister Gerold Tandler,
Frau Marianne v. Weizsäcker,
Bundespräsident Richard v.
Weizsäcker, Ministerpräsident
Max Streibl, Frau Irmingard
Streibl (v. l.)*

Der Festakt

Zusammen mit rund 30.000 Menschen waren zahlreiche Persönlichkeiten des öffentlichen Lebens zur offiziellen Eröffnung der Festwochen auf die Werneckwiese zur Festbühne gekommen, an ihrer Spitze Bundespräsident Richard von Weizsäcker mit seiner Gattin. Er hatte es sich nicht nehmen lassen, den ersten Tag seiner zweiten Amtszeit dem Englischen Garten in München zu widmen.

In seiner Festansprache stellte Ministerpräsident Streibl unter anderem fest, der Englische Garten gehöre zu München wie die Bavaria und die Frauenkirche. Der britische Botschafter Sir Christopher Mallaby sagte in seinem Grußwort unter anderem: »Ihr Englischer Garten wird zu Recht im gleichen Atemzug mit dem Londoner Hyde Park und dem New Yorker Centralpark genannt. Münchens Oberbürgermeister Georg Kronawitter mahnte, »jeder Einzelne solle diesen großen Münchner Volkspark wie ein Stück persönlichen Eigentums behandeln«.

In der Zwischenzeit hatten dunkle Wolken den Himmel drohend überzogen. Ministerpräsident Streibl mußte sich als Schirmherr im wahrsten Sinne des Wortes erweisen, 50 Regenschirme wurden an die Ehrengäste verteilt, die auch nach dem einsetzenden Platzregen tapfer aushielten. Nur das letzte Stück der musikalischen Umrahmung, die Ouvertüre zu »Die lustigen Weiber von Windsor«, fiel buchstäblich ins Wasser.

Bald jedoch heiterte sich der Himmel wieder auf und so konnten Bundespräsident von Weizsäcker und Ministerpräsident Streibl, begleitet von zahlreichen Festbesuchern, bei strahlendem Sonnenschein zur Pflanzung eines Erinnerungsbaumes auf der Südwestseite der Festwiese schreiten. Dank hochentwickelter und präziser Technik des Baumpflanzwagens gelangte der wertvolle acht Meter hohe Bergahorn per Knopfdruck in das Erdreich. Eine gute Bewässerung ist für das Wachstum frisch gepflanzter Bäume unerläßlich und so ließen es sich die beiden Herren nicht nehmen, dies mit Gießkannen selbst zu tun. Abschließend wünschte der Bundespräsident »allen Menschen unter diesem Baum eine friedliche Zukunft«.

Beim festlichen Essen der Ehrengäste im Feststadl erhob sich große Heiterkeit, als Ministerpräsident Streibl aus einer einem Teil des Englischen Gartens nachgebildeten Riesentorte versehentlich ein Stück mit Styroporunterlage anschnitt und es dem Bundespräsidenten zum Verzehr anbot. Mit seiner langen Berufserfahrung an kleinere und größere Pannen gewohnt, nahm er den Vorfall mit Gelassenheit auf und stimmte in das allgemeine Lachen mit ein.

Der einsetzende Regen störte die vorgesehene weitere Programmfolge an den verschiedenen Veranstaltungsorten erheblich. Trotzdem ließen sich Tausende von Besuchern die kostenlos ausgegebene, nach seinem Originalrezept zubereitete »Rumfordsuppe« schmecken. Den Platz- und Dauerregen am Nachmittag nahmen etwa 150.000 Festbesucher mit Humor hin, sie empfanden den Tag insgesamt als gelungenen Auftakt der Festwochen.

265

Über das Wetter

Humor brauchten besonders in der ersten Festwoche Veranstalter, Mitwirkende und Festbesucher gleichermaßen. Schon das Eröffnungskonzert auf der Festbühne, »Die Jahreszeiten« von Joseph Haydn u.a. mit der Chorgemeinschaft Neubeuern unter der Leitung von Enoch zu Guttenberg, mußte aufgrund des anhaltenden Regens in die Philharmonie am Gasteig verlegt werden. Die Festorganisation reagierte mit der Einrichtung eines Ansagedienstes. Den Anrufern wurde dort mitgeteilt, ob und wohin eine Aufführung verschoben wurde.

Zu bewundern war die Standhaftigkeit und Treue der Besucher. Trotz Regens und kühler Temperaturen an manchen Tagen kamen sie in Scharen zu den einzelnen Freiluftveranstaltungen und harrten eisern aus, bis die letzten Töne verklungen waren - ein Beweis für die hohe Qualität des Programms.

Regen und große Besuchermassen verwandelten den Bereich um die große Festbühne und die Zugangswege zum Sitzplatzbereich mit der Zeit in unbegehbaren Matsch. Abhilfe wurde schnellstens durch eine Sandaufschüttung und die Verlegung von Kunststoffrasenteppichen geschaffen. Zum Glück besserte sich das Wetter, so konnte das geplante Programm bald wieder an den vorgesehenen Spielorten durchgeführt werden.

Regenstimmung auf der Festwiese

Die Veranstaltungen

Aus dem vielseitigen und anspruchsvollen Programm können im Folgenden nur einige herausragende Aufführungen angeführt werden.

Festbühne

Von der Festbühne aus, die auf der Nordseite der Werneckwiese (Festwiese) für Großveranstaltungen errichtet und mit nahezu perfekter Ton- und Lichtinstallation versehen worden war, wurden 2.000 zahlenden Gästen im Sitzplatzbereich und einer nahezu unbegrenzten vielköpfigen Zuhörermenge auf dem weiten Wiesengrund viele hochwertige Kunstgenüsse geboten.

Der »Gospelabend« anläßlich des amerikanischen Unabhängigkeitstages war die erste Aufführung, die wie vorgesehen auf der Festbühne stattfinden konnte. Die Sängerin Roberta Kelly, unterstützt durch einen eigens für diesen Abend ins Leben gerufenen 40-köpfigen Chor von Jugendlichen und Erwachsenen aus evangelischen Kirchengemeinden und aus dem freien kirchlichen Bereich, beeindruckte mehr als 15.000 Zuschauer. Das Wetter hielt bis zum Schluß, Dank der guten Verbindung nach oben, wie die Sängerin scherzhaft bemerkte.

Die Festbühne auf der Werneckwiese. Festliches Konzert mit berühmten Ouvertüren und Chören aus Opern von Wagner und Verdi.

267

Das Konzert »Konstantin Wecker und Band« mußte zweimal aus Wettergründen verschoben werden; »Der Regen ging uns auf den Wecker« wie eine Zeitung schrieb. Konstantin Wecker holte sein Konzert schließlich am 17. Juli nach. 200.000 Zuhörer strömten zu seinem wohl bestbesuchten Konzert auf die Werneckwiese und lauschten einer vierstündigen Life-Show mit seinen neu arrangierten alten Liedern. Die Begeisterung war grenzenlos. Eine Stunde lang forderten seine Fans Zugaben, die sie auch erhielten.

Generalintendant Prof. August Everding führt durch das Programm.

Ein weiterer Höhepunkt war das »Festliche Konzert mit berühmten Ouvertüren und Chören aus Opern von Wagner und Verdi«. Der Chor des Bayerischen Rundfunks sang und das Münchner Rundfunkorchester unter der Leitung von Stefan Soltesz spielte meisterhaft. Gekonnt und geistreich führte Generalintendant Prof. August Everding durch das Programm, das das Bayerische Fernsehen live übertrug.

Wohl noch nie war die »Carmina Burana« von Carl Orff vor so vielen Menschen aufgeführt worden. Am Geburtstag des Komponisten lauschten mehr als 40.000 begeisterte Zuhörer der Musik des Münchner Komponisten.
Große Anerkennung bei 35.000 Zuhörern fand »Swinging Rumford - eine Jazz-Sommernacht für Graf Rumford« mit den Altmeistern der Münchner Jazz-Szene, die alle noch nie vorher vor so großem Publikum aufgetreten waren.
Einen besonderen Akzent für das jüngere Publikum setzte das »Große Rock-Konzert« mit Franz Benton, Supercharge und Haindling vor mehr als 70.000 begeisterten Fans.

200.000 Zuhörer lauschen
einer vierstündigen Live-Show
von Konstantin Wecker auf der
Werneckwiese.

Den absoluten Höhe- aber auch Schlußpunkt der Festwochen bildete das vom Bayerischen Fernsehen live übertragene Abschlußkonzert. Nach Schätzung der Polizei strömten 200.000 Menschen zur Festwiese, um die musikalischen Darbietungen und das Feuerwerk zu erleben. Einführende Worte sprach in gewohnt humorvoller Weise Generalintendant Prof. August Everding. Das Symphonieorchester des Bayerischen Rundfunks unter der Leitung von Sir Colin Davis versetzte die Zuhörer mit der Ouvertüre zu »Benvenuto Cellini« und der »Symphonie fantastique« von Hector Berlioz in Open-air-Stimmung. Jeder Satz wurde mit Applaus belohnt. Das berühmte Orchester dankte mit zwei Zugaben, einem Ungarischen Tanz von Brahms und der Ouvertüre zu »Die Macht des Schicksals« von Verdi. Der nicht enden wollende Schlußbeifall war überwältigend.

Pünktlich um 22.30 Uhr erstrahlte dann der dunkle Himmel unter den Kaskaden des prachtvollen Feuerwerks von Pierre-Alain Hubert, dem berühmten französischen Pyrotechniker. Dicht gedrängt starrten Groß und Klein in den mit leuchtenden Farben übersäten Himmel über dem Kleinhesseloher See. Das Feuerwerk setzte diesem Tag neben dem akustischen noch einen optischen Glanzpunkt auf.

Großen Beifall hätten auch die Besucher verdient. Die riesengroße Menschenmenge verließ friedfertig, ohne Drängeln und ohne Hast, den Park, ein schöner Tag und ein großartiges Fest endeten so in voller Harmonie.

Reitarena

Pferde, Reiter und Kutschen gehören schon seit jeher zum Englischen Garten. Für die Besucher eine Attraktion und für Kenner ein Genuß war der »Concours d'Elegance«, der Historische Kutschenkorso. Fachkundig vorgestellt wurden Reisefahrzeuge wie die alte Postkutsche, Gesellschaftsfahrzeuge wie Landauer oder Viktoria sowie Sportfahrzeuge wie Spider, Jagdwagen oder Buggy. Die wertvollen Gefährte, die edlen Pferde mit ihren prächtigen Geschirren und die Fahrer in den passenden Kostümen wurden von den vielen Zuschauern bewundert und beklatscht.

Schlechtes Wetter an zwei Tagen verhinderte die Durchführung der ersten beiden Vorstellungen von »Die Hohe Schule des Reitens« in der Reitarena. Zum Glück konnten sie in die Olympia-Reithalle nach Riem verlegt werden. Erst die dritte Vorführung war dann bei schönem Wetter in der Reitarena möglich. Die aus Lipizza angereisten edlen Pferde und ihre Reiter zeigten Dressurreiten in höchster Vollendung. Ergänzt wurde das Programm der Original-Lipizzaner durch eine Vorführung des Bayerischen Haupt- und Landgestüts Schwaiganger mit springenden Hengsten am langen Zügel und einer Schauschleppe der Cappenberger Meute. Pferde, Hunde und Reiter bereiteten vielen Tausend Zuschauern ein einmaliges Erlebnis.

Die Hohe Schule des Reitens. Original Lipizzaner in der Reitarena.

Concours d'Elegance – Historischer Kutschenkorso in der Reitarena

Feststadl

Im Feststadl, einer umgebauten ehemaligen Scheune für Heu, fanden allabendlich Veranstaltungen aus den Bereichen Kleinkunst, Swing, Jazz und Kabarett, kleinere Opernaufführungen sowie ein vielbeachtetes Symposium zum Thema 200 Jahre Erholung in Bayern und die Verleihung des Sckell-Ehrenringes statt. Alle Vorstellungen, gut vorbereitet und vorzüglich dargeboten, wurden mit reichlichem Beifall belohnt. Aus der Vielzahl der Veranstaltungen nachstehend nur eine kleine Auswahl:

Das »Jazzkränzchen Immergrün« bot bei der »Liebeserklärung an den Englischen Garten« Jazz vom Feinsten vom New-Orleans-Jazz bis zum Dixieland. Die Oper »Die Kluge. - Die Geschichte vom König und seiner klugen Frau« von Carl Orff, dargeboten vom Opernstudio der Bayerischen Staatsoper,

wurde dreimal aufgeführt. Ein Höhepunkt besonderer Art war das 33. Programm der Münchner Lach- und Schießgesellschaft »Fracksausen« mit Betrachtungen über die bedeutendsten Gedenktage unseres Jahrhunderts und den Zustand unserer Republik 40 Jahre nach ihrer Gründung. »Varieté Spectaculum«, eine Aufführung der »Drehleier«, bot eine wilde, vergnügliche Mischung aus Tanz, Gesang, Zauberei und Nonsens.

Am letzten Tag der Festwochen erfolgte die Verleihung des »Friedrich-Ludwig-von-Sckell-Ehrenringes« für Verdienste um Garten- und Landschaftsarchitektur durch die Bayerische Akademie der Schönen Künste. In seinem brillanten Festvortrag berichtete der Preisträger Dr. Harri Günther, Gartendirektor der Staatlichen Schlösser und Gärten in Potsdam-Sanssouci, über die Schwierigkeiten der Wiederherstellung, Erhaltung und Pflege der von ihm betreuten Vorzeigeobjekte der damaligen DDR.

Sicher zur Schule, sicher nach Hause. 20 Jahre Gemeinschaftsaktion Polizei mit Vereinen. Rolf Zuckowski mit Kindern bei der Veranstaltung im Feststadl.

Amphitheater

Das schlechte Wetter der ersten Festtage setzte auch den Veranstaltungen im Amphitheater gehörig zu. Verregnete Vorstellungen konnten zwar in einem Zelt aufgeführt werden, erreichten dann aber nicht ganz die Stimmung wie im Freien des lauschigen Naturtheaters mit seinen 500 Plätzen. Wer den weiten Weg nicht scheute, kam in den Genuß eines abwechslungsreichen Programms, aus dem einige Veranstaltungen genannt seien:

»Isabella, drei Karavellen und ein Scharlatan«, eine Komödie von Dario Fo, wurde mit großem Engagement und Können von der Schulbühne des Lion-Feuchtwanger-Gymnasiums München gezeigt. Hervorragend aufgenommen wurde auch die »Verlobung bei Laternenschein« von Jacques Offenbach mit der Opernschule der Hochschule für Musik in München. Ein besonderer Höhepunkt war die Aufführung des Balletts »Ein Sommernachts-Traum« von Günter Pick mit der Musik von Felix Mendelssohn-Bartholdy und Carl Orff durch das Staatstheater am Gärtnerplatz. Eine literarische Matinee »Münchner Autoren lesen« und ein »Literarischer Spaziergang« mit Texten zum Englischen Garten rundeten das Programm ab.

Ein besonderes Erlebnis für die Besucher des Amphitheaters war stets der Heimweg durch den dunklen Park. Stimmungsvoll gestaltete er sich immer dann, wenn er vom Spielleiter des Amphitheaters als Lichterzug arrangiert wurde.

Das Amphitheater im Englischen Garten.

273

Chinesischer Turm

Insgesamt 22 Veranstaltungen fanden während der Festwochen am Chinesischen Turm statt. Die Nachmittage waren überwiegend den Kindern mit Programmen wie »Wuki und Sara in Gaukeltanien« und »Pepino's Zauberwelt und Trixi's Zauberreise« vorbehalten. Wieviel Spaß die Kinder hatten, konnte

*Rokoko- und Biedermeierko-
stümfest am Chinesischer Turm*

man bereits aus der Ferne am Jubelgeschrei hören. Ein Rokoko- und ein Biedermeier-Kostümfest waren ebenso gefragte Veranstaltungen wie der Johann Strauß-Abend.

Den absoluten Höhepunkt bildete jedoch der »Kocherlball« am letzten Tag der Festwochen. In den letzten Jahrzehnten des vorigen Jahrhunderts waren an jedem Sonntagmorgen bis zu 5.000 Leute zum Chinesischen Turm gekommen, wo ihnen eine Blaskapelle zum Tanz aufspielte. Es waren Handwerksgesellen, Hausburschen, Soldaten, Studenten, Zimmermädchen und vor allem Köchinnen und Küchenmädchen, von denen sich auch der Name »Kocherlball« herleitet. Der Tanz begann damals schon um 5.00 Uhr und endete um 8.00 Uhr früh, weil die Hausbediensteten ihrer Herrschaft das Frühstück servieren oder die Sonntagsmesse besuchen mußten. Im Jahr 1904 wurde der Tanz der angeblich eingerissenen losen Sitten wegen polizeilich verboten. Nach 85 Jahren waren die Festwochen Anlaß, das traditionelle Tanzfest wieder zu beleben - auch dies eine Idee von Pankraz Frhr. von Freyberg, phantasievoll vom Kulturreferat der Landeshauptstadt München umgesetzt. Ab 6.00 Uhr früh spielten die »Haberer Tanzmusi« und die »Stadt- und Landstreicher« zum Tanz auf. 4.000 zum größten Teil kostümierte Leute kamen und wurden von Willi Poneder souverän in die Geheimnisse und Feinheiten der Volkstänze eingewiesen. Bei Kaffee und Schmalznudeln, bei Bier, Weißwurst und zahlreichen anderen Schmankerln feierten sie ein fröhliches Fest zum Abschluß der Festwochen.

Das Schönste aber ist, daß der »Kocherlball« seither jedes Jahr im Juli von den Wirtsleuten Haberl am Chinesischen Turm wiederholt wird und sich allergrößter Beliebtheit erfreut.

Nach 85 Jahren wieder ein „Kocherlball" am Chinesischen Turm.

Seehaus

Pioniere der Bundeswehr hatten auf Pontons eine kleine Bühne in den Kleinhesseloher See gebaut. So war ein wunderschönes Ambiente für Konzerte vor allem mit klassischer Musik entstanden, z.B. für einen Abend mit dem Münchner Orchesterverein »Wilde Gungl«, der das Trompetenkonzert von Joseph Haydn und die Wassermusik von Georg Friedrich Händel darbot. Das »Kostümfest der 20er Jahre« mit dem Odeon-Tanzorchester und die »Münchner und Wiener-Kaffeehausmusik« mit dem Münchner Salonorchester vertraten den Bereich der leichten Muse.

Besonderen Anklang fand das »Seefest mit bengalischer Beleuchtung« mit der zu dieser exzellenten Umgebung passenden »Feuerwerksmusik« von Georg Friedrich Händel, dargeboten vom Jugendblasorchester aus München-Perlach.

Hirschau

Die Gaststätte Hirschau mit ihrem ruhigen Biergarten richtete festliche Veranstaltungen bevorzugt mit Musik, Gesang und Tanz aus. Dies lag nahe, zumal der Wirt selbst ein hervorragender Musiker ist. So verwandelte die Junggärtnergruppe »Weiß-Blau München« beim »Gärtnerfest mit Tanz« die Hirschau mit Blumengebinden und Sträußen der Biedermeierzeit in ein Blütenmeer. Ein »Altmünchner Bürgerfest« mit Tanz und Gesangseinlagen bot Musik im Münchner Stil mit Volks- und Bürgertänzen - ein Programm, das der musikalischen und sängerischen Tradition der Hirschau gerecht wurde.

Aumeister

Prinzregent Luitpold, ein begeisterter Jäger und Naturfreund, hatte den Aumeister häufig besucht. Was lag also näher, als hier ein »Jagdfest Prinzregent Luitpold« abzuhalten mit einer Hubertusmesse unter freiem Himmel, einem Vortrag über »Prinzregent Luitpold und die Jagd« und der Vorführung von Jagdhunden und Greifvögeln. Über 3.000 Besucher belohnten alle 400 Teilnehmer beim Abschlußkonzert der Jagd- und Parforcehörner mit großem Beifall.

1989 gab es einen weiteren berühmten Jubilar: 400 Jahre Staatliches Hofbräuhaus München. Gefeiert wurde einen Tag lang auch am Aumeister mit dem Holledauer Spielmannszug und Trachtengruppe, mit Blasmusik und viel Hofbräuhausbier.

Hotel Park Hilton

Im Tucherpark, an der Südostseite des Englischen Gartens gelegen, feierte das Hotel Park Hilton die Festwochen mit exklusiven Vorstellungen und Festen. So wurde von der »Compass Theatre Company« aus Sheffield die Erfolgskomödie »Volpone« von Ben Johnson zwei Mal aufgeführt. Die Originalaufführung in englischer Sprache sorgte dafür, daß die Zuschauer in den vollen Genuß des britischen Humors kamen.

Ein besonderes britisches Highlight war ein dreitägiges »Oldtimer-Treffen«. Zugelassen waren nur Karossen der Marken Rolls-Royce, Bentley und Jaguar. Vom Hotel Park Hilton aus setzte sich eine Kolonne von 60 Fahrzeugen in Bewegung und rollte zum Höhepunkt der Veranstaltung in die südliche Hirschau. Die Oldtimer im Kreis geparkt, bildeten den Rahmen für ein englisches Picknick. Bald fielen jedoch schon erste Regentropfen und schließlich regnete es in Strömen - ein stilgerechtes Ende mit britischem Wetter.

Im ganzen Park

Am »Lampionzug der Münchner Kinder« vom Hofgarten zum Kleinhesseloher See, organisiert vom Schulreferat der Landeshauptstadt München, nahmen über 3.000 Kinder mit größtenteils selbst gebastelten Lampions und Laternen teil. Angelockt durch den Laternenschein tauchte zum großen Hallo der Teilnehmer »Hessi«, ein liebenswürdiges Seeungeheuer, aus dem Kleinhesseloher See auf. Es wurde übrigens seither nie mehr gesehen, aber vielleicht taucht es ja bei der nächsten Jubiläumsfeier wieder auf.

Eine Military im Englischen Garten durchzuführen, war schon immer ein großer Traum der Fachleute des Pferdesports gewesen. Im Rahmen der Festwochen wurde diese Idee Wirklichkeit. Noch nie zuvor hatte eine Reitveranstaltung derartigen Ausmaßes im Englischen Garten stattgefunden. Nach sorgfältiger Prüfung, vor allem aber nach der Zusage der Veranstalter, den Geländeritt den besonderen Bedingungen des Austragungsortes anzupassen, konnten die »Bayerischen Meisterschaften der Vielseitigkeitsreiter« durchgeführt werden.

Für den ersten Tag der dreiteiligen Prüfung, die Dressur, stand die Reitarena zur Verfügung, für die abschließende Springprüfung die Reitwiese in der Hirschau, deren schon vorhandene Hindernisse lediglich prüfungsgerecht ergänzt werden mußten. Für den spektakulärsten Teil, den Geländeritt, schuf die Turniergemeinschaft Englischer Garten, ein loser Zusammenschluß Münchner Reitsportvereine, einen abwechslungsreichen Kurs mit anspruchsvollen Hindernissen. 62 Reiter stiegen in den Sattel, aber nur 61 erreichten das Ziel. Ausgerechnet Matthias Baumann, Olympiasieger mit der Mannschaft 1988 in Seoul, stürzte mit seinem Pferd schon am ersten Hindernis, verletzte sich dabei zum Glück aber nur leicht. Sieger der Meisterschaft wurde Klaus Eisenmann vor dem Vorjahressieger Bodo Battenberg.

Die Proteste der Tierschützer hielten sich in Grenzen. Über 50.000 Zuschauer waren begeistert, eine so interessante Prüfung hautnah erleben zu dürfen.

Am letzten Tag der Festwochen erhielt der Englische Garten ein Geburtstagsständchen der besonderen Art: Bayerische Laienensembles sangen und musizierten überall im Park. Um 17.00 Uhr trafen sich alle 3.000 Mitwirkenden auf der Festwiese zu einem eindrucksvollen gemeinsamen Finale.

Rote Jagd hinter den Hunden
„Die Cappenberger Meute"

Bayerische Meisterschaft Vielseitigkeit Senioren

277

Rahmenveranstaltungen

Begleitet wurde das eigentliche Festprogramm von einem umfangreichen Rahmenprogramm, insbesondere von zahlreichen Ausstellungen.

Am 30. Juni 1989 begann in der 100 Jahre alten Orangerie des Englischen Gartens die offizielle Jubiläumsausstellung der Bayerischen Verwaltung der staatlichen Schlösser, Gärten und Seen mit dem Titel »200 Jahre Englischer Garten 1789-1989 — Entstehung und Geschichte Bauten und Denkmäler -

Der „Harmlos" von Franz Schwanthaler d.Ä. in der Ausstellung „200 Jahre Englischer Garten 1789 – 1989".

Aspekte der Nutzung und Erholung«, Trotz beengter Raumverhältnisse gelang es den Gestaltern, mit rund 200 Ausstellungsstücken den Englischen Garten umfassend darzustellen.

In einem Nebengebäude der Orangerie hatte Claudio K. Kromayer unter dem Titel: »Kulturdenkmal Englischer Garten - Probleme seiner Erhaltung und Pflege« eine vielbeachtete »Dia-Audiovision« eingerichtet.

In der Galerie Rutzmoser und in Teilen auch im Seehaus wurden unter dem Titel »Bussi für Rumford« Bilder wie z.B. »Die Vertreibung aus dem Paradies« des Malers Wilhelm Maier-Solgk mit köstlichen Parodien über Zustände, Verhältnisse und Begegnungen im Englischen Garten ausgestellt.

Im Königsbau der Residenz zeigte die Bayerische Akademie der Schönen Künste in der Ausstellung »Der andere Garten« internationale Beispiele heutiger Gestaltungen im Freiraum. Zu sehen waren dort auch zwei Originalpläne Sckells und ein Vermessungsplan Effners vom Englischen Garten.

Im Japanischen Teehaus fanden Veranstaltungen mit öffentlichen Vorführungen der Teezeremonie durch Mitglieder der Gesellschaft der Freunde des Teeweges und zwei Sondervorführungen durch Makoto Kuramoto, Teezeremonienmeister der Urasenke-Schule, statt.

Kinderfeste zur Geschichte des Englischen Gartens der Pädagogischen Aktion e.V. und die dreimalige Aufführung des Stationentheaters »Von Kurfürst, Kutschen und Kastanien« mit zahlreichen Aktionen lockten viele kleine und große Leute an.

Tage der offenen Tür führten die Tierärztliche Fakultät der Ludwig-Maximilians-Universität München, der Münchner Bezirks-Bienenzuchtverein und die Verwaltung des Englischen Gartens durch.

Die Festbühne

Großes Feuerwerk, inszeniert von Pierre-Alain Hubert (Frankreich), über dem Klein-hesseloher See.

Das wars - Fazit und Dank

Ein kulturelles Volksfest, ein Fest der Superlative war nach 17 Tagen zu Ende gegangen. Über drei Millionen Besucher feierten mit 165 Einzelveranstaltungen den 200. Geburtstag des Englischen Gartens. 2.000 Polizisten registrierten in 13.000 Einsatzstunden keine nennenswerten Störungen. 300 cbm Müll mußten von der Verwaltung des Englischen Gartens entsorgt werden. Insgesamt rund drei Millionen DM waren für das Jubiläum aufgewendet worden. Die entstandenen Schäden vorwiegend im Wiesen- und Wegebereich lagen unter 100.000 DM; sie waren bereits nach vier Wochen wieder beseitigt.

Über 20 Film- und Fernsehteams in- und ausländischer Gesellschaften berichteten während der ganzen Festwochen über das Geschehen, das Fernsehen 35 mal in Beiträgen und Berichten, in einer ausführlichen Dokumentation, durch eine Konzertaufzeichnung und durch zwei Direktübertragungen von Konzerten. Mehr als 300 Journalisten aus zahlreichen Nationen waren akkreditiert und berichteten fast 700 mal in großen und kleinen Artikeln über das Fest.

Der Dank für eine großartige Gesamtleistung gehört allen denen, die bei der Planung, der Vorbereitung und Durchführung sowie bei der Finanzierung aktiv und tatkräftig mitgeholfen und mitgewirkt haben.

Dank zu sagen für das Zustandekommen dieses großartigen Festes ist an erster Stelle dem Initiator Pankraz Frhr. von Freyberg, der sich trotz vieler Hindernisse und Schwierigkeiten von seinem Ziel nicht hatte abbringen lassen und schließlich seine Ideen weitgehend verwirklichte. Ein besonderer Dank gilt der Firma Interplan Kongreßorganisation Anton Kössl, die das Fest perfekt organisierte. Dank zu sagen ist auch allen staatlichen und kommunalen Stellen, die das Vorhaben unbürokratisch unterstützten.

Alle diejenigen, die finanzielle Unterstützung und sonstige Hilfe leisteten, verdienen besondere Hochachtung. Ohne ihr Engagement hätte das Fest in diesem Umfang nie stattfinden können.

Der Dank gilt aber auch dem phantastischen Publikum, das die Festwochen zu einem herausragenden und eindrucksvollen Erlebnis hat werden lassen. Freude und Stolz, die die Bürger Münchens für diesen größten innerstädtischen Volkspark der Welt hegen, drückten sie mit ihrer aktiven Teilnahme aus.

Freistaat Bayern, Landeshauptstadt München, Vereine, Privatpersonen, Firmen und Medien - alle halfen zusammen und nur so konnten die Festwochen »200 Jahre Englischer Garten München 1789-1989« zu dem kulturellen Ereignis im Münchner Sommer 1989 werden, zu einem heiteren, festlichen und vor allem friedlichen kulturellen Volksfest für die Münchner Bürger und ihre Gäste.

Zeittafel

Zur Entwicklungsgeschichte des Englischen Gartens
Waldemar Palten

1387	wird erstmals die „Aw vor dem Schwäbinger Tor", das nächste, unmittelbar an die Residenz München anschließende Jagdrevier der Herrscher des Hauses Wittelsbach, erwähnt. Der stadtnahe Teil führt den Namen „Hirschanger" mit dem „Hirschangerwald". Flußabwärts auf der Höhe Schwabings schließt sich die „Hirschau" an.
Ab 1658	wird mehrmals von höfischen Jagden in Zusammenhang mit dem Besuch hoher Persönlichkeiten berichtet.
1662	Feuerwerk auf dem Hirschanger anläßlich der Taufe des Kurprinzen Max Emanuel.
1680	Feuerwerk auf dem Hirschanger zur Vermählung der Schwester Max Emanuels und im gleichen Jahr zum Regierungsantritt Max Emanuels.
Ab 1720	entwickelt sich in England aus einem neugewonnenen Persönlichkeitsbewußtsein und Naturgefühl, hervorgerufen durch Philosophen, Dichter und Landschaftsmaler, ein neuer Gartenstil. Die neuen Gärten entstanden nach den Kompositionsregeln der Landschaftsmalerei. Landschaftsgärten entsprachen dem neuen Gartenideal.
1773–1776	Zum Studium des neuen Gartenstils schickt Kurfürst Karl Theodor den Sohn seines Schwetzinger Hofgärtners, Friedrich Ludwig Sckell, nach England. Sckell wurde der erste Meister der landschaftlichen Gartenkunst in Deutschland.
1780	Kurfürst Karl Theodor veranlaßt die Öffnung des Hofgartens für die Öffentlichkeit.
1784	Sir Benjamin Thompson läßt sich auf Wunsch des Kurfürsten Karl Theodor in München nieder.
1785	Kurfürst Karl Theodor errichtet für seinen Kabinettssekretär Stephan Freiherrn von Stengel den „Rittersitz Biederstein".
1788	Sir Benjamin Thompson wird als Kriegsminister, Polizeiminister, Generalmajor, Kammerherr und Staatsrat zum Inspirator und Vollstrecker landesherrlicher Reformen.
1789	Richtlinien für die Anlage von Militärgärten auf der Schönfeldwiese, die „auch in allen Fällen auf den Vortheil und Ergötzung des Bürgerstandes anwendbar zu machen sind..."
7.8.1789	Planungsauftrag an den kurzzeitig nach München berufenen F. L. Sckell unter Thompsons Oberleitung. Sckell zeichnet „gleich in der Natur selbst" den Verlauf des ersten Weges und steckt die Grenzen der ersten Pflanzungen aus.
13.8.1789	Kurfürstliches Dekret zur Anlage des Karl-Theodor-Parks für das Publikum der Residenzstadt München, veranlaßt auch durch die Ereignisse der Revolution in Frankreich. Das Bauprogramm von 1789: Der „Elevengarten" mit Festungsmodell für die 1788/89 gegründete Militärakademie, die „Militärgärten" und der „englische Garten" als Volkspark; darin „eilf Brücken" verschiedener Bauart. Dazu: Ein großer „Platz... der Kriegskunst und Manoevres", eine „Vihearzneyschule", eine „Baumschule", eine „Schweizerey" (Hornviehzucht und Kleewiesen), eine „Schäferey" und eine „Ackerbauschule".
1789	Kurfürst Karl Theodor befiehlt die Niederlegung des einengenden Mauerrings der Stadt München.

1789/90	Errichtung des Chinesischen Turms nach Plänen des Ingenieur-Lieutenants Joseph Frey und der zum Turm gehörenden „Chinesischen Wirtschaft" nach Plänen Joh. Bapt. Lechners sowie des ebenfalls von Lechner entworfenen Apollo-Tempels.
1790	Ökonomiegebäude nach dem Entwurf des Hofkriegsrath-Assessors Joh. Bapt. Lechner gebaut.
1790	Der unter Leitung Adrian von Riedls erbaute Hochwasserdamm an der Isar (kurz „Riedl-Damm" genannt, heute Unterbau der Ifflandstraße) wird fertiggestellt.
25.5.1790	Der Kurfürst besichtigt den neugeschaffenen Garten.
26./30.5.1790	Erster Bericht über die gesamte Gartenanlage („Der baierische Landbot", Nr. 43).
1790/91	Wachthaus und Stallgebäude für den Parkwächter Josef Tax im Kleinen Hesselohe erbaut; Tax schenkt bei Gelegenheit für die im Englischen Garten beschäftigten Arbeiter Bier aus und legt so den Grund für die spätere Wirtschaft Kleinhesselohe.
1790/91	Der als Kasino geplante „Militairsaal", der spätere „Rumford-Saal", nach dem Entwurf Joh. Bapt. Lechners gebaut.
1792	Das erste Hoffest im Englischen Garten in der Nähe des Chinesischen Turms. Freigabe des Gartens für die Öffentlichkeit.
9./25.5.1792	Generalleutnant Sir Benjamin Thompson wird zum Reichsgrafen von Rumford erhoben.
26.7.1792	Kaiser Franz II. (deutscher Kaiser 1792–1806, Kaiser von Österreich 1804–1835) besichtigt den Englischen Garten.
1793	Mit Erlaubnis des „churfürstlichen Büchercensur-Collegiums" erscheint unter dem Titel „Skizze des neu angelegten englischen Gartens oder Theodor-Parks zu München" ein zweiter ausführlicher Bericht über den Englischen Garten.
1793	Errichtung eines Amphitheaters nördlich vom Rumfordhaus (Durchmesser: 180 Fuß = 60 Meter).
1795	Festliche Veranstaltung des kurfürstlichen Hofes im Englischen Garten anläßlich der Vermählung Karl Theodors mit Erzherzogin Maria Leopoldine aus dem Hause Habsburg-Este.
1795/96	Rumforddenkmal von Hofbildhauer Franz Schwanthaler d. Ä. errichtet. Kleine und große Kupferstiche mit Motiven aus dem Englischen Garten.
29.8.–11.9.1796	Ein Teil der französisch-republikanischen Armee, die im ersten Koalitionskrieg durch das neutrale Bayern marschierte, lagert in Kleinhesselohe.
27.5.1797	Oberst Reinhard Freiherr von Werneck erhält die Aufsicht über den Englischen Garten.
1797	Anlage eines neuen „Weyhers" (in der Nähe des späteren Wasserfalls).
19.8.1798	Reichsgraf Rumford wird zum bevollmächtigten Minister Bayerns am Kgl. Großbritannischen Hofe ernannt.
1798	Errichtung von zwei Mühlen beiderseits des Schwabinger Baches (unterhalb des heutigen Wasserfalls).
16.2.1799	Kurfürst Karl Theodor stirbt. Sein Nachfolger ist Kurfürst Max IV. Joseph aus der wittelsbach-pfälzischen Linie Zweibrücken-Birkenfeld.
1799	Werneck wird hauptamtlicher Direktor des 375 Morgen großen Englischen Gartens unter Fern-Ober-

	leitung des zum Gartenbaudirektor für die Rheinpfalz und ganz Bayern ernannten F. L. Sckell.
13.12.1799	Auflösung der Militärgärten.
23.12.1799	300 Morgen Neuland in der unteren Hirschau werden dem Englischen Garten zugeschlagen.
7.1.1800	Das damit gewonnene Areal wird dem Park einverleibt.
1800/02	Erste Anlage des Kleinhesseloher Sees.
1803	Der „Harmlos" von Franz Schwanthaler d. Ä. zum zehnjährigen Jubiläum der Eröffnung des Englischen Gartens errichtet.
1803	Kurfürst Max IV. Joseph erwirbt Biederstein und schenkt ihn der Kurfürstin Caroline von Bayern.
1803	Das Salabert-Palais, späteres Palais Royal oder Prinz-Carl-Palais, nach einem Entwurf Carl v. Fischers erbaut.
1804	Der Hofbaumeister Franz Thurn überarbeitet Schloß Biederstein und die Gartenanlage von F. L. Sckell.
9.3.1804	F. L. Sckell wird Intendant des gesamten bayerischen Gartenwesens. Im gleichen Jahr wird von ihm Plan des Theodor-Parkes angelegt, der den dort vorgefundenen Zustand festhält.
1805	Rumford wird Präsident der Akademie der Wissenschaften in München.
1.1.1806	Bayern wird Königreich. Max I. Joseph König von Bayern (Herzog von Zweibrücken seit 1795, Kurfürst von Bayern seit 1799).
1806–12	Isarregulierung.
1807	Das Salabert-Palais auf Anraten Sckells von Max I. Joseph angekauft.
1807	Sckells Entwicklungsplan und Denkschrift über den Englischen Garten.
1808	Sckell wird geadelt.
1810/11	Nach den Entwürfen des Hofmaurermeisters Joseph Deiglmayr entsteht am nördlichsten Ende des erweiterten Parkgebietes das Aujägermeisterhaus.
1811	Genehmigung des Sckellschen Planes für Biederstein samt dem Gebiet zwischen Schwabinger Bach und Ungererstraße zur Erweiterung des Englischen Gartens. (Planzeichnung und Promemoria bleiben jedoch für alle Zeiten Papier.)
1812/13	Vergrößerung des Kleinhesseloher Sees.
18.5.1814	Hofhammerschmied Lindauer erhält gegen den Widerstand Sckells die Konzession zur Errichtung einer Stahlfabrik am Eisbach.
22.8.1814	Rumford stirbt in Auteuil bei Paris.
1814/15	Anlage des Wasserfalls an der Kreuzung von Eisbach und Schwabinger Bach.
26.5.1818	Verfassung des Königreichs Bayern.
24.2.1823	Tod Friedrich Ludwig von Sckells.

1824	König Max I. Joseph läßt am Kleinhesseloher See ein Denkmal für Friedrich Ludwig von Sckell nach einem Entwurf von Klenze durch den Bildhauer Ernst von Bandel ausführen.
12.10.1825	König Max I. Joseph stirbt.
15.10.1825	Regierungsantritt von König Ludwig I.
1828/30	Biederstein wird Witwensitz der Königin Caroline von Bayern. Errichtung des Neuen Schlosses nach Plänen Leo v. Klenzes.
7.10.1836	Fertigstellung der Anlage des Monopteros-Hügels durch Carl August Sckell, einen Neffen Friedrich Ludwig von Sckells.
1837	Monopteros nach dem Entwurf Leo v. Klenzes vollendet und eingeweiht.
1838	Anstelle des ehemaligen Apollo-Tempels läßt König Ludwig I. eine von Klenze entworfene halbrunde Marmor-Exedra errichten.
	König Ludwig I. stiftet das Werneck-Denkmal am Kleinhesseloher See.
	Anton Ritter von Maffei erwirbt Lindauers Hammerwerk und baut es zu einer Maschinenfabrik um.
1841	Die erste Lokomotive verläßt das Maffeiwerk. Im Jahre 1847 hat das Werk bereits 500 Beschäftigte.
20.3.1848	König Ludwig I. legt zugunsten seines Sohnes Maximilian die Krone nieder.
1851	Gründung der Wollfabrik Frey am Dianabad.
10.3.1864	König Maximilian II. stirbt; Ludwig II. König von Bayern.
16.4.1871	Verkündung der Verfassung des neuen Deutschen Reiches.
1882/83	Das erste Seehaus in Kleinhesselohe nach einem Entwurf Gabriel von Seidls.
10.6.1886	Prinz Luitpold übernimmt die Regentschaft in Bayern.
13.6.1886	König Ludwig II. stirbt.
1893	Stadtgärtner Heiler stellt in einem Vortrag vor der Bayerischen Gartenbaugesellschaft fest, daß München zur Zeit eine der an öffentlichen Grünanlagen reichsten Städte Deutschlands ist. Die Grünanlagen umfassen insgesamt 427,90 Hektar. Davon entfallen auf:

Königliche Civilliste:

Englischer Garten	272,40 ha
Maximiliansanlagen	16,68 ha
Gasteiganlagen	9,02 ha
Hofgarten	3,96 ha
Anlagen an der Neuen Pinakothek	1,77 ha
Anlagen an der Glyptothek	2,55 ha
	306,38 ha

Weitere staatliche Anlagen:

Bavariapark	7,66 ha
Anlagen an der Alten Pinakothek	2,96 ha
	317,00 ha

Die städtischen Anlagen in München umfassen zu dieser Zeit insgesamt 111 Hektar.
In der Zeit von 1884 bis 1899 wachsen die städtischen Grünflächen von 46 ha Anlagen und 39 km Alleen auf 142 ha Anlagen und 67 km Alleen. In einem ministeriellen Erlaß wird die Schaffung neuer Grünanlagen beim Bau von neuen Stadtteilen zur Auflage gemacht.

1889	Das Anfang des 19.Jahrhunderts regulierte Flußbett der Isar wird wieder auf eine Breite von 60 Metern erweitert.
1890	Anlage der Prinzregentenstraße.
1905	Die Isar gräbt sich in die Flinzschicht ein; die Eintiefung beträgt 8,5 Meter.
12.12.1912	Prinzregent Luitpold stirbt.
11.8.1919	Verfassung des Deutschen Reiches.
14.8.1919	Verfassung des Freistaates Bayern.
6.10.1919	Die Forstärarialische Hirschau wird parkartig bewirtschaftet.
1919	Die Funktion des Aujägermeisters sowie die Pflege und Verwaltung des südlichen Teiles des Englischen Gartens gehen in die Krongutverwaltung über.
1919	Anlage des Revolutionsweges von der Martiusbrücke zu der Maffei-Fabrik quer durch die Seewiese (Werneck-Wiese).
1923	Biedersteiner See eingetrocknet und halb aufgefüllt.
1923/26	Regulierung der Isar. Die Mittlere Isar AG führt nahezu das gesamte Isarwasser oberhalb des Stauwehres über einen Kanal ab (in der Sekunde 92 cbm).
	Beginn des großen Ulmensterbens. (Näheres hierzu: Christian Bauer und Ludwig Roemer im Februar-Heft 1965 der Zeitschrift „Das Gartenamt", Fachzeitschrift der öffentlichen Grünpflege, geleitet von Dieter Hennebo.)
1928	Von 52 Tagwerk Fläche Biedersteins gehen nur 12 Tagwerk in den Besitz der Landeshauptstadt München über. 40 Tagwerk Fläche werden der Bebauung mit Villen zugedacht.
1933	Vereinigung der Lokomotiv-Fabriken Maffei und Krauß und Auszug nach Allach.
1933/35	Bau des Hauses der Deutschen Kunst nach Plänen von Professor Troost.
1934	Ausbau der Omnibusstraße zwischen Martiusbrücke und Oettingenstraße. Klenzes Neues Schloß Biederstein wird abgebrochen.
1935	Neubau des Seehauses – Entwurf von Professor Rudolf Esterer.
1937/38	Lastenstraße zur Durchquerung des Englischen Gartens von Osten nach Westen (heute: Isarring).
1937/38	Auf Anordnung Hitlers wird die Königinstraße zwischen Von-der-Tann-Straße und Veterinärstraße von 10 Meter auf 30 Meter verbreitert; 289 Bäume des Englischen Gartens müssen dabei entfernt werden.
Okt. 1938	Feier im Seehaus zum 150jährigen Bestehen des Englischen Gartens.
1938/39	Erneuerung des Sckell-Denkmals durch Georg Pezold.

20. 8. 1940	Der 67 Hektar große Hirschauer Forst wird gegen Bezahlung von 100.000 RM dem Englischen Garten übergeben.
19. 11. 1943	Der Staat erwirbt das 30 Hektar große Maffei-Gelände für den Preis von 2,5 Millionen RM.
1944	Lagerung von 93.000 cbm Schutt auf dem Hirschanger.
13. 7. 1944	Der Chinesische Turm wird durch Brandbomben zerstört. Bomben zerstören das Alte Schloß Biederstein.
2. 12. 1946	Verfassung des Freistaates Bayern.
1948	Entwurf zum Wiederaufbau des Chinesischen Turms unter Leitung der Bayerischen Verwaltung der staatlichen Schlösser, Gärten und Seen.
23. 5. 1949	Grundgesetz für die Bundesrepublik Deutschland.
1950	Auflösung des Hofblumen-Treibgartens an der Oettingenstraße. Erbbaurechtsvertrag mit der Tivoli-Aktiengesellschaft zur Instandsetzung und Nutzung des ehemaligen Maffei-Kraftwerks am Eisbach.
1951	Erbbaurechtsvertrag mit Radio Free Europe für 30 Jahre auf dem Gelände des ehemaligen Hofblumen-Treibgartens.
12. 7. 1951	Gründung des Vereins zum Wiederaufbau des Chinesischen Turms.
1951	Auflösung der ehemaligen Hofbaumschule an der Königinstraße.
23. 7. 1952	Das 30 Hektar große Gelände der ehemaligen Maffeischen Lokomotivfabrik wird in den Englischen Garten einbezogen und der Öffentlichkeit übergeben.
6. 9. 1952	Übergabe des wieder errichteten Chinesischen Turms.
1952	Erweiterung der Bauten der Tierärztlichen Fakultät; Verlegung des Schwabinger Baches.
1952	Der Bayerische Rundfunk übernimmt das Gelände in Freimann. Das Fernsehstudio Freimann wird im Jahre 1954 in Betrieb genommen.
1952/53	Die Generaldirektion der Allianz Versicherungs AG stiftet den neuen Eingang an der Ohmstraße, den Rudolf-Esterer-Weg und zwei Brücken über den Schwabinger Bach.
1953	Der Schuttberg am Hirschanger (s. 1944) ist abgetragen. Neuanlage des Schulspielplatzes.
1954/55	Der Verein zum Wiederaufbau des Chinesischen Turms läßt den Monopteros, das Rumford-Denkmal und die Figur des „Harmlos" instandsetzen.
1955	Instandsetzung und Eröffnung des Seehauses.
1958/62	Eingliederung des Forstteils (s. 20. 8. 1940) in den Englischen Garten.
1959	Der Kinderspielplatz am Hirschanger wird angelegt.
1960	Beginn der Arbeiten am Isarring I.
1960	Der Verein zum Wiederaufbau des Chinesischen Turms löst sich auf. Dieser Verein hat insgesamt 77.762,17 DM für die vorgenannten Zwecke zur Verfügung gestellt.

1960/61	Umbau und Erweiterung des Aumeisters.
1961	Kinderspielplätze Königin-/Veterinärstraße und Gunezrainerstraße.
1963	Kinderspielplatz am Petersbergl.
1963	Beginn der Bauarbeiten für den Isarring II.
18.12.1963	Eröffnung des Isarringes I und der John-F.-Kennedy-Brücke.
1963/64	Kinderspielplatz am Einlauf des Kleinhesseloher Sees.
6.–20.8.1964	Festveranstaltungen im Englischen Garten zur Feier seines 175jährigen Bestehens.
Aug. 1964	Großes Unwetter in München; im Englischen Garten werden zahlreiche Bäume entwurzelt und beschädigt.
16.9.1964	Anläßlich des Jubiläums „175 Jahre Englischer Garten" und auf Anregung des Gärtendirektors der Bayerischen Verwaltung der staatlichen Schlösser, Gärten und Seen, Christian Bauer, verkündet die Bayerische Akademie der Schönen Künste – im Gedenken an Friedrich Ludwig von Sckell, den Schöpfer des klassischen Landschaftsgartens deutscher Prägung – die Stiftung eines Friedrich-Ludwig-von-Sckell-Preises zur Förderung der Landschaftsgestaltung unserer Zeit.
Sept. 1964	Ausstellung „Englischer Garten" im Stadtmuseum München.
1.6.1965	Von der Bayerischen Akademie der Schönen Künste wird ein Ideenwettbewerb zur Erlangung von Entwürfen für die Gestaltung eines Erholungsgebietes beiderseits der Isar von München/Freimann bis Freising ausgeschrieben.
1965/66	Bau des Biedersteiner Tunnels im Gebiet des einstigen Biedersteiner Sees.
1966	Das Rumfordschlößchen wird als Jugendfreizeitstätte eingerichtet; westlich des Gebäudes wird ein Kinderspielplatz angelegt.
1967/68	Eingliederung des restlichen Maffei-Geländes am Isarring in den Park.
1968	Auflassung des Schwabinger Baches im Bereich „Haus der Kunst" und Ausbau des Gerinnes des Eisbaches auf 32 cbm Wasser pro Sekunde.
1969	Anlage eines kleinen Sees am Haus der Kunst. Abbruch der Tivolimühle und Beginn der Bebauung Tucherpark-Sederanger.

Eine Zusammenstellung aller im öffentlichen Besitz befindlichen Grünflächen innerhalb der Stadtgrenzen Münchens ergibt für die Jahresmitte 1969 nach einer Veröffentlichung in der „Münchner Statistik", Jahrgang 1969, Heft 2, folgendes Bild:

Staatliche Grünflächen	733,43 ha
Städtische Grünflächen einschließlich 100,1 ha Alleen	923,55 ha
Noch nicht ausgebaute städtische Grünflächen	71,83 ha
Bezirkssportanlagen, Spielplätze und Grünflächen bei Schulen, Grünflächen bei Kindergärten und Horten, bei Krankenhäusern, Altenheimen, Freizeitheimen, städtischen Sparkassen, städtischen Wohnsiedlungen u. ä.	469,51 ha
Rennplätze	62,00 ha
Wälder und Forsten	1.047,50 ha
Friedhöfe	337,00 ha
Kleingärten	342,60 ha
Tierpark Hellabrunn	70,00 ha

Hirschgarten	32,00 ha
Gesamtfläche:	4.089,42 ha

Nach dieser Aufstellung haben – bei einer Stadtgebietsfläche von 31.055,4 Hektar – die Grünflächen Münchens einen Anteil von 13,2%. Auf jeden Kopf der Münchner Bevölkerung treffen von dieser Gesamtfläche bei einer Einwohnerzahl von rund 1,3 Millionen 31,5 m²; unter Weglassung der Alleen mindern sich diese Zahlen auf 12,8% Grünflächen und 30,7 m² Grünfläche pro Kopf der Bevölkerung.

Im Jahre 1800 traf allein vom Englischen Garten auf jeden Münchner Einwohner eine Fläche von 72,5 m².

1969/70	Das provisorische Anschlußstück der Hirschauer Straße an den Isarring wird aufgelassen. Die parallel zum Isarring laufenden Fuß- und Radwege werden an das Wegenetz des Englischen Gartens angeschlossen.
1970	Einleitung der Planungsarbeiten für den Bereich des „Finanzgartens" im Zuge der Neuplanung der Bayerischen Staatskanzlei und mit dem Ziel der Schaffung einer Fußgängerverbindung vom Hofgarten über den Finanzgarten-Bereich zum Englischen Garten.
	Ende des Jahres 1970 wird das Seehaus, da es baufällig geworden ist, abgebrochen. Ein Neubau soll in den Jahren 1973/74 erstehen.
	Ende des Jahres 1970 erwirbt der Freistaat Bayern nördlich der Hirschau das sog. Rattenhuber-Grundstück (Größe: 3,57 ha) mit der ausdrücklichen Verpflichtung, dieses Grundstück zur Vergrößerung des Englischen Gartens zu verwenden. Damit wird eine breite Verbindung zwischen dem Maffei-Gelände und dem alten Bereich des Englischen Gartens am Schwabinger Bach hergestellt.
1971	Mit der Gestaltung und Eingliederung des Rattenhuber-Grundstücks durch Wegebau und Pflanzungen wird begonnen.
	Fertigstellung der Fußgängerzone westlich vom Haus der Kunst einschließlich der Tunnelführung unter der Königinstraße zur Von-der-Tann-Straße und zur Galeriestraße.
	Mit der Anlage einer Sportwiese für die Durchführung des Bogenschießens anläßlich der XX. Olympischen Sommerspiele in München 1972 wird auf der Werneckwiese begonnen.
März 1972	Die überalterte Bepflanzung des Monopteros-Hügels wird gerodet und durch Strauchrosen ersetzt.
Apr. 1972	Auf der Insel im See hinter dem Haus der Kunst wird ein Japanisches Teehaus errichtet.
	Ein japanischer Teemeister führt regelmäßig Teezeremonien durch und erteilt Unterricht in der Schule des Teeweges.
1972	XX. Sommer-Olympiade in München. Im Englischen Garten wird auf der Werneckwiese der Bogenschieß-Wettbewerb durchgeführt. Für den Marathonlauf am 10.9.1972 werden im Englischen Garten ca. 8 Kilometer Wege ausgewiesen.
	Ferner wird am 29. und 31.8.1972 auf der Karl-Theodor-Wiese und auf der Seinsheimwiese Karlheinz Stockhausens „Sternenklang"– Parkmusik für 5 Gruppen – aufgeführt.
	Ausstellung „Weltkultur und moderne Kunst" in einem eigens dafür errichteten Anbau auf der Nordseite des Hauses der Kunst.
1973	Ideenwettbewerb für den Bau eines neuen Seehauses. Den 1. Preis erhält Alexander von Branca für seinen Entwurf in der Art eines japanischen Dörfchens. Die Ausführung scheitert aber an den zu hohen Kosten.

15.9.1973	Die bis dahin für den allgemeinen Verkehr freigegebene Omnibusstraße durch den Englischen Garten wird für den Individualverkehr gesperrt.
1974	Erneuerung der Schindeleindeckung des Chinesischen Turms.
	Neubau und Verbreiterung der Gleiswegbrücke über den Oberstjägermeisterbach.
	Schlammräumung und Beseitigung von Kriegsschäden im Schwammerlweiher.
	Errichtung von 2 Sommerstockbahnen mit Tischen und Sitzgelegenheiten im Maffei-Gelände; die Anregung dazu kam von einem Seniorenkreis Schwabings.
17.11.1977	Der Freistaat Bayern übernimmt das Kinderkarussell am Chinesischen Turm von Richard Julier.
1977/78	Auflösung einer verwilderten Kleingartenanlage im Bereich Isarring-Isar-Eisbach und Eingliederung der ca. 2,5 Hektar großen Fläche in den Park.
1978	Bau einer überdachten Holzbrücke über die Isar bei Flußkilometer 141,630 durch die LH München. Dadurch wird die 22 Hektar große Isarinsel Oberföhring an den Englischen Garten angebunden.
1978/79	Eingliederung der 6,6 Hektar großen Fläche der Schwabinger Bucht in den Englischen Garten.
	Bau der Sulzbrücke und des Alten Heidestegs.
	Instandsetzung des Entenfallweihers mit Schlammräumung.
24.7.1979	Ausgebautes Naherholungsgebiet Isarinsel-Oberföhring wird der Öffentlichkeit übergeben.
1979/80	Restaurierung und Instandsetzung des Kinderkarussells am Chinesischen Turm (Holz-Schindel-Eindeckung, Erneuerung der Säulen usw.).
1980/82	Grundlegende Instandsetzung des Monopteros (Erneuerung des Daches, der Bemalung usw.).
	Regenerationsarbeiten im Bereich der Hirschau (Verjüngung überalterter Gehölzgruppen, Öffnung zugewachsener Durchblicke usw.).
1981	Rumford-Denkmal wird restauriert.
1981/82	Grundlegende Renovierung und Umbau der Gaststätte Chinesischer Turm.
1982	Das Reiteroval der Schönfeldwiese und ein Teil der Schwabinger Bucht werden als Nacktbadegebiet ausgewiesen.
17.9.1982	Abschluß eines Erbbaurechtsvertrages zwischen der Paulaner-Salvator-Thomasbräu AG und dem Freistaat Bayern über die Errichtung eines Seehauses am Kleinhesseloher See.
1982/85	Errichtung eines neuen Seehauses am Kleinhesseloher See nach Plänen der Architekten Ernst Hürlimann und Ludwig H. Wiedemann.
	Neubau der Bootslände und eines Betriebsgebäudes für die Kahnschiffahrt am Kleinhesseloher See.
1983/84	Regenerationsarbeiten im Forstteil.
1984	Verlängerung des Erbbaurechts für Radio Free Europe/Radio Liberty auf weitere 30 Jahre. Errichtung eines Kiosks mit öffentlichen WC-Anlagen im Maffei-Gelände an der Gyßlingstraße.
1984/85	Der Verein Blütenring baut das Amphitheater in der Hirschau. Eröffnung und Übergabe an den Staat

	im Rahmen einer festlichen Aufführung des „Lohengrin" von Nestroy am 13. 7. 1985.
1985	Das Tivoli-Kraftwerk wird modernisiert: Einbau von 2 automatischen Turbinen.
	Eine im Abstand von ca. 20 Jahren erforderliche Schlammräumung im Kleinhesseloher See wird durchgeführt. Dabei werden 15.000 cbm Schlamm entfernt.
	Erneuerung des Parapluies am Schwammerlweiher.
1985/86	Bau einer Eisbach-Überleitung durch die Landeshauptstadt München zur Verbesserung der Wasserverhältnisse in der Isar nördlich des Oberföhringer Stauwehrs. Der Bau erfolgte parkschonend in bergmännischer Bauweise. Bis zu 15 cbm sauberes Eisbachwasser pro Sekunde können damit der Isar unterhalb des Stauwehrs Oberföhring zugeführt werden. Die Maßnahme wurde durch Errichtung des Klärwerks München II in Dietersheim erforderlich. In diesem Zusammenhang wird auch ein Betriebsgebäude für den Regenauslaßkanal Nordfriedhof-Neu errichtet.
1986	Bebauung Tucherpark ist mit dem Bezug der neu errichteten Bürogebäude an der Ostseite des Englischen Gartens beendet. Die in diesem Zusammenhang angelegte reizvolle Grünanlage wird mit einem Weg an den Englischen Garten angeschlossen.
1987	Parapluie am Zistler-/Werneckweg wird erneuert.
	Erneuerung des Kioskes am Seeinlauf.
1988	Errichtung eines Parapluies am Entenfallweiher.
	Am 24. 7. 1988 wird durch ein Gewitter mit starken Sturmböen der Gehölzbestand in der nördlichen Hirschau sehr stark geschädigt. Besonders schmerzlich ist der Verlust vieler alter Solitärbäume. Schadenshöhe ca. 2 Millionen DM. Mit den Aufräumungs- und Wiederherstellungsarbeiten wurde sofort begonnen.
	Baubeginn Regenüberlaufbecken, 60.000 cbm an der Gyßlingstraße, und Regenauslaßkanal Nordfriedhof-Neu im Zuge des Gleiswegs zwischen Schwabinger Bach und Isar. Bauzeit: ca. 3 Jahre. Bauträger: Landeshauptstadt München. Bauzweck: Verbesserung der Abwasserverhältnisse.
1988	Der Englische Garten hat eine Größe von 373,4369 Hektar.
	Vergleichszahlen: Hyde Park, London, 125 Hektar Central Park, New York, 335 Hektar
1989	Der 200. Geburtstag des Englischen Gartens wird vom 30. Juni bis zum 17. Juli mit 165 Veranstaltungen gefeiert. Über drei Millionen Besucher nehmen daran teil. Die Abendzeitung München ruft in diesem Zusammenhang zum Baumspenden mit überwältigendem Erfolg auf. Münchner Bürger spenden über eine Million Mark für die Pflanzung resistenter Ulmen und die Beseitigung von Sturmschäden. Der Erlös der Jubiläumsmedaille kommt kulturellen Veranstaltungen der Festwochen zugute.
1989/93	Bau einer Fernwärmeverbundleitung vom Heizkraftwerk München-Nord zum Heizkraftwerk Theresienstraße, auf Drängen des Staates in bergmännischer Weise in 15–20 Meter Tiefe gebaut. Dadurch nur 3 Schächte im Englischen Garten.
1990	Wiebke, ein orkanartiger Sturm, richtet im Februar verheerende Schäden in ganz Deutschland an. Im Englischen Garten werden über 200 mächtige, das Parkbild bestimmende Bäume entwurzelt.

1990/92	Bau eines Regenauslaßkanals zwischen Gyßling- und Ifflandstraße.
1990/93	Neubau der Staatskanzlei im Bereich des ehemaligen Armeemuseums. In diesem Zusammenhang wird der Köglmühlbach neu verlegt und fließt ab Eintritt in den Englischen Garten als Schwabinger Bach wieder zum Wasserfall. Die Königinstraße zwischen Von-der-Tann- und Veterinärstraße wird auf die ursprüngliche Breite zurückgebaut.
1995	Radio Free Europe/Radio Liberty schließen den Betrieb, das Gelände übernimmt die Ludwig-Maximilians-Universität München.
10.1995/5.96	Der vor dem Stauwehr Oberföhring in Jahrzehnten angeschwemmte Kies wird ausgebaggert und nach dem Wehr in die Isar wieder eingebracht.
1995/00	Regenerationsarbeiten im Südteil des Parks nach einem Plan von Carl Effner von 1830.
1998/99	Der Kiosk an der Blauen Brücke wird abgerissen und in moderner Form am Gleisweg neu erbaut.
Nov. 1999	Die Brunnhausbrücke wird erneuert.
2000	Der 250. Geburtstag Friedrich Ludwig von Sckell's wird mit Ausstellungen, Vorträgen, der Verleihung des Friedrich Ludwig von Sckell-Ehrenrings usw. gefeiert.

Bibliographie zum Englischen Garten in München

zusammengestellt von Pankraz Frhr. von Freyberg

Aufbauend auf der schon von Theodor Dombart reichlich gesammelten Literatur[1] wurde versucht, eine vollständige Bibliographie zum Englischen Garten zu erstellen, von seinem Entstehungsjahr 1789 bis heute. Wenngleich nicht völlig auszuschließen ist, daß der ein oder andere Titel noch fehlt, so kann doch mit über 600 aufgeführten Schriften das bisher umfangreichste Literaturverzeichnis zu diesem Thema vorgelegt werden, insbesondere unter Zuhilfenahme der reichen Bestände der Bayerischen Staatsbibliothek, der Universitätsbibliothek und der Monacensia-Sammlung der Landeshauptstadt München, denen hiermit herzlich gedankt sei.

Auf ein nach Autoren geordnetes Verzeichnis wurde verzichtet zugunsten einer chronologischen Auflistung, die es, auch bei aller Kürze der genannten Titel, ermöglicht, sowohl die zweihundertjährige Geschichte des Englischen Gartens aufscheinen zu lassen, als auch seine verschiedenartige Aufnahme in der Literatur anzudeuten.

Schnell zu ersehen und zu überprüfen ist dabei, daß bis 1889, also 100 Jahre nach Entstehung des Gartens, erst etwas mehr als ein Zehntel der gesamten Schriften entstanden ist, im wesentlichen sich zusammensetzend aus kurfürstlichen Verordnungen, jeweils aktuellen Beschreibungen des Parks, vereinzelten Lobgedichten auf seine Schönheit und seine Schöpfer, Stimmungsbildern, Briefen und Tagebüchern sowie Lexikaartikeln zu den einzelnen mit der Geschichte des Englischen Gartens verbundenen Persönlichkeiten.

50 Jahre später, im Jahre 1939, ist bereits nahezu ein Drittel der aufgeführten Literatur erschienen. Deutlich und nachhaltig setzt 1889 mit Johann Mayerhofer die wissenschaftliche Beschäftigung mit der Geschichte des Gartens ein. Sie wird weitergeführt, wenn zum Teil auch nur unter speziellen Gesichtspunkten, u. a. von G. Schoch 1902, Wilhelm Zimmermann 1903, Hans Eisele 1909, Marie Luise Gothein 1914 über Franz Hallbaum 1927 und Hans Rose 1931 bis zu Theodor Dombart 1933.

Gleichzeitig nehmen sich verstärkt die Dichter des Englischen Gartens an und verlegen die Handlung ihrer Romane, Erzählungen, Theaterstücke etc. an diesen Schauplatz.

Beginnend mit dem naiven Festspiel zum 70. Geburtstag des Prinzregenten Luitpold „Die Geburtstags-Veigerln" von Isabella Hummel aus dem Jahr 1891, führt der Weg über Karl Zettel 1895 und 1897, Artur Holitscher und Bernhard Kellermann 1905 bis zu Thomas Mann 1912, Ricarda Huch 1917, Ludwig Thoma 1922, Anette Kolb 1927, Marieluise Fleißer 1929, Richard Seewald 1934 und Karl Valentin 1938.

Erstmalig interessieren sich in diesem Zeitraum auch verschiedene Autoren für die naturkundlichen Aspekte des Englischen Gartens, so u. a. R. Francé 1919, Karl Braßler 1921 und Karl Krembs 1931.

Ebenso melden sich mit A. Blösser 1919, Heinrich Wölfflin 1933, und Rudolf Hofmann 1927 die ersten Stimmen, die vor Eingriffen in den Park und vor seiner Zerstörung warnen, sei es durch Randbebauung, Linienführung einer Straßenbahn, Ausbau einer Omnibusstraße zwischen Martiusstraße und Oettingenstraße oder der vielfach diskutierten Lastenstraße von Osten nach Westen (heute Isarring) durch das Herz des Gartens.

Zwischen 1939 und 1964, also in den nächsten 25 Jahren, wächst die Literatur um über 150 Titel an, so daß bis dahin etwas mehr als die Hälfte des gesamten Schrifttums vorliegt, davon während des Krieges 1939 bis 1945 nicht mehr als ca. 10 Titel nachweisbar.

Unter den wenigen wissenschaftlichen Arbeiten, die in diesem Zeitraum entstanden sind, ist insbesondere die von Alfred Hoffmann 1963 hervorzuheben.

Für den Englischen Garten in der Belletristik stehen u. a. die Werke von Hermann Heimpel und Gottfried Kölwel 1949, Arnold Zweig 1950, Karl Alexander von Müller 1951, Ernst Penzoldt 1956 sowie Wilhelm Hausenstein und Ernst Hoferichter 1958.

Im übrigen befaßt sich hauptsächlich die Münchner Tagespresse mit dem Englischen Garten. Erfreuliche Nachrichten sind u. a. der Wiederaufbau des im Krieg zerstörten Chinesischen Turms, 1952 bewerkstelligt durch eine engagierte Bürgerinitiative und im Jahr die gärtnerische Ausgestaltung des ca. 30 ha großen Maffeigeländes, um dessen Erwerb sich Prof. Rudolf Esterer, der Präsident der Schlösserverwaltung, verdient gemacht hat. Als weitere positive Meldungen sind zu verzeichnen: die Freigabe des Seehauses durch die amerikanische Besatzung 1954 und seine feierliche Wiedereröffnung im Jahre 1955.

Demgegenüber überwiegen in den 50er Jahren bei weitem die Hiobsbotschaften. Nicht nur nimmt die Randbebauung des Gartens weiterhin zu, sondern heute auch alle Empörungen und Protestaktionen der „streitbaren Freunde des Englischen Gartens" nichts, um den Entschluß der Stadt zu verhindern, mit dem 1960 begonnenen und 1963 abgeschlossenen Bau des Isarrings den Park zu zerstückeln, zu zerreißen und ihm damit eine Wunde zuzufügen, die noch heute täglich nach Heilung schreit. Der weitsichtige Vorschlag Leo von Ows 1958, den Englischen Garten um ein Erholungsgelände nach Norden hin bis Freising zu erweitern, ist bis heute nicht realisiert.

Betrachten wir den letzten Abschnitt der Bibliographie, mit 25 Jahren die Zeit von 1964 bis 1989 umfaßt, so ergibt sich, daß mit über 250 Titeln fast die Hälfte der gesamten aufgeführten Literatur in diesen Zeitraum fällt.

Auffallend ist dabei, wie plötzlich mit dem 175. Geburtstag des Englischen Gartens eine Welle von wissenschaftlichen Arbeiten einsetzt, die bis heute andauert. 1964 erscheint der amtliche Führer Christian Bauers. Beginnend mit seinen Aufsätzen desselben und folgenden Jahres, verdienen vor allem die Schriften folgender Autoren größte Aufmerksamkeit, ohne die Verdienste anderer schmälern zu wollen: Margret Wanetschek 1971, Waldemar Palten 1972, 1982 u. 1988, Günther Grzimek 1973, Adrian von Buttlar 1979 und 1980, Dorothee Nehring 1979, Rudolf Leißer 1981, Stefan Rhotert und Elmar Schmid 1983, Maria Mißlbeck-Woesley 1986 und Hans Lehmbruch 1987.

Standardwerk bleibt unverzichtbar das seit Jahren leider vergriffene und auf eine überarbeitete Neuauflage dringend wartende Buch Theodor Dombarts „Der Englische Garten zu München", erschienen 1972. Wohl niemand wird abstreiten, daß Dombart, wie keiner vor und nach ihm, uns, seien wir Laien oder Fachgelehrte, den Englischen Garten aufs Schönste und Sorgfältigste erschlossen hat. 12 Titel vorliegender Bibliographie entfallen auf ihn als Autor.

Die schöngeistige Literatur zum Englischen Garten tritt in den letzten 25 Jahren der Parkgeschichte stark zurück. Zu den wenigen erschienenen Werken gehören die von Richard Seewald 1966 und Ernst Herhaus 1977.

In der Fach- und Tagespresse dagegen wachsen die Veröffentlichungen enorm an. Die Fragen der Zukunft des Parks und der Schutz der Isarauen zwischen München und Freising werden diskutiert, die Frage einer Ausdehnungsmöglichkeit des Englischen Gartens nach Norden erneut geprüft.

Der Abriß des Seehauses 1970 und seine Neugestaltung ist bis zu seiner Wiedereröffnung 1985 ein vielbesprochenes Thema.

Der Garten als Freizeitoase für Nacktbader sorgt schon in den 70er Jahren für Schlagzeilen. Die heißen Debatten um Für und Wider, Duldung oder Einschreiten ziehen sich noch bis in die 80er Jahre hin.

Die Überbeanspruchung des Gartens und die Verantwortungslosigkeit eines Teils seiner Benutzer wird deutlich in dem Artikel von Denise Ferchow 1985 „Statt Freizeit-Paradies: Englischer Garten eine Mülldeponie".

Von 1981 bis 1985 wird der von der Laienschauspielgruppe „Blütenring" angeregte und vom Freistaat sowie über 200 Sponsoren unterstützte Wiederaufbau des Amphitheaters zu einem umstrittenen Thema in der Presse. Der Streit wird zwischen dem Initiator und einem Teil beunruhigter Anlieger ausgetragen. Der Stadtrat stellt sich auf die Seite der Befürworter, so daß das Theater gebaut werden kann. Seine feierliche Eröffnung findet großen Widerhall in den Tageszeitungen und Wochenmagazinen. Die Gegner sind besänftigt, daß über Thema verebbt, als sich herausstellt, daß diese neue Spielstätte für Theater- und Musikfreunde ein Gewinn für den Park darstellt und ganz im Rahmen des Vertretbaren genutzt wird.

Das sich immer mehr ausbreitende Jogging im Englischen Garten führt zu dem vortrefflichen, unbedingt nachlesenswerten Vortrag von Erasmus R. Demuth, veröffentlicht nach dessen Tod von Patrick Süskind am 30./31. Juli 1983 in der Süddeutschen Zeitung.

Im Frühjahr 1988 berichtet die Presse über ein von privater Seite vorgetragenes Konzept, das die 1989 anstehende 200-Jahrfeier des Englischen Gartens zum Thema hat. Dies hat zur Folge, daß über Art und Umfang der vorgeschlagenen Feierlichkeiten heftig diskutiert wird. Das Schweigen in den Tageszeitungen nach erstem hitzigen Gefecht deutet darauf hin, daß die gegensätzlichen Standpunkte überbrückt wurden.

Nach der Ruhe der Sturm. Im Sommer 1988 melden die Zeitungen eine Jahrhundertkatastrophe: Am 24. Juli 1988 braust ein Orkan über München hinweg und richtet verheerende Schäden im Englischen Garten an. Hunderte von alten Bäumen werden entwurzelt und abgeknickt. Gewiß ist, daß das Parkbild durch diese Verletzungen noch auf Jahrzehnte hinaus gestört sein wird.

Schnelle Hilfe ermöglichte 1989 eine durch zahllose Beiträge liebevoll journalistisch begleitete Baumspendenaktion der Münchner Abendzeitung. Mit dem enormen Spendenaufkommen von fast 1,2 Millionen DM konnten mehr als 2.000 neue Bäume im Englischen Garten gepflanzt werden.

Im Jahr 1989 wurde der 200. Geburtstag des Englischen Gartens vom 30. Juni bis 16. Juli mit einem großen kulturellen Volksfest gefeiert. Mehr als drei Millionen Menschen erlebten 165 Veranstaltungen der verschiedensten Art. Die nationale wie internationale Presse berichtete über die Festwochen in fast 700 großen und kleinen Artikeln.

Der Englische Garten München war dadurch wie nie zuvor in das Bewußtsein der Öffentlichkeit und der Presse gelangt. Alle Veröffentlichungen der Festwochen und der Folgezeit einzeln aufzulisten, ist deshalb allein schon aus Platzgründen nicht möglich.

[1] *s. Anmerkungen und Quellennachweise in: Theodor Dombart: Der Englische Garten zu München, München 1972*

293

1789

„Die Verordnung wegen Anlegung militärischer Gärten…" (Höchstlandesherrliche Verordnung), in: Münchener Intelligenzblatt Nr.3, München 21.3.1789, S.17.

1790

„Höchst Landesherrliche Militär-Verordnung", in: Der baierische Landbot Nr.25, München 24.-28.3.1790, S.1.

„Die Errichtung einer neuen Thierarzneyschule betreffend" (Höchstlandesherrliche Verordnung), in: Münchener Intelligenzblatt Nr.7, München 2.4.1790, S.49f.

„Seine churfl. Durchlaucht…", in: Der baierische Landbot Nr.42, München 23.-26.5.1790, S.1.

„Als Seine churfürstliche Durchlaucht…", in: Der baierische Landbot Nr.43, München 26.-30.5.1790, S.1-3.

„Am 28sten vorigen Monaths …", in: Der baierische Landbot Nr.55, München 7.-11.7.1790, S.1.

1791

„Die Gegend des dorischen Tempels in dem neuangelegten englischen Garten, oder Theodorspark zu München", in: Magazin der bildenden Künste Bd.1, München 1791, S.216-221.

„Die Gegend des dorischen Tempels in dem neuangelegten englischen Garten, oder: Theodorspark zu München", in: Der baierische Landbot Nr.26, München 15.2.1791, S.205-207.

„An meine Mitbürger", in: Der baierische Landbot Nr.29, München 20.2.1791, S.229-232.

1792

Westenrieder, Lorenz (Hg.): Beyträge zur vaterländischen Historie, Geographie, Staatistik, und Landwirthschaft Bd.4, München 1792, S.304-311.

Rumford, Sir Benjamin Thompson, Graf von: Vollständiger Bericht und Abrechnung ueber den Erfolg der neu eingeführten Einrichtungen bey dem churpfalzbaierischen Militär, München 1.6.1792.

1793

Skizze des neuangelegten englischen Gartens oder Theodors Parks zu München, München 1793.

1796

Burgholzer, Joseph: Stadtgeschichte von München als Wegweiser für Fremde und Reisende Bd.1, München 1796, S.429-434, 446.

1797

Bertuch, Friedrich Justin: „Vorbericht" (1797), zitiert nach: Rumford, Sir Benjamin Thompson, Graf von: Kleine Schriften politischen, ökonomischen und philosophischen Inhalts Bd.1, Friedrich Sam. Voigt, Weimar, 2.Aufl. 1800 (Hg.: Bertuch, F.J.), S.V-VII.

Mayr, Georg Karl (Hg.): Sammlung der Churpfalz-Baierischen allgemeinen und besonderen Landes-Verordnungen Bd.5, München 1797, S.539f., 627f., 80 des Registers.

Rumford, Sir Benjamin Thompson, Graf von (1797), zitiert nach: Rumford, Sir Benjamin Thompson, Graf von: Kleine Schriften politischen, ökonomischen und philosophischen Inhalts Bd.1, Friedrich Sam. Voigt, Weimar, 2.Aufl. 1800 (Hg.: Bertuch, F.J.), S.473-475.

1801

Schmeller, Johann Andreas (1801), zitiert nach: Ruf, Paul (Hg.): Johann Andreas Schmeller. Tagebücher Bd.I (1801-1825), Bd.II (1826-1852) (Schriftenreihe der bayerischen Landesgeschichte 47/48), Beck Verlag, München 1954/1956, I. S.1,6,12f.,34,40f.,54,57,61f.,64ff.,68f.,72f., 113,413,465,II.S.8,7,15,40,128,144,157,192,194,209, 268,313,329f.,333,338,370,373,397,455,474f.,480ff.,514, 533,548.

1803

Crux, l'ainé: Vers, sur le Jardin Anglais de Munich, München 1803.

Hübner, Lorenz: Beschreibung der kurbaierischen Haupt- und Residenzstadt München und ihrer Umgebungen Bd.1 und 2, München 1803, S.339f.,355-364,367.

1805

Baumgartner, Anton: Polizey-Uebersicht von München vom Monat Dezember 1804 bis zum Monat April 1805, XL., München 5.10.1805.

1810

Klebe, Albert: Skizze von München im Jahre 1810, München 1810, S.145-155.

Lipowsky, Felix Joseph: Baierisches Künstler-Lexikon (Stichwort Lechner) Bd.1, München 1810 S.177f..

Lipowsky, Felix Joseph: Baierisches Künstler-Lexikon (Stichwort Sckell) Bd.2, München 1810, S.92-103.

1811

„An den englischen Garten bei München", in: Der kleine Hausfreund. Ein unterhaltendes Taschenbuch zum geselligen Vergnügen für alle Stände auf das Jahr 1811, München 1811, unpaginiert.

1812

Eisenmann, Joseph Anton: Beschreibung der Haupt- und Residenzstadt München und ihrer Umgebungen, München 1812, S.145-153, 161-163.

1815

Lipowsky, Felix Joseph: Urgeschichten von München 2.Theil, München 1815, S.459f..

1816

Müller, Christian: München unter König Maximilian Joseph I. Ein historischer Versuch zu Baierns rechter Würdigung, Teil 1, Mainz 1816, S.16, 257-276.

1818

Sckell, Friedrich Ludwig von: Beyträge zur bildenden Gartenkunst für angehende Gartenkünstler und Gartenliebhaber, München 1818.

1822

Lipowsky, Felix Joseph: Des Churfürsten von Baiern Maximilian Emanuel Statthalterschaft in den Spanischen Niederlanden und Dessen Feldzüge, München 1822, S.147.

1825

Schaden, Adolph von: Topographisch-Statistisches Taschenbuch für Fremde und Einheimische oder: Neueste kurzgefaßte Beschreibung der Haupt- und Residenzstadt München, München 1825, S.244-247.

Sckell, Carl August: „Vorrede zur zweiten Auflage", in: Sckell, Friedrich Ludwig von: Beyträge zur bildenden Gartenkunst für angehende Gartenkünstler und Gartenliebhaber, München, 2.Aufl. 1825, S.V-XXII.

1827

„Empfindungen eines Schweizers im englischen Garten zu München", in: EOS – Blicke auf Welt und Kunst Nr.94, München 13.6.1827, S.379f. und Nr.95, München 15.7.1827, S.383f..

Hell, Th.: „Im englischen Garten bei München", in: Flora Nr.174, München 31.8.1827, S.719.

Zelter, Karl Friedrich: „Das schöne München …" (23.9. 1827), zitiert nach: Riemer, Friedrich Wilhelm (Hg.): Briefwechsel zwischen Goethe und Zelter in den Jahren 1796 bis 1832, Bd.4, Ducker und Humblot, Berlin 1833/34, S.387.

1828

Destouches, Ulrich von: Die Haupt- und Residenzstadt München und ihre Umgebungen, München 1828, S.244.

Lipowsky, Felix Joseph: Karl Theodor, Churfürst von Pfalz-Bayern, Herzog zu Jülich und Berg u.u. wie Er war, und wie es wahr ist, oder dessen Leben und Thaten, Sulzbach 1828, S.194-234.

1830

Saphir, Moritz Gottlieb: „Der Chinesische Turm", in: Ders.: Der Englische Garten, ein pittoreskes Melodienspiel. Extrabeilage zu: Der Bazar für München und Bayern. Ein Frühstücks-Blatt für jedermann und jede Frau Nr.113, München 14.5.1830, S.474.

1831

Lipowsky, Felix Joseph/ Lebschée, Carl August: Ansichten des Englischen Garten in München mit historischem Text, München 1831.

1832

Baumann, A. (Hg.): Die Haupt- und Residenzstadt München und ihre Umgebungen. Ein Taschenbuch für Fremde und Einheimische, München 1832, S.125-134.

Raimund, Ferdinand: „Die herrlichen Fahrten im englischen Garten …" (1832), zitiert nach: Stritzke, Otto: Der Englische Garten in München, Feucht b. Nürnberg [1957]: Hessel, S.8.

1833

Leben, Wirken und Treiben der Kellnerinnen, Köchinnen und Kindsmägde der neuesten Mode. Die Dienstmägde am Schlenkeltage in der Methschenke beim Dumberger in München (1833), zitiert nach: Leben, Wirken und Trei-

ben der Kellnerinnen, Köchinnen und Kindsmägde der neuesten Mode. Die Dienstmägde am Schlenkeltage in der Methschenke beim Dumberger in München, Jacquet, München, 2.Aufl. 1844, S.21-29.

1834

Nagler, Georg Kaspar: Acht Tage im München. Eine kurzgefaßte Beschreibung der in dieser Stadt befindlichen Sehenswürdigkeiten, als unentbehrliches Handbuch für jeden Fremden, München 1834, S.31-33.

1835

Arnim, Bettina von: Goethes Briefwechsel mit einem Kinde. Seinem Denkmal Bd.2, Berlin 1835, S.13,45,47,66,71,80, 99f..

Lewald, August: Panorama von München, Stuttgart 1835, S.172f..

Nagler, Georg Kaspar (Bearb.): Neues allgemeines Künstler-Lexicon (Stichwort Bandel, Joseph Ernst von) Bd.1, München 1835, S.250.

„Scene im englischen Garten am Frühmorgen des Pfingstfestes 1835" (Von einem Fremden), in: Muffat, Karl August (Hg.): Unterhaltungen für Literatur, Kunst und Conversation Nr.50, München 24.6.1835, S.199f..

1837

Nagler, Georg Kaspar (Bearb.): Neues allgemeines Künstler-Lexicon (Stichwort Fischer, Karl von) Bd.4, München 1837, S.352-354.

1838

Somaglia, Giovanni Luca Cavazzo della: Monaco di Baviera. Lettere, Milano 1838, S.83-93.

Söltl, Johann M.: München mit seinen Umgebungen, historisch, topographisch, statistisch dargestellt, Stuttgart 1837, S.24.

1839

Hebbel, Friedrich: „Gestern abend ging ich …" (10.3.1839), zitiert nach: Bamberg, Felix (Hg.): Friedrich Hebbels Tagebücher Bd.1, G. Grote'sche Verlagsbuchhandlung, Berlin 1885, S.156f..

1840

„Der k. Hofgarten und englische Garten in München", in: Vaterländisches Magazin Nr.20, Jg.4, München 1840, S.153-155.

„Des englischen Gartens in München Ursprung und Fortschritte", in: Vaterländisches Magazin Nr.25, Jg.4, München 1840, S.193-196.

Mayer, Friedrich: Neue Beschreibung von München mit Anführung seiner Umgebungen, Pforzheim 1840, S.335-339.

1841

Schiller, Felix (1841), zitiert nach: Schiller, Felix: München, dessen Kunstschätze, Umgebungen und öffentliches Leben, Johann Palm's Hofbuchhandlung, München, 2.Aufl. 1843, S.189-192.

1843

Filser, Jacob (1843), zitiert nach: Filser, Jacob: Erinnerungsblätter an München und dessen Umgebungen. 24 Vorlagen zum Landschaftszeichnen, Georg Franz Verlag, München, 2.Aufl. 1848, Tafel XVI (Text S.3).

1845

Nagler, Georg Kaspar: Acht Tage im München. Eine kurzgefaßte Beschreibung der in dieser Stadt befindlichen Sehenswürdigkeiten, als unentbehrliches Handbuch für jeden Fremden, München, 4.Aufl. 1845, S.51-58.

1846

Nagler, Georg Kaspar (Bearb.): Neues allgemeines Künstler-Lexicon (Stichwort Sckell, Friedrich Ludwig von) Bd.16, München 1846, S.472f..

1853

Howitt, Anna Mary: An Art-Student in Munich, Bd.1 und 2, London 1853, Bd.1 S.4-5,88,149, Bd.2 S.196-200.

1854

Träumer, Hans: München's Leben und Treiben, München 1854, S.57-59.

1856

Müller von Königswinter, Wolfgang: Münchner Skizzenbuch, Leipzig 1856, S.147f..

1864

Schilling, Joh. Aug.: Brunnthal, seine Lage, Quellen und Geschichte, mit besonderer Berücksichtigung desselben als Bade und Kuranstalt, München 1864, S.11-24.

1865
Lampart, Michael: „Einige Beiträge zur Geschichte des Pfarrdorfes Bogenhausen bei München", in: Historischer Verein von Oberbayern (Hg.): Oberbayerisches Archiv Nr.26, München 1865-1866, S.175.
Stumpf, Pleickhard: Denkwürdiges Bayern. München 1865, S. 257-260, 294-296.
Beck, Friedrich: „Benjamin Thompson Graf von Rumford", in: Morgenblatt zur Bayerischen Zeitung Nr.121, 122, 123, 124, 125, Jg.LX, München 2.-6.5.1865.
1868
Schmid, Herman: Mein Eden. Eine Münchner Geschichte aus den Zeiten Karl Theodor's, (Herman Schmid's Gesammelte Schriften, Bd.6), Leipzig 1868, S.27-30.
Spruner, Karl von: Die Wandbilder des Bayerischen Nationalmuseums Bd.3, München 1868, S.95-98.
1872
Ellis, George E.: Memoir of Sir Benjamin Thompson, Count Rumford, Philadelphia 1872, S.195-197, 651-655.
1875
Würdinger, Jos.: „Maximilian August Eduard Graf Topor-Morawitzky", in: Historischer Verein von Oberbayern (Hg.): Oberbayerisches Archiv Bd.35, München 1875/76, S.77-87.
1876
Reber, Franz (Hg.): Bautechnischer Führer durch München. Festschrift zur zweiten General-Versammlung des Verbandes Deutscher Architekten- und Ingenieur-Vereine, München 1876, S.275-277.
1877
Jäger, H.: Lehrbuch der Gartenkunst, Leipzig 1877, S.61-64.
1881
Kluckhohn, August: Aus dem handschriftlichen Nachlasse L. Westenrieders, 1.Abtheilung, Denkwürdigkeiten und Tagebücher, München 1881, S.51.
1884
Trautmann, Franz: Im Münchner Hofgarten, München 1884, S.31-41, 73-77, 224, 231-234.
„Zur Erinnerung an Benjamin Thompson, Grafen von Rumford", in: Der Sammler Nr.97, Jg.53, Augsburg 16.8.1884, S.4-7.
1885
Pettenkofer, Max von: „Führung des Sammelkanals durch den Englischen Garten", in: Emmerich, Rud./Sondtner, Rud. (Hg.): Dritter und vierter Jahresbericht des Hygienischen Instituts der K. LMU München für die Jahre 1882 und 1883, München 1885, S.66-70.
1886
„Kleinhesseloher See. Morgen, Sonntag…", in: Münchner Neueste Nachrichten Nr.114/115, Jg.39, München 24.9.1886, S.10.
1887
Trautmann, Karl: „Die Altmünchner Meister", in: Reinhardstöttner, Karl von/Trautmann, Karl (Hg.): Jahrbuch für Münchener Geschichte Bd.1, München 1887, S.23, 39.
1889
Bauernfeind, Carl: „Rumford: Benjamin Thompson, Graf v. R.", in: Allgemeine Deutsche Biographie Bd.29, Berlin 1889, S.643-655.
Mayerhofer, Johann: „Geschichte des Münchner englischen Gartens von seinem Beginne (13. August 1789) bis zur Errichtung der Hofgärtenintendanz (9. März 1804)", in: Reinhardstöttner, Karl von/Trautmann, Karl (Hg.): Jahrbuch für Münchener Geschichte Bd. 3, Bamberg 1889, S.1-52.
Wedekind, Frank: „Was ich heute wieder …" (22.7.1889), zitiert nach: Hay, Gerhard (Hg.): Die Tagebücher. Ein erotisches Leben, Athenäum Verlag, Frankfurt a.M. 1986, S.97-100.
1890
Hahn, C./Viandt, Fr.: Geschichte der B.B. Zentral-Tierarzneischule München 1790 bis 1890. Festschrift zur Centenarfeier, München 1890, S.3-63.
1891
Hallier, Ernst: Grundzüge der Landschaftlichen Gartenkunst, eine Aesthetik der Landschaftsgärtnerei, Leipzig 1891, S.12-14.
Hummel, Isabella: „Die Geburtstags-Veigerln. Festspiel

zum 70.Geburtstag Seiner Königlichen Hoheit des Prinz-Regenten von Bayern", in: Jugendblätter Nr.1, Jg.37, München 1891, S.291-302.
1892
Otto, F.: „Skell", in: Allgemeine Deutsche Biographie Bd. 34, Berlin 1892, S.444-446.
1894
Rambaldi, Karl Graf von: Die Münchener Straßennamen und ihre Erklärung, München 1894, S.249-251, 282, 316f..
1895
Fugger, Eberhard Graf von: „Schloß Biederstein", in: Historischer Verein von Oberbayern (Hg.): Oberbayerisches Archiv Bd.49, München 1895/96, S.325-346.
Reventlow, Franziska Gräfin zu: Tagebücher 1895-1910, zitiert nach: Reventlow, Else von (Hg.): Franziska Gräfin zu Reventlow: Tagebücher 1895-1910, Langen Müller, München 1971, S.119f., 132, 252, 254, 304, 332f., 371, 434f., 447, 449.
Zettel, Karl: „Tante Christine und der Monopteros", in: Ders.: Monacensia. Zeit- und Stimmungsbilder aus Alt- und Jungmünchen, München 1895, S.71-74.
1897
Rilke, Rainer Maria:/„Auch ein Münchner Brief" (1897), zitiert nach: Rilke-Archiv/Sieber-Rilke, Ruth (Hg.): Rainer Maria Rilke. Sämtliche Werke Bd.V, Insel Verlag, Frankfurt a.M. 1987, S.329.
Zettel, Karl: „Ein Dialog im englischen Garten", in: Ders.: Monacensia. Zeit- und Stimmungsbilder aus Alt- und Jungmünchen, München 1897, S.208f.
1899
„Lokales. Vor 100 Jahren", in: Münchner Neueste Nachrichten Nr.118, Jg.52, München 3.11.1899, S.3.
1900
Hummel, Isabella: „Der Theodor-Park", in: Jugendblätter Nr.1, Jg.33, München 1900, S.529-539.
Kronegg, Ferdinand: Illustrierte Geschichte der Stadt München, München 1900, S.134-137.
Hofmiller, Josef: „An die Herren C. und W. Kraus, Mitglieder des Radfahrvereins Straßengraben e.V. in Augsburg" (24.7.1900), zitiert nach: Josef Hofmiller. Briefe, 1.Teil, 1891-1921, (Josef Hofmillers Schriften Bd.5), Karl Rauch Verlag, Leipzig 1941, S.47.
1902
Schoch, G.: „Der Englische Garten zu München und Friedrich Ludwig von Sckell", in: Verein deutscher Gartenkünstler (Hg.): Die Gartenkunst. Zeitschrift für die Gesamtinteressen der Gartenkunst und Gartentechnik sowie der damit verwandten Zweige des Gartenbaus, Jg.4, Berlin 1902, S.124f.
1903
Gsell Fels, Theodor: München und Umgebung, München 1903, S.61.
Zimmermann, Wilhelm: Die königlichen Gärten Oberbayerns in kunstgeschichtlicher und kritischer Beleuchtung. (Hg. und Bearb. Trip, J., Schall, H.), Berlin 1903, S.11-16 und Abb..
1904
„Das Alte stürzt!", in: Münchener Nord-Zeitung Nr.59, Jg.28, München 21.5.1904.
„Stimmen aus dem Publikum", in: Münchener Nord-Zeitung Nr.59, Jg.28, München 21.5.1904.
Kirchner, Josef: „Der Englische Garten", in: Münchner Revue und Fremden-Revue Nr.20, Jg.1, München 24.9.1904, S.1-3.
1905
Holitscher, Arthur: Das sentimentale Abenteuer, Berlin 1905, S.123-129.
Kellermann, Bernhard (1904), zitiert nach: Kellermann, Bernhard: Yester und Li. Die Geschichte einer Sehnsucht, Magazin Verlag J.Hegner, Berlin und Leipzig, 3.Aufl.1905.
1906
Gulbransson, Olaf: „Vor meinem Kefernest-Paradies…" (nach 1906), zitiert nach: Björnson-Gulbransson, Dagny: Das Olaf Gulbransson Buch, München 1977, S.83-85.
Heilmeyer, Alexander.: „Auf der Theresienwiese und im Englischen Garten", in: Ders.: Die Stadt München, Leipzig 1906, S.74-81.

1908
Bradke, Marie von: „Im Englischen Garten", in: Dies.: Gedichte, München 1908, S.185.
Thieme, Ulrich/Becker, Felix (Hg.): Allgemeines Lexikon der Bildenden Künste (Stichwort Bandel, Ernst von) Bd.2, Leipzig 1908, S.436-438.
Zell, Franz (Hg.): Volkstümliche Bauweise in der Au bei München. Altmünchner Tanzplätze, Frankfurt a.M. 1908, S.64-66, 71, 73 und Textteil.
1909
Eisele, Hans: Der Englische Garten München, München 1909.
Höhn, Heinrich: Studien zur Entwicklung der Münchner Landschaftsmalerei vom Ende des 18. und vom Anfang des 19. Jahrhunderts, (Studien zur Deutschen Kunstgeschichte H.108) Strassburg 1909, S.13-15, 69, 73f..
1910
Bredt, E.W.: „Der chinesische Turm und seine Nebengebäude im Englischen Garten", in: Blätter für Architektur und Kunsthandwerk Nr.6, Jg.23, Berlin 1910, S.21 und Tafeln 53-55.
Keiper, Johann: „Sir Benjamin Thompson, Reichsgraf von Rumford", in: Mannheimer Geschichtsblätter Nr.1,2, Jg.11, Mannheim 1910 Nr.1 S.4-10, Nr.2 S.27-30,68.
Zwerger, F.: „Graf Morawitzky, ein Förderer des bayerischen Schulwesens", in: Bayerischer Realschulmänner-Verein (Hg.): Bayerische Zeitschrift für Realschulwesen H.8, Bd.31, Nürnberg 1910, S.312.
1911
Christ, Lena (1911), zitiert nach: Dies.: Tagebuch einer Überflüssigen, dtv, München 1987, S.157, 160.
Dombart, Theodor: „Der erste Münchner Zoologische Garten", in: Das Bayerland Nr.17, Jg.22, München 1911, S.227f..
Gsell Fels, Theodor: München und Umgebung, 19.Aufl. 1911, S.65-67.
„Der Plan eines Englischen Gartens zu München: Karlsthor – Neuhausen – Dachau", in: Das Bayerland Nr.1, Jg.22, München 1911, S.67f..
1912
Mann, Thomas: Der Tod in Venedig (1912), zitiert nach: Ders.: Der Tod in Venedig und andere Erzählungen, Fischer Taschenbuch Verlag, Frankfurt a.M. 1954, S.7f..
Trautmann, Karl/Willich, Hans: Der Klassizismus und die Abwendung von der Tradition", in: Bayerischer Architekten- und Ingenieur-Verein (Hg.): München und seine Bauten, München 1912, S.184-189.
Esté, Hans: „Zu München im Englischen Garten", in: Münchner Illustrierte Zeitung Nr.20, Jg.5, München 12.5.1912, S.317.
1913
Streiter, Richard: Ausgewählte Schriften zur Aesthetik und Kunst-Geschichte, München 1913, S.300-304.
1914
Gothein, Marie Luise: Geschichte der Gartenkunst Bd.2, Jena 1914, S.361-412.
Zauner, Franz Paul: München in Kunst und Geschichte (Das bayerische Oberland in Kunst und Geschichte Bd.1), München 1914, S.7, 71-73, 142, 192, 348.
Dombart, Theodor: „Schloß Biederstein bei München", in: Das Bayerland Nr.16, (Jubiläums-)Jg.25, München 17.1.1914, S.317-319.
„Rumford-Feier", in: Bayerische Staatszeitung, Königlich Bayerischer Staatsanzeiger Nr.159, Jg.2, München 11.7.1914, S.4f..
Hörner, G.: „Münchens Englischer Garten. Zur hundertsten Wiederkehr des Todestages seines Schöpfers", in: Das Bayerland Nr.46, (Jubiläums-)Jg.25, München 15.8.1914, S.911f..
Keiper, Johann: „Sir Benjamin Thompson, Reichsgraf von Rumford", in: Das Bayerland Nr.46, (Jubiläums-)Jg.25, München 15.8.1914, S.907-910.
1915
Heigel, Karl Theodor von: Benjamin Thompson, Graf von Rumford. Festrede gehalten bei der gemeinsam von der K. Akademie der Wissenschaften und dem Stadtmagistrat München veranstalteten Feier aus Anlaß der 100. Wiederkehr des Todestages Rumfords im großen Saale des alten Rathauses am 11. Juli 1914, München 1915.
1916

Thieme, Ulrich/ Becker, Felix (Begr.): Allgemeines Lexikon der Bildenden Künste (Stichwort Fischer, Karl von) Bd.12, (Hg.: Thieme, Ulrich), Leipzig 1916, S.33.

1917
Huch, Ricarda: Der Fall Deruga, Berlin 1917, S.210.

1919
Blössner, A.: „Verkehrsstraße durch den Englischen Garten in München", in: Der Städtebau Nr.1/2, Jg.16, Berlin/ Wien 1919, S.20-23.
Metz, Josefa: „November im Englischen Garten", in: Rieß, Richard (Hg.): Das Münchner Bilderbuch, München 1919, S.45-50.
Wolf, Georg Jacob: „Der Englische Garten im Jahre 1814" (1919) zitiert nach: Ders. (Hg.): Ein Jahrhundert München 1800-1900. Zeitgenössische Bilder und Dokumente, Schmidt & Günther, Leipzig, 3.Aufl.1935, S.97-102.
Francé, R.H.: „Wanderungen in der Umgebung Münchens in Begleitung eines Naturkundigen. II. Englischer Garten und Hirschau",in: Der Sammler Nr.12, Jg.88, München 28.1.1919, S.2f.

1920
Bredt, E. W.: „Nymphenburg – Schleißheim – Englischer Garten", in: Mayer-Pfannholz (Hg.): Deutsches Alpenland. Ein Heimatbuch, (Heimatbücher deutscher Landschaften 5) Leipzig 1920, S.231-236.

1921
Uhde-Bernays, Hermann: Münchener Landschaftler im neunzehnten Jahrhundert, München 1921, S.113.
Braßler, Karl: „Wanderung aus dem Englischen Garten", in: Die Propyläen Jg.18, München 16. und 23.9.1921, S.403f.,412f..

1922
Spruner, E. von: „Karl Theodor läßt durch Rumford den englischen Garten anlegen", in: Meyer, Joseph (Hg.): Was das Münchner Kindl erzählt, München 1922, S.171-173.
Thoma, Ludwig (1922), zitiert nach: Thoma, Ludwig: Münchnerinnen, Piper Verlag, München und Zürich 1984, S.53-62,95,144,159-161.
Haushofer-Merk, Emma: „Aus der Geschichte des Englischen Gartens", in: Münchener Neueste Nachrichten Nr.78, Jg.75, München 22.1.1922, S.1 (Generalanzeiger).

1923
Brachvogel, Carry: Im Weiß-Blauen Land. Bayerische Bilder, München 1923, S.103-106.
Wölfflin, Heinrich: „Die Entartung des Englischen Gartens in München", in: Der Zwiebelfisch Nr.5/6, Jg.16, München 1923/24, S.116-118.
Dürck-Kaulbach: „Sckell", in: Der Sammler Nr.35, Jg.92, München 2.5.1923, S.3f..

1925
Moedeler, Lorenz: „Am chinesischen Turm", in: Generaldirektion der Bayerischen Staatstheater München (Hg.): Festschrift der Illustrierten Fremdenzeitung Nr.32, Jg.18, München 1925, S.631-633.
Darmstaedter, Ludwig: „Friedrich Ludwig von Sckell. Der Schöpfer der deutschen Gartenkunst", in: Der Kunstwanderer, Sept.1925 – Aug.1926, S.481-483.

1926
Hanel, Hermine: Tonis Abenteuer im Englischen Garten, München 1926.

1927
Hallbaum, Franz: Der Landschaftsgarten. Sein Entstehen und seine Einführung in Deutschland durch Friedrich Ludwig von Sckell 1750-1823, München 1927, S.103-112, 182-222.
Hoffmann, Rudolf: Die Linienführung einer Straßenbahn durch den Englischen Garten in München. Ein Beitrag zur Klärung einer städtebaulichen Streitfrage, München 1927.
J.A. Maffei München – gegründet 1841, [maschinengeschriebenes Manuskript] München 1927.
Kolb, Annette (1927), zitiert nach: Kolb, Annette: Daphne Herbst, Fischer-Bücherei, Frankfurt a.M. 1963, S.46f.,110.
Rieder, H.: „Der Münchner Englische Garten", in: Münchner Neueste Nachrichten Nr.32,34, Jg.80, München 2.2.1927, S.7 und 3.2.1927, S.3f..

1928
„Der Englische Garten", in: Nach München (Sonderheft München). Allgemeiner Anzeiger für Reise und Verkehr, Eisenbahn-Unterhaltungszeitschrift, München 1928, S.18f.
Dombart, Theodor: „Schloß Biederstein", in: Münchner Neueste Nachrichten Nr. 59,60, Jg.81, München 29.2. und 1.3.1928, S.8 und 3.

1929
Fleißer, Marieluise: „Abenteuer aus dem Englischen Garten" (1929), zitiert nach: Dies.: Abenteuer aus dem Englischen Garten, Suhrkamp Verlag, Frankfurt a.M. 1982, S.33-53.
Valentin, Karl: „Fremdenrundfahrt" (1929), zitiert nach: Schulte, Michael (Hg.): Karl Valentin. Gesammelte Werke in einem Band, Piper Verlag, München und Zürich, 3.Aufl. 1988, S.469.

1930
Bezzel, Oskar: Geschichte des Kurpfalzbayerischen Heeres von 1778 bis 1803, (Geschichte des Bayerischen Heeres Bd.5), München 1930, S.173f..
Feuchtwanger, Lion (1930), zitiert nach: Ders.: Erfolg. Drei Jahre Geschichte einer Provinz, Fischer Taschenbuch-Verlag, Frankfurt a.M. 1975, S.29, 363, 650.
Wolf, Georg Jacob: Das Kurfürstliche München 1620-1800, München 1930, S.313-317.

1931
Krembs, Karl: „Vogelleben im Englischen Garten in München", in: Das Bayerland Nr.21, Jg.41, München 1931, S.665-668.
Rose, Hans: „Eine unveröffentlichte Denkschrift Friedrich Ludwig von Sckells über den Englischen Garten in München", in: Münchner Jahrbuch der Bildenden Kunst VIII (Neue Folge), München 1931, S.172-188.

1932
Mann, Klaus (1932), zitiert nach: Ders.: Kind dieser Zeit, Rowohlt Verlag, Reinbek bei Hamburg 1967, S.34, 108.
Mitterwieser, A.: „Der Chinesische Turm", in: Münchner Neueste Nachrichten Nr.329, Jg.85, München 3.12.1932, S.13.

1933
Brandenburg, Hans: Schöpfung nah um uns, Landschaft, Tier und Pflanze, München 1933, S.10f.,38f.,58f., 116f., 152f.,188f..
Dombart, Theodor: „Das Werden und Sein des Englischen Gartens zu München", in: Historischer Verein von Oberbayern (Hg.): Oberbayerisches Archiv Bd.70, München 1933, S.5-123.
Gürster, Eugen: „Als Gespenst in der Heimat" (1933), zitiert nach: Proebst, Hermann/ Ude, Karl (Hg.): Denk ich an München. Ein Buch der Erinnerungen, Gräfe und Unzer Verlag, München 1966, S.217-227.
Karlinger, Hans: München und die deutsche Kunst des 19. Jahrhunderts (Bayerische Heimatbücher Bd.6), München 1933, S.10,17,24f..
Rose, Hans: „München und das Englische", in: Die Gabe, München 1933, S.66-78.
Rose, Hans: „Der Englische Garten", in: München und Südbayern Nr.7, Jg.2, München 18.-24.2.1933, S.14.
Kirchenbauer, Johannes: „Der letzte Fiaker", in: Münchener Katholische Kirchenzeitung Nr.31, Jg.26, München 30.7.1933, S.327f..

1934
Kreisel, Heinrich: München, Berlin 1934, S.76-79.
Roth, Eugen: „Münchens Gärten", in: Das Bayerland, Nr.18 und 20, Jg.45, München 1934, S.577-584.
Seewald, Richard (1934), zitiert nach: Ders.: Traumreise oder Robinson, der Sohn Robinsons oder Die vier Jahreszeiten oder Orbis Pictus, Ehrenwirth Verlag, München, 2.Aufl. 1949, S.12f..
„Die Omnibusfahrten im Englischen Garten", in: Münchner Neueste Nachrichten (Stadt-Nachrichten und Generalanzeiger) Nr.139, Jg.87, München 25.5.1934./S.1.
Dombart, Theodor: „Im Englischen Garten", in: Münchener Zeitung Nr. 279 und 280, Jg.43, München 6./7.10.1934, S.5.
Forster, Georg: „Von der 'Meierei' zur 'Wirtschaft Kleinhesselohe'", in: München und Südbayern Nr.47, Jg.3, München 24.-30.11.1934, S.1f..

1935
Dombart, Theodor: „Der englische Garten zu München", in: Die Propyläen Jg.32, München 5.4.1935, S.213f..

„Fröhliche Einkehr am See... Richtfest des Neubaues Kleinhesselohe", in: Münchener Zeitung Nr.357, Jg.44, München 23.12.1935, S.6.

1936
Alckens, August: Die Denkmäler und Denksteine der Stadt München, München 1936, S.2f.,4f.,10f.,50f.,138f., 144f., 146f..
Rauch, Anton: „Die Pferderennen in Altbayern. Ein kultur- und heimatgeschichtlicher Überblick", in: Das Bayerland Nr.10, Jg.47, München 1936, S.311.
Speyer, Wilhelm: „Ein Herbstritt im Englischen Garten", in: Ders.: Nachtgesichte. Erzählungen und Visionen, Leipzig 1936, S.85-97.
Thieme, Ulrich/ Becker, Felix (Begr.): Allgemeines Lexikon der Bildenden Künste (Stichwort Sckell, Friedrich Ludwig von) Bd.30, (Hg.: Vollmer, Hans), Leipzig 1936, S.397.

1937
Gnuva, Paul: „Zweitausend Jahre Deutscher Kultur", in: Die Kunst im Dritten Reich Nr.7/8, Jg.1, München 1937, S.43.
Hartmann-Fuchs, Werner: „Die nationale Sendung des Künstlers", in: Die Kunst im Dritten Reich Nr.7/8, Jg.1, München 1937, S.8-10.
Heilmeyer, Alexander: „Das junge Deutschland baut seiner Kunst ein eigen Haus", in: Die Kunst im Dritten Reich Nr. 7/8, Jg.1, München 1937, S.16f..
Lutz, Josef Maria: Käuze am Wege. Heitere Geschichten, Nürnberg 1937, S.46-54, 64-74, 114-118.
„Blick durch den Englischen Garten", in: Münchner Neueste Nachrichten Nr.55, Jg.90, München 24.2.1937, S.15.
„Quer durch den Englischen Garten", in: Münchner Neueste Nachrichten (Münchner Stadtanzeiger) Nr.92, Jg.90, München 4.4.1937.
Tag der Deutschen Kunst München 1937. 16.-18. Juli [Programm], München 1937.
Tag der Deutschen Kunst München 1937. 16.-18.Juli, München 1937, S.18.

1938
Valentin, Karl: „Das Brilliantfeuerwerk" (1938), zitiert nach: Pallmann, Gerhard (Hg.): Karl Valentins Panoptikum. Neun Stegreifkomödien, Piper Verlag, München 1952, S.74-103.
Schu. H.: „Veränderungen im Englischen Garten", in: Münchner Neueste Nachrichten (Münchner Stadtanzeiger) Nr.4, Jg.91, München 4.1.1938.
„Das Skell-Denkmal. Ludwig Siebert hat Erneuerung angeordnet", in: Münchner Neueste Nachrichten (Münchner Stadtanzeiger) Nr.43, Jg.91, München 12.2.1938.
Tag der Deutschen Kunst 1938. 8.-10.Juli [Programm], München 1938.
Tag der Deutschen Kunst 1938. 8.-10.Juli, München 1938, S.14f., 18f..
„Der Englische Garten – Münchens grünes Kleinod", in: Völkischer Beobachter Nr.294, Jg.52, München 21.10.1938, S.15.
„Stadtvereinigung München Nord. Prof. Dombart über '150 Jahre Englischer Garten'", in: Völkischer Beobachter Nr.300, Jg.5, München 27.10.1938, S.16.

1939
Kammerer, Ernst: „Das Entlein", in: Ders.: Alltag bis Zwetschgendatschi. Ein kleines Lexikon von A bis Z, Frankfurt a.M. 1939, S.76-79.
Wellnhofer, Matthias: „Das erste Volksfest im Englischen Garten im Jahre 1795", in: Altheimatland. Blätter für Heimat und Volkskunde Folge 19, Jg.15, München 1939, S.73-75.

1940
Endrikat, Fred: „Am trockenen Kleinhesseloher See" (1940), zitiert nach: Das große Endrikat-Buch, Blanvalet Verlag, München 1976, S.224.
Endrikat, Fred: „Lyrik unterm Regenschirm", in: Ders.: Höchst weltliche Sündenfibel, Berlin 1940, S.59.

1941
Lieb, Norbert: Münchener Barockbaumeister, München 1941, S.17ff., 176f., 208-211, 274f..
Möhl, Friedrich: Hundert Jahre Krauss-Maffei München. 1837-1937, (Hg.: Lokomotivfabrik Krauss &

Comp./ J.A.Maffei Aktiengesellschaft München), München 1941.

1942

Brombin, Giuseppe: „Il Giardino Inglese", in: Ders.: A Monaco mia seconda patria. Canti 1898-1940, München 1942, S.39.

Flügel, Rolf: „Fremdenstadt ohne Saison", in: Sperr, Hans Joachim (Hg.): Freundschaft mit München, München 1942, S.51-66.

Korn, Karl: „Wenn ich ein Münchner wär", in: Sperr, Hans Joachim (Hg.): Freundschaft mit München, München 1942, S. 67-80.

1944

Löffler, Adolf: „Auf dem Monopteros", in: Ders.: Stille Wanderung. Kleine Entdeckungen in Münchens Landschaft und Baukunst, München 1944, S.49-51.

1945

„Feindterror zerstörte Münchner Idylle", in: Völkischer Beobachter Nr.94, Jg.58, München 21.4.1945, S.3./H.St.

1946

Schmitt, Fritz: München - wie es war, München 1946, S.49-52.

1947

Hausenstein, Wilhelm: „Fritz Schider. Am Chinesischen Turm zu München", in: Ders.: Begegnungen mit Bildern, München 1947, S.140-143.

1948

Carossa, Hans: Aufzeichnungen aus Italien (1948), zitiert nach: Carossa, Hans: Gesammelte Werke Bd.1, Insel-Verlag, Frankfurt a.M. 1949, S.577f..

1949

Heimpel, Hermann: Die halbe Violine. Eine Jugend in der Haupt-und Residenzstadt München, Stuttgart 1949, S.125-143.

Kölwel, Gottfried: „Herbst im Englischen Garten", in: Ders.: Elegien und andere Gesänge, Zürich 1949, S.7f. und in: Ders.: Wir Wehenden durch diese Welt, München 1959, S. 117f.

Schlagintweit, Felix: Ein verliebtes Leben. Erinnerungen eines Münchner Arztes, München 1949, S.226.

Hess, Ernst: „Das Schuttgebirge auf dem Spielplatz. Wer räumt den Hirschanger?" in: Süddeutsche Zeitung Nr. 63, Jg.5, München 11.6.1949, S.9.

1950

Hubensteiner, Benno (1950), zitiert nach: Hubensteiner, Benno: Bayerische Geschichte. Staat und Volk, Kunst und Kultur, Süddeutscher Verlag, München, 6.Aufl. 1977, S.321.

Zweig, Arnold: Verklungene Tage, München 1950, S.7-13.

Walch, Erich: „Verliert der Englische Garten seine Geschlossenheit? Unüberlegte Neuanpflanzungen - Keine falsche Sparsamkeit!", in: Münchner Merkur Nr. 158, Jg.6, München 17./18.6.1950, S.10.

1951

Lessing, Waldemar: Johann Georg von Dillis als Künstler und Museumsmann, 1759-1841, München 1951, S.16,18,24f., Abb. neben S.32.

Müller, Karl Alexander von: Aus Gärten der Vergangenheit. Erinnerungen 1882-1914, Stuttgart 1951, S.194, 199ff.

„Neubau des Chinesischen Turms", in: Süddeutsche Zeitung Nr.134, Jg.7, München 14.6.1951, S.4./g

Woock, Fritz: „Chinesischer Turm aus bayerischem Holz", in: Münchner Merkur Nr.134, Jg.7, München 3.6.1951, S.4.

„Englischer Garten bekommt wieder den Chinesischen Turm" in: Münchner Merkur Nr.159, Jg.8, München 4.7.1951, S.4./S.

„Was keucht und fleucht um den Monopteros?", in: Münchner Stadtzeitung, Lokalanzeiger des Münchner Merkurs (Ausgabe Nord) Nr.29, Jg.8, München 20.7.1951, S.3.

Walch, Erich: „Lokomotivfabrik wird Englischer Garten", in: Münchner Merkur Nr.174, 21./22.7.1951, S.4.

1952

Lachner, Johann: Richtspruch für den Chinesischen Turm, München 1952.

Lieb, Norbert: München. Lebensbild einer Stadtkultur, München 1952, S.13f., 97, 143, 161, 170, 181, 220f., 238.

Reisinger, Ernst: Meine Jugend in Alt-Schwabing, Mün-

chen 1952, S.23-25.

„Im Vormarsch auf das grüne Herz der Stadt", in: Münchner Merkur Nr.9, Jg.8, München 10.1.1952, S.5./K.W.

„Rettet den Englischen Garten!", in: Süddeutsche Zeitung Nr.18, Jg.8, München 22.1.1952, S.4./g.

Gerhart, K.: „Autohupen stören das Park-Idyll", in: Süddeutsche Zeitung Nr.56, Jg.8, München 6.3.1952, S.4.

Wolfbauer, Günther: „Wochenend-Autosperre im Englischen Garten", in: Münchner Merkur Nr.57, Jg.8, München 6.3.1952, S.4.

„Streitbare Freunde des Englischen Gartens", in: Süddeutsche Zeitung Nr.57, Jg.8, München 7.3.1952, S.4.

Woock, Fritz: „Nun blüht es wieder und die Brunnen sprudeln", in: Münchner Merkur Nr.87/88, Jg.8, München, 10./11.4.1952, S.6.

Walch, Erich: „Englischer Garten um 'Isarauen' vermehrt?" in: Münchner Merkur Nr.96, Jg.7, München 21.4.1952, S.3.

„Anordnung zur einstweiligen Sicherstellung des Englischen Gartens im Stadtkreis München", Amtsblatt der Landeshauptstadt München Nr.9, München 22.4.1952, S.55.

„Zum Schutz des Englischen Gartens", in: Süddeutsche Zeitung Nr. 94, Jg.8, München 22.4.1952, S.4.

Köbelin, K.: „Rettender Engel im Englischen Garten", in: Süddeutsche Zeitung Nr.95, Jg.8, München 23.4.1952, S.4.

Pollak, Bernhard: „Monopteros", in: Süddeutsche Zeitung Nr.109, Jg.8, München 10./11.5.1952, S.4.

Gerhart, K.: „Chinesischer Turm aus bayerischem Holz", in: Süddeutsche Zeitung Nr.111, Jg.8, München 13.5.1952, S.4.

Walch, Erich: „Bald spielt die 'Musi' auf dem Chinesischen Turm", in: Münchner Merkur Nr.115, Jg.7, München 13.5.1952, S.4.

„Die Tiermediziner knabbern am Englischen Garten", in: Münchner Merkur Nr.138, Jg.7, München 9.6.1952, S.3./ usch

Kiaulehn, Walter: „Festzug und Tanz um den Chinesischen Turm", in: Münchner Merkur Nr.194, Jg.8, München 9.7.1952, S.4.

Gerhart, K.: „Freudentanz um den Chinesischen Turm", in: Süddeutsche Zeitung Nr.157, Jg.8, München 11.7.1952, S.6.

Kiaulehn, Walter: „Der Turmbau von Schwabylon", in: Illustrierter Merkur Nr.28, Jg.2, München 12.7.1952, S.7.

Arnsperger, K.: "Bayerische Musi am Chinesischen Turm", in: Süddeutsche Zeitung Nr.159, Jg.8, München 14.7.1952, S.4.

Preis, Kurt: „Auch der Himmel gibt dem Chinesischen Turm seinen 'Segen'", in: Münchner Merkur Nr.168, Jg.7, München 14.7.1952, S.3.

Walch, Erich: „Englischer Garten wächst um 30 Hektar. Ehemaliges Maffei-Gelände gärtnerisch ausgestaltet", in: Münchner Merkur Nr.171, Jg.8, München 17.7.1952, S.4.

Gerhart, K.: „Englischer Garten mit Isarstrand", in: Süddeutsche Zeitung Nr.168, Jg.8, München 24.7.1952, S.4.

Walch, Erich: „Erste Promenade durch neuerschlossene Auen", in: Münchner Merkur Nr.177, Jg.8, München 24.7.1952, S.4.

Woock, Fritz: „Tierärztliche Hochschule beginnt mit Erweiterungsbau", in: Münchner Merkur Nr.201, Jg.8, München 21.8.1952, S.4.

Woock, Fritz: „Chinesischer Turm mit goldenem Glöckchen", in: Münchner Merkur Nr.206, Jg.7, München 27.8.1952, S.4.

„Der neue Chinesische Turm", in: Münchner Stadtanzeiger Nr.36, Jg.8, München 5.9.1952, S.4.

„Fliegendes 'Münchner Kindl' getauft. Segelflugzeug-Weihe und Eröffnung des Chinesischen Turms", in: Süddeutsche Zeitung Nr.206, Jg.8, München 8.9.1952, S.4./le.

Horn, Effi: „Chinesischer Turm mit viel Regenwasser getauft", in: Münchner Merkur Nr.216, Jg.8, München 8.9.1952, S.3.

„Der Englische Garten und die Tierklinik", in: Süddeutsche Zeitung Nr.217, Jg.8, München 20./21.9.1952, S.17./g.

„Der Schwabinger Bach fließt schon im neuen Bett", in:

Münchner Merkur Nr.261, Jg.7, München 30.10.1952, S.6.

1953

Arnold, Karl: München und Kurfürstendamm, München 1953, S.27.

Larsen, Egon: An American in Europe, The Life of Benjamin Thompson, Count Rumford, London 1953.

Preis, Kurt: „Das Haar in der Rumfordsuppe", in: Illustrierter Merkur Nr.12, Jg.3, München 21.3.1953, S.6.

Woock, Fritz: Garderoben und Duschen für Hirschanger-Sportler", in: Münchner Merkur Nr.101, Jg.9, München 28.4.1953, S.4.

Friedrich, U.: „Das Herzl-Schneiden bekommt den Bäumen nicht", in: Münchner Merkur Nr.157, Jg.9, München 2.7.1953, S.4.

1954

Auer, Ludwig: Geschichte der Seidenindustrie und der Seidenzucht in Bayern. Ein Beitrag zur Kulturgeschichte Münchens, München 1954, S.74f..

Schneider, Herbert: „Englischer Garten um Mitternacht", in: Münchner Stadtzeitung, Lokalanzeiger des Münchner Merkurs Nr.5, Jg.5, München 5.2.1954 (Ausgabe Nord), S.1.

Sommer, Else: „Ferdinand, der kühne Radfahrer", in: Ders.: Fahrradbüchlein, München 1954, S.44.

„Der Admiral von Kleinhesselohe", in: Münchner Stadtanzeiger Nr.3, Jg.10, München 22.1.1954, S.5.

„Münchner Spaziergänge: Auf den Spuren des Harmlos", in: Münchner Stadtanzeiger Nr.3, Jg.10, München 22.1.1954, S.4.

„Am Monopteros nagt der Zahn der Zeit", in: Münchner Merkur Nr.27, Jg.10, München 1.2.1954, S.4./g.f.

„Der 'Harmlos' rückt in den Englischen Garten", in: Münchner Merkur Nr.32, Jg.10, München 6./7.2.1954, S.6./g.f.

„Seehaus freigegeben", in: Süddeutsche Zeitung Nr.127, Jg.10, München 4.6.1954, S.4.

Krammer, H.: „Das Seehaus ist frei – der Schlüssel noch nicht", in: Süddeutsche Zeitung Nr.136, Jg.10, München 16.6.1954, S.4.

„Seehaus übergeben" in: Münchner Merkur Nr.143/144, Jg.10, München 16./17.6.1954, S.4.

Hahn, Alois: „Der erste Gast heißt Adenauer. Heute: Feierliche Übergabe der Allianz-Neubauten", in: Süddeutsche Zeitung Nr.273, Jg.10, München 25.11.1954, S.4.

Hahn, Alois: „Allianz mit Adenauer. Bundeskanzler bei der Eröffnung des Versicherungsgebäudes", in: Süddeutsche Zeitung Nr.274, Jg.10, München 26.11.1954, S.4.

„Zwischen Königinstraße und Englischen Garten", in: Münchner Merkur Nr.283, Jg.11, München 26.11.1954, S.4.

1955

Dombart, Theodor: „Die Zerreißung des Englischen Gartens", in: Bürgerblatt Nr.17, München 1955, S.1-3.

Hessel, A.: „Maler am Monopteros", in: Süddeutsche Zeitung Nr.5, Jg.11, München 7.1.1955, S.4.

„Unsichtbare Stahlbetontürme am Englischen Garten", in: Münchner Merkur Nr. 22, Jg.11, München 26.1.1955, S.6.

Freudenreich, Johann: „Fleckerlteppich auf Münchens Flur", in: Süddeutsche Zeitung Nr.87, Jg.11, München 12.4.1955, S.4.

Flügel, Rolf: „Der 'Harmlos' steht wieder auf seinem alten Postament", in: Münchner Merkur Nr.192, Jg.11, München 12.8.1955, S.4.

„Der Harmlos ist wieder da", in: Süddeutsche Zeitung Nr. 190, Jg.11, München 13.8.1955, S.4.

Flügel, Rolf: „Der 'Harmlos'", in: Münchner Merkur Nr. 193/194, Jg.11, München 13./15.8.1955, S.16.

„Der unbekannte Rumford. Die Lebensgeschichte eines 'amerikanischen Münchners'", in: Münchner Stadtanzeiger Nr.33, Jg.11, München 19.8.1955, S.3f.

„Rund um den Chinesischen Turm", in: Süddeutsche Zeitung Nr.203, Jg.11, München 27./28.8.1955, S.10./gr.

„Vom Chinesischen Turm bis zum Harmlos", in: Münchner Merkur Nr.205, Jg.8, München 28.8.1955, S.9.

„Protestaktion gegen Zerstückelung des Englischen Gartens", in: Münchner Merkur Nr.213, Jg.11, München 6.9.1955, S.4.

Woock, Fritz: „Der Englische Garten und die Stadtplanung", in: Münchner Merkur Nr.215, Jg.11, München

8.9.1955, S.4.

Kiaulehn, Walter: „Die Axt im Englischen Garten", in: Münchner Merkur Nr.217, Jg.11, München 10./11.9.1955, S.17.

„Weg mit Högg'! - klingt's aus dem Englischen Garten", in: Münchner Merkur Nr.217, Jg.10, München 10./11.9.1955, S.6.

Hahn, Alois: „Wirbel um den Englischen Garten", in: Süddeutsche Zeitung Nr.218, Jg.11, München 14.9.1955, S.4.

Kiaulehn, Walter: „'Weg mit Högg'", in: Münchner Merkur Nr. 220, Jg.11, München 14.9.1955, S.6.

Wolfbauer, Günther: „Der Englische Garten bleibt Punkt 1 der Tagesordnung", in: Münchner Merkur Nr.220, Jg.11, München 14.9.1955, S.6.

„Gegen das Spiel hinter den Kulissen", in: Münchner Merkur Nr.222, Jg.11, München 16.9.1955, S.4/lcs.

„Wird der Englische Garten bedroht?", in: Münchner Stadtanzeiger Nr.37, Jg.11, München 16.9.1955, S.1f.

Woock, Fritz: „Mit der Lastenstraße ist es 'fünf Minuten vorzwölf'", in: Münchner Merkur Nr.222, Jg.11, München 16.9.1955, S.4.

„Wirbel um den Englischen Garten", in: Süddeutsche Zeitung Nr.221, Jg.11, München 17./18.9.1955, S.36.

Ströbl, J. /Fürstweger, W.: „Rededuell im Englischen Garten", in: Süddeutsche Zeitung Nr.222, Jg.11, München 19.9.1955, S.4.

Flügel, Rolf: „Debatte oder Geschimpfe?", in: Münchner Merkur Nr.226, Jg.11, München 21.9.1955, S.4.

Hahn, Alois: „Wogen um den Brückenbau", in: Süddeutsche Zeitung Nr.224, Jg.11, München 21.9.1955, S.4.

Wolfbauer, Günther: „Die Lastenstraße 'drückt' den Stadtrat wenig", in: Münchner Merkur Nr.226, Jg.11, München 21.9.1955, S.4.

„'Freunde des Englischen Gartens' sind empört", in: Münchner Merkur Nr.227, Jg.11, München 22.9.1955, S.4.

„Stadtrat billigt Leonhard-Eck-Brücke und Verbindungsstraße durch den Englischen Garten", in: Münchner Stadtanzeiger Nr.38, Jg.11, München 23.9.1955, S.1f.

„'Die Rechnung wurde ohne den Wirt gemacht...' sagt Finanzminister Zietsch in einer aufsehenerregenden Rede zur Frage des Englischen Gartens", in: Münchner Merkur Nr.233, Jg.11, München 29.9.1955, S.3.

„Was hat die Stadt für den Englischen Garten getan?"in: Münchner Stadtanzeiger Nr.39, Jg.11, München 30.9.1955, S.1f.

„Hier spricht der Leser. Die Lastenstraße durch den Englischen Garten", in: Münchner Merkur Nr.235, Jg.10, München 1./2.10.1955, S.20.

Wolfbauer, Günther: „Auf der Lastenstraße wird aneinandervorbeigeredet", in: Münchner Merkur Nr.238, Jg.11, München 5.10.1955, S.4.

Freudenreich, Johann: „So sieht jetzt das Seehaus aus", in: Süddeutsche Zeitung Nr.237, Jg.11, München 6.10.1955, S.4.

„Debatte Englischer Garten", in: Münchner Stadtanzeiger Nr.40, Jg.11, München 7.10.1955, S.2.

„Seehaus aus dem Dornröschenschlaf erweckt", in: Münchner Merkur Nr.240, Jg.11, München 7.10.1955, S.4.

„Lastenstraße, Englischer Garten und Verkehrsprobleme", in: Münchner Merkur Nr.241, Jg.11, München 8./9,10,1955, S.20.

„Seehaus am Kleinhesseloher See wieder geöffnet" in: Süddeutsche Zeitung Nr.245, Jg.11, München 15./16.10.1955, S.23./wh.

„Das Seehaus erwartet wieder Gäste", in: Münchner Merkur Nr.247, Jg.10, München 15./16.10.1955, S.24.

1956

Brunner, Herbert: „Aus der Geschichte des Englischen Gartens", in: Allianz, Wiederaufbau 1945-1955, München 1956, S.13-23.

Landesgruppe Bayern der Deutschen Akademie für Städtebau und Landesplanung: Der Englische Garten in München. Ein Plangutachten über die Bebaubarkeit seiner Randgebiete, München 1956.

Lippl, Alois Johannes: Der Monopteros, München 1956.

Penzoldt, Ernst: München von Norden gesehen, Weinheim a. d. Bergstraße 1956, S.5,18,21.

Schmid, Adelheid Barbara: Die epixyle Flechtenvegetation von München, Augsburg 1956, S.19,60-63 (Diss.).

Vierlinger, Emil: Rondo im Englischen Garten, (maschinengeschriebenes Manuskript zur Sendung des Bayerischen Rundfunks), München 20.5.1956.

Kiaulehn, Walter: „Der Schnitt durch den Englischen Garten. Proteste der Freunde und der Münchner Ärzteschaft", in: Münchner Merkur Nr.296, Jg.12, München 11.12.1956, S.4.

1957

Kalkschmidt, Eugen: Biedermeiers Glück und Ende, München 1957, S.112.

Stritzke, Otto: Der Englische Garten in München, Feucht b. Nürnberg [1957].

„Stadtrat und Englischer Garten", in: Münchner Stadtanzeiger Nr.29, Jg.13, München 19.7.1957, S.1f.

1958

Dombart, Theodor: „Schwabing", in: Kreis der Freunde Alt-Münchens (Hg.): München im Wandel der Jahrhunderte. Bilder aus der Sammlung Proebst, München 1958, S.119-126.

Hausenstein, Wilhelm: Liebe zu München, München 1958, S.86-89.

Hoferichter, Ernst: München. Stadt der Lebensfreude, München 1958, S.68f.,97-102.

Kreis der Freunde Alt-Münchens (Hg.): München im Wandel der Jahrhunderte. Bilder aus der Sammlung Proebst, München 1958, S.122-126,188,190.

Lentz, Georg: „Der Fiaker vom Herrn Huber", in: Ders.: Leitfaden für Preußen in Bayern, Düsseldorf 1958, S.24-29.

Ow, Leo von: Erholungsgelände im Norden Münchens, München 1958.

Wir Kinder und München. Kinder zeichnen, malen, basteln und dichten zur 800-Jahr-Feier. Almanach (Mitarb.: Momm, Ellen, Kuby, Ellen u.a.) München 1958, S.25f.,28,35,37.

1959

Althen, A. W.: „Grüne Lunge schnappt nach Luft", in: Süddeutsche Zeitung Nr.101, Jg.15, München 27./28.4.1959, S.9.

Willmann, Wolfgang: „Der große Hausgarten der Münchner", in: Süddeutsche Zeitung Nr.81, Jg.15, München 4.5.1959, S.9.

1960

Hederer, Oswald: Karl von Fischer. Leben und Werk, (Neue Schriftenreihe des Stadtarchivs München Bd.12) München 1960, S.39-45, 98.

Wagner, Ludwig: Das Lehel, München 1960, S.351.

Rukwid, Werner: Unbekanntes Bayern. Der Englische Garten in der Geschichte und Literatur, (maschinengeschriebenes Manuskript zur Sendung des Bayerischen Rundfunks), München 17.7.1960.

Mager, Friedrich: „Beim Aumeister kehren die Baumeister ein", in: Süddeutsche Zeitung Nr.290, Jg.16, München 3./4.12.1960, S.9f.

1961

Ebert-Hansen, Elisabeth: „Schwabinger Definitionen", in: Althaus, Peter Paul (Hg.): Geliebtes Schwabing, München 1961, S.24.

Grill, Sebastian: „Die Nacht ist voller Träume - auch im Englischen Garten", in: Althaus, Peter Paul (Hg.): Geliebtes Schwabing, München 1961, S.131f..

Hausenstein, Wilhelm: „Dichtermilieu in der Ainmillerstraße", in: Althaus, Peter Paul (Hg.): Geliebtes Schwabing, München 1961, S.79ff..

Heimpel, Hermann: „Spiegel und Abbild einer Welt", in: Althaus, Peter Paul (Hg.): Geliebtes Schwabing, München 1961, S.132f.

Holthusen, Hans Egon: „Die Grenzstationen der musischen Republik", in: Althaus, Peter Paul (Hg.): Geliebtes Schwabing, München 1961, S.17.

Lachner, Johann: „Der größte Schatz der Isarstadt", in: Althaus, Peter Paul (Hg.): Geliebtes Schwabing, München 1961, S.129f..

Larsen, Egon: „Graf Rumford - Ein Amerikaner in München", in: Althaus, Peter Paul (Hg.): Geliebtes Schwabing, München 1961, S.110f..

Piper, Reinhard: „Bomben auf Schwabing", in: Althaus, Peter Paul (Hg.): Geliebtes Schwabing, München 1961, S.110f..

Pollak, Bernhard: „Blick vom Monopteros", in: Althaus, Peter Paul (Hg.): Geliebtes Schwabing, München 1961,

S.130.

Raff, Helene: „Wo die Gross-Stadt versinkt...", in: Althaus, Peter Paul (Hg.): Geliebtes Schwabing, München 1961, S.128.

Schneider, Georg: „Frühling und Oktobertag", in: Althaus, Peter Paul (Hg.): Geliebtes Schwabing, München 1961, S.129.

Rukwid, Werner: „Liebes altes München", in: Münchner Stadtanzeiger Nr.13, Jg.17, München 30.3.1961, S.3.

Woock, Fritz: „Schlüsselübergabe beim Aumeister", in: Münchner Merkur Nr.304, Jg.16, München 21.12.1961, S.9.

1962

Brown, Sanborn C.: Count Rumford. Physicist Extraordinary, New York 1962, S.69-71,83-85,115.

Seibert, Paul: Die Auenvegetation an der Isar nördlich von München und ihre Beeinflussung durch den Menschen, (Hg.: Bayerische Landesstelle für Gewässerkunde: Landschaftspflege und Vegetationskunde H.3) München 1962.

Hahn, Alois: „Der Monopteros und sein kleiner Bruder", in: Süddeutsche Zeitung Nr.120, Jg.18, München 19./20.5.1962, S.11.

Sprengler, Karl: „125 Jahre Monopteros", in: Münchner Merkur Nr.143, Jg.18, München 15.6.1962, S.13.

Schwarz, Georg: „Am Kleinhesseloher See", in: Münchner Stadtanzeiger Nr.37, Jg.18, München 14.9.1962, S.5.

1963

Heller, Barbara: Hayler/Hailler, München 1963, S.20-24.

Hoffmann, Alfred: Der Landschaftsgarten (Hennebo,-Dieter/Hoffmann, Alfred (Hg.): Geschichte der deutschen Gartenkunst Bd.3), Hamburg 1963, S.188-195.

„Unser Englischer Garten", in: Jahresbericht über das Schuljahr 1962/63. Luitpold-Oberrealschule München 1963, S.24-28.

Rufer, Walter: „Schreibmaschine versetzt ...", in: Ders.: Der Himmel ist blau, ich auch, Icking und München 1963, S.23.

Bierner, Otto: „Liebes altes München. Die 'Kleine Hesselohe' bey Schwabing", in: Münchner Stadtanzeiger Nr.11, Jg.19, München 15.3.1963, S.5.

Sailer, Anton: „Das Jubiläums-Karussell", in: Süddeutsche Zeitung Nr.103, Jg.19, München 30.4./1.5.1963, S.9.

Waltz, Elly: „Ein Karussell feiert Geburtstag. Seit 50 Jahren am Chinesischen Turm", in: Münchner Merkur Nr.117, Jg.19, München 16.5.1963, S.15.

„Neue Gefahr im Englischen Garten", in: Münchner Merkur Nr.130, Jg.19, München 31.5.1963, S.17.

Fuchs, Guido: „Kinderkarussell im Englischen Garten", in: Süddeutsche Zeitung Nr.131/132, Jg.19, München 1./2./3.6.1963, S.80.

Birkmeyer, Karl/Dombart, Theodor: „Liebes altes München. Das Dampfboot auf dem Kleinhesseloher See", in: Münchner Stadtanzeiger Nr.45, Jg.19, München 8.11.1963, S.3.

1964

Bauer, Christian: Der Englische Garten in München, München 1964.

Bauer, Christian: „Friedrich-Ludwig-von-Sckell-Preis", in: Garten und Landschaft. Zeitschrift der deutschen Gesellschaft für Gartenlust und Landschaftspflege II.2, Jg.74, München 1964, S.55.

Bauer, Christian: „Vom Schicksal der historischen Gärten in Bayern", in: Garten und Landschaft. Zeitschrift der deutschen Gesellschaft für Gartenlust und Landschaftspflege H.2, Jg.74, München 1964, S.38-44.

Hederer, Oswald: Leo von Klenze. Persönlichkeit und Werk, München 1964, S.306, 319-321.

Sparrow, W.J.: Knight of the White Eagle, A biography of Sir Benjamin Thompson, Count of Rumford - London 1964.

Wichmann, Siegfried: Realismus und Impressionismus in Deutschland. Bemerkungen zur Freilichtmalerei des 19. und beginnenden 20. Jahrhunderts, Stuttgart 1964, S.88.

Wilczek, Carl: „Rechtfertigung für Sckell", in: Münchner Leben Nr.9, Jg.9, München 1964, S.24-25.

Hahn, Alois: „Ein Landschaftsbild im Rahmen der Stadt", in: Süddeutsche Zeitung Nr.166, Jg.20, München

11./12.7.1964, S.9f..

Fisch, Ludwig: „Münchens grüner Jubilar", in: Süddeutsche Zeitung Nr.189, Jg.20, München 7.8.1964, S.11.

Link, Ulrich: „Ein Amerikaner gestaltet den Englischen Garten", in: Münchner Merkur Nr.177, Jg.20, München 7.8.1964, S.11.

Glückert, Manfred: „Bauten und Denkmäler im Englischen Garten", in: Münchner Stadtanzeiger (Ausgabe Nord) Nr.33, Jg.20, München 13.8.1964, S.4f..

Sailer, Anton: „Des Kurfürsten grüner Plan", in: Süddeutsche Zeitung Nr.195/196, Jg.20, München 14./15./16.8.1964, S.7.

Wach, Gerlinde: „Das große Geburtstags-Gartenfest", in: Süddeutsche Zeitung Nr.197, Jg.20, München 17.8.1964, S. 13f..

Hahn, Alois: „Englischer Garten – ins Museum verpflanzt", in: Süddeutsche Zeitung Nr.236, Jg.20, München 1.10.1964, S.11.

Seifert, Alwin: „Die Zukunft des Englischen Gartens", in: Münchner Merkur Nr.238, Jg.20, München 3./4.10.1964, S.49.

1965

Bauer, Christian: „Der Englische Garten in der Verkehrs- und Raumplanung", in: Das Gartenamt. Zeitschrift für Umweltgestaltung, Freiraumplanung, Grünflächen- und Sportstättenbau Nr.2, Jg.14, Hannover, Berlin 1965, S.48-51.

Bauer, Christian: „Der Englische Garten in München. Geschichte und Gegenwart eines Volksparks", in: Das Gartenamt. Zeitschrift für Umweltgestaltung, Freiraumplanung, Grünflächen- und Sportstättenbau Nr.2, Jg.14, Hannover, Berlin 1965, S.37-46.

Bauer, Christian: „Englischer Garten und Isar", in: Das Gartenamt. Zeitschrift für Umweltgestaltung, Freiraumplanung, Grünflächen- und Sportstättenbau Nr.2, Jg.14, Hannover, Berlin 1965, S.52f..

Bauer, Christian/ Sippel, Karl/ Palten, Waldemar: „Der Englische Garten in Zahlen", in: Das Gartenamt. Zeitschrift für Umweltgestaltung, Freiraumplanung, Grünflächen- und Sportstättenbau Nr.2, Jg.14, Hannover, Berlin 1965, S.54-56.

Britting, Georg: „Nachts im Englischen Garten", in: Ders.: Der unverstörte Kalender. Nachgelassene Gedichte, München 1965, S.57.

Dombart, Theodor: „Biederstein", in: Historischer Verein von Oberbayern (Hg.): Oberbayerisches Archiv Bd. 87, München 1965, S.7-68.

Dombart, Theodor: „Französischer Lobgesang von 1803 auf den Englischen Garten", in: Kreis der Freunde Alt-Münchens (Hg.): Schönes altes München, München 1965, S.47-65.

„Der Friedrich-Ludwig-von-Sckell-Preis", in: Das Gartenamt. Zeitschrift für Umweltgestaltung, Freiraumplanung, Grünflächen- und Sportstättenbau Nr.2, Jg.14, Hannover, Berlin 1965, S.58.

Haar-Paintner, Fritz: „Der Isarring", in: Das Gartenamt. Zeitschrift für Umweltgestaltung, Freiraumplanung, Grünflächen- und Sportstättenbau Nr.2, Jg.14, Hannover, Berlin 1965, S.51f..

Hollweck, Ludwig: „Ja, so war'ns, die alten Münchner", in: Kreis der Freunde Alt-Münchens (Hg.): Schönes altes München, München 1965, S.42.

Kraus, Otto: „Schutz für die Isarauen zwischen München und Freising", in: Das Gartenamt. Zeitschrift für Umweltgestaltung, Freiraumplanung, Grünflächen- und Sportstättenbau Nr.2, Jg.14, Hannover, Berlin 1965, S.46-48.

Rueß, Luitpold: „Münchner Landschaften", in: Kreis der Freunde Alt-Münchens (Hg.): Schönes altes München, München 1965, S.81-87.

Schleich, Erwin: „Das technische Zeitalter kündigt sich an", in: Kreis der Freunde Alt-Münchens (Hg.): Schönes altes München, München 1965, S.89-109.

„Zeittafel zur Geschichte des Englischen Gartens", in: Das Gartenamt. Zeitschrift für Umweltgestaltung, Freiraumplanung, Grünflächen- und Sportstättenbau Nr.2, Jg.14, Hannover, Berlin 1965, S.57f..

Link, Ulrich: „Englischer Garten bis Freising", in: Münchner Merkur Nr.177, Jg.21, München 26.7.1965, S.12.

Wehner, Josef Magnus: „Der Knabe Harmlos", in: Münchner Stadtanzeiger Nr.41, Jg.21, München

15.10.1965, S.5.

1966

Bogner, Josef: „Aus der Vergangenheit zweier Münchner Volksgaststätten", in: Schönere Heimat. Erbe und Gegenwart Nr.4, Jg.55, München 1966, S.570-576.

Brandenburg, Hans: „Schwabing nach der Jahrhundertwende", in: Proebst, Hermann/ Ude, Karl (Hg.): Denk ich an München. Ein Buch der Erinnerungen, München 1966, S. 28f.

Clifford, Derik: Geschichte der Gartenkunst, München 1966, S.85, 403-408.

Feuchtmayr, Inge: Das Prinz Carl-Palais. Gestalten und Begebenheiten, München 1966, S.8-40, 47-52, 74f., 79, 83, 113f..

Nadolny, Isabella: „Kindheit in Schwabing", in: Proebst, Hermann/ Ude, Karl (Hg.): Denk ich an München. Ein Buch der Erinnerungen, München 1966, S.184.

Seewald, Richard: „Lobpreis eines Parks", in: Ders.: Zufälle – Einfälle. Gleichnisse des Sichtbaren, Köln und Olten 1966, S.62-68.

Stocker, Erwin: „Wildwest im Englischen Garten", in: Münchner Merkur Nr.31, Jg.22, München 7.2.1966, S.11.

Stocker, Erwin: „So soll der Englische Garten wachsen", in: Süddeutsche Zeitung Nr. 143/144, Jg.22, München 16./17. 6.1966, S.15.

1967

Bradley, Duane: Count Rumford, Princeton u.a. 1967, S.139f., 151.

Dombart, Theodor: Schwabing. Münchens älteste und schönste Tochter, München 1967.

Loden-Frey Verkaufshaus KG (Hg.): Chronik des Hauses Lodenfrey. Anläßlich seines 125jährigen Bestehens, München 1967.

Flügel, Rolf: „Doch ein Dampfschiff im Kleinhesseloher See", in: Münchner Merkur Nr.26, Jg.23, München 31.1.1967, S.4.

Schneider, Herbert: „Harmlos", in: Münchner Merkur Nr.156, Jg.23, München 1./2.7.1967, S.13.

1968

Dombart, Theodor: „Der Harmlos. Das antike Motiv der Schwanthaler'schen Marmorstatue am Eingang zum Englischen Garten in München", in: Historischer Verein von Oberbayern (Hg.): Oberbayerisches Archiv Bd.90, München 1968, S.14-25.

1969

Hauke, Wolfgang: Der Landschaftsmaler Johann Jakob Dorner d. Jüngere", in: Historischer Verein von Oberbayern (Hg.): Oberbayerisches Archiv Bd.91, München 1969, S.85-93.

Höck, Wilhelm: „Der sentimentale Garten", in: Schindler, Herbert (Hg.): Szenerien des Rokoko, München 1969, S. 246-248.

Hollweck, Ludwig: „Der Theodors-Park oder sogenannte Englische Garten", in: Münchner Leben Nr.8, Jg.14, München 1969, S.24f..

Kammerer, Ernst: „Bericht aus Schwabing", in: Hollweck, Ludwig (Hg.): Von Wahnmoching bis zur Traumstadt. Schwabinger erzählen von Schwabing, München 1969, S.178-182.

„Münchens Grünflächen", in: Amt für Statistik und Datenanalyse der Landeshauptstadt (Hg.): Münchner Statistik H.2, München 1969, S.153-173.

Rommel, Eleon[ore] von: „Am Monopteros", in: Der Zwiebelturm Nr.7, Jg.24, München 1969, S.169.

Schmitz, Oscar A.H.: „Bürgerliche Boheme", in: Hollweck, Ludwig (Hg.): Von Wahnmoching bis zur Traumstadt. Schwabinger erzählen von Schwabing, München 1969, S.32-37.

Schneider, Herbert: „Schwabinger Romantik und Krampf", in: Hollweck, Ludwig (Hg.): Von Wahnmoching bis zur Traumstadt. Schwabinger erzählen von Schwabing, München 1969, S.253-255.

Tinney, Claus: „Studentenstory", in: Hollweck, Ludwig (Hg.): Von Wahnmoching bis zur Traumstadt. Schwabinger erzählen von Schwabing, München 1969, S.309-316.

„Neuer See im Englischen Garten", in: Süddeutsche Zeitung Nr.55, Jg.15, München 5.3.1969, S.11./ni.

Hansjakob, Gottfried: „Wie wertvoll ist der Finanzgarten?", in: Süddeutsche Zeitung Nr.130, Jg.15, München 31.5./1.6.1969, S.115.

Roemer, Ludwig: „Wo bleibt die Verbindung der Gärten?", in: Süddeutsche Zeitung Nr.130, Jg.15, München 31.5./1.6.1969, S.115.

Freudenreich, Johann: „Plötzlich war der 'Harmlos' kopflos", in: Süddeutsche Zeitung Nr.214, Jg.25, München 6./7.9.1969, S.13.

1970

Schindler, Karl: „Verzaubert vom Englischen Garten", in: Münchner Stadtanzeiger Nr.62, Jg.26, München 4.8.1970, S.4.

Nennecke, Charlotte: „Das Seehaus wird abgerissen", in: Süddeutsche Zeitung Nr.197, Jg.26, München 18.8.1970, S.13.

Esser, Stefan: „Seehaus unter der Spitzhacke", in: Münchner Merkur Nr.188, Jg.26, München 19.8.1970, S.13.

1971

Wanetschek, Margret: Die Grünanlagen in der Stadtplanung Münchens von 1790-1860 (Neue Schriftenreihe des Stadtarchivs München), (Miscellanea Bavarica Monacensia H.35) München 1971, S.8f., 13-24.

Kaiser, Joachim: „Der ganz geheime E.G.C.", in: Süddeutsche Zeitung Nr.20, Jg.27, München 23./24.1.1971, S.13.

Sturm, Vilma: „Der Kriegsminister war für Kartoffeln. Aber der Englische Garten wurde der erste Volkspark – Deutsche Gärten und Parks (II)", in: Frankfurter Allgemeine Zeitung Nr.87, Frankfurt a.M. 15.4.1971, S.25 (= S.1 des Reiseblatts).

Woock, Fritz: „Statt Seehaus: ein Bierzelt", in: Münchner Merkur Nr.152, Jg.27, München 7.7.1971, S.15.

Hahn, Alois: „Der gut bayerische Chinesische Turm", in: Süddeutsche Zeitung Nr.187, Jg.27, München 6.8.1971, S.13.

Herold, Dieter: „Englischer Garten soll größer und schöner werden", in: Münchner Merkur Nr.260, Jg.27, München 11.11.1971, S.13.

1972

Biller, Josef H./ Rasp, Hans-Peter: München. Kunst & Kulturlexikon, München 1972 S.64-66.

Dombart, Theodor: Der Englische Garten zu München. Geschichte seiner Entstehung und seines Ausbaus zur großstädtischen Parkanlage, München 1972.

Fernau, Rudolf: Als Lied begann's … Lebenstagebuch eines Schauspielers, Berlin 1972, S.31.

Huber, Andreas: Franz Jakob Schwanthaler, 1780-1820, München 1972, S.39-42 (Diss.).

Messerer, Richard: „Georg von Dillis, ein Entdecker der Münchner Landschaft", in: Dombart, Theodor: Der Englische Garten zu München. Geschichte seiner Entstehung und seines Ausbaus zur großstädtischen Parkanlage, München 1972, S.287-304.

Palten, Waldemar: „Zeittafel zur Entwicklungsgeschichte des Englischen Gartens", in: Dombart, Theodor: Der Englische Garten zu München. Geschichte seiner Entstehung und seines Ausbaus zur großstädtischen Parkanlage, München 1972, S.313-329.

Roth, Eugen: „Lobrede auf den Englischen Garten", in: Dombart, Theodor: Der Englische Garten zu München. Geschichte seiner Entstehung und seines Ausbaus zur großstädtischen Parkanlage, München 1972, S.305-308.

Bode, Peter M.: „Der letzte Rest vom alten Seehaus", in: Süddeutsche Zeitung Nr.42, Jg.28, München 18.2.1972, S.10.

Roth, Dorothea: „Japanischer Bau im Englischen Garten", in: Süddeutsche Zeitung Nr.132, Jg.28, München 12.6.1972, S.10.

Schneider, Christian: „Englischer Garten wird bis Garching erweitert", in: Süddeutsche Zeitung Nr.171, Jg.28, München 28.7.1972, S.17.

„Das alles ist im Englischen Garten verboten", in: tz Nr. 301, Jg.5, München 28.12.1972, S.5.

1973

Alckens, August: München in Erz und Stein, Mainburg 1973, S.118f..

Grzimek, Günther: Gedanken zur Stadt- und Landschaftsarchitektur seit Friedrich Ludwig von Sckell (Reihe der Bayerischen Akademie der Schönen Künste 11: Vortrag in der Bayerischen Akademie der Schönen Künste aus Anlaß der Verleihung des Friedrich v. Sckell-

Ehrenringes an den Verfasser am 19.Juni 1973 in Verbindung mit der Eröffnung der Ausstellung 'Demokratisches Grün – vom Schloßgarten zum Volkspark zur Erholungslandschaft', München 1973, S.1-47.

Ranke, Hubert von: „Die Malerfamilie von Kobell in ihren Briefen", in: Schindler, Herbert (Hg.): Romantik. Bayern für Liebhaber, München 1973, S.174.

Termolen, Rosel: „Ungastliches München. Am Chinesischen Turm", in: Münchner Leben Nr.8, Jg.18, München 1973, S.33f..

„Für den Münchner Bücherschrank: Der Englische Garten", in: Münchner Stadtanzeiger (Ausgabe Nord) Nr.21, Jg.19, München 13.3.1973, S.19.

Nennecke, Charlotte: „Drei Seehaus-Modelle stehen zur Wahl", in: Süddeutsche Zeitung Nr.66, Jg.29, München 20.3.1973, S.11.

Fisch, Ludwig: „Ein Erholungspark bittet um Schonung", in: Süddeutsche Zeitung Nr.93, Jg.29, München 21./22./23.4.1973, S.13f..

Sailer, Anton: „Hippie-Idylle unterm Turm", in: Süddeutsche Zeitung Nr.153, Jg.29, München 6.7.1973, S.15.

Sailer, Anton: „Harmlose Anfrage", in: Süddeutsche Zeitung Nr.163, Jg.29, München 18.7.1973, S.11.

1974

Gruner, Wolf D.: „Benjamin Thompson, Reichsgraf von Rumford: Seine Londoner Mission 1798", in: Kuhn, Ortwin (Hg.): Großbritannien und Deutschland (Festschrift für Hans W.P. Bourke), München 1974, S.74-92.

Maderholz, Erwin: „Ein Pionier der bayerischen Kartographie. Leben und Werk des Adrian von Riedl…", in: Münchner Stadtanzeiger Nr.36, Jg.30, München 3.5.1974, S.5.

Nennecke, Charlotte: „Japanisches Dörfchen am Kleinhesseloher See", in: Süddeutsche Zeitung Nr.131, Jg.30, München 8./9.6.1974, S.19.

„Wiederaufbau des Seehauses beginnt 1976", in: Süddeutsche Zeitung Nr.296, Jg.30, München 23.12.1974, S.11./r.

1975

Dünninger, Eberhard: „Öffentliche Kulturpflege seit 1918", in: Spindler, Max (Hg.): Bayerische Geschichte im 19. und 20. Jahrhundert 1800 bis 1970, 2.Teilband, München 1975, S.1255.

Phillips, John A.S.: „Der erste Volkspark. Ein 'Zuagroaster' schafft den Englischen Garten", in: Das Bayerland Nr.8, Jg.77, München 1975, S.12-17.

Sinnhuber, Peter: „Die grüne Zukunft der Stadt: Das innenstädtische Grün", in: Das Bayerland Nr.8, Jg.77, München 1975, S.6-10.

Tulaszewski, Wolfgang: „Von Nymphenburg bis Olympia: Die Stadt und ihre Gartenarchitektur", in: Das Bayerland Nr.8, Jg.77, München 1975, S.33-40.

Weis, Eberhard: „Bayerns Beitrag zur Wissenschaftsentwicklung im 19. und 20. Jahrhundert, in: Spindler, Max (Hg.): Bayerische Geschichte im 19. und 20. Jahrhundert 1800 bis 1970, 2.Teilband, München 1975, S.1075f..

1976

Klotz, Karl: „Der Englische Garten", in: Club Bavaricum, Vereinigung der Freunde des Institut Bavaricum. Jahresband der Führungen 1976 und 1977, S.80-95.

Moll, Petra/Scharnagel, Wilfried: „München – Traumstadt im Winter, Würzburg 1976, S.26, 29-32, 35f..

Schmiedeknecht, Helmut: Der Englische Garten in München im Spiegel seiner Besucher, Diplomarbeit am Lehrstuhl für Landschaftsarchitektur – Technische Universität München, Fachbereich Landwirtschaft und Gartenbau in Weihenstephan, Fachrichtung Landespflege, München 1976.

Kristl, Wilhelm Lukas: „Der erste 'Ami' in München", in: Süddeutsche Zeitung Nr.70, Jg.32, München 24.3.1976, S.11.

„Münchner hell empört!", in: tz Nr.127, Jg.9, München 3.6.1976, S.3.

1977

Björnson-Gulbransson, Dagny: Das Olaf Gulbransson Buch, München 1977, S.82-86,118.

Hederer, Oswald: „Leo von Klenze – Bedeutung und Leben", in: Bayerische Akademie der Schönen Künste München (Hg.): Leo von Klenze als Maler und Zeichner

1784-1864. Ausstellung im Königsbau der Münchner Residenz 27.10.1977 – 29.1.1978, München 1977, S.13.

Herhaus, Ernst: Kapitulation. Aufgang einer Krankheit, München und Wien 1977, S.145-154.

Keller, Dominik: „Wahlmünchner zu München", in: Die Kunststadt München. Personen, Institutionen, Bauten (Europäische Ansichten) (Kunstzeitschrift), Zürich 1977, S.64f..

Pressler, Christine: Gustav Kraus 1804-1852. Monographie und kritischer Katalog, (Studia Artis Monacensia Bd.2) München 1977, S.16, 64, 86.

Hümmert, Ludwig: „Münchner Gründer und Erfinder. Joseph Anton von Maffei und seine Lokomotivfabrik", in: Süddeutsche Zeitung Nr.178, Jg.33, München 5.8.1977, S.13.

„Auf dem 'Flow-Board' über den Eisbach", in: Münchner Merkur Nr.180, Jg.33, München 8.8.1977, S.13.

1978

Klußmann, Rudolf: „Der Bildhauer Ernst von Bandel zu München. Zeitkritisches aus den Jahren 1823-1834", in: Historischer Verein von Oberbayern (Hg.): Oberbayerisches Archiv Bd. 103, München 1978, S.327-332.

Eberle, Bernd: „Harmlos 'kommt ans Tageslicht", in: Abendzeitung Nr.97, Jg.36, München 27.4.1978, S.28.

Woock, Fritz: „München von A-Z: Aumeister", in: Münchner Merkur Nr.105, Jg.34, München 9.5.1978, S.15.

Stocker, Erwin: „Radler ärgern Fußgänger", in: Münchner Merkur Nr.116, Jg.34, München 23.5.1978, S.14.

Emde, Heiner: „Garten der Lüste", in: Quick. Die aktuelle Illustrierte Nr.32, München 3.8.1978, S.24-32.

Nennecke, Charlotte: „Die Freiheit im Park hat ihren Preis", in: Süddeutsche Zeitung Nr.195, Jg.34, München 26/27.8.1978, S.13f..

1979

Brown, Sanborn C.: Benjamin Thompson, Count of Rumford, Cambridge 1979, S.137-142, 181f..

Buttlar, Adrian von: „Der Garten als Bild – das Bild des Gartens. Zum Englischen Garten in München", in: Zweite, Armin (Hg.): Münchner Landschaftsmalerei 1800-1850. Zur Ausstellung der Städtischen Galerie im Lenbachhaus in Zusammenarbeit mit den Bayerischen Staatsgemäldesammlungen und der Staatlichen Graphischen Sammlung München, München 1979, S.160-172.

Ebertshäuser, Heidi C.: Malerei im 19. Jahrhundert. Münchner Schule, München 1979, Tafel 17, 24.

Nehring, Dorothee: Stadtparkanlagen in der ersten Hälfte des 19.Jahrhunderts. Ein Beitrag zur Kulturgeschichte des Landschaftsgartens, Hannover Berlin 1979 (Hennebo, Dieter (Hg.): Geschichte des Stadtgrüns Bd.IV), S.14,22-29,112f., 119,120-131,135-137,143,161-168.

Orlop, Nikolaus: Von Garibaldi bis Ludwig III., München 1979, S.222-225, 240.

Riehl, Hans: Märchenkönig und Bürgerkönige. Wittelsbacher Geschichten 1806-1918, München 1979, S.34.

Ruhmer, Eberhard (Hg.): Die Münchner Schule 1850-1914. Ausstellungskatalog, München 1979, S.344f..

Zweite, Armin (Hg.): Münchner Landschaftsmalerei 1800-1850. Zur Ausstellung der Städtischen Galerie im Lenbachhaus in Zusammenarbeit mit den Bayerischen Staatsgemäldesammlungen und der Staatlichen Graphischen Sammlung München, München 1979, S.207-219.

„25-jährige im Englischen Garten gewürgt", in: Münchner Merkur Nr.106, Jg.35, München 9.5.1979, S.16./ben.

„Überfall im Englischen Garten", in: Münchner Merkur Nr. 182, Jg.35, München 9.8.1979, S.16./ps.

„Spaziergänger fanden Toten", in: Münchner Merkur Nr.234, Jg.35, München 10.10.1979, S.14.

1980

Buttlar, Adrian von: Der Landschaftsgarten, München 1980, S.173-182.

Dirrigl, Michael: Ludwig I. König von Bayern. 1825-1848, München 1980, S.222.

Junkelmann, Marcus: „Benjamin Thompson, Graf von Rumford", in: Glaser, Hubert (Hg.): Wittelsbach und Bayern. Krone und Verfassung. König Max I. Joseph und der neue Staat. Katalog der Ausstellung im Völkerkundemuseum in München 11.6.-5.10.1980, Bd.III.2, München und Zürich 1980, S.61f..

Junkelmann, Marcus: „Plan für einen in München anzu-

legenden retranchierten Militärgarten", in: Glaser, Hubert (Hg.): Wittelsbach und Bayern. Krone und Verfassung. König Max I. Joseph und der neue Staat. Katalog der Ausstellung im Völkerkundemuseum in München 11.6.-5.10.1980, Bd.III.2, München und Zürich 1980, S.63.

Ottomeyer, Hans: „Das Denkmal für Graf Rumford im Englischen Garten in München", in: Glaser, Hubert (Hg.): Wittelsbach und Bayern. Krone und Verfassung. König Max I. Joseph und der neue Staat. Katalog der Ausstellung im Völkerkundemuseum in München 11.6.-5.10.1980, Bd.III.2, München und Zürich 1980, S.63f..

Stierhof, Horst H.: „Die Wittelsbacher und die Bildende Kunst", in: Valentin, Hans E./ Valentin, Erich/ Nölle, Eckehart/Stierhof, Horst H. (Hg.): Die Wittelsbacher und ihre Künstler in acht Jahrhunderten, München 1980, S.451-453.

Widmann, Werner A.: „Ein ungeliebter Herr und die Rumfordsuppe", in: Ders.: Bayern. Bilderbogen der bayerischen Geschichte, Zürich und München 1980, S.112f..

Wilhelm, Kurt (Hg.): Luise von Kobell und die Könige von Bayern. Historien und Anekdoten anno 1790 – 1890, München 1980, S.49.

„In Parks haben Mofas nichts zu suchen", in: Süddeutsche Zeitung Nr.185, Jg.36, München 12.8.1980, S.10.

1981

Fahr-Becker, Gabriele: „Im Englischen Garten: Brückengeländer", in: Münchner Post „Stadt-Illustrierte" Nr.2, Jg.2, München 1981, S.8f..

Leißer, Rudolf: Nutzungswandel des Englischen Gartens in München - Vom aristokratischen Jagdrevier der Vergangenheit zum 'demokratischen Grün' der Gegenwart. Diplomarbeit am Lehrstuhl für Landschaftsarchitektur - Technische Universität München, Fakultät für Landwirtschaft und Gartenbau in Weihenstephan, Studienrichtung Landespflege, München 1981 (maschinengeschriebenes Manuskript).

Höhne, Claus: „Das neue Seehaus wird eine Gaststätte mit drei Pavillons", in: Münchner Merkur Nr.82, Jg.37, München 8.4.1981, S.16.

Spindler, Wolfgang: „Große Freiheit im Grünen", in: Stern Nr.30, Jg.34, Hamburg 16.7.1981, S.42-49.

Schäfer, Martin: „Lieber AZ-Leser. Der Englische Garten ist nicht nur eine prächtige Parkanlage…", in: Abendzeitung Nr.162, Jg.34, München 18./19.7.1981, S.19.

Schneider, Elisabeth: „Die Zuschauer setzten sich selbst Hörner auf", in: tz Nr.169, Jg.14, München 27.7.1981, S.3.

Nennecke, Charlotte: „Münchens Monopteros-Paar wird aufpoliert", in: Süddeutsche Zeitung Nr.194, Jg.37, München 26.8.1981, S.11.

Boese, Marie-Anne: „Urlaubsreisebericht aus dem Englischen Garten", in: Süddeutsche Zeitung Nr.206, Jg.37, München 9.9.1981, S.13.

Nennecke, Charlotte: „Ein kleines Amphitheater für den Englischen Garten", in: Süddeutsche Zeitung Nr.218, Jg.36, München 23.9.1981, S.13.

Fischbach, Ute: „Die Wiederentdeckung eines alten Freilicht-Spielplatzes im Englischen Garten und ein Vorschlag ans Finanzministerium: Ein Amphitheater fürs Münchner Spontan-Publikum", in: Münchner Merkur Nr.221, Jg.37, München 26./27.9.1981, S.9.

Sommer, Siegfried: „Von nun an geht's bergab", in: Münchner Stadtanzeiger Nr.82, Jg.37, München 27.10.1981, S.6.

1982

Bächler, Wolfgang: „Im Englischen Garten", in: Ders.: Nachtleben. Gedichte, Frankfurt a.M. 1982, S.42.

Nöhbauer, Hans F.: München. Eine Geschichte der Stadt und ihrer Bürger, München 1982, S.235-238.

Palten, Waldemar: „Extensiv- oder Intensivpflege von Grünflächen", in: Patzer, Bernhard (Hg.): Neue Landschaft. Sachzeitschrift für Garten-, Landschafts-, Spiel- und Sportplatzbau H.5, Hannover Berlin 1982, S.322-325.

Piontek, Heinz: „Der Englische", in: Merian München, H.12, Jg.24, Hamburg 1982, S.15-21.

Rambeck, Brigitta: „Münchens schönste Tochter. Plätze,

Parks, Brunnen und Denkmäler", in: Festausschuß für die 1200-Jahrfeier von Schwabing (Hg.): 1200 Jahre Schwabing. Geschichte und Geschichten eines berühmten Stadtviertels, München 1982, S.37-40.

Schepers, Wolfgang: „Nachwort", in: Sckell, Friedrich Ludwig von: Beyträge zur bildenden Gartenkunst für angehende Gartenkünstler und Gartenliebhaber, München 1982 (Nachdruck der 2.Aufl. von 1825), S.283-303.

Schmidt, Erika: „Zierde, Vergnügen, gesunde Luft und gute Lehren. Zur Geschichte des Stadtparks in Bochum und anderswo", in: Das Gartenamt. Zeitschrift für Umweltgestaltung, Freiraumplanung, Grünflächen- und Sportstättenbau Nr.6, Jg.31, Hannover, Berlin 1982, S.344f..

„Warum nicht 'Rumfordpark'?", in: Münchner Stadtanzeiger (Ausgabe Nord) Nr.18, Jg.38, München 5.3.1982, S.8./uk.

Segerer, Alois: „Lieber AZ-Leser. Münchens Polizeipräsident Manfred Schreiber ist schon ein rechtes Schlitzohr...", in: Abendzeitung Nr.63, Jg.35, München 17.3.1982, S.21.

Fischer, Otto: „Bald wieder Seehaus im Englischen Garten", in: Süddeutsche Zeitung Nr.70, Jg.38, München 25.3.1982, S.13.

Stocker, Erwin: „Jetzt endlich grünes Licht für das neue Seehaus im Englischen Garten", in: Münchner Merkur Nr.76, Jg.38, München 25.3.1982, S.17.

Zipser, Armin: „Der sündige Fluß", in: Quick. Die aktuelle Illustrierte Nr.24, München 10.6.1982, S.21-26.

Urbauer, Anne: „Amphitheater im Englischen Garten geplant", in: Abendzeitung Nr.162, Jg.35, München 19.7.1982, S.1,13.

Fischbach, Ute: „Amphitheater im Englischen Garten geplant", in: Münchner Merkur Nr.163, Jg.37, München 20.7.1982, S.23.

Loerzer, Sven: „Amphitheater für den Englischen Garten", in: Süddeutsche Zeitung Nr.167, Jg.38, München 24./25.7.1982, S.19.

Woock, Fritz: „Seehaus im Englischen Garten wird 1984 fertig", in: Münchner Merkur Nr.219, Jg.38, München 23.8.1982, S.15.

Prem, Martin: „Wie bei den alten Griechen: Ein Münchner Amphitheater", in: tz Nr.173, Jg.15, München 31.7./1.8.1982, S.4.

Münster, Thomas: „Heute im Englischen Garten: Erster Spatenstich für neues Seehaus", in: Süddeutsche Zeitung Nr.218, Jg.38, München 22.9.1982, S.14.

Spiro: „Ein neues Seehaus am Kleinhesseloher See", in: Münchner Stadtanzeiger Nr.88, Jg.38, München 16.11.1982, S.9.

1983

Bayerisches Staatsministerium der Finanzen - Pressereferat (Hg.): Gartenland Bayern. Die staatlichen Hofgärten, Schloßparks und Gartenanlagen, München 1983, S.24.

Hannwacker, Volker: Friedrich Ludwig von Sckell (1750-1823) und seine Werke in der bayerischen Amtszeit, Diss., München 1983.

Konietzka, Lothar: Parklandschaften in München, München 1983, S.41-43.

Petzold, U./ Figala, K.: „Sir Benjamin Thompson, Graf von Rumford (1753-1814). Ein Universalgenie aus Massachusetts reformiert Bayern", in: Kultur und Technik. Zeitschrift des Deutschen Museums München H.4, Jg.7, München 1983, S.235-243.

Rhotert, Stefan: „Entwicklung des Englischen Gartens seit 1825", in: Schmid, Elmar D.: Englischer Garten München: amtlicher Führer, München 1983, S.78-84.

Rhotert, Stefan: „Die Gestaltungsprinzipien Sckells", in: Schmid, Elmar D.: Englischer Garten München: amtlicher Führer, München 1983, S.69-76.

Schmid, Elmar D.: Englischer Garten München: amtlicher Führer, München 1983.

Schmid, Elmar D.: „Von den Isarauen zum Englischen Garten", in: Plessen, Marie-Louise (Hg.): Die Isar - Ein Lebenslauf. München (Münchner Stadtmuseum) 1983, S.63,82,106. 118.,120,130f.,255,261, 268,291f.,300.

Stutzer, Dietmar: „Von Rumford stammt nur nicht eine Suppe. Der Schöpfer des Englischen Gartens: Physiker und Sozialpolitiker", in: Unser Bayern. Heimatbeilage

der Bayerischen Staatszeitung Nr.4, Jg.32, München 1983, S.29-31.

Süskind, Patrick (Hg.): „Vortrag: Eine unbedingt mitzuteilende höhere Eingebung betreffend von Erasmus R. Demuth (aus dem Nachlaß Erasmus R. Demuths)", in: Süddeutsche Zeitung Nr. 173, Jg.39, München 30./31.7.1983, S.101.

Christmann, Sabine: „Die kleinen Geheimnisse des großen Parks", in: Abendzeitung Nr.185, Jg.36, München 13./14.8.1983, S.17.

Freudenreich, Johann: „Mord im Englischen Garten: Junge Frau mit Büstenhalter erdrosselt", in: Süddeutsche Zeitung Nr.200, Jg.39, München 1.9.1983, S.13.

Münster, Thomas: „Tote vom Englischen Garten identifiziert", in: Süddeutsche Zeitung Nr.214, Jg.39, München 17./18.9.1983, S.18.

Bienfait, Klaus: „Hier bleiben auch die alten Bäume immer jung. Kleinod Europas: Der Englische Garten in München", in: Die Welt Nr.229, Hamburg 1./2.10.1983, S.19.

Fischbach, Ute: „Wieder ein Amphitheater im Englischen Garten", in: Münchner Merkur Nr.288, Jg.39, München 15.12.1983, S.24.

„Genehmigt - Amphitheater im Englischen Garten", in: Bild Nr.292 (Ausgabe München), München 15.12.1983, S.4.

Loerzer, Sven: „Naturbühne im Englischen Garten. Im nächsten Jahr wird in der Nähe des Aumeisters ein Freiluftheater gebaut", in: Süddeutsche Zeitung Nr.288, Jg.39, München 15.12.1983, S.17.

May, Rolf: „Eine Bühne im Park", in: tz Nr.288, Jg.16, München 15.12.1983, S.11.

Urbauer, Anne: „120.000 DM - dann bekommt München sein Amphitheater", in: Abendzeitung Nr. 290, Jg.36, München 15.12.1983, S.29.

1984

Cop, Karen: „Anlieger contra Amphitheater", in: Münchner Stadtanzeiger Nr.7, Jg.5, München 1984, S.54f..

Dering, Florian: „Karussells in München", in: Kommission für bayerische Landesgeschichte bei der Bayerischen Akademie der Wissenschaften/ Institut für Volkskunde (Hg.): Bayerisches Jahrbuch für Volkskunde 1983/84, München 1984 S.84-90.

Holder, Dorothea: Vergleichende Standortsuntersuchungen ausgewählter Wiesen im Englischen Garten in München. Diplomarbeit an der Fakultät für Geowissenschaften der LM-Universität München [maschinengeschriebenes Manuskript], München 1984.

Seiffer, Britta: Vergleichende Standortsaufnahmen ausgewählter Gehölze im Englischen Garten (München). Diplomarbeit am Geographischen Institut der LM-Universität München [maschinengeschriebenes Manuskript], München 1984.

Holm, Maximilian: „Amphitheater im Englischen Garten sucht Spender. Gönner in Stein verewigt", in: Kunst in München. Sonderbeilage der Zeitschrift 'München Mosaik', in: München Mosaik Nr.5, Jg.10, München 1984, S.9-11.

Rauch, Heidi: „Braucht München ein Freilicht-Theater?" in: Münchner Theaterzeitung Nr.7, Jg.8, München 1984, S.19.

Rauch, Heidi: „Grünes Gras statt grauer Bretter", in: Münchner Theaterzeitung Nr.5, Jg.8, München 1984, S.8.

Rehr, Walter: „Der Englische Garten", in: Club Bavaricum, Vereinigung der Freunde des Institut Bavaricum. Jahresband der Führungen 1984 und 1985, S.96-122.

Gebell, Dieter A. L.: „Grüne sind gegen Theater", in: Münchner Wochenblatt (Ausgabe Schwabing), München 10.5.1984, S.1.

„Klage gegen Amphitheater im Englischen Garten", in: Süddeutsche Zeitung Nr.109, Jg.40, München 11.5.1984, S.3./emj.

„Amphitheater-Bau vorerst eingestellt", in: Süddeutsche Zeitung Nr.112, Jg.40, München 15.5.1984, S.15./emj.

Sandner, Reinhardt: „Nach Baustop: Lohengrin im Münchner Amphitheater", in: tz Nr.134, Jg.16, München 12.6.1984, S.4.

Waldburg, Marie: „Nach Baustop: Stirbt das Amphitheater? Grüne und Anlieger sind gegen die Bühne im Englischen Garten", in: Abendzeitung Nr.135, Jg.37, München

13.6.1984, S.32.

„Amphitheater im Englischen Garten darf gebaut werden", in: Süddeutsche Zeitung Nr.170, Jg.40, München 25.7.1984, S.15. /uw.

Wedel, M.: „Vorhang auf für das grüne Rasentheater!", in: tz Nr.185, Jg.17, München 11./12.8.1984, S.4.

Berber, Inés: „Tauziehen um Amphitheater im Englischen Garten", in: Münchner Stadtanzeiger Nr. 53, Jg.40, München 17.7.1984, S.11.

Berber, Inés: „Das Amphitheater im Englischen Garten ist fertig", in: Münchner Stadtanzeiger Nr.89, Jg.40, München 20.11.1984, S.7.

1985

Cop, Karen: „Der Sieg der Schwäne", in: Münchner Stadtzeitung Nr.16/17, Jg.6, München 1985, S.38.

Dultz, Sabine: „Barocker Paradiesvogel: Versuch, in München Fuß zu fassen: der Bühnenbildner Michail Tchernaev", in: Münchner Theaterzeitung Nr.10, Jg.9, München 1985, S.6f..

Freyberg, Pankraz Freiherr von (Hg.): Das Amphitheater im Englischen Garten zu München. Festschrift zur Eröffnung am 13.7.1985, München 1985.

Freyberg, Pankraz Freiherr von: „Das Amphitheater im Englischen Garten zu München. Festschrift zur Eröffnung am 13.7.1985, in: Ders. (Hg.): Das Amphitheater im Englischen Garten zu München. Festschrift zur Eröffnung am 13.7.1985, München 1985, S.15-23.

Rauch, Heidi: „Grünes Theater zum Nulltarif. Wiederbelebte Tradition: ein Amphitheater im Englischen Garten", in: Münchner Theaterzeitung Nr.8, Jg.9, München 1985, S.60.

Schmid, Elmar D.: „Zur Geschichte des Englischen Gartens", in: Freyberg, Pankraz Freiherr von (Hg.): Das Amphitheater im Englischen Garten zu München. Festschrift zur Eröffnung am 13.7.1985, München 1985, S.13f..

„Wieder Theater im 'Garten'", in: München Mosaik Nr.3, Jg.11, München 1985, S.28.

Segerer, Alois: „Acht Plätze in der Stadt für FKK-Fans: Nackert baden - hier darf man's", in: Abendzeitung Nr.119, Jg.38, München 24.5.1985, S.13.

Bäucker, Lutz: „Englischer Garten: Münchens schönste Spielwiese", in: Abendzeitung Nr.135, Jg.38, München 14.6.1985, S.19.

Ude, Karl: „Schwabinger Seehaus-Erinnerungen", in: Süddeutsche Zeitung Nr.135, Jg.41, München 14.6.1985, S.15.

Rauch, Michael: „Kulis Uschi sorgt für Schwung im Seehaus", in: Abendzeitung Nr.149, Jg.38, München 2.7.1985, S.11.

Funk, Ilona: „Der 1. Blick ins neue Seehaus: viele Ideen, viel Kunst, viel Stil", in: Münchner Merkur Nr.151, Jg.41, München 4.7.1985, S.14.

Fischbach, Ute: „Jetzt geht das Theater auch im Englischen Garten los", in: Münchner Merkur Nr.158, Jg.40, München 12.7.1985, S.17.

„Schwabings neues Seehaus", in: Süddeutsche Zeitung Nr.158, Jg.41, München 12.7.1985, S.17.

Bauschmid, Elisabeth: „Bühnenmond über Schwabing", in: Süddeutsche Zeitung Nr.160, Jg.41, München 15.7.1985, S.11.

Bauschmid, Elisabeth: „Schwanenfest zur Theaterpremiere", in: Süddeutsche Zeitung Nr.160, Jg.41, München 15.7.1985, S.11.

Fischbach, Ute: „Mein lieber Schwan, das war ein echtes Schwabinger Fest", in: Münchner Merkur Nr.160, Jg.41, München 15.7.1985, S.13.

Fleischmann, Barbara: „Ja mein lieber Schwan ... Tierisches bei der Eröffnung des Amphitheaters", in: tz Nr.160, Jg.18, München 15.7.1985, S.3.

„Mein Lieber Schwan, war das ein Theaterfest", in: Bild Nr.161, 15.7.1985, S.4.

Wallgrün, Inka S.: „Amphitheater im Englischen Garten. Mein lieber Schwan ...", in: Abendzeitung Nr.160, Jg.38, München 15.7.1985, S.13.

Ferchow, Denise: „Statt Freizeit-Paradies: Englischer Garten eine Mülldeponie", in: Abendzeitung Nr.161, Jg.38, München 16.7.1985, S.11.

„Nacktsein ist erlaubt", in: Abendzeitung Nr.162, Jg.38, München 17.7.1985, S.25./df.

Chall, Günter: „Schon 39mal kassiert - Polizei greift Nackten in die Tasche", in: Abendzeitung Nr.163, Jg.38,

301

München 18.7.1985, S.13.
„Wasser-Rad", in: Abendzeitung Nr.169, Jg.38, München 25.7.1985, S.13./pl.
„München erlebte eine verrückte ‚Lohengrin'-Premiere: Mein lieber Schwan", in: Die Zwei Nr 31, München 27.7.-2.8.1985, S.12f.
„Am Monopteros Spaziergänger niedergeschlagen", in: Abendzeitung Nr.173, Jg.38, München 30.7.1985, S.11./gs.
Brügge, Peter: „Braun wennst bist, hast Kredit. Der Bräunungskult", in: Spiegel Nr.32, Jg.39, Hamburg 5.8.1985, S.148f.
Schostack: „Die Nackten sind keine Revolutionäre. Kunstdenkmal und Benutzergrün: Der Englische Garten in München", in: Frankfurter Allgemeine Zeitung Nr.193, Frankfurt a.M. 22.8.1985, S. R1-R2.
„Ganz schön heiß: AZ spendiert Eis", in: Abendzeitung Nr. 194, Jg.38, München 23.8.1985, S.11./pl.
„Biergarten-Wetter", in: Abendzeitung Nr.201, Jg.38, München 31.8./1.9.1985, S.1.

1986
Fieguth, Hilde (Hg.): Bäume pflanzen wie die Wolken. Gartenidyllen der Goethezeit, München 1986, S.52-54.
Mißbeck-Woesler, Maria: Die Flora des Englischen Gartens in München 1979-1984, München 1986.
Siegel, Markus: „Ein Traum geht in Erfüllung", in: München Mosaik Nr.9, Jg.7, München 1986, S.30f.
Widmann, Werner A.: Ein Stück Schönheit liegt über dem Eisbach. Das Tivoli-Kraftwerk im Englischen Garten, (Tivoli Handels- und Grundstücks-Aktiengesellschaft) München 1986.
„Mord im Englischen Garten", in: Süddeutsche Zeitung Nr.145, Jg.42, München 28./29.6.1986, S.11./of.
Münster, Thomas: „Mord im Englischen Garten geklärt", in: Süddeutsche Zeitung Nr.148, Jg.42, München 2.7.1986, S.11.
Petzold, Andreas: „Deutschlands Lustgärten", in: Quick. Die aktuelle Illustrierte Nr.28, München 3.7.1986, S.87-89.
Kayser, Beate: „Shakespeare im Garten?", in: tz Nr.197, Jg.19, München 29.8.1986, S.11.
„Shakespeare aus London", in: Abendzeitung Nr.199, Jg.39, München 30./31.8.1986, S.7.
Nennecke, Charlotte: „Die New Shakespeare Company ...", in: Süddeutsche Zeitung Nr.301, Jg.41, München 3.9.1986, S.15.
Lojewski, Susann von: „Festival für Shakespeare-Freunde", in: Münchner Merkur Nr.203, Jg.42, München 5.9.1986, S.15.
Fischbach, Ute: „Körpertheater ist Trumpf", in: Münchner Merkur Nr.208, Jg.42, München 11.9.1986, S.28.
Bielicki, Jan: „Sommernachts-Platzkonzert. Die New Shakespeare-Company gastiert in Gasteig", in: Süddeutsche Zeitung Nr.209, Jg.42, München 12.9.1986, S.11.
„Bessere Orientierung im Englischen Garten", in: Süddeutsche Zeitung Nr.249, Jg. 41, München 1.10.1986, S.17./ber.

1987
Arndt, Karl: „Das ‚Haus der Deutschen Kunst'", in: Schuster, Peter-Klaus (Hg.): Die ‚Kunststadt' München 1937. Nationalsozialismus und ‚Entartete Kunst'. Dokumentation zum nationalsozialistischen Bildersturm am Bestand der Staatsgalerie moderner Kunst in München, München 1987, S.69-72.
Heyl, Gerhard (Bearb.): „Graf Rumford und München", in: Generaldirektion der Staatlichen Archive Bayerns (Hg.): Bayern und seine Armee. Eine Ausstellung des Bayerischen Hauptstaatsarchivs aus den Beständen des Kriegsarchivs (21), München 1987, S.104-113.
Kotouc, Friederike (Hg.): Margarete Geiger. Briefe der Malerin aus Würzburg, Bamberg, München und Wien an die Familie in Schweinfurt, (Schweinfurter Museumsschriften 12), Nürnberg 1987, S.21f.
Lehmbruck, Hans: Ein neues München. Stadtplanung und Stadtentwicklung um 1800. Forschungen und Dokumente. Eine Festgabe des Historischen Vereins von Oberbayern zum 150. Gründungsjubiläum, Buchendorf 1987, S.339f., 374.
Kayser, Beate: „Schicki Micki Schicchi", in: tz Nr.157, Jg. 20, München 13.7.1987, S.13.

Weyerer, Benedikt: München zu Fuß, Hamburg 1988, S.254.
Holzner, Karsten: „Phantasie-Spielfeld", in: Münchner Theaterzeitung Nr.3, Jg.12, München 1988, S.8.
Palten, Waldemar: „Pflege historischer Parkanlagen. Einige Aspekte am Beispiel des Englischen Gartens München", in: Deutscher Gartenbau. Fachzeitschrift für alle Sparten des Gartenbaus Nr. 52/53, Jg. 41, Stuttgart 2.1.1988, S.3096-3101.
Stankiewitz, Karl: „Münchens ‚Grüne Lunge' hat Schwindsucht", in: Bayerische Staatszeitung Nr.2, Jg.4, München 15.1.1988, S.4.
„Englischer Garten wird 200 Jahre alt: Riesenfest", Münchner Merkur Nr.27, Jg.45, München 3.2.1988, S.13.
„Englischer Garten wird 200 Jahre alt", in: Bild, München 3.2.1988.
Reisch, Ulrike: „Geburtstagsparty für Englischen Garten: 1989 wird ganz groß gefeiert", in: Abendzeitung Nr.28, Jg.41, München 4.2.1988, S.6.
Sandner, Reinhardt: „Ein Paradies feiert den 200sten", in: tz Nr.28, Jg.21, München 4.2.1988, S.6.
Utermöhle, Elna: „Zwei Wochen Gaudi für 1.62 Mark je Münchner", in: Münchner Merkur Nr.28, Jg.43, München 4.2.1988, S.13.
„200 Jahre Englischer Garten: Im Sommer 1989 soll drei Wochen gefeiert werden", in: Münchner Wochenblatt Nr.5, München 4.2.1988, S.1.
Senjor, Katja: „Festwochen für das Kulturdenkmal der Ergötzung", in: Süddeutsche Zeitung Nr.30, Jg.44, München 6./7.2.1988, S.19.
„Für die Gartenfeste fehlt nur noch das Geld", in: Süddeutsche Zeitung Nr.31, Jg.43, München 8.2.1988, S.10./ey.
Reisch, Ulrike: „Englischer Garten: Streit um Millionen-Spektakel", in: Abendzeitung Nr.27, Jg.41, München 9.2.1988, S.9.
Berber, Inés: „Ein Fest fürs Volk", in: Münchner Stadtanzeiger Nr.6, Jg.44, München 12.2.1988, S.3.
Meier, Hans-Peter: „Im Volkspark ein Fest für die Bürger", in: Münchner Stadtanzeiger Nr.6, Jg.44, München 12.2.1988, S.4.
Finkenzeller, Roswin: „Ein Garten, eine Suppe, ein Kamin. Und auf was der Graf Rumford noch alles kann", in: Frankfurter Allgemeine Zeitung Nr.39, Frankfurt a.M. 16.2.1988, S.7.
Jochim, Hans: „Bäume pflanzen statt Massenspektakel", in: Münchner Merkur Nr.45, Jg.44, München 24.2.1988, S.15.
Ringelmann, Werner: „Tram durch den Englischen Garten", in: Münchner Stadtanzeiger Nr.11, Jg.44, München 18.3.1988, S.1.
Hollweg, Petra: „Traum-Wochenende. München nackt!", in: tz Nr.112, Jg.21, München 16.5.1988, S.1.
„Zur Vorbereitung einer Fernwärmeleitung: Vierzig Bohrlöcher im Englischen Garten", in: Süddeutsche Zeitung Nr.112, Jg.44, München 16.5.1988, S.14./tom.
Putschögl, Monika: „Einmal durch den Alltag radeln. Wer in die Pedale tritt, wird München aus einer völlig neuen Perspektive erleben", in: Die Zeit Nr.17, Jg.43, Hamburg 22.5.1988, S.67.
„200 Jahre Englischer Garten", in: Abendzeitung Nr.136, Jg.41, München 15.6.1988, S.31./bö.
Soyer, Thomas: „Englischer Garten: Probebohrungen für geplante Fernwärmestollen", in: Münchner Stadtanzeiger (Ausgabe Nord) Nr.24, Jg.44, München 16.6.1988, S.5.
Alt, Heinz: „Für Jubiläumsfest im Englischen Garten macht Stadt 50.000 Mark locker. Zuwenig?", in: Münchner Wochenblatt (Ausgabe Schwabing) Nr.25, München 23.6.1988, S.1.
„Handloser Harmlos", in: Süddeutsche Zeitung Nr.146, Jg. 44, München 28.6.1988, S.14.
Freudenreich, Johann/ Müller-Jentsch, Ekkehard: „Die Stadt nach dem großen Orkan. Verletzte - entwurzelte Bäume - zerfetzte Stromkabel", in: Süddeutsche Zeitung Nr.170, Jg.44, München 26.7.1988, S.9f.
„Straßen in München bis zu einen Meter unter Wasser. Eine erste Bilanz des schweren Unwetters in Bayern (...)", in: Frankfurter Allgemeine Zeitung Nr.171, Frank-

furt a.M. 26.7.1988, S.8.
„Gefährliche Neugier im Englischen Garten", in: Süddeutsche Zeitung Nr.171, Jg.44, München 27.7.1988, S.13./R.T.
Schuhler, Carolin: „Nach Orkan: Gefahr im Englischen Garten. Beschädigte Bäume bedrohen Spaziergänger", in: Abendzeitung Nr.172, Jg.41, München 28.7.1988, S.17.
Nennecke, Charlotte: „Zwischen Nordfriedhof und Aumeister. Der Orkan schlug dem Park tiefe Wunden", in: Süddeutsche Zeitung Nr.187, Jg.88, München 16.8.1988, S.15.
Zuber, Elfi: „Eine erinnerungswürdige Besichtigungsfahrt. Erstmals durch den Englischen Garten", in: Münchner Stadtanzeiger Nr.33, Jg.44, München 19.8.1988, S.14.

Ohne Jahr
Terrain-Aktien-Gesellschaft: München-Schwabing. München 23, o.O., o.J., S.11-17.
Wiedenhofer, Joseph: Die bauliche Entwicklung Münchens vom Mittelalter bis in die neueste Zeit im Lichte der Wandlungen des Baupolizeirechtes, München o.J., S.56.

Stand: 1. September 1988

Anmerkung

Im Zusammenhang mit der 200-Jahrfeier des Englischen Gartens 1989 berichtete die Presse - wie bereits erwähnt - über das Ereignis in nahezu 700 großen und kleinen Artikeln.
Eine ähnlich umfangreiche Berichterstattung löste in den Jahren 1996/99 der Beschluß der Landeshauptstadt München aus, die Nordtangente als Straßenbahnlinie im Verlauf der Omnibusstraße durch den Englischen Garten zu führen.
Die Auflistung der erschienenen Artikel aus Anlaß nur der beiden vorgenannten Ereignisse - würde den Rahmen des vorliegenden Buches sprengen.
Nachfolgend wird deshalb nur auf einige in Beziehung zum Englischen Garten stehende Buchausgaben hingewiesen:

1988
200 Jahre Englischer Garten München 1789-1989, Offizielle Festschrift, zusammengestellt von Pankraz Freiherr von Freyberg, Alois Knürr Verlags GmbH München. Von 19 Autoren wird die Entstehung und Entwicklung des Englischen Gartens, seine Bedeutung als Gartendenkmal, seine Probleme usw., ausführlich dargestellt (2. Auflage erschien 1989).
1989
Aretin, Annette von: „Mein Englischer Garten" mit Fotos von Dietmar Mitschke, Nymphenburger Verlag.
Barten, Elke: „Der Englische Garten München, Menschen und Geschichten" mit Fotos von H. J. Lindner, W. Ludwig Buchverlag.
Hollweck, Ludwig: „Der Englische Garten, Literarische Spaziergänge", Rosenheimer Verlagshaus.
Schattenhofer, Michael: „Bavaria Antiqua, Der Englische Garten", Bayerische Vereinsbank.
1992
Hannwacker, Volker: „Friedrich Ludwig von Sckell. Der Begründer des Landschaftsgartens in Deutschland", DVA-Verlag Stuttgart.

Waldemar Palten, 1. August 2000

Dank

Herausgeber, Verlag und Dr. Pankraz Frhr. von Freyberg danken sehr herzlich all denen, die zum Gelingen dieses Buches ihren Beitrag geleistet haben, in erster Linie allen Text- und Bildautoren sowie den hiesigen und auswärtigen staatlichen und städtischen Archiven, Bibliotheken, Museen und Sammlungen für die Bereitstellung von Bild- und Quellenmaterial, ebenso allen Verlagen und privaten Rechteinhabern für die Abdruckerlaubnis bereits vorhandener Texte zum Thema »Englischer Garten München«.

Insbesondere gilt der Dank Frau Erdmute Dombart, der Tochter Theodor Dombarts, Herrn Dr. Thomas Roth und Frau Elisabeth Winterstein, weiter den Mitarbeitern der Bayerischen Verwaltung und der staatlichen Schlösser, Gärten und Seen, den Mitarbeitern des Bayerischen Hauptstaatsarchives München sowie der Monacensia-Sammlung der Landeshauptstadt und des Münchner Stadtmuseums.

Nicht vergessen werden sollen die Verdienste all derjenigen, die während der Konzeptionsphase des Buches wertvolle Anregungen gegeben haben, so Herr Dr. Birger Konz, Frau Irene von Miller, Herr Heinrich von Miller und Herr Dr. Hendrik Rust.

Schließlich und endlich gilt herzlicher Dank allen Mitarbeitern der Verwaltung des Englischen Gartens, hier ganz besonders deren langjährigem Amtsvorstand Herrn Waldemar Palten. Wie kein anderer hat er das Werden dieses Buches von Anfang an mit Rat und Tat und all der Fülle seines Wissens um den Englischen Garten hilfreich und begeistert gefördert und begleitet.

Weitere Bücher aus dem Knürr Verlag München

Landleben im alten Bayern
von Karl Kieslich
Freud und Leid der Landbevölkerung.
Von Geburt bis Tod.
Von Januar bis Dezember
• Bauernregeln • Anekdoten • Rezepte •
150 historische Bilder
160 Seiten, 21 x 28 cm,
ISBN 3-928432-25-7
DM 19,80

100 Jahre Münchner Philharmoniker
Offizielle Festschrift,
herausgegeben von der
Landeshauptstadt München
von Gabriele E. Meyer
520 Seiten im Großformat
23 x 28,5 cm
Zahlreiche Abbildungen
Leinen mit Schutzumschlag.
ISBN 3-928432-14-1
Sonderpreis DM 19,80

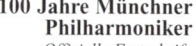

Gründliches Kochbuch von 1792
Neuausgabe eines Augsburger
Kochbuchs
aus dem Jahre 1792:
Das »Kochbuch der Urgroßmutter
unserer Urgroßmutter«
160 Seiten,
14 x 21 cm gebunden,
ISBN 3-928432-15-X
DM 19,80

Mythos Weißwurst
von Peter M. Lill und
Ludwig Margraf
Geschichten, Anekdoten
und Wissenswertes über die
Primadonna der Würste.
160 Seiten, 14 x 21 cm
ISBN 3-928432-23-0
DM 19,80

Der Biergartenführer
Echte Biergärten in München
und Umgebung.
Wichtige Hinweise und Tips
für den liebsten
„Freizeitsport" der
Münchner.
184 Seiten, 10,5 x 20 cm
ISBN 3-928432-28-1
DM 9,80

Boarisch g'lacht
Witze und Anekdoten
aus Bayern
von Claus M. Baumann
160 Seiten, 14 x 21 cm
ISBN 3-928432-18-4
DM 19,80

München-Klassiker:
Uns Münchner wenn's ned gaab…
Münchner G'schichten von Max Spiegl =
Der »Joseph« und seine heiteren Beobachtungen in
der Weltstadt mit Herz, mit vielen Zeichnungen von
Ernst Hürlimann
Erste, zweite und dritte Folge je 160 Seiten, 14 x 21
cm, gebunden.
ISBN 3-928432-09-5 bzw. 3-928432-13-3 bzw.
3-928432-27-3
je DM 19,80 (auch einzeln lieferbar!)

ALOIS KNÜRR VERLAGS-GMBH
D-81827 München, Sperberstraße 23
Tel. (0 89) 43 76 61 00, Fax (0 89) 4 39 29 86
knuerr-verlag@t-online.de